I0124013

TRAITÉ

DE

LITHOGRAPHIE

TRAITÉ

DE

LITHOGRAPHIE

PUBLIÉ

PAR

La Maison Cʜ. LORILLEUX & Cⁱᵉ

Histoire. — Théorie. — Pratique

1889

SENEFELDER

(1800)

D'après une lithographie à la plume de Grandidier. — Imp. Doyen, à Turin.

SENEFELDER

(1824)

D'après une lithographie au crayon de Lafosse. — Imp. Walter frères, à Paris.

SENEFELDER
(1831)
D'après une gravure au burin de Conguy.

AVANT-PROPOS

La Lithographie n'est pas encore centenaire, et déjà on cherche à entourer ses débuts des fictions de la légende. Tantôt on crée un Senefelder de fantaisie, découvrant par l'effet du hasard plutôt qu'inventant; tantôt on fait de ses protecteurs, de ses associés de la première heure, les vrais inventeurs dont il n'aurait été que le plagiaire.

Si, parmi les grandes inventions modernes, il en est une dont on ne puisse disputer la paternité, c'est celle de la Lithographie, de l'impression chimique sur pierre. Personne n'y songeait, dans aucun des pays où florissait l'art de l'impression. Si, d'autre part, ce qu'on se plaît à nommer « le hasard » a joué quelque rôle dans cette merveilleuse invention, ce n'est pas inopinément, tant s'en faut. Senefelder travaillait depuis longtemps déjà, sans se laisser rebuter par les insuccès; au cours de ses recherches, certains faits se sont révélés à son esprit observateur, il les a groupés et en a tiré le résultat final.

Il ne s'est pas borné à formuler les données de l'art nouveau qu'il inventait, laissant à d'autres le soin d'en rechercher les applications: il a, en grande partie, réalisé ces applications et les a toutes indiquées; ses successeurs n'ont eu qu'à perfectionner. Leur tâche n'en a été ni moins grande ni moins féconde.

Senefelder, tempérament d'artiste, avait toutes les qualités et tous les défauts de ce tempérament. Edouard Knecht, son neveu et son élève, qui fut son associé, puis lui succéda à Paris, le définissait ainsi: « Senefelder n'était pas l'homme qu'il fallait pour diriger un

» établissement. Le travail de l'atelier, les études et les recherches » poussées jusqu'à un certain point, étaient de son ressort; mais le » développement et la perfection de l'art, et surtout la direction des » ouvriers, étaient au-dessus de ses forces. Tout était désordre dans un » atelier sous sa direction: il ne savait ni gouverner ni compter, et » personne n'était si naïvement étonné que cet homme si distingué » sous d'autres rapports, lorsqu'on lui démontrait, à la fin du mois, » qu'il avait plus dépensé qu'il n'avait eu de gain. »

L'inventeur est rarement doublé d'un industriel, aussi meurt-il souvent dans la pauvreté. Il crée, d'autres récoltent. C'est ce qui arriva à Senefelder, dont nous allons retracer la vie à grands traits.

Aloys Senefelder naquit à Prague, en Bohême, le 6 novembre 1771. Son père, acteur de talent, fut, peu après cette naissance, attaché au théâtre de la cour de Bavière et vint se fixer à Munich. C'est dans cette ville que le jeune Aloys passa ses premières années. A l'âge de seize ans, il était alors l'un des plus brillants élèves du collège de Munich, sa famille l'envoya terminer ses études et suivre les cours de droit à l'Université d'Ingolstadt. L'étude des lois s'accordait peu avec son imagination vive, ardente, il n'avait goût que pour la littérature et le théâtre. L'accueil fait à l'une de ses premières élucubrations, une comédie intitulée: *Les Connaisseurs de Femmes*, développa encore ce goût.

La mort de son père, survenue en 1791, avant la fin de ses études, le ramena à Munich. Sa mère restait sans fortune, à la tête d'une famille de neuf enfants, dont il était l'aîné. Senefelder, il avait alors vingt ans, se fit acteur pour lui venir en aide, et s'engagea dans une troupe nomade qui, pendant deux ans, parcourut l'Europe. Il revint ensuite à Munich, où il publia successivement trois drames : *Mathilde d'Altenstein*, *Les Frères d'Amérique*, et *Les Goths en Orient*.

Ses débuts au théâtre n'avaient pas été heureux : il avait rêvé les succès de la rampe, et, acteur médiocre, venait échouer au point de départ dans un emploi subalterne, choriste et figurant sur la scène où son père avait tenu les premiers rôles. L'insuccès de ses dernières publications littéraires mit le comble à sa mauvaise fortune. Les déboires sont l'aiguillon du génie : Senefelder ne se laissa pas abattre. Il avait à peine vingt-trois ans, pas de ressources, pas de crédit et toute une famille à élever, famille que ses maigres cachets de comparse et des copies de rôles qu'il faisait pour son directeur ne suffisaient même pas à nourrir. J'écrirai, se dit-il, et j'imprimerai moi-même mes œuvres. Mais comment? Il avait quelques notions bien superficielles de la typographie et de la gravure; ce fut sur elles que se porta tout l'effort de son imagination.

Pendant deux ans, Senefelder, réduit à lui-même, fait le rude apprentissage de l'inventeur pauvre. Il taille le métal, le mord à l'acide de mille manières, compose les mélanges les plus hétéroclites pour protéger les caractères qu'il y trace, cherche enfin à suppléer au matériel coûteux de la typographie, s'exerçant à reproduire les signes et les caractères d'une façon assez pure pour qu'ils puissent être imprimés. Le métal lui manque, il le remplace par la pierre sur laquelle il continue sans relâche ses essais de gravure en relief; c'est avec elle qu'il obtiendra ainsi ses premiers résultats. Il a soin de dire lui-même qu'il ne les considère pas comme une invention : « Il est » toujours vrai que je ne suis pas l'inventeur de la gravure sur pierre, » ni le premier qui en ait fait usage pour imprimer » (1).

Un jour cependant le découragement le saisit : on crie la faim autour de lui. Il accepte de remplacer un artilleur et se vend deux cents florins! L'autorité militaire ne ratifie pas le marché; Senefelder, né en Bohême, est un étranger en Bavière, et, comme tel, ne peut entrer dans les troupes royales. Le voilà rendu à ses recherches et à la misère noire; celle-ci touchait heureusement à sa fin : Senefelder allait trouver à la fois un ami et un associé.

Il avait gravé une page de musique et en avait communiqué une épreuve à M. Gleissner, compositeur et directeur de la musique à la cour. Celui-ci, frappé du résultat autant que de l'ingéniosité du procédé, lui offrit sur-le-champ de créer un atelier. L'offre acceptée, l'atelier fut promptement organisé, et les œuvres musicales de M. Gleissner furent les premières productions de la Lithographie (1796), qui n'était pas encore l'impression chimique, mais l'impression à l'aide de la pierre légèrement montée en relief.

De l'aveu de Senefelder, ce début fut loin d'être un chef-d'œuvre: « Différentes parties, dit-il, furent imprimées avec un succès *inégal.* » Ces partitions n'en fixèrent pas moins l'attention de M. Falger, riche

---

(1) Il existe de fort curieux spécimens d'impression de ce genre, mais obtenus à l'aide du métal. Ce sont les travaux de MM. Hoffmann, bailli de Benfeld, et Marin, officier au corps royal d'artillerie, portant la date de Paris, 24 septembre 1784. Ce sont des dessins à la plume, largement exécutés, des planches à effet genre lavis, des types de bons de caisse, traits blancs sur fonds teintés ou noirs, des reproductions d'autographes et de véritables autographies imprimées avec mélange de caractères typographiques, enfin des partitions de musique. M. Hoffmann, qui demeurait à Paris, rue des Sentiers-Maisons, n° 20, avait donné à ce procédé le nom de « polytypique ». Une collection de ses travaux, qui existait à la bibliothèque de Strasbourg, a été détruite en 1870, lors de l'incendie de cette bibliothèque par les obus allemands. Une seconde collection, probablement unique maintenant, est entre les mains de M. Alkan aîné, collectionneur émérite de documents concernant l'imprimerie.

éditeur de musique à Munich, qui encouragea généreusement l'inventeur
en mettant à sa disposition et ses conseils et sa bourse. Senefelder
raconte ainsi lui-même comment il parvint à obtenir un encrage satisfaisant de ses premières planches, en utilisant d'abord la balle du
pressier, puis le tampon plat du graveur.

« Je pris pour cela une balle remplie de crin et recouverte de cuir
très fin ; je la frottai fortement avec une couleur faite de vernis d'huile
de lin bien épaisse et de noir de fumée. Je passai cette balle sur les
caractères écrits : ils prirent très bien la couleur, mais tous les intervalles
de plus d'une demi-ligne en avaient pris aussi. Je compris à l'instant
que la trop grande flexibilité de la balle en était cause. Je lavai la
planche avec de l'eau de savon, je tendis davantage le cuir de la balle,
j'y mis moins de couleur, et les saletés ne se reproduisirent plus jusque
dans les intervalles qui avaient plus de deux lignes. Je vis clairement
alors que, pour atteindre mon but, il me fallait un tampon d'une matière
plus solide pour mettre la couleur ; j'en fis l'essai à l'instant avec un
petit morceau de glace cassée. L'épreuve réussit assez bien, ainsi
qu'avec des plaques élastiques de métal. Enfin, au moyen d'une petite
plaque de bois qui avait servi de couvercle à une boîte fort unie, que je
couvris de plusieurs doubles de drap très fin, j'eus un tampon si
parfait pour encrer mes traits, qu'il ne me resta plus rien à désirer. »

La naïveté de ces détails est la meilleure des preuves que
Senefelder tirait tout de son propre fonds, le génie inventif suppléait
chez lui au savoir.

M. Steiner, directeur de l'instruction publique en Bavière, fut le
troisième client et le troisième protecteur de Senefelder, qui plus tard
écrivait : « M. Steiner, par les encouragements qu'il m'a donnés et par
» les excellentes idées qu'il m'a inspirées, a contribué puissamment
» à augmenter le désir que j'avais de réussir, en m'excitant à porter la
» Lithographie au degré de perfection où elle se trouve aujourd'hui. »
Ce nouveau protecteur lui confia des travaux relativement importants
et, par la suite, lui amena le professeur Schmidt, puis un riche imprimeur-éditeur de musique d'Offenbach, M. André, qui, en 1802,
devait l'entraîner à fonder des établissements dans les principales capi-
tales de l'Europe.

L'exécution des planches était son côté faible. En 1797, pour
remplir les commandes de M. Steiner, il chercha à former des jeunes
gens, habiles au dessin et à l'écriture, à ce genre de travail. Mais ne
trouvant pas chez eux la bonne volonté sur laquelle il avait compté, il

résolut de se passer de leur intermédiaire. Une maladie de M. Gleissner, son associé, qui jusqu'alors l'avait beaucoup aidé dans la confection des planches, mit le comble à son embarras, dont il ne tarda pas à sortir par l'invention de l'autographie. Il avait remarqué que, lorsqu'il écrivait sur du papier avec un crayon de plombagine, s'il mouillait ensuite le papier et l'appliquait sur une pierre polie en lui faisant subir l'action de la presse, l'écriture était distinctement reportée sur cette pierre. Cette remarque le conduisit, après des milliers d'essais, à tracer sur le papier, avec une encre spéciale, la planche qu'il reportait ensuite sur pierre par la pression. Ce fut, pour lui, le point de départ de la Lithographie chimique, qu'il devait appliquer dès l'année suivante, en 1798. Cinq années de travail opiniâtre avaient conduit, étape par étape, Senefelder à l'invention de la Lithographie.

A partir de ce moment, Senefelder se voit accueilli partout, c'est à qui encouragera ses efforts et lui aplanira la route. En 1799, grâce aux démarches de M. Steiner, le roi de Bavière Maximilien-Joseph lui accorde un privilège de quinze ans. André, d'Offenbach, parvient à le décider à venir, avec son associé M. Gleissner, installer chez lui une Lithographie, puis, lorsqu'elle commence à fonctionner, prend l'initiative de fonder des établissements à Paris et à Londres. Pour cela, en 1800, un mémoire descriptif de l'invention de Senefelder est déposé au *Patent Office* de Londres, et en 1801, Frédéric André, un des frères d'André, d'Offenbach, demande en France un brevet de dix ans, qui lui est accordé le 11 février 1802, sous le titre de « Nouvelle méthode de graver et d'imprimer ». Frédéric André échoue à Paris et à Londres par suite du mauvais choix de son personnel, tandis que l'imprimerie d'Offenbach, sous la direction de Gleissner, acquérait une renommée bien méritée.

En 1803, Senefelder dépose à la régence de la Basse-Autriche une demande de brevet, et part pour Vienne, où il installe une Lithographie et produit entre autres œuvres plusieurs planches polychromes. Trois ans s'étaient à peine écoulés, l'imprimerie de Vienne commençait à donner des résultats sérieux, lorsque Senefelder vend brevet et établissement par un contrat que lui-même reconnaît « désavantageux » et rentre à Munich. Il s'y rencontre avec Antoine André, deuxième frère d'André, d'Offenbach, qui lui propose une nouvelle combinaison pour créer des Lithographies à Augsbourg et à Francfort. Senefelder est devancé par un de ses anciens ouvriers, Charles Strohofer, qui s'installe à Stuttgard avec l'argent d'un riche commerçant, M. Cotta.

Le baron d'Arétin, qui se trouvait alors à Munich, propose à Senefelder et à Gleissner une association pour l'établissement d'un atelier beaucoup plus important que tout ce qu'on avait encore fait ; le traité est signé en 1807, et, pendant trois ans, de nombreuses productions de tous genres sont répandues dans le public. Senefelder avait liquidé son brevet anglais, qui était passé entre les mains de M. Volvieler, Buckingham palace, 9, à Londres, et s'occupait activement de réaliser l'impression lithographique des papiers de tenture et des toiles, problème qu'on est seulement à la veille de résoudre d'une façon pratique.

A la fin de 1809, les trois associés se séparent, et, un an après, Senefelder, complètement ruiné, sans qu'on sache à quelle cause attribuer cette ruine, est nommé, par le roi de Bavière, directeur de l'atelier lithographique qu'on avait adjoint au service du cadastre. Cette situation était un prétexte à la pension qui lui fut desservie par le gouvernement bavarois jusqu'à sa mort.

Le brevet français délivré à Frédéric André était passé successivement entre les mains de trois personnes qui toutes trois avaient échoué dans son exploitation. La Société d'Encouragement pour l'Industrie nationale s'était à plusieurs reprises occupée de l'invention de Senefelder. Le baron d'Arétin avait même proposé, en 1810, à l'un de ses membres les plus éminents, M. le comte de Lasteyrie, de former une association et de faire venir à Paris l'inventeur, des artistes et des ouvriers. Le comte de Lasteyrie ne crut pas devoir accepter cette offre, et partit pour Munich afin de voir les choses par lui-même et de prendre connaissance du nouvel art. Il passa un mois dans cette ville, et fit directement un contrat avec Senefelder, contrat dont la guerre ne permit pas l'exécution.

En 1815, le comte de Lasteyrie fit un second voyage à Munich, étudia durant deux mois tous les détails de la Lithographie, travailla manuellement, fit construire des presses, acheta des pierres, embaucha des ouvriers et revint en France présider à l'installation de l'établissement qui fut inauguré le lundi de Pâques, 15 avril 1816. Les premiers spécimens sortis de cet établissement furent déposés à la date du 18 janvier 1817. Il avait été devancé de cinq mois par Godefroi Engelmann dont nous retracerons tout à l'heure les travaux. Mais, avant, revenons à Senefelder.

L'inventeur de la Lithographie regrettait fort de n'avoir pu exécuter le contrat passé en 1810 avec M. le comte de Lasteyrie. Paris lui apparaissait comme un terrain neuf sur lequel il pourrait rétablir sa fortune.

Partout ailleurs la place était prise : Akermann avait réussi à Londres, Dall-Armi à Rome ; la Société des Amateurs de la Lithographie tenait Vienne et l'Autriche ; en Allemagne, Arnz et Cⁱᵉ étaient à Dusseldorf ; Manheim, Heidelberg, Francfort et plusieurs autres villes avaient des lithographies en pleine prospérité.

En 1818, la situation financière de Senefelder s'étant améliorée, il partit enfin pour Paris avec sa famille et son neveu Knecht, et fonda, rue Servandoni, dans une dépendance de l'ancien hôtel Roquelaure, un atelier qui ne tarda pas à fonctionner sous la direction de Knecht. Pour lui, il s'occupa tout d'abord de son *Traité de Lithographie* dont la traduction parut en 1819 (première partie). Pendant qu'il préparait les éléments de la deuxième partie de ce Traité, qui ne fût jamais terminé, il se livrait incidemment à des recherches d'un tout autre ordre qui l'entraînaient hors de la voie qu'il avait suivie jusqu'alors. La seule invention importante concernant la Lithographie, que fit Senefelder à Paris, fut celle de l'enduit calcaire destiné à remplacer la pierre lithographique ; encore l'honneur en revient-il plutôt à Knecht. C'est un produit analogue que les industriels allemands annoncent aujourd'hui, à soixante-dix ans d'intervalle, sous le nom de « Kalc-sinter ».

Senefelder ne resta que peu d'années en France. Il revint en 1824 à Munich, après avoir laissé sa Lithographie à Knecht ; la fortune, qu'il avait tant de fois laissé glisser de ses mains, ne devait plus lui sourire. En 1834, au mois de janvier, ce grand inventeur et profond philosophe fut frappé de cécité ; il avait alors soixante-trois ans. Cette dernière épreuve devança de peu sa mort, qui arriva le 26 février 1834.

Au nombre des apprentis que Senefelder forma à Paris, nous ne devons pas oublier Joseph-Rose Lemercier, né à Paris le 6 juillet 1803. Lemercier avait seize ans et venait de terminer son apprentissage de vannier lorsqu'il entra à l'atelier de la rue Servandoni. En 1827, Lemercier achetait « la moitié » d'un brevet d'imprimeur lithographe et commençait avec une presse ; peu après, le travail arrivant, il transférait son atelier rue du Four, et enfin rue de Seine, où il créait l'une des Lithographies les plus réputées de l'Europe. Chevalier de la Légion d'honneur en 1847, officier en 1878, Lemercier est mort, le 20 janvier 1887, à Bagneux, à l'âge de quatre-vingt-quatre ans ; il était le doyen des lithographes français.

Senefelder avait été devancé à Paris, et par le comte de Lasteyrie et par Godefroi Engelmann, qu'on peut à titres égaux considérer comme les véritables importateurs en France de la Lithographie, Frédéric André et ses successeurs n'ayant rien produit. Le rôle des Engelmann est trop considérable pour que nous ne leur consacrions pas une place d'honneur dans cet avant-propos historique.

Godefroi Engelmann, né à Mulhouse le 17 août 1788, était envoyé par sa famille à La Rochelle, en 1805, pour y apprendre le commerce. Doué de peu d'aptitudes pour le négoce, il vint à Paris et entra comme élève dans l'atelier du peintre Regnault. Ses parents le rappelèrent à Mulhouse, où M. Thierry, fabricant d'indiennes, lui offrit une place de dessinateur dans ses ateliers, puis le choisit pour gendre.

En 1813, un de ses amis, M. Edouard Kœchlin, lui communiqua, au retour d'un voyage en Allemagne, quelques épreuves lithographiques et le Traité publié en 1810 par la maison Cotta, de Tubingen. Pendant l'hiver 1813-1814, Engelmann se procure des pierres, construit un petit outillage et étudie seul les nouveaux procédés. En juin 1814, peu satisfait de ses résultats, il part pour Munich, s'entend avec M. Stuntz, agent des lithographes Strixner et Pilotti, pour avoir communication de leurs procédés, et rentre ensuite à Mulhouse, où il installe une Lithographie. Dès le mois d'octobre 1815, il faisait parvenir à la Société d'Encouragement pour l'Industrie nationale une remarquable série d'épreuves.

A Mulhouse, l'élément artiste manquait à Engelmann; aussi se décida-t-il promptement à fonder une Lithographie à Paris même, ce qui fut fait en juin 1816. Le 3 août de la même année, il présentait à l'Institut une collection de dessins au crayon faits par Regnault, son ancien professeur, Girodet et Carl Vernet; cette collection fut déposée (dépôt légal) le 7 septembre 1816. En moins de deux années, Engelmann groupe autour de lui Regnault, Carl Vernet, Girodet, Géricault, Isabey, Bellanger, Michalon, Bonington, Devéria, Villeneuve, le baron Athalin et Robert de Sèvres, et, grâce à cette pléiade d'artistes de valeur, la Lithographie débute en France sous les auspices de l'art. C'est alors qu'il associe à ses travaux (1818) son beau-frère, M. Pierre Thierry. En 1820, les deux associés fondent une maison à Londres et introduisent la Lithographie en Espagne, à Barcelone; leur association prend fin en 1830: Engelmann retourne à Mulhouse, tandis que son beau-frère conserve la maison de Paris.

Godefroi Engelmann intéresse à sa maison de Mulhouse, en 1833, son fils Jean, puis fonde avec lui une nouvelle maison à Paris, en 1837, et revient mourir dans sa ville natale le 25 avril 1839, dans sa cinquante et unième année. Godefroi qui avait publié, en 1823, un *Manuel du Dessina-*

teur Lithographe, venait de terminer son *Traité théorique et pratique de la Lithographie*, dont deux livraisons avaient déjà paru. La Lithographie doit à Godefroi Engelmann de nombreux perfectionnements, au nombre desquels la chromolithographie et les reports passent en première ligne. Senefelder avait à grand'peine obtenu des impressions polychromes. Hildebrand, de Berlin, qui l'avait suivi dans cette voie, avait complètement échoué; c'est à Godefroi Engelmann que revient l'honneur d'avoir résolu pratiquement le problème.

Après la mort de Godefroi Engelmann, son fils et associé Jean continua à diriger la maison de Paris, s'adonnant surtout à la chromolithographie. En 1842, il s'associa avec M. Auguste Graft et fut l'un des fondateurs de la Chambre des lithographes de Paris, qui le choisit, en 1870, pour président, en remplacement de son oncle Pierre Thierry. Jean Engelmann est mort, le 29 juillet 1875, à Foudrain (Aisne), âgé de soixante ans.

Ce n'est que dix ans après l'importation de la Lithographie en France que le Gouvernement songea à l'introduire dans son imprimerie; l'ordonnance qui stipule l'établissement de presses lithographiques à l'Imprimerie royale est datée du 17 novembre 1826. Nous devons ajouter qu'elle resta lettre morte pendant dix-sept ans, car la Lithographie ne fut réellement installée dans cet établissement public qu'en 1842. Mais, si l'Etat se montra si indifférent au nouvel art industriel qui était appelé à prendre de si grands développements dans le monde entier, il n'en fut pas de même de la Société d'Encouragement pour l'Industrie nationale. Cette Société, qui comptait dans son sein tout ce que la France avait de savants illustres et de grands industriels, aida de tout son pouvoir à sa vulgarisation, créant des prix et prodiguant des primes pour stimuler le zèle des premiers lithographes. Nous avons vu le comte de Lasteyrie, l'un de ses membres, se faire lithographe et créer à Paris le premier établissement sérieux de Lithographie. Ces exemples ne doivent pas tomber dans l'oubli.

« Si l'imprimerie et la gravure, écrivait en 1839 un savant et humoriste vulgarisateur, venaient à disparaître, la Lithographie pourrait les remplacer toutes deux. » Elle a fait mieux : aujourd'hui elle sert de trait d'union entre les différentes branches des arts graphiques. Le premier pas dans cette voie nouvelle, où la Lithographie a rendu déjà tant de services, est dû à M. Firmin Gillot, qui, le premier, a su utiliser les planches et les reports lithographiques pour en obtenir, sur métal, des planches en relief propres aux tirages typographiques.

Ses premiers essais datent de 1845. Firmin Gillot, lithographe, né le 25 septembre 1820, à la Réveillarderie, petit hameau du département d'Eure-et-Loir, est mort à Paris en 1872. Son premier brevet, en date du 21 mars 1850, a été le point de départ d'une industrie nouvelle, connexe à la Typographie et à la Lithographie, qui a puisé un appoint considérable dans les procédés photographiques.

La photographie devait, elle aussi, entrer dans le concert des arts graphiques, grâce à la Lithographie devenue art de reproduction, d'art d'interprétation qu'elle était avant. Elle a débuté dans cette nouvelle manière par les impressions phototypiques, dont nul ne peut contester la valeur artistique.

Le dernier Traité complet de Lithographie date de quarante ans; il est antérieur à tous ces progrès. Nous inspirant des travaux de nos devanciers, nous les avons résumés et mis à jour, colligeant dans les données nouvelles tout ce qui nous a paru de quelque utilité pour la Lithographie. Nous nous sommes appliqué de notre mieux à combler une lacune; à nos lecteurs d'apprécier dans quelle mesure nous y avons réussi.

PREMIÈRE PARTIE

SOMMAIRE

LES PIERRES LITHOGRAPHIQUES

R. L. Brégeaut, dans son *Manuel du Dessinateur et de l'Imprimeur lithographe*, publié en 1827, définissait ainsi la pierre lithographique :

« Toutes les fois qu'une pierre est en partie soluble aux acides, qu'elle prend l'eau avec facilité, et que, par conséquent, elle s'imbibe aisément des substances grasses, qu'elle est dure, sans trous ni fissures, elle peut être employée pour la Lithographie. Celles qui sont vraiment propres à cet usage se reconnaissent aux qualités suivantes : leur pâte est fine et homogène; leur couleur, blanche et uniforme, est légèrement teintée de jaune. Les pierres qui, au lieu d'être blanches, sont d'un beau gris perle, doivent être préférées parce qu'elles sont plus dures, que le grain qu'on leur donne avant de les livrer aux dessinateurs résiste bien plus longtemps à l'impression, et que les dessins exécutés sur ces dernières donnent un plus grand nombre de belles épreuves. »

G. Engelmann ajoute à cette définition, dont il reproduit la substance en d'autres termes dans son Traité paru en 1839, la classification suivante :

« Les plus dures, celles qui sont d'un gris noirâtre, pour la gravure; — les grises et celles qui sont d'un gris jaunâtre, sans défauts, pour les dessins au crayon; — les jaunes, mais cependant pas trop tendres, et celles qui présentent des veines et des marbrures, pour les dessins à la plume; — les plus tendres, pour les autographies ou les reports. »

Des données plus explicites ne nous semblent pas inutiles.

La pierre lithographique est un calcaire presque pur, très dense (son poids spécifique varie entre 2,8 et 2,9, alors que celui du marbre est en moyenne 2,7), d'une grande homogénéité, à pâte fine, assez dur, exempt de défauts tels que les cristallisations calcaires, les vermiculures et les mouchetages siliceux. Lorsqu'on veut essayer un échantillon, la première chose dont il faut se rendre compte est la pureté du calcaire; la seconde, son homogénéité et son degré de pureté. Un morceau broyé et attaqué par l'acide azotique étendu doit s'y dissoudre presque entièrement, c'est-à-dire avec un résidu insignifiant. La finesse du grain, qui est en rapport avec l'homogénéité, s'apprécie à l'œil, en brisant des éclats. Le grattoir permet de se rendre compte du degré de dureté : la pointe sèche et le diamant doivent y tracer des lignes nettes, qui, vues à la loupe, ne montrent pas d'éraillures.

Le calcaire « lithographique » appartient, géologiquement, aux terrains de l'époque jurassique. On le trouve aux étages de l'oolithe moyen et de l'oolithe supérieur. Les bancs de carbonate de chaux de cette période géologique ne sont propres à la Lithographie qu'autant que leur dépôt s'est effectué lentement et sans trouble, conditions auxquelles ils doivent leur pureté et leur homogénéité. Plus le dépôt s'est effectué avec lenteur, plus le grain est serré, fin, et la pierre dure régulièrement; moins elle renferme de veinules, de vermiculures et de mouchetures. Les terrains jurassiques occupent en Europe de larges étendues; aussi, cette qualité de pierres n'est-elle pas aussi rare qu'on l'a cru aux débuts de la Lithographie. Si le nombre des carrières en exploitation est restreint, cela tient aux frais considérables que nécessitent ces sortes d'entreprises, autant pour extraire, choisir et façonner le produit, que pour le faire admettre par les lithographes.

Le premier caillou sur lequel Senefelder s'essaya, avait été rapporté par lui des environs de Grenoble, — Brégeaut, en 1827, du vivant de Senefelder, signala le fait, confirmé par Ambroise Jobard, qui avait eu connaissance de toutes les phases de l'invention de la Lithographie par un frère de l'inventeur, employé dans son établissement de Bruxelles. Quelques biographes allemands, et après eux Chevallier et Langlumé, ont prétendu qu'il était question de l'Iser, affluent du Danube, et non de l'Isère; mais Senefelder connaissait le Dauphiné, qu'il avait visité au cours de ses pérégrinations artistiques — puis il reconnut les mêmes qualités aux pierres pour dallage qu'on extrayait des magnifiques carrières de Solenhofen, aux portes de Munich, et les adopta. Il ne pouvait mieux choisir. Aujourd'hui, ces carrières sont presque épuisées et ne fournissent plus d'aussi bons échantillons; mais leur renommée survit à leur richesse : il n'est encore de bonnes pierres, dans l'esprit des lithographes, que celles qui viennent de Munich.

Dès 1816, la Société d'Encouragement pour l'Industrie nationale, présidée par l'illustre Thénard, offrit, dans le but d'exonérer l'industrie naissante du tribut qu'elle payait à la Bavière, une prime aux chercheurs de pierres lithographiques sur le sol français. Il est probable que si, à cette époque, elle avait fourni à ces chercheurs les indications que la science pouvait formuler, il y en aurait eu beaucoup d'heureux, et que l'industrie de la pierre lithographique se serait développée chez nous. En 1817, elle décerna cependant une médaille d'encouragement à M. Quenedey, pour divers échantillons de calcaires de l'Aube (pierres de Gonneville) qu'il avait réunis ; mais la prime ne fut attribuée qu'en 1821 à M. Lefebvre-Challoin, de Belley (Ain), dont les carrières, situées en partie à Montréal, près de Nantua, dans le même département, ne reçurent qu'un commencement d'exploitation insignifiant : on s'arrêta aux bancs supérieurs, généralement défectueux.

En 1831, la Société d'Encouragement remit au concours un prix de 3,000 francs. Il ne s'agissait plus, cette fois, de se borner à trouver des gisements. Les concurrents devaient fournir la preuve que trois lithographes avaient chacun employé douze pierres similaires aux échantillons qui seraient présentés. Elles devaient être comparables aux meilleures pierres de Bavière, et les lithographies tirées sur ces pierres devaient avoir été mises dans le commerce. De plus, le prix de ces pierres devait être inférieur à celui des pierres étrangères. Aux termes de ce concours, M. Dupont, de Périgueux, obtint en 1836 une médaille d'argent, et, en 1838, dans la séance du 17 janvier, le prix lui était attribué. M. Dupont avait fait ouvrir, en 1833, des carrières aux environs de Châteauroux (Indre); les pierres étaient excellentes, mais de petites dimensions. Aujourd'hui, les bancs sont épuisés.

En 1834, MM. Mantoux et Chevallier cherchèrent à tirer parti de bancs qu'ils avaient découverts à Tanlay (Yonne), mais la qualité était loin de répondre aux dimensions qu'on pouvait tailler : le grain était lâche et les pierres trop poreuses. En 1836, Ambroise Jobard signala les pierres de Mussy-l'Évêque, appartenant à la même formation que celles de Tanlay, et, en 1837, M. Lemercier indiqua un massif important à Villers-en-Lieu, près de Saint-Dizier. Mussy et Villers eurent le sort de Gonneville : les produits furent trouvés trop poreux. En 1873, M. P. Rencurel ouvrit des carrières à Menton ; ses produits ne furent pas accueillis plus favorablement ; enfin, en 1875, on exhuma, sans plus de succès, celles de Montréal, qui avaient valu, cinquante-cinq ans auparavant, le prix de la Société d'Encouragement à M. Lefebvre-Challoin.

De toutes les carrières de pierres lithographiques ouvertes en France, — nous faisons exception pour celles de Châteauroux, qui sont épuisées, — une seule a vu ses produits pénétrer dans toutes les lithographies, c'est celle du Vigan (Gard). Et pourtant, la pierre du Vigan, quoique appartenant à la même formation que celle de Châteauroux, est très foncée de nuance, dure, à texture cristalline; elle se prête mal aux travaux de la plume, de la gravure, plus mal encore à ceux du crayon, et ne peut guère être utilisée qu'au tirage des reports.

A côté de cela, nous possédons des bancs fort beaux, dont la qualité égale celle des pierres de Munich de choix, de la meilleure époque, et nul ne semble y prendre garde.

En 1876, la Société d'Encouragement a encore proposé une prime de 2,000 francs pour l'exploitation de nouvelles carrières, où l'emploi d'une composition, soit métallique, soit de toute autre nature, qui puisse remplacer avec avantage les bonnes pierres lithographiques. Ces primes n'ont plus leur raison d'être aujourd'hui, en présence des progrès réalisés par la « métallographie. » « La France, écrivait à cette époque le *Bulletin de l'Imprimerie*, est aussi riche que possible en gisements de calcaires lithographiques des plus belles qualités; il ne lui manque qu'une chose : des capitalistes pour les exploiter. » Du reste, Comblanchien dans la Côte-d'Or, dont Niepce, de Chalon-sur-Saône, avait dès 1817 adressé des échantillons à M. le comte de Lasteyrie, Burniquel dans le Tarn-et-Garonne, et surtout les bancs de la Dordogne, peuvent hardiment aspirer à la succession de Solenhofen. Il n'est pas jusqu'à l'Algérie qui ne soit prête à fournir son contingent avec les pierres du Ravin-Bleu, près de Batna.

Nous ne nous arrêterons pas aux détails du façonnage que subissent les pierres lithographiques à la sortie de la carrière; la main-d'œuvre n'y entre pour ainsi dire plus pour rien, la mécanique fait tout. Une machine scie les blocs d'épaisseur, enlève la croûte, une seconde les équarrit et les met de dimensions, une troisième dresse et polit leurs surfaces.

La pierre lithographique est très fragile, la texture de sa pâte explique cette fragilité; il est donc important d'éviter qu'elle ne subisse des chocs, surtout qu'elle ne reçoive des coups secs : une fêlure imperceptible peut se produire, et la pierre se sépare alors en deux au cours d'un tirage. Cette fragilité est mise à profit lorsqu'on veut équarrir une pierre. Après avoir tracé des deux côtés, sur ses deux surfaces, suivant quelles lignes on veut la couper, on la place sur une table de façon à ce que la partie qui doit tomber porte à faux sur le bord de la table. Avec la tranche d'un petit marteau à long manche, ce qui lui donne une certaine élasticité, on frappe alors une série de coups secs, mais légers au début, en suivant ces lignes. Quand un côté est fait, on retourne la pierre, qui ne tarde pas à se fêler et à se séparer. On dresse alors la tranche avec un burin bien aiguisé sur lequel on frappe légèrement pour ne pas enlever d'éclats trop volumineux, en partant d'une extrémité pour aboutir au milieu, et en reprenant ensuite à l'autre extrémité.

LA PIERRE LITHOGRAPHIQUE FACTICE

Dès 1814, Senefelder, frappé des inconvénients que présentait la pierre lithographique : prix élevé, fragilité, poids considérable, inégalité de pâte, etc., etc., s'employa à chercher une composition qui pût la remplacer avantageusement. Il espérait ainsi compléter l'art de la Lithographie; c'est du moins ce qu'écrivait, en 1854, son ancien associé et successeur, Édouard Knecht.

Senefelder poursuivit ses essais pendant neuf ans, de 1814 à la fin de 1822. Knecht les reprit ensuite et les continua jusqu'en 1838.

Bien que les procédés actuels ne laissent aucun intérêt à la fabrication

des pierres lithographiques factices, nous n'allons pas moins indiquer la
marche des essais tentés par l'inventeur de la Lithographie et les résultats
obtenus par son successeur.

Senefelder avait remarqué qu'une tache d'huile sur la pierre lithographique s'étend et pénètre pendant plusieurs jours, mais qu'à la longue,
l'huile étant absorbée, la tache ne prenait plus l'encre d'impression lorsqu'on
l'avait soumise à l'acidulation. Cette observation fut le point de départ de
ses essais. Partant de la composition moyenne du calcaire lithographique
de Solenhofen :

Carbonate de chaux	97.22
Silice.	1.90
Alumine	0.28
Oxyde de fer.	0.46
Pertes.	0.14
	100 »

il prépara une pâte de craie et d'huile de lin, et y ajouta un peu d'argile et
d'oxyde de fer. Une page de musique, écrite sur un carton enduit de cette
pâte, fut imprimée à plusieurs exemplaires, en 1816, dans l'établissement
lithographique de M. le comte de Lasteyrie, passage Sainte-Marie. En 1819,
Senefelder remettait à la Société d'Encouragement, qui avait institué un prix
pour ce genre de recherches, deux petites pierres de 0^m15 sur 0^m20,
confectionnées par ce procédé.

En 1820, peu satisfait des résultats obtenus, il changea sa composition
et prépara, avec du blanc de céruse mêlé de chaux grasse et de caséum,
plusieurs planches sur fort papier verni, passé au vitriol et poncé. Des dessins
à la plume et des dessins au crayon, exécutés sur ces planches, furent
imprimés à plusieurs centaines d'exemplaires devant une Commission de la
Société d'Encouragement. Le nouveau procédé reçut de la Société le nom
de Papyrographie, mais il ne fut pas primé : il n'était pas pratique, car
lorsqu'on abordait les formats moyens, le papier verni s'étendait, et la pâte
se gerçait sous la pression et le tirage du râteau. C'est alors qu'il chercha à
substituer des feuilles de métal au papier verni, ce que les Allemands font
revivre aujourd'hui sous le nom de Kalc-sinter platten.

Les premières planches lithographiques que Knecht fabriqua étaient des
feuilles de zinc couvertes de la préparation suivante : craie lavée, 3 parties ;
blanc d'argent, 1 partie ; oxyde de fer, 1/8 de partie ; chaux grasse éteinte et
huile de lin mélangées, 1 partie. Voici, d'après une note de lui insérée dans
le Technologiste, la dernière formule à laquelle il s'arrêta :

Une plaque de métal, ou une planchette de bois sans veines, est, après
nettoyage ou décapage, couverte d'une couche de pâte composée de :
3 parties de craie, 1 partie de caséum lavé et séché, et 1/2 partie de chaux
caustique. Cette première couche acquiert, en deux heures, assez de consistance pour qu'on puisse la « lisser » au couteau à palette. On l'humecte légèrement avec une éponge fine mouillée d'eau, puis on étend une seconde

couche préparée comme la première, sauf en ce qui concerne la craie, qu'on remplace par du blanc d'argent fin. Lorsque cette seconde couche est sèche, on la lisse au couteau à palette, et on y passe à diverses reprises, en l'étendant avec un morceau de flanelle, la mixture suivante : eau, 500 parties; acide nitrique à 40°, 3 parties; alun de roche en poudre, 10 parties; sulfate de cuivre en poudre, 15 parties.

Le lendemain, la plaque complètement sèche est polie au brunissoir d'agate; elle est alors prête à recevoir un dessin à l'encre ou au crayon lithographique, un report ou une autographie. On prépare, avant tirage, en laissant la planche trois ou quatre minutes humectée d'une mixture acide ainsi composée : eau, 100 parties; acide gallique ou noix de galle en poudre, 10 parties; gomme arabique, 20 parties, et acide nitrique, 1 partie.

LE DOUBLAGE DES PIERRES

A force d'être creusée, grattée, grainée, poncée, la pierre lithographique s'use. Il arrive un moment où l'imprimeur hésite à la mettre sous presse, tant il appréhende que la moindre pression du râteau ne la sépare en plusieurs morceaux. A plus forte raison, il n'ose pas la mettre sur le marbre d'une machine, car le cylindre, malgré son étoffage, malgré tous les ressorts compensateurs, est brutal, et n'a pas les complaisances du râteau, dont la pédale peut au besoin régler les efforts. Et pourtant la pierre est belle, sans défauts, c'est du Munich premier choix; elle a fourni de si beaux tirages que ce serait un crime de la mettre au rebut. Que faire?

On la double, c'est-à-dire qu'on la réunit avec une autre pierre qui se trouve dans le même cas, ou avec une tablette assez épaisse de schiste ardoisier : l'union des faibles fait la force. Cette opération, de réunir deux pierres, toute simple qu'elle paraisse au premier abord, est assez délicate. C'est une véritable soudure qu'il s'agit d'opérer, soudure autogène autant que possible; résistant à l'humidité et à toutes les causes de désagrégation : la chaleur, les trépidations, les manutentions diverses, etc.

Si les surfaces des pierres que vous devez mettre en contact sont polies, il faut les grainer grossièrement et y tracer au burin des sillons entrecroisés qui faciliteront l'adhérence du mastic ou de la pâte que vous emploierez.

Les gens pressés « soudent » au plâtre; d'aucuns recommandent même le plâtre blanc, ce qui est une erreur, car le plâtre ordinaire possède une force adhésive bien supérieure. Dans tous les cas, les « liens au plâtre » ne sont pas indissolubles, tant s'en faut, et l'humidité a trop d'action sur

eux. Ils sont excellents cependant lorsqu'on ne veut pas, après tirage, conserver les pierres adhérentes à leur doublage. Mieux vaudrait, dans le cas
contraire, employer un mastic composé de glycérine et d'un oxyde de plomb :
la céruse, le minium, la litharge ou le massicot. La glycérine et l'oxyde
de plomb sont gâchés ensemble, pétris plutôt, à consistance de pâte plastique qu'on étend à la surface de la pierre de doublage; on recouvre
celle-ci avec la pierre qu'on veut doubler, et on assure l'adhérence par une
série de petits glissements horizontaux des deux pierres l'une sur l'autre,
puis par une pression. Il faut s'assurer que les deux pierres restent bien de
niveau, ce que l'on fait avec une règle portée sur des supports de hauteur
égale placés en dehors du bloc soudé.

Mais la véritable « soudure », puisque nous nous sommes servis de cette
expression, la soudure autogène, celle qui donne les meilleurs résultats,
consiste dans l'emploi d'une bouillie très épaisse, d'une pâte de chaux
et de silicate. On gâche ensemble parties égales de chaux vive et de
talc (silicate hydraté de magnésie), et on procède comme nous venons de
l'indiquer. On interpose de cette façon entre les deux pierres un véritable
ciment magnésien qui ne tarde pas à faire corps avec elle. C'est de la pierre
soudée par de la pierre.

Les Allemands, à Papenheim et à Solenhofen, dans les carrières de pierres
lithographiques, emploient ce moyen; ils ajoutent seulement à la chaux et au
talc une petite quantité de sable calcaire très fin.

Le doublage des pierres a donné, en 1883, l'idée à un imprimeur
d'Édimbourg de doubler sa provision, en sciant chaque pierre et en collant
chaque morceau sur des cailloux de moindre valeur, puis, comme conséquence de cette idée, de fabriquer des pierres de grandes dimensions en
ajustant sur une même doublure une série de feuilles de pierres de bonne
qualité. Le procédé a été patenté. Il était vraiment inutile de recourir à
cette formalité pour en conserver la propriété. Le doublage est un pis aller
auquel on est heureux de pouvoir recourir dans certains cas, mais il ne serait ni
pratique, ni surtout économique, d'en étendre les services dans cette mesure.

Lorsqu'une pierre se brise sous presse au cours d'un tirage, si la
cassure est nette, sans éclats, on peut, par un doublage provisoire, au plâtre,
et en encadrant la pierre cassée d'une bande de feuillard, afin d'éviter que
les morceaux ne puissent s'écarter, sauver quelquefois la fin du tirage, ou
tout au moins permettre le tirage d'épreuves de report, si la planche en vaut
la peine.

DRESSAGE, GRAINAGE ET PONÇAGE DES PIERRES

Les pierres lithographiques, sciées d'épaisseur, équarries et dressées mécaniquement au sortir de la carrière, sont généralement livrées, aujourd'hui, prêtes à être employées. Cependant, quand on reçoit un lot de pierres neuves dans un atelier, il n'est pas inutile de vérifier et le parallélisme des surfaces et l'exactitude du dressage. Cette vérification est facile à opérer, soit à l'aide de la règle et de l'équerre, soit avec un pont, dont une règle métallique placée sur champ forme la partie supérieure. S'il y a lieu à correction, comme les défauts ne sauraient être considérables, on procède au redressement sur la table de ponçage.

Cette table se compose d'une caisse doublée de métal, plomb ou zinc, montée sur quatre pieds à la hauteur d'une table ordinaire; cette espèce de réservoir porte de fortes traverses transversales destinées à recevoir les pierres. Vous disposez à plat, sur ces traverses, la surface destinée au travail en dessus, une des pierres à dresser, et vous la couvrez de sablon fin fortement humecté (sable quartzeux tamisé ou grès pilé); vous placez dessus, la surface destinée au travail en dessous cette fois, une pierre d'égales dimensions, et la saisissant de chaque main par les angles opposés, vous lui communiquez un mouvement de va-et-vient alterné avec un mouvement giratoire gagnant du centre aux bords, puis s'étendant sur toute la surface. Par suite de ce frottement continu, le sable, la pierre usée et l'eau ne tardent pas à produire un magma limoneux qui rend la manœuvre plus dure; on renouvelle tantôt le sable, tantôt l'eau, et on continue jusqu'à parfait redressement des pierres. Le mouvement giratoire des pierres l'une sur l'autre, si l'on n'a pas soin de déplacer son centre à chaque révolution, tend à rendre la surface frottante concave, et la surface frottée convexe; pour parer à ce défaut, on intervertit de temps à autre l'ordre des pierres, en mettant en dessous celle qui était en dessus, et réciproquement. L'opération du dressage se termine par un ponçage à fond, qui polit la surface des pierres et les met en état d'être confiées soit à l'écrivain, soit au transporteur.

Lorsque la quantité dont il faut user la pierre pour la dresser est trop forte, ce mode de procéder demanderait trop de temps. On se sert alors du bourriquet. C'est un disque en fonte, du poids de vingt kilogrammes environ, que l'on place sur la pierre supérieure. Ce disque est percé, à sa surface, d'une véritable couronne de trous coniques, dans l'un ou l'autre desquels on place une cheville ou manette aussi conique, qui sert à donner à la main le mouvement giratoire ou celui de va-et-vient que nous venons d'indiquer.

Si les pierres sont destinées à recevoir des dessins au crayon, mode de travail artistique fort prisé il y a quelques années encore, mais qui tend à disparaître devant les progrès de la photolithographie, elles ont besoin de recevoir une opération spéciale, celle du grainage.

Le grainage consiste à transformer la surface lisse de la pierre en une surface rugueuse, régulière, dont les mamelons, au lieu d'être arrondis, présentent un certain mordant. L'opération est la même que celle du dressage, sauf qu'on choisit du sable plus ou moins fin, selon la grosseur du grain que l'on désire, et que la pierre supérieure est un peu plus petite que la pierre inférieure, afin de rendre la conduite du travail plus facile. Les deux pierres doivent être de même qualité, sans cela tout l'effet du sable se porterait sur la plus tendre.

Quand un ouvrier a commencé le grainage d'une pierre, il doit, autant que possible, ne pas interrompre son travail, et veiller à ce que le sable et l'eau ne fassent pas défaut entre les deux surfaces, car il en résulterait soit un grainage irrégulier, soit une adhérence telle des deux pierres, qu'il faudrait le plus souvent briser l'une des deux pour délivrer l'autre. Lorsque cet accident arrive, on peut chercher à y remédier en mettant les deux pierres sur champ : on introduit alors, avec beaucoup de précautions, une lame de couteau entre les deux, on cherche à y faire peu à peu pénétrer de l'eau et à obtenir un glissement des deux surfaces l'une sur l'autre. Les pierres se détachent quelquefois aussi par un séjour prolongé dans un bain d'eau chaude, mais non bouillante.

On ne peut préciser d'avance combien de temps peut durer le grainage d'une pierre; cela dépend de la grosseur du grain que l'on veut obtenir, de la dureté de la pierre qu'on graine, et de l'habileté du graineur, trois facteurs variables. Quand le grainage est fini, on soulève avec précautions la pierre de dessus, afin d'éviter qu'aucun de ses bords ne heurte la pierre grainée, on lave celle-ci copieusement, à grande eau, avec une brosse au besoin, et on la dresse contre la muraille, la face grainée en dedans, pour la laisser sécher.

Une des grandes difficultés du grainage, surtout lorsqu'on cherche à obtenir un grain fin, est la régularité. Ambroise Jobard recommande, pour y arriver facilement, de mettre une poignée de fécule dans le sable. « L'amidon a la propriété, dit-il, de retenir l'eau pendant très longtemps, et » d'empêcher les pierres de se gripper, de sorte qu'on peut pousser l'écra- » sement jusqu'à la dernière ténuité, ce qui produit un grain serré et aussi » égal qu'on peut le désirer. »

C. Doyen, qui a beaucoup imprimé de crayon, formule ainsi les qualités qu'on doit exiger pour un bon grain :

« Le grain doit être profond et mordant. Le crayon prend bien alors » sur la pierre, et le tirage en fait ressortir toutes les valeurs. On voit sou- » vent des dessins sans couleur et sans effets, cela tient à ce qu'ils ont été » faits sur une pierre dont le grain n'avait pas de mordant. Mettez le doigt » perpendiculairement sur une pierre grainée et tirez à vous; si le grain est » franc, vous ressentirez sous l'ongle une sensation analogue à celle que » produirait le frottement sur une lime neuve. Le grain doit être égal et

» sans défauts sur toute la surface de la pierre. Pour juger de sa grosseur et
» s'assurer de sa régularité, placez la pierre au soleil, de façon à ce que les
» rayons lumineux tombent obliquement sur elle. Dans cette position, une
» des faces des aspérités sera vigoureusement éclairée, tandis que l'autre
» se détachera en « ombre », et vous verrez les plus petits défauts. »

Lorsqu'un tirage est fini, il faut penser à effacer ce que l'on avait confié
à la pierre. Si la planche était gravée, couverte de lignes grises ou de grisés
à la pointe, mordue de coups de grattoir, la première opération à lui faire
subir est un léger grainage qui use régulièrement la surface, ensuite on
procède au ponçage. La pierre ponce dont on se sert est un tuf volcanique,
on la choisit de préférence légère, filamenteuse, avec des reflets soyeux,
brillants, et en morceaux d'un certain volume, dont on aplanit une face à la
râpe ou en l'usant sur une pierre de rebut. On frotte uniformément toute la
surface de la pierre avec la ponce, qu'on imbibe à tout instant d'eau, jusqu'à
ce que non seulement il n'y ait plus traces de dessin ou d'écriture, mais
encore qu'elle ait le poli du marbre et ne présente aucune rayure, aucune
éraflure. La pierre est ensuite lavée et mise à sécher. Si l'effaçage n'était pas
complet, cela présenterait de gros inconvénients qu'il faut avant tout éviter;
aussi vaut-il mieux ne pas épargner un peu de travail au ponçage, pour être
sûr que tout corps gras a disparu de la pierre. Avant qu'elle ne soit complètement sèche, si vous la baignez d'eau, tout ce qui n'aura pas été suffisamment effacé apparaîtra en teinte plus claire que le reste de la pierre, jusqu'à
ce que l'absorption s'étant faite complètement, elle reprenne une teinte
uniforme.

Bien des essais ont été faits pour obtenir, soit le nettoyage chimique
des pierres, soit le grainage et le ponçage mécaniques. On ne parle plus du
nettoyage chimique, les insuccès ont été trop complets chaque fois qu'on a
voulu le substituer au ponçage : il ne peut rendre quelques services que
pour faciliter dans certains cas la correction; quant à l'emploi de moyens
mécaniques pour poncer et grainer, des résultats, sinon entièrement satisfaisants, du moins fort encourageants, ont été obtenus. Une des meilleures
machines proposées est celle de MM. Pierron et Dehaitre, qui fonctionne
dans quelques grandes imprimeries.

Terminons ce chapitre par l'indication de certaines précautions qui
doivent suivre le ponçage et le grainage. Que la pierre soit destinée à la
machine ou à la presse à bras, il ne faut pas oublier d'abattre les angles à la
lime et même de les arrondir ensuite à la pierre ponce. S'ils restaient vifs,
ou même s'ils n'étaient pas assez arrondis, le moindre inconvénient qu'ils
présenteraient serait de prendre l'encre et de maculer les impressions; on
devrait s'estimer heureux s'ils ne coupaient pas les blanchets et les cuirs de
châssis.

LES ROULEAUX LITHOGRAPHIQUES

Aux débuts de la Lithographie, Senefelder et ses imitateurs encraient leurs pierres avec des chiffons chargés d'encre grasse. Un peu plus tard on adopta les balles d'imprimerie, sortes de tampons en peau de chien munis d'une poignée. En 1807 on en était encore à ce moyen aussi défectueux que rudimentaire. Le *Journal* de Nicholson en fait mention dans son numéro de février 1807, reproduit en juillet de la même année dans le *Bulletin de la Société d'Encouragement :*

« Voici le procédé : on trace à la plume, et avec une encre préparée pour cet effet, un dessin sur une pierre plane et bien unie, précisément comme on le ferait avec une plume et de l'encre ordinaires. On plonge ensuite la pierre dans l'eau, où sa surface s'imprègne d'humidité ; en la frappant dans cet état avec des balles d'imprimeurs, l'encre s'attache aux traits du dessin et nullement aux autres parties de la pierre. On la recouvre ensuite d'une feuille de papier humecté, on y passe le rouleau, et on obtient de cette manière un dessin qui est ce qu'on nomme la contre-épreuve de l'original... »

Le comte de Lasteyrie, à son premier voyage à Munich, trouva les lithographes munis du rouleau encreur. Le rouleau presseur en avait suggéré l'idée à l'esprit observateur et inventif de Senefelder, qui, dès 1808, l'avait essayé, habillé de drap fin d'abord, de cuir ensuite, devançant en cela de six années l'emploi du rouleau en typographie. Ce n'est, en effet, qu'en 1814 que Kœnig, le constructeur des premières presses mécaniques, y adapta des toucheurs cylindriques recouverts de cuir, imitation de celui de Senefelder ; mais il fallut l'invention de la pâte à base de colle forte et de mélasse, faite en 1819 par le docteur Gannal, pour que l'usage du rouleau pût se généraliser en typographie.

Les premiers rouleaux lithographiques furent garnis en peau de mouton, cousue en étui et clouée aux extrémités, puis on remplaça la peau de mouton par la peau de chien, et finalement par le cuir de veau. Lorsque M. de Lasteyrie installa sa lithographie à Paris, en 1816, passage Sainte-Marie, un jeune cordonnier, son voisin, M. Schmautz, fut chargé par lui de réparer et d'entretenir les rouleaux de cuir qu'il avait rapportés de Munich. M. Schmautz se rendit bientôt compte des défauts de l'outillage allemand. Il supprima la couture en surjet du cuir pour la remplacer par une couture plate, le clouage par un coulisseau serré à l'aide d'une ficelle, puis, aidé des conseils de son client, entreprit de fabriquer au lieu de se borner à réparer; c'est ainsi que M. Schmautz devint, de simple artisan, l'un des fournisseurs de la Lithographie.

C. Doyen a écrit qu'un bon rouleau était l'âme de la Lithographie. Tous les praticiens partagent son opinion, qu'il a développée dans son *Trattato di Litografia*, paru en 1877. Le rouleau de la presse à bras se compose de trois parties : l'âme, cylindre en bois dur terminé à ses deux extrémités, suivant son axe, par des tiges servant de poignées; son diamètre est généralement de dix centimètres et sa longueur de trente-deux; les flanelles cousues bord à bord, c'est-à-dire sans bourrelet susceptible de faire épaisseur, qui s'interposent entre le bois et le cuir; et enfin ce dernier, qui est la partie essentielle du rouleau.

Il n'est pas inutile, pour raisonner les services qu'on lui demande, d'être fixé sur la constitution anatomique du cuir. Au dehors, c'est l'épiderme, formé de cellules desséchées, aplaties, minces, qui sont plus épaisses, plus renflées au fur et à mesure qu'elles sont plus éloignées de la surface. Puis vient le derme, constitué par un entrelacement, un feutrage de fibrilles. La partie qui touche à l'épiderme est très serrée; elle contient des fibres nerveuses et des tubes capillaires; puis vient une couche dermique composée d'un tissu cellulaire très lâche. Ceci dit, il est facile de se rendre compte qu'un rouleau dont le cuir aura son épiderme (la fleur) tourné en dehors, aura tendance à abandonner toute l'encre dont on l'aura couvert, et que le contraire aura lieu si c'est le derme (la chair) qui est à l'extérieur.

On choisit des peaux de veau bien corroyées, dont le cuir est élastique, uni et d'une égale épaisseur; comme on n'utilise que le dos, il est rare qu'une peau parfaite puisse fournir plus de cinq rouleaux de dimensions moyennes. C'est la chair qu'on met à l'extérieur pour fabriquer les rouleaux « à grain » propres au tirage du noir, et la fleur pour fabriquer les rouleaux « lisses » employés pour les teintes, la chromo. Senefelder recommande de coudre les cuirs avec de la soie, afin que la couture présente toutes les garanties désirables de solidité. Engelmann, Lemercier et Doyen ajoutent à cette recommandation, qu'un lithographe ne doit pas tolérer dans ses ateliers un rouleau mal cousu. Le cylindre en bois étant garni de une ou deux flanelles serrées, cousues de façon à ce que la couture ne fasse pas épaisseur, on baigne le cuir pour l'amollir et faciliter ainsi l'habillage du noyau, qui se fait en laissant le cuir dépasser le bois de chaque côté de trois centimètres environ. On perce les bords d'une couronne de petits trous à l'emporte-pièce; ces

trous servent à faufiler la ficelle avec laquelle on serre le cuir en le rapprochant des poignées : il se trouve ainsi tendu le plus possible dans le sens
de sa longueur. On le laisse sécher dans cet état, puis on égalise sa surface
à la pierre ponce.

Comme complément du rouleau, l'imprimeur se munit de deux poignées
en cuir, dans lesquelles les poignées en bois jouent librement, et qui sont
destinées à protéger ses mains contre le frottement.

Avant de mettre un rouleau neuf en service, il faut le rouler, pendant un
jour au moins, sur une table couverte de vernis fort, puis on le laisse sécher
pendant quelques jours, pas au point qu'il se « glace », et on le met à l'encre,
en ayant soin de remplacer souvent celle-ci pendant les premiers jours.
Cette « mise en train » du rouleau a pour but d'imprégner toutes les
molécules du cuir. Sans cela, il arriverait que l'humidité de la pierre
s'infiltrerait peu à peu dans les pores de la peau, et que celle-ci prendrait
de moins en moins l'encre grasse, jusqu'à refus complet. Dans ce cas, il
faut le racler, le faire sécher, et recommencer à le rouler dans le vernis.

En dehors des données que nous venons d'exposer, quelles sont les
conditions que doit réunir un bon rouleau ? Voilà une question à laquelle il
n'est pas facile de répondre complètement, car l'ouvrier et l'ustensile se
complètent l'un par l'autre, et l'habile imprimeur seul sait tirer parti du
rouleau qu'il a dans les mains. Il emploiera un rouleau neuf pour les travaux
de peu d'importance, et réservera un rouleau ayant déjà quelque service
pour les travaux fins et délicats; il sait qu'un rouleau est d'autant meilleur
qu'il retient mieux l'encre, et qu'il fera toujours d'excellente besogne avec un
rouleau un peu dur.

Le rouleau dur, dit C. Doyen, garni d'une seule flanelle sous le cuir,
retient bien l'encre et dégage le dessin; il sera donc indispensable pour les
planches ayant une tendance à s'empâter. Sa meilleure époque va de son
troisième à son huitième mois de service; c'est le moment de l'utiliser à
l'encrage des dessins au crayon, pour lesquels il est suffisant d'une simple
adhérence des molécules d'encre sur les aspérités du grain de la pierre.
Lorsque le cuir est un peu aminci par l'usage, qu'il refuse de relever
l'excédent d'encre déposé sur le dessin, le rouleau doit être exclusivement
consacré aux travaux à la plume, son office se limitant, dans ce cas, à étendre
une couche d'encre uniforme sur des traits, sans qu'on ait à chercher des
effets d'adhérence intelligente, comme dans l'encrage des dessins au crayon.
Le rouleau mou, garni de deux ou trois flanelles, ne convient qu'aux
travaux courants et au nettoyage de la gravure.

Les Allemands, pour éviter ce qu'en terme du métier on désigne sous
le nom de « coup de rouleau », c'est-à-dire la ligne que laisse sur la pierre
une couture un peu proéminente, avaient imaginé d'augmenter le diamètre
des rouleaux en raison de la dimension des planches à imprimer, de façon à
les couvrir d'une seule révolution. Ils n'ont jamais pu en obtenir qu'un travail
lourd et sans vigueur. Cette question du « coup de rouleau » fit chercher, dès
1821, à obtenir des cuirs sans couture. Schmautz assembla des rondelles

de cuir sur un mandrin et les tourna, sans se rendre compte qu'ainsi fait, le rouleau présentait à sa surface une succession de zones qui rendaient toute régularité de grain impossible, et, qu'en outre, il manquait complètement d'élasticité. Ces défauts, véritables vices rédhibitoires, lui firent abandonner une tentative qui, reprise plus tard et sans plus de succès par M. Tudot, lui valut néanmoins un prix de la Société d'Encouragement pour l'industrie nationale. Un autre fabricant vint ensuite, qui, sans supprimer la couture du cuir, se borna à remplacer les doubles de flanelle par une couche plus ou moins épaisse de liège. Au début, le liège maintient bien l'élasticité, mais lorsqu'il est fatigué, maté, et cela arrive presque toujours dans la meilleure période de qualité du cuir, comme l'imprimeur ne peut y remédier lui-même, il faut retourner le rouleau au fabricant.

Ce que nous venons d'écrire sur les rouleaux destinés aux presses à bras, s'applique à ceux qui sont destinés aux machines, et qui n'en diffèrent que par les dimensions.

Comme l'habillage d'une machine lithographique est chose coûteuse, on a cherché et on cherche encore à substituer aux rouleaux de cuir des rouleaux en composition chimique, analogues à ceux des machines typographiques. Senefelder disait déjà : « Qui me délivrera des rouleaux de cuir ? » G. Engelmann, en rendant compte de la tentative Schmautz-Tudot, faisait remarquer que les chercheurs feraient mieux d'employer leurs efforts à trouver le moyen d'appliquer à la Lithographie les rouleaux typographiques ; il l'a même tenté, mais sans succès : il ne s'était pas assez pénétré de l'importance, pour l'encrage, de la contexture fibreuse du derme de la peau, contexture que le mélange de colle et de mélasse ne pouvait en aucun cas lui donner ; et lorsqu'il essaya ensuite de recouvrir de tels rouleaux de peau, il ne tenait pas compte du retrait que le temps leur fait subir. On peut employer économiquement pour les preneurs, et au besoin pour les distributeurs, des rouleaux fondus en pâte insoluble, ou qu'on insolubilise ; mais rien, jusqu'à présent, n'a remplacé le cuir pour les rouleaux toucheurs. La tentative la plus heureuse a été le rouleau de M. Lanham, le « Victory », dont le noyau, en caoutchouc vulcanisé, était recouvert d'une couche de caoutchouc mousse, plus ou moins serrée, suivant qu'on cherchait à obtenir l'encrage des rouleaux à grain ou celui des rouleaux lisses. Elle date de 1877.

Les Allemands ont inventé, entre autres, la formule qui suit, pour fabriquer des rouleaux lithographiques sans cuir :

Sirop (mélasse ou glucose).	20 parties..
Colle forte.	20 —
Salpêtre	3 —
Sucre	3 —
Eau.	5 —
Huile d'amandes.	1 —
Chromate de plomb	1 —
Terre argileuse sulfatée et potasse	S. A.

faire dissoudre au bain-marie, couler au moule, puis, après le démoulage, plonger pendant dix heures dans un bain composé de :

Terre argileuse sulfatée.	1 partie.
Potasse	1 —
Eau.	10 parties.

laisser ensuite sécher pendant cinq jours.

Il est beaucoup plus simple de faire fondre des rouleaux en pâte typo-graphique, dans laquelle la colle forte sera bi-chromatée, et de les exposer ensuite à la lumière pour rendre leur surface tout à fait insoluble.

Quoi qu'il en soit, nous estimons que le dernier mot n'est pas dit, et que, la chimie aidant, on arrivera à produire des rouleaux en « cuir factice » qui répondront à tous les desiderata des imprimeurs.

Dans toute imprimerie bien tenue, chaque presse doit avoir au moins deux rouleaux, et chaque machine deux jeux, afin qu'en alternant leur mise en service, on évite les effets du contact continuel avec la pierre humide. Chaque fois que l'on change de travail, ou tout au moins à la fin de la journée, tous les rouleaux sont raclés avec soin avec un couteau à lame mousse, non affilée. Le couteau doit être manié avec les plus grandes précautions, car il faut éviter avant tout d'endommager le cuir. Cette opération est à deux fins : le raclage enlève d'abord l'humidité qui s'est fixée à la surface du cuir et a une tendance à pénétrer dans ses pores, il enlève ensuite l'excès d'encre, qui fixerait, en séchant, la poussière ambiante. Les rouleaux lisses, destinés au tirage des couleurs, sont lavés à l'essence de térébenthine, ou raclés et lavés. On couvre ensuite les rouleaux de maculatures, ou mieux, on les enferme dans un placard. Quand un rouleau ne doit pas servir de quelque temps, il faut, avant de le mettre au râtelier, l'enduire d'une légère couche de suif épuré : nous insistons sur ce mot épuré, car le suif ordinaire renferme souvent des corps étrangers dont l'effet serait de durcir le cuir.

On a imaginé différents systèmes pour procéder économiquement au lavage à l'essence des rouleaux lithographiques de presses mécaniques. Le plus simple consiste en une sorte d'auget en métal dans lequel les deux extrémités du mandrin, les fusées, portent sur deux fourchettes. Le tiers de la circonférence du rouleau baigne dans l'essence ; on fait tourner celui-ci pendant qu'on promène sur la partie supérieure une brosse dont les crins ont été remplacés par des rangs serrés de lisière de drap.

LES PAPIERS D'IMPRESSION

Le papier est généralement le bouc émissaire des insuccès en Lithographie. Une planche se voile-t-elle, les traits s'empâtent-ils? C'est le papier qui graisse. Les traits diminuent-ils d'intensité au point de disparaître? C'est le papier « acide » qui mange la composition. Avec ces deux réponses, le lithographe explique tout.

Quelques lignes sur la fabrication du papier nous permettront de déterminer dans quels cas et dans quelle mesure il peut être tenu responsable des accidents de tirage, et comment on peut le choisir.

Il y a cinquante ans, qu'était le papier? Du chiffon de chanvre, de lin ou de coton, lavé, blanchi, trituré et feutré. Aujourd'hui c'est un feutrage de cellulose de toutes provenances, herbes, paille, bois, écorces — on y trouve même du chiffon — assaisonné de matières inertes telles que : fécule, kaolin, sulfate de baryte, sulfate de chaux, tous corps à peu près insolubles dans l'eau. Le papier est dit sans colle, demi-colle ou collé, selon que son feutrage a été plus ou moins imperméabilisé par l'opération du collage. Cette opération consiste, soit à passer les feuilles fabriquées dans un bain de gélatine contenant jusqu'à 20 pour 100 de sulfate d'alumine, dont l'effet est d'insolubiliser la gélatine qu'absorbe le papier, soit à mélanger à la pâte à papier un savon résineux auquel on ajoute, au moment de l'emploi, autant de sulfate d'alumine qu'on a employé de résine.

Un feutrage de cellulose pure, sans mélange aucun, n'aura aucune action sur une planche lithographique, et s'imprimera d'autant plus facilement que la pâte sera plus régulière, plus fine et plus souple. Si ce feutrage renferme une ou plusieurs des matières inertes que nous avons indiquées, si elles sont en proportion raisonnable — ce qui varie suivant la force du papier et la qualité de la cellulose pure — et bien adhérentes aux fibrilles du feutrage, l'impression sera plus facile et surtout plus belle, ces matières attirant l'encre d'imprimerie par un effet de capillarité. Cette qualité deviendra un grave défaut par son exagération même. En effet, un papier trop chargé aura tendance à trop dégarnir la pierre d'encre, ce qui facilitera l'empiètement de l'humidité sur les traits. D'un autre côté, si les matières ne sont pas assez adhérentes, elles se détacheront du feutrage et occasionneront des empâtements en se fixant sur les parties grasses de la planche. C'est, on le voit, un effet mécanique qui se produit, et rien autre chose. Si vous voulez vous rendre compte approximativement de la quantité de charge que renferme un papier, brûlez-en complètement un morceau sur une soucoupe : la quantité de cendre blanche vous fixera.

Neuf fois sur dix, le graissage de la planche se produit avec des papiers encollés au savon résineux. Sous l'influence de l'humidité, les parcelles de savon résineux déposées autour des fibres ténues constituant le papier, s'en détachent et viennent se fixer sur la pierre, en y produisant autant de points doués d'une grande affinité pour l'encre. Comment ce fait peut-il se produire ? L'encollage du papier est le résultat d'une action purement mécanique : c'est un enduit qui couvre toutes les fibrilles et les rend plus ou moins imperméables. Lorque ces fibrilles sont humectées, comme leur imperméabilité est incomplète, elles se gonflent et brisent l'étui microscopique que forme la colle autour d'elles ; quelques parcelles restent sur la pierre chaque fois que la pression y fait adhérer les feuilles. Le papier graisse d'autant moins que le fabricant a mieux réussi l'encollage ; il graisse d'autant plus que le savon résineux est trop abondant, ou a été mal réparti dans la pâte à papier.

Il y a deux moyens logiques de combattre le graissage ; le premier consiste à alcooliser un peu l'eau de trempage, mais on ne peut le faire que pendant l'hiver, car, l'été, la fermentation acide se développerait trop vite. Le second moyen est d'avoir une eau de mouillage très légèrement aiguisée avec un acide végétal : acide acétique très étendu, acide tannique, etc., soit vinaigre, vin blanc, tanin, etc. ; mais alors, en présence de cette acidulation continuelle de la pierre, quelque faible qu'elle soit, il faut surveiller la planche avec soin.

Ceci dit, l'imprimeur lithographe comprendra qu'en fait de papiers, il n'a qu'à choisir les mieux fabriqués, ceux qui ne sont pas trop durs, pas trop chargés, et dont l'encollage a été le mieux réussi. L'acquit que donne l'expérience sera son guide le plus sûr ; en tous cas, nous venons de lui indiquer les vraies causes des défauts qu'il pourra constater.

En dehors des papiers courants, la Lithographie se sert, pour certains travaux, de carte et de papier pâte, dits « porcelaine » et de papiers couchés de différentes couleurs, mats ou lissés. Ces sortes spéciales sont obtenues en couchant, sur du papier ordinaire, une pâte plus ou moins colorée à base de blanc de baryte, de blanc de plomb ou de blanc de zinc, etc., etc., et de colle animale. Les difficultés que présente leur impression, qui doit toujours se faire à sec, en laissant presque sécher la pierre après chaque encrage, corroborent ce que nous avons dit des effets de la « charge » du papier.

Le papier de Chine, dont on se sert pour préparer le papier de reports et pour le tirage d'épreuves de luxe, est importé directement de la Chine et du Japon, où on le fabrique avec le liber de certains végétaux, du mûrier à papier entre autres. Il doit être soyeux, brillant, d'une couleur gris-jaune, et couvert le moins possible de peluches. Ses deux faces n'ont pas le même aspect ; le recto est plus uni et a une nuance plus régulière. On en fabrique en France, au Pont-de-Claix, dans les usines de MM. Breton, avec l'écorce du mûrier de Provence, mais il n'a ni la souplesse ni la résistance du Chine véritable. Le papier de Chine destiné aux tirages est généralement plus fin et plus uni que celui réservé aux reports.

Certains tirages se font sur papier sec lorsqu'il s'agit d'impressions en couleurs, par exemple de chromos, ou quand on tient à ménager le glaçage du papier ; autrement, plusieurs heures avant de livrer le papier à l'impression, on lui fait subir un trempage qui l'assouplit et prédispose sa surface à recevoir l'encre. L'importance de ce trempage varie selon la nature et la force du papier. Une feuille mouillée sur douze ou quinze feuilles sèches suffit généralement pour le papier sans colle ou mi-colle, et une sur huit ou dix pour le papier collé ; on laisse l'absorption se produire, et une heure après le trempage on couvre le papier d'un plateau que l'on charge de poids. Au moment de l'emploi, le papier doit être régulièrement humide dans toute sa masse, on ne doit voir briller l'eau sur aucune feuille. Nous n'entrerons pas dans le détail de la manipulation du trempage, détail qu'aucun imprimeur n'ignore ; nous nous bornerons à recommander de n'employer que de l'eau propre, limpide, pas trop crue.

LA PLANCHE

« Toute la Lithographie », disait Ambroise Jobard, le lauréat de la Société d'Encouragement au concours ouvert (Paris 1828) entre les lithographes de tous les pays, pour récompenser ceux qui avaient fait faire le plus de progrès à leur art, « se résume en quelques lignes : Tracez sur une pierre ou sur un métal, à l'aide d'un corps gras ou bitumineux, un dessin quelconque ; décapez avec un mélange d'acide et de gomme ; humectez votre planche avec une éponge, et, pendant qu'elle est imprégnée d'humidité, passez sur le tout un rouleau enduit d'encre d'imprimerie : il s'établira bien vite une adhérence entre le corps gras du rouleau et le corps gras du dessin, tandis que l'humidité qui couvre le reste de la planche s'opposera à l'adhérence du noir gras du rouleau sur le fond de la planche. »

La théorie de la Lithographie est tout entière dans ces quelques lignes, à cela près que la pierre et le métal ne sont pas les seules substances susceptibles de se prêter aux exigences des procédés lithographiques. Nous ne nous occuperons, dans cette première partie de notre Traité, que de la pierre. C'est par elle que la Lithographie, cette branche des arts libéraux, a débuté, grandi, prospéré ; qu'elle soit remplacée dans un avenir plus ou moins prochain, la chose est possible : les lois du progrès, comme celles du destin, sont immuables ; en attendant, la pierre reste maîtresse de la place.

Ce corps gras, ce corps bitumineux, il faut le déposer sur la pierre non pas à l'aventure, mais en traits purs et déliés, souvent fins et délicats, et auparavant disposer les surfaces pour que leur adhérence soit intime. Cette adhérence est le fait d'une action physique, l'absorption moléculaire, et non le résultat d'une réaction chimique secondaire, la saponification calcaire, qui, dans les circonstances où on opère, ne saurait se produire. Les lithographes y ont cru longtemps, à cette réaction ; beaucoup y croient encore, bien que ce qui a lieu sur le métal, sur le verre, sur la gélatine, en démontre le peu de fondement.

Les instruments du dessin et de l'écriture sont la plume, le pinceau et le crayon.

Pour faire usage du pinceau et de la plume, il a fallu combiner le corps gras avec d'autres substances ayant des propriétés analogues, de façon à obtenir un composé soluble dans un liquide assez fluide pour l'entraîner en partie dans les pores de la pierre, mais sans qu'il s'étende au delà du trait tracé. Cette condition essentielle écartait l'emploi, comme dissolvant, des huiles, des essences ou des alcools; restait l'eau. Mais les corps gras, résineux ou bitumineux, sont directement insolubles dans l'eau; pour qu'ils puissent s'y dissoudre, il faut qu'ils soient saponifiés, c'est-à-dire combinés avec certains alcalis : c'est cette nécessité qui justifie la présence du savon dans toutes les formules d'encre lithographique; grâce à lui, l'encre grasse peut être obtenue à l'état de solution aqueuse, et son influence dissolvante cesse à la première acidulation. Si, dans une eau chargée de savon en dissolution, on verse quelques gouttes d'un liquide acide, l'alcali qui était en combinaison avec le corps gras est neutralisé, et celui-ci redevient insoluble : il se précipite au sein de la dissolution en flocons, et ne tarde pas à se réunir à la surface, où on peut le recueillir; c'est l'effet produit par l'acidulation sur l'encre.

Pour se servir du corps gras en guise de crayon, il a fallu lui donner une certaine consistance; les magmas adoptés pour la plume et le pinceau, en modifiant suivant les besoins les proportions des corps composant, ont rempli le but qu'on se proposait. Mais, dans ce cas, le savon n'a plus la même raison d'être; aussi a-t-on pu sans inconvénients le supprimer de quelques formules.

En dehors du pinceau, de la plume ou du crayon, l'écrivain lithographe, l'artiste, ont la ressource de deux autres modes de travail, la gravure et l'autographie : la gravure, qui assimile la pierre à la planche de métal, cuivre ou acier, mais avec un labeur moins ingrat, plus expéditif et partant plus productif; l'autographie, qui est la méthode la plus simple, la plus facile et la plus économique, celle qui a vulgarisé la Lithographie, et dont les gens les plus étrangers à cette industrie peuvent tirer parti. L'autographie consiste à tracer sur un papier préparé, avec une encre analogue à l'encre lithographique, sans autre apprentissage qu'un peu de pratique, tout ce que l'on désire transformer en planche d'impression. Senefelder disait d'elle : « Cette » manière est tout à fait particulière à l'imprimerie chimique, et je suis porté » à croire que c'est ce qu'il y a de plus important dans ma découverte. »

Avant d'aborder la description de chacun de ces genres, nous allons exposer la fabrication des encres, des crayons et du papier autographique.

L'ENCRE LITHOGRAPHIQUE

L'encre lithographique se compose essentiellement de suif, de cire et de résine, tous corps qui contribuent, par leur pénétration dans les pores de la pierre, à fixer les traits. A ces trois substances viennent s'ajouter le savon, dont nous avons expliqué l'action, et le noir de fumée qui intervient comme principe colorant.

Le suif, — c'est le suif de mouton qu'on choisit parce qu'il renferme moins d'oléine, moins d'huile, — est le principe gras du mélange. Employé en excès, il donne une encre molle, adhérente aux doigts, se délayant assez bien dans l'eau distillée, mais conservant pendant trop peu de temps sa limpidité. L'excès de savon, — suif saponifié, — produit les mêmes effets.

La cire donne de la consistance à l'encre; elle enraye la propension qu'a la graisse à s'étendre au delà du trait tracé, et limite l'action de la préparation acide en retenant les molécules des corps gras que cette préparation reconstitue en neutralisant les alcalis du savon. S'il y a excès de cire, l'encre solide est ferme, cassante; dissoute, elle conserve peu de temps sa limpidité, et demande, pour être employée, qu'on y ajoute souvent quelques gouttes d'eau distillée ou d'eau de pluie.

La résine saponifiée et dissoute donne de la fluidité à l'encre, et cette fluidité persiste. Trop de résine donne une encre sèche, très cassante, difficilement soluble à froid, et s'étendant trop sur la pierre, au point de ne pas permettre de tracer des traits d'une moyenne finesse.

Il y a donc à déterminer, pour la combinaison de ces trois substances, les proportions les plus favorables au résultat qu'on en attend. Théoriquement, il n'y aurait pas lieu de beaucoup s'écarter d'un mélange en proportions égales, mais les différentes formules connues sont fantaisistes au possible sous ce rapport. En voici quelques-unes que nous avons ramenées à la même unité, afin de rendre la comparaison plus facile; le dosage est indiqué en grammes.

	1	2	3	4	5	6	7	8	9	10	11	12	13
Cire blanche	100	100	100	100	»	100	100	100	100	»	100	100	100
Cire jaune	»	»	»	»	»	»	»	»	100	»	»	»	»
Savon de Marseille	30	54	325	100	20	45	50	25	160	250	100	50	100
Gomme laque	200	70	150	100	100	»	»	25	140	25	125	125	76
Mastic en larmes	10	25	»	»	20	»	25	»	»	»	25	50	»
Suif épuré	20	»	75	100	»	34	25	»	160	75	75	75	100
Noir de fumée	5	22	75	7	7	13	25	25	50	50	25	25	25
Soude	»	»	»	»	20	»	»	»	»	»	»	»	»
Térébenthine de Venise	»	»	»	»	»	»	13	»	»	»	13	25	»
Huile d'olive	»	»	»	»	»	»	»	»	»	»	»	12	»

Le n° 3 correspond à une formule de M. Lemercier; le n° 11 à la formule de M. Doyen; le n° 12 à la formule Knecht-Senefelder; le n° 13 à la
formule de MM. Chevallier et Langlumé. Le n° 10 est une formule allemande
pour les travaux au pinceau. Dans ces différentes formules, le principe résineux est représenté par la gomme laque, le mastic en larmes et la térébenthine. Les mélanges s'opèrent tous à peu près de la même façon. Voici les
données de cette manipulation :

Dans une marmite en fonte, dont la capacité est au moins le triple de ce
qu'elle doit contenir, on fait fondre la cire et le suif, et on élève la température jusqu'à ce que le mélange prenne feu au contact d'une allumette en-
flammée. On retire la marmite du feu, et, la combustion intérieure continuant,
on y ajoute par petites portions le savon, que l'on a fait sécher à l'avance
en le divisant en copeaux. Le savon fondu est mélangé intimement à la masse
à l'aide d'une spatule; si la combustion intérieure a cessé, on la rétablit en
chauffant de nouveau, puis on ajoute la résine ou les résines comme on a
fait pour le savon, et lorsque le tout est bien mélangé, on bouche la marmite pour éteindre; cela fait, on y incorpore le noir de fumée en spatulant
énergiquement pour obtenir un mélange parfait, et on coule la matière à
l'état visqueux sur un marbre enduit de fiel de bœuf ou dans des moules.
Après refroidissement, la coulée est débitée en bâtons de petites dimensions
qu'on enrobe de feuilles d'étain, autant pour les mettre à l'abri de l'humidité
et de la poussière que pour en rendre le maniement plus propre et plus
facile.

L'encre lithographique doit être noire, d'un aspect plutôt brillant que
terne, rayable à l'ongle, ne pas s'attacher aux doigts, qui ne doivent pas y
laisser d'empreinte, bien compacte, d'une cassure plutôt grasse que sèche;
elle doit être entièrement soluble dans l'eau distillée ou dans l'eau de pluie
et ne s'épaissir ni dans la plume ni dans le tire-ligne; elle doit se comporter
à cet égard comme la bonne encre de Chine.

LE CRAYON LITHOGRAPHIQUE

Le crayon lithographique a sensiblement la même composition chimique
que l'encre, et les nombreuses formules qui ont été publiées ne diffèrent
guère que par le dosage des substances.

Ce qu'on doit demander à un crayon lithographique, c'est qu'il ait une
pâte très homogène, à grain serré, consistante sans être trop sèche, se
taillant facilement, et assez colorée pour que le dessinateur puisse suivre
son travail comme il le ferait sur le papier. Il n'est pas utile qu'il soit soluble

dans l'eau; dans certains cas la solubilité, comme celle de l'encre par exemple, nuirait au travail; mais à un plus faible degré, elle facilite l'enrobage des molécules de la pierre par le corps gras : il ne faut pas oublier que la pierre lithographique, comme tous les calcaires du reste, est hygrométrique, et l'action physique qui tend à se produire est à prendre en considération. Fichtemberg, Lemercier, puis Doyen, ont facilité cette action d'enrobage par l'adjonction d'une petite proportion de sel de nitre (azotate de potasse).

On fabrique généralement plusieurs numéros de crayons, qui diffèrent entre eux par la dureté plus ou moins grande de la pâte, résultat obtenu par l'augmentation de la proportion de noir de fumée. Fichtemberg a fabriqué des crayons durs en y ajoutant de l'argile, imitant en cela le mode de faire des fabricants de crayons noirs et de crayons de graphite. Cette imitation n'était pas heureuse : la présence de l'argile ne peut que nuire, en divisant inégalement l'effet du corps gras. Il aurait été préférable d'emprunter à ces fabricants leur mode de moulage, qui consiste à faire passer la pâte dans des filières calibrées : le crayon lithographique y aurait beaucoup gagné comme consistance et comme homogénéité.

Nous donnons ci-après un certain nombre de formules, ramenées, comme nous l'avons fait pour l'encre, à la même unité, le poids indiqué en grammes. Les comparaisons sont ainsi rendues possibles. Dans ces formules, le corps gras est représenté par le suif de mouton et le savon de suif; la résine par la gomme laque, le mastic en larmes et la térébenthine de Venise.

	1	2	3	4	5	6	7	8	9	10	11	12	13
Cire blanche	100	100	100	100	100	100	100	100	100	»	100	100	100
Cire jaune	»	»	»	»	»	»	»	»	»	100	»	»	»
Savon de Marseille	61	100	100	50	170	»	400	200	135	80	75	50	75
Azotate de potasse	»	»	»	»	»	»	»	»	10	3	15	»	»
Gomme laque	40	»	10	20	30	30	300	50	35	»	25	25	25
Mastic	»	»	»	»	»	»	500	»	»	»	»	»	»
Térébenthine de Venise	»	»	»	»	»	»	»	»	»	»	25	»	»
Suif	80	»	»	50	»	250	600	50	»	13	13	»	25
Noir de fumée	20	20	7	20	27	15	100	25	25	22	100	20	35
Vermillon	»	»	»	»	»	15	»	»	»	»	»	»	»
Argile	»	»	»	»	»	»	»	»	35	»	»	»	»

Les six premières formules datent des trente premières années de la Lithographie et ont été recueillies par Brégeaut; la septième est celle de Senefelder; la huitième et la neuvième correspondent aux numéros 1 et 2 de Fichtemberg; la dixième est celle de Lemercier; la onzième celle de Doyen; les douzième et treizième sont les numéros 1 et 2 de Chevallier et Langlumé. Nous allons donner la manipulation que nécessite la fabrication de ces derniers ; elle résume celle de toutes les autres formules.

On coupe la cire en menus débris et on la fait fondre dans une bassine munie de son couvercle. Lorsque la cire est fondue, on élève la température jusqu'à ce qu'elle prenne feu. Retirant la bassine du feu, on la couvre jusqu'à ce que la flamme soit éteinte ; il faut alors la remettre au feu et y jeter le savon, desséché à l'avance, par petites quantités. Le mélange s'enflamme de nouveau : on recommence la manœuvre que nous venons d'indiquer pour éteindre la flamme. La bassine remise au feu, on y verse la gomme laque concassée comme on a fait pour le savon, c'est-à-dire peu à peu, afin d'éviter une trop grande effervescence : la température étant élevée, le mélange prend feu pour la troisième fois ; on l'éteint de la même façon et on laisse refroidir un instant avant d'ajouter le noir de fumée. Le noir incorporé à la masse, on remet sur le feu et on chauffe pendant une demi-heure environ, en ayant soin de spatuler tout le temps, afin que le mélange soit bien intime, et en évitant que par un excès de chaleur la masse ne prenne feu à nouveau. Une prise d'essai, qu'on prélève de temps en temps et qu'on coule sur un marbre ou sur une glace, permet de s'assurer du point où en est la cuisson. Quand elle semble terminée, on coule en tablettes ou dans des moules. Dans le premier cas, il faut débiter les tablettes avant complet refroidissement, sans cela on s'exposerait à ne pas pouvoir obtenir un crayon entier. Les débris se refondent et donnent d'excellents crayons.

On enrobe les crayons lithographiques dans des feuilles de papier d'étain, et on les conserve dans des bocaux bouchés

L'ENCRE AUTOGRAPHIQUE

L'encre autographique est celle qui sert à tracer, sur un papier préparé, ce que l'on destine à être transformé en planche lithographique par le décalque sur pierre : elle doit donc contenir les éléments de l'encre lithographique puisqu'elle est appelée à donner les mêmes résultats.

L'encre lithographique délayée dans un peu d'eau de pluie suffirait au besoin ; on s'en sert du reste fort souvent. Mais il est préférable, pour faciliter le décalque et lui donner plus de solidité, que l'encre autographique soit plus molle ; d'autre part, on trouve plus avantageux et plus expéditif de l'avoir à l'état de dissolution, et il est indispensable que cette dissolution conserve le plus longtemps possible sa fluidité.

Voici, comme nous l'avons fait pour l'encre et le crayon, une série de formules ramenées à la même unité : cent grammes de cire blanche. Nous nous bornons à citer les plus connues.

	1	2	3	4	5	6	7	8	9
Cire blanche.	100	100	100	100	100	100	100	100	100
Savon de Marseille.	400	100	300	100	25	25	80	60	80
Gomme laque	300	»	300	50	100	100	100	60	160
Mastic en larmes.	500	50	400	50	»	100	100	40	»
Gomme copal.	»	»	»	»	»	»	60	»	»
Sang-de-dragon.	»	»	»	»	»	»	»	»	60
Suif épuré.	600	50	700	30	»	13	100	»	50
Noir de fumée	100	30	100	30	15	6	20	15	»
Soufre	»	»	»	»	»	»	10	»	»

La formule n° 1 est de Senefelder; les nᵒˢ 2 et 3 sont de Brégeaut; le n° 4, du comte de Lasteyrie; le n° 5, de Cruzet; le n° 6, de Chevallier et Langlumé; le n° 7, de Mantoux; les nᵒˢ 8 et 9, de Doyen.

Senefelder procédait ainsi pour la fabrication de son encre. Il mêlait toutes les substances de la formule n° 1 dans une capsule en porcelaine avec de l'eau de pluie, et faisait bouillir, en agitant avec une baguette de verre pour aider au mélange, jusqu'à ce que l'eau soit presque entièrement évaporée; il ajoutait alors de l'eau, et maintenait l'ébullition jusqu'à ce que tout fût bien dissous. Il chaussait ensuite au travers d'un linge fin et conservait la liqueur dans des flacons, n'en versant que peu à la fois dans le godet ou dans l'encrier.

La manipulation des autres formules se fait comme celle des encres lithographiques et des crayons. Le produit obtenu solide sert à préparer l'encre liquide, en faisant dissoudre un poids donné dans huit fois environ ce poids d'eau de pluie, à chaud, laissant bouillir jusqu'à complète dissolution. Si l'encre paraît un peu pâle, on peut la colorer avec une petite quantité d'encre de Chine.

LE PAPIER AUTOGRAPHIQUE

La fabrication du papier autographique peut se résumer ainsi : Enduire le papier d'une composition homogène, soluble, susceptible de s'en séparer facilement sous l'influence de l'humidité, et apte à recevoir l'écriture à l'encre grasse ou le dessin au crayon lithographique, sans que le corps gras puisse le pénétrer.

Le papier pelure, encollé sur une de ses faces à la colle d'amidon, peut, au pis aller, remplir ces conditions; mais l'amidon boit trop facilement

4

l'encre, et il est difficile, sur ce papier, d'obtenir des finesses et des déliés, à moins de n'employer que de l'encre lithographique et d'avoir une grande expérience du travail de l'autographie. Les écrivains l'emploient cependant journellement, à cause de sa transparence, pour exécuter des fac-similés que l'imprimeur décalque ensuite sur pierre.

Les fabricants de produits lithographiques qui fournissent le papier autographique prêt à être mis en œuvre, livrent généralement de bons produits, mais ce n'est pas une raison pour que les lithographes ignorent sa préparation. On peut faire varier de bien des façons la composition de l'encollage du papier destiné à l'autographie, suivant le mode et surtout le genre de travail de l'écrivain autographe ou du dessinateur. Nous nous bornerons à indiquer les formules les plus connues, en commençant par une des plus simples et des meilleures, attribuée à tort à M. Steiner, puisque les lithographes belges et quelques lithographes français la connaissaient et l'employaient avant 1840.

Amidon	250 grammes.
Gomme-gutte. . . . . . , ...	15 —
Colle de poisson.	5 —
Eau de pluie.	5 litres environ.

La colle de poisson est mise à macérer dans l'eau au moins vingt-quatre heures d'avance, et la gomme-gutte, grossièrement broyée, est, aussi d'avance, dissoute dans un peu d'eau. Au moment de fabriquer le papier autographique, vous préparez une bouillie légère et bien fondue avec l'amidon, puis, pour les quantités indiquées, vous faites bouillir cinq litres d'eau de pluie dans un vase en terre vernissée. Lorsque l'eau est en ébullition, vous y mettez la colle de poisson, qui se dissout, vous retirez du feu, vous chaussez et vous ajoutez la dissolution de gomme-gutte, en ayant soin de remuer afin que la dilution s'opère de suite. Le mélange intime obtenu, vous y versez la bouillie d'amidon et vous agitez vivement le tout pendant une ou deux minutes, sur le feu; c'est le temps nécessaire pour cuire cette espèce de colle. L'enduit autographique est alors prêt à être employé, il ne s'agit plus que de l'étendre sur le papier choisi, par couches légères et aussi régulières que possible, à l'aide d'une éponge fine, avant qu'il ne soit refroidi. Le meilleur papier est la coquille de force moyenne, 6 à 8 kilogr. à la rame, bien collée et bien satinée.

Les feuilles, enduites d'un seul côté, sont mises à sécher, et, lorsqu'elles sont complètement sèches, on procède au satinage. Le mode le meilleur et le plus expéditif consiste à caler, sur la presse lithographique, une pierre bien poncée et complètement sèche, et à passer les feuilles une à une sous une pression moyenne, la partie enduite portant sur la pierre.

Afin de faciliter l'écriture sur le papier autographique, avant de marger chaque feuille, on saupoudre la pierre d'un nuage de sandaraque, et, à l'aide d'un blaireau ou d'une patte de lièvre, on l'époussette, afin que la quantité restant soit pour ainsi dire inappréciable. Knecht–Senefelder recommandait, au lieu d'employer la sandaraque, de passer, après satinage, la feuille de papier autographique, le côté enduit en dessous, à la surface d'un bain de lait. Le lait était, au préalable, écrémé, on le faisait bouillir, puis on le filtrait au travers d'un linge fin et on l'étendait avec 1/5e de son poids d'eau de pluie. Les feuilles étaient mises ensuite à sécher à plat, puis satinées de nouveau.

La formule une fois donnée, voici quelle est l'utilité de chacun des trois produits qui entrent dans la composition indiquée.

L'amidon forme à la surface du papier une couche très mince, destinée à servir de véhicule à l'écriture pour le transport de l'autographie sur la pierre; employé seul, il est trop absorbant, comme je l'ai dit plus haut; l'adjonction de la colle de poisson et de la gomme-gutte corrige ce défaut. La gomme-gutte, par la teinte qu'elle donne au papier, permet en outre de reconnaître le côté préparé. On trouvera, à notre Index chimique, les indications nécessaires pour se procurer ces produits de bonne qualité.

Le papier autographique se conserve indéfiniment à l'abri de l'humidité, mais on ne doit pas préparer d'avance l'enduit qui sert à le fabriquer, car il s'altère très promptement, et n'est, du reste, facile à étendre sur le papier que peu de temps après sa préparation, lorsqu'il est encore tiède.

M. Brégeaut, dans la seconde édition de son *Manuel*, parue en 1827, donne les trois formules les plus anciennes qui aient été employées : celle de Senefelder, une formule allemande peu différente, et enfin celle dont on faisait usage dans les lithographies françaises. Voici la formule de Senefelder :

Gomme adragante.	16	grammes.
Colle forte	32	—
Gomme-gutte.	16	—
Blanc d'Espagne.	125	—
Plâtre blanc éventé.	16	—
Amidon cru.	32	—

La gomme adragante, dissoute dans un verre d'eau où on la laisse le temps nécessaire (quatre à cinq jours), est mélangée à la colle forte fondue et à la gomme-gutte dissoute. D'autre part, le blanc, le plâtre et l'amidon, mélangés avec soin et tamisés ensemble, sont broyés au mortier de marbre ou de pierre, en y ajoutant peu à peu la solution gommeuse, jusqu'à ce que la masse ait la consistance d'un sirop léger qu'on étend à l'éponge ou au pinceau plat à la surface du papier.

La formule française n'y ressemble en rien :

Amidon.	120	grammes.
Gomme arabique.	40	—
Alun.	10	—
Graines d'Avignon concassées. .	10	—

On prépare une teinture avec la graine d'Avignon, en la faisant bouillir dans l'eau jusqu'à réduction du tiers du liquide employé. D'autre part, on fait dissoudre séparément l'alun et la gomme dans l'eau, puis on réunit ces trois dissolutions dans un vase en terre allant au feu, et on y délaie l'amidon ; on chauffe alors pour cuire cette espèce de colle, qu'on étend ensuite sur le papier à l'aide d'une éponge.

La formule de G. Engelmann se rapproche de celle de Senefelder ; elle s'emploie à froid et on en étend deux couches sur le papier :

Amidon	125 grammes.
Gomme adragante.	30 —
Colle forte	60 —
Blanc de Meudon..	30 —
Gomme-gutte.	15 —
Eau de pluie.	4 à 5 litres.

La manipulation est la même que pour la formule de Senefelder.

M. Jules Desportes, qui publia en 1834 un Traité de Lithographie, donne la formule suivante :

Amidon..	100 grammes.
Alun.	5 —
Gomme-gutte.	15 —

La gomme-gutte est dissoute dans 150 grammes d'eau et ajoutée à la colle d'amidon alunée. Cette mixture s'étend à l'éponge ; deux couches sont nécessaires.

Lorsque le papier autographique est destiné à recevoir un dessin au crayon gras, il doit présenter une certaine résistance, et sa surface, au lieu d'être lissée par le satinage, doit, au contraire, être comme mamelonnée par un grain factice. La formule de Senefelder et celle de G. Engelmann, en supprimant la gomme-gutte qui n'a plus de raison d'être dans ce cas, donneraient de bons papiers à crayon, qu'il faudrait laminer pour ainsi dire sur une plaque métallique mordue à l'eau-forte, au lieu de les satiner sur une pierre poncée polie. Une plaque de cuivre, mordancée régulièrement à l'acide azotique, donne au papier un grain bien préférable à celui qu'on obtiendrait en le laminant sur une pierre grainée au sable, quelque régulier que soit le grain. Nous reviendrons sur ce sujet en traitant du travail de l'Autographie.

Si on désire préparer un papier autographique spécial pour calquer, c'est au papier pelure bien collé et bien laminé qu'on s'adressera, et l'enduit dont on le couvrira ne devra être teinté ni par la gomme-gutte ni par la graine d'Avignon. La formule Desportes est excellente dans ce cas, en substituant à la gomme-gutte une quantité équivalente de colle de poisson.

M. Jules Desportes, dans son *Manuel*, recommande pour les calques autographiques l'usage du taffetas gommé comme substance de transfert.

Ambroise Jobard a fait connaître, sous le nom de *Diagraphie*, l'usage du taffetas gommé dès 1827. Nous lui empruntons en entier la description qu'il a donnée de ce procédé, dont les lithographes pourraient tirer plus parti qu'ils ne le font :

« Choisissez un carré de taffetas ciré, bien uni, ou plutôt faites-en fabriquer une pièce un peu plus forte et moins transparente que celui du commerce, et tâchez qu'on lui donne une couleur laiteuse, nous dirons pourquoi. Faites coudre une tresse de fil autour de votre carré ; passez un lacet dans cette tresse pour tendre également ce taffetas au centre d'un cadre formé d'un fil de fer gros comme un tuyau de plume à écrire. Placez ce taffetas sur le dessin à copier, et suivez les traits avec une plume et de l'encre lithographique : voici bien le fond du procédé, mais vous ne feriez rien de bon sans les explications qui vont suivre.

» 1° Si vous avez employé du taffetas ordinaire, celui-ci étant trop transparent, le trait que vous tracez, se confondant avec le trait de dessous, vous ne savez pas s'il a la même épaisseur ; il faut donc ternir l'envers du taffetas avec une légère solution de lait de chaux ou de blanc quelconque, qui vous permettra d'apprécier exactement l'épaisseur et la pureté de vos traits ; — 2° La plume ordinaire ne vaut absolument rien ; il faut se servir de petites plumes lithographiques qui permettent de tracer les traits les plus délicats avec une rare facilité ; — 3° Si votre encre n'est pas assez épaisse, elle s'étale et vous ne faites que des pâtés. Il faut donc amener votre encre lithographique à la consistance d'un lait épais ; vos traits, au lieu de s'épater, auront alors une tendance à se resserrer, à cause de l'état un peu graisseux du taffetas, qui ne repousse pas néanmoins l'encre grasse et alcaline que vous lui confiez ; — 4° Avant de dessiner, vous aurez soin de passer une couche d'essence de térébenthine ou d'eau de savon sur votre taffetas, que vous essuierez bien ensuite ; — 5° Quand vous aurez fait un faux trait, rien ne sera plus aisé que de l'enlever avec un grattoir, car l'encre ne pénètre pas dans la substance du taffetas, elle est seulement déposée à la surface. On peut, au besoin, enlever toute une partie du dessin, ou le dessin tout entier, à l'essence.

» Votre calque terminé, renversez le taffetas sur une pierre poncée et sèche, et donnez un coup de presse, ou deux ou trois, comme vous voudrez, en ayant soin de déranger légèrement la pierre à chaque coup de presse pour corriger une faiblesse du râteau, s'il en existe. Le taffetas adhère fortement à la pierre, ce qui empêche le dessin de se doubler ; détachez lentement le taffetas, en le soulevant d'un seul côté. Remarquez bien que votre taffetas peut servir à un nombre considérable de calques ; il suffit de le nettoyer chaque fois à l'essence.

» Dernière précaution. Quand votre taffetas est posé sur la pierre, il faut le saupoudrer d'un nuage de stéatite en poudre impalpable, et placer dessus un garde-mains en papier fort également talqué. Cette précaution vous sauvera de tous les doublés. »

LE TRAVAIL A L'ENCRE

Le travail à l'encre lithographique est celui qui exige des écrivains et des dessinateurs le plus d'aptitudes et le plus de pratique. C'est le plus fécond en applications que possède la Lithographie, celui qu'on devrait préférer à tous les autres; mais à notre époque, ce qu'on recherche avant tout, c'est le travail facile, aussi l'abandonne-t-on peu à peu pour la gravure, plus sèche, plus dure, mais plus expéditive. Le nombre des bons écrivains diminue chaque jour; aussitôt qu'un apprenti sait à peu près manier la plume, il ne pense qu'à la quitter pour la pointe et le diamant.

L'outillage de l'écrivain et du dessinateur à l'encre n'est pas très compliqué. Une règle plate, quelques équerres et pistolets, une boîte de compas munie de plusieurs tire-lignes, des grattoirs aiguisés sous différents angles et à manches légers, une boîte de plumes spéciales, « Mittchell ou Gillott », une bandelette d'acier laminé, une paire de ciseaux fins à lames bien trempées, une pierre à huile, de l'eau de pluie, de l'eau de savon, de la benzine rectifiée ou de l'essence, un morceau de sanguine, un crayon de graphite dur, un petit morceau de pierre ponce, une soucoupe, un encrier ou un godet, une petite glace et un chiffon composent tout son bagage.

Avec quelques conseils, un ou deux essais, tout dessinateur un peu adroit peut aborder sans appréhension le dessin au crayon chimique sur la pierre lithographique; il n'en est pas de même du travail à l'encre : on apprend graduellement à écrire ou à dessiner à la plume sur pierre comme on apprend à écrire sur le papier, et on ne réussit qu'à force d'étude et de persévérance. « Donnez au meilleur calligraphe ou au plus habile dessinateur d'ornements, dit C. Doyen, une plume d'acier laminé, et mettez-le devant une pierre lithographique : il sera découragé avant la fin du premier essai. » Rien n'est plus vrai. Pour faire un écrivain lithographe, il faut tout d'abord que le sujet ait quelques prédispositions physiques : un bon estomac, une vue robuste, c'est-à-dire se fatiguant difficilement, une nature calme, posée, ennemie des excès et des surexcitations qui en résultent. A côté de cela, il faut une patience tenace, une main légère, une bonne écriture, connaître la calligraphie et tout au moins les éléments du dessin, et, par-dessus tout, avoir du goût, ce à quoi rien ne supplée. Nous ne parlons pas de l'instruction, qui ne gâte jamais rien.

Les gens étrangers au métier croient généralement que la plus grosse difficulté réside dans la nécessité d'écrire à rebours; ils ne se rendent pas compte que l'écrivain *dessine* suivant un tracé qu'il a établi au crayon sur la pierre, avant de commencer le travail définitif. La position de la pierre sur la table de travail relativement au corps, la lenteur avec laquelle on procède, et de laquelle on ne peut guère se départir, atténuent beaucoup cette difficulté, que les graveurs surmontaient bien avant qu'il soit question de la Lithographie. L'apprenti, du reste, avant d'aborder la pierre, s'exerce pendant longtemps à tracer à rebours sur le papier toutes les combinaisons de la calligraphie, et, entre temps, s'initie aux détails de la profession artistique qu'il se dispose à embrasser. Les élèves des anciens peintres préparaient les pinceaux, broyaient les couleurs, tout en s'essayant au dessin et à la peinture : l'élève lithographe apprend à préparer l'encre et s'exerce à manier le tire-ligne, le grattoir, et à fabriquer ses plumes.

La plume est le premier outil de l'écrivain, mais c'est un outil spécial, qu'on n'a pu encore confectionner, pour l'écriture, dans aucune fabrique. Telle qu'elle a été imaginée aux débuts de la Lithographie, telle elle subsiste encore pour répondre à toutes les exigences de la calligraphie; le seul perfectionnement qu'on y ait apporté, c'est de substituer des rubans d'acier fin, laminés à l'épaisseur du papier, aux ressorts de montre dont on s'est servi tout d'abord. Le laminage de ces rubans d'acier dispose les fibres du métal dans le sens de la longueur : c'est en suivant le sens du laminage qu'on coupe avec les ciseaux, dans un ruban, une petite bandelette de la longueur qu'on veut donner à la plume. Cette bandelette, placée sur une petite gouttière creusée dans un morceau de bois quelconque, on la cambre, dans sa plus grande longueur, avec un des œillets des ciseaux ou avec le manche d'un porte-plume; cela fait, on l'assujettit à un petit manche en bois léger, en roseau ou même en papier roulé, à l'aide d'un anneau taillé dans une plume d'oie.

Avec les ciseaux à lames fines dont nous avons parlé dans l'outillage de l'écrivain, en maintenant la plume entre les doigts de la main gauche, la partie convexe en bas, on fend l'acier dans le sens des fibres du métal sur une longueur de deux à trois millimètres au plus, à pleins ciseaux, c'est-à-dire sans que les lames se rejoignent, puis on fait la pointe en taillant l'acier en biais à droite et à gauche de la fente, toujours à pleins ciseaux, pour ne pas faire gondoler le métal. Malgré toutes ces précautions, la pointe est rarement droite; on la redresse en l'appuyant sur le bord de la pierre, ou avec l'œil des ciseaux ou le dos des lames, s'il est arrondi, contre un morceau de bois tendre. La plume est bien taillée lorsqu'on peut tracer avec elle les traits les plus fins sans qu'il y ait des solutions de continuité, et sans qu'ils soient plus nourris sur un point que sur un autre.

Après la plume, vient le tire-ligne, ou plutôt les tire-lignes, dont l'un au moins doit avoir de longues pointes et présenter une surface de rapprochement parallèle des palettes relativement considérable. Ce tire-ligne servira spécialement au tracé des pointillés. Les pointes de tire-ligne s'usent vite à courir sur la pierre ; l'écrivain devra s'exercer à les rétablir sur la pierre à l'huile, car, mieux que personne, il peut se rendre compte du biseau, du taillant des pointes qui s'accorde avec son mode de travail. C'est un instrument qui doit être « à la main » de celui qui le dirige. Qu'on travaille sur le papier ou sur la pierre, le maniement de cet instrument est le même, sauf la petite difficulté inhérente au changement d'encre; on fait aujourd'hui à la machine à graver ce qu'on lui demandait de plus difficile, ce qui exigeait le plus de dextérité et de pratique : les grisés, les fonds, etc., etc., mais ce n'est pas une raison pour que l'écrivain néglige de se perfectionner à son emploi.

Des grattoirs, nous dirons peu de chose : chacun les aiguise à sa façon ; ce sont des petits carrelets d'acier qu'on emmanche dans des baguettes de bois léger, et dont le taillant affecte les formes les plus diverses, depuis l'échoppe jusqu'au grain d'orge. Moins on en fait usage, mieux vaut la planche.

Le travail à la plume a été remplacé, par quelques praticiens habiles, par le travail au pinceau. Ce mode de faire n'a jamais été bien répandu en France, où on a toujours considéré avec raison le pinceau comme le complément et non comme le suppléant de la plume, dont il ne saurait avoir la netteté. L'encre lithographique n'agglutine pas les poils d'un pinceau comme le fait une couleur à l'eau ordinaire, elle a plutôt une tendance à les éloigner les uns des autres; aussi a-t-il fallu donner une conformation spéciale aux pinceaux qu'on destinait au travail lithographique, afin que leur pointe ait la finesse nécessaire. Pour ce faire, on prend un pinceau de martre d'excellente qualité, et on taille les barbes en échelle, de façon à ce qu'une seule reste pour former la pointe. L'encre doit être un peu plus fluide, et il faut la renouveler à tout instant. Le pinceau abandonne plus d'encre à la pierre que ne le ferait la plume, et exige une sûreté de main parfaite.

La préparation liquide de l'encre demande une certaine habitude. On frotte à sec le bâton d'encre solide sur le fond d'une soucoupe; une première couche irrégulière s'attache aux parois, puis sur celle-ci une seconde, une troisième, etc., qui prennent un aspect mamelonné, rugueux presque, comme une peau de chagrin à gros grains. Lorsqu'on juge qu'il y en a assez pour suffire au travail de la journée, on ajoute quelques gouttes d'eau distillée ou d'eau de pluie, et en frottant lentement avec le doigt sur les parois et sur le fond de la soucoupe, on facilite la dissolution. L'encre est bonne à employer lorsqu'elle a l'aspect d'une huile de moyenne fluidité : il y a là une question d'appréciation que l'expérience, la pratique peuvent seules trancher. Ce qu'on peut indiquer, c'est qu'il faut qu'elle ait un aspect noir brillant, qu'elle ne renferme ni bulles d'air ni globules graisseux, et qu'elle soit plutôt épaisse que liquide, mais sans être visqueuse. Une encre trop liquide donne un travail pâle et sans solidité, tandis qu'une encre épaisse à point, fournit des traits fins, noirs et nourris. Pendant l'hiver, ou quand la température est froide, il faut chauffer légèrement la soucoupe pendant qu'on opère le délayage; sans cela, l'encre grasse se dissoudrait mal, quelque temps qu'on y sacrifie. Pour éviter qu'on ne verse trop d'eau, le flacon qui la renferme est clos par un bouchon que traverse un tuyau de plume : de cette façon, le liquide n'en peut sortir que goutte à goutte. On prend la même précaution pour le flacon à essence de térébenthine ou pour celui contenant de la benzine.

Chaque jour il faut renouveler l'encre, et ne pas la mêler avec celle qui pourrait rester de la veille. L'encre vieille n'est bonne qu'à faire des remplissages ou des travaux grossiers. Pour éviter tout mélange, l'écrivain nettoie son encrier au clair; cet encrier n'est le plus souvent qu'un dé à coudre ou un minuscule pot de faïence fiché dans un carré de liège ou dans un bloc de plâtre, le tout recouvert d'un carton percé d'un petit trou pour le passage de la plume.

L'encre lithographique se coagule assez vite à la pointe de la plume, soit au contact de la pierre, soit sous l'influence de l'air expiré qui est toujours un peu acide; aussi l'écrivain est-il obligé à tout instant d'appuyer le dos de la plume sur les marges de la pierre, pour y déposer une petite tache d'encre liquide dans laquelle il retrempe la pointe; malgré cette précaution, il lui faut encore, toutes les deux ou trois minutes, essuyer complètement la plume avec un morceau de calicot et renouveler la provision d'encre.

Tous les instruments à l'usage de l'écrivain lithographe, règles, équerres, compas, tire-lignes, calibres, etc., etc., doivent avoir la plus grande précision, et il doit employer tous ses soins à les entretenir en bon état. Un mauvais outil amène un surcroît de travail et ne produit souvent que de la mauvaise besogne, quelque bien emmanché qu'il soit.

Ces longs et indispensables préliminaires exposés, entrons dans la pratique de l'œuvre courante. Plus loin, dans une autre partie de ce Traité, nous réunirons les divers procédés et tours de mains que nécessitent certains travaux spéciaux.

La pierre est livrée à l'écrivain, polie par le ponçage. Il la place sur sa table de travail, entre deux tasseaux qui supportent une planchette légère, échancrée en son milieu, sur laquelle il appuie les coudes et la main pour travailler à l'aise sans contact direct avec la pierre. S'il employait la pierre telle qu'il l'a devant lui, elle boirait l'encre comme le ferait une feuille de papier sans colle : les traits s'étendraient, se confondraient et ne formeraient bientôt plus qu'une vaste tache; il faut qu'il fasse subir à la surface une opération qu'on peut comparer à l'encollage du papier : cette opération consiste à graisser légèrement cette surface, dans des proportions si minimes qu'elles ne peuvent devenir un obstacle aux préparations acides qui précéderont l'impression.

Quelques écrivains, c'est le plus grand nombre, versent sur la pierre quelques gouttes de benzine ou d'essence de térébenthine qu'ils étendent avec un chiffon propre; d'autres remplacent l'essence par une dissolution de savon blanc; d'autres enfin la frottent avec un mélange d'essence de térébenthine et d'huile de lin. Ces trois modes d'opérer sont bons, mais nous préférons l'essence, qui laisse les pores de la pierre complètement dégagés.

La pierre préparée, l'écrivain procède au tracé, ou, s'il y a lieu, au décalque de ce qu'il doit y dessiner. Le tracé se fait avec un crayon de graphite dur, finement taillé, dont la pointe est aiguisée sur un morceau de pierre ponce. Pour le décalque, on emploie, comme intermédiaire devant donner le trait, une feuille de papier pelure frottée de sanguine. Puis, comme la pierre pourrait encore renfermer des traces d'humidité qui nuiraient à la solidité du travail, et qu'on opère généralement mieux, tout au moins plus facilement, sur une pierre tiède que sur une pierre froide, on la met pendant quelques instants à l'étuve. A défaut d'étuve, on peut employer le chauffage direct pour faire « suer » la pierre, mais dans ce cas il faut ne négliger aucune précaution, car le chauffage direct n'agit pas régulièrement, et si on se hâtait un peu trop, il pourrait en résulter des fêlures imperceptibles qui occasionneraient infailliblement le bris de la pierre lors de sa mise sous presse. Si on s'en aperçoit à temps, lorsque la planche est terminée ou assez avancée pour qu'on hésite à la recommencer, il n'y a qu'un remède, le doublage de la pierre.

Les écritures se font d'abord, soit à la plume seule, soit à la plume et au tire-ligne, suivant le genre ; puis viennent les traits, les encadrements, etc. Les vignettes s'exécutent à part, à moins qu'elles ne fassent corps avec la composition : c'est au transporteur à les réunir plus tard sur les feuilles qu'il dispose pour les reports. Pendant le cours du travail, l'écrivain peut à tout instant se rendre compte de l'effet obtenu en redressant l'image dans sa petite glace. Lorsque les écritures sont terminées, l'écrivain les relit avec soin, pour s'assurer qu'il n'a pas commis d'erreur, et dégage, nettoie à l'aide du grattoir plat, les abords des lettres ; puis il jette un dernier coup d'œil sur l'ensemble, laisse bien sécher l'encre et livre sa pierre à l'imprimeur. Quelques praticiens, surtout lorsque la pierre doit être transportée à une certaine distance, la préparent eux-mêmes à l'eau acidulée et à la gomme : c'est une précaution qui n'est pas inutile.

Chaque fois qu'un écrivain interrompt son travail, il doit recouvrir sa pierre avec une feuille de papier, afin de protéger la composition contre la poussière, et la pierre contre les influences du milieu où elle se trouve. Pendant le travail il évitera autant que possible que son haleine ne vienne l'humecter, et s'il n'a pas la peau sèche, il se gardera d'y appuyer la main ou même le doigt, car il s'exposerait à y créer autant de taches. La règle, l'équerre, les différents calibres, ne doivent pas non plus porter sur la pierre quand on en fait usage : ce serait s'exposer à écraser les traits ou à les étendre par le frottement; on évite tout contact en faisant porter leurs extrémités sur de petites bandes de carte placées sur les marges ou sur les parties non couvertes de traits.

Le dessin à la plume, au tire-ligne ou au pinceau, n'est qu'une variante du travail de l'écriture, avec une latitude de faire beaucoup plus grande pour l'artiste : il ne comporte pas dans son ensemble d'observations spéciales, mais se prête, comme le papier, à tous les tours de mains que l'adresse et l'habileté du dessinateur peuvent lui suggérer. De là sont nées différentes manières artistiques que nous décrirons plus tard.

Il nous reste à traiter la question des changements et des corrections, ce que nous allons faire en considérant les différents cas qui peuvent se présenter : 1° l'écrivain s'aperçoit de l'erreur aussitôt qu'elle est commise ; 2° il ne s'en aperçoit que plus tard, au cours du travail, mais avant que la pierre ait subi aucune préparation acide; 3° la planche a déjà été préparée comme pour l'impression; 4° plusieurs changements ou corrections sont à faire au même endroit; 5° enfin les corrections sont nombreuses, et à exécuter sur une pierre surchargée de travail. Doyen, dans son *Trattato di Litografia*, a suivi cette nomenclature qui répond à l'ensemble des cas.

Lorsque l'écrivain commet une erreur et s'en aperçoit de suite, il enlève d'un coup de doigt l'encre liquide, qui n'a pas encore eu le temps de pénétrer dans les pores de la pierre, et essuie la place; si l'encre est sèche, il se sert d'un grattoir plat pour entamer le moins possible la surface calcaire, et passe à la place une corne d'étoffe trempée dans l'essence de térébenthine ou dans la benzine. Quand la place à rendre nette est assez grande, c'est encore à l'essence qu'il a recours : un lavage suffit avec elle pour enlever toute trace d'encre sur la pierre avant la préparation.

Si la correction ou le changement est assez important pour nécessiter l'effaçage d'une partie de la planche, après avoir lavé à l'essence, on ponce à sec la partie lavée, puis on la rince à l'eau propre, et on y repasse quelques gouttes d'essence, comme si la pierre sortait des mains du ponceur : elle est alors à neuf dans la partie effacée.

Il peut arriver qu'on ne s'aperçoive des erreurs ou qu'on ne décide les changements que lorsque la pierre a déjà été soumise, soit à la préparation acide, soit au gommage. S'il ne s'agit que de rectifier un trait, changer une ou deux lettres, enfin d'une correction de peu d'importance, on avive la pierre avec le grattoir de la façon la plus régulière, mais en évitant de gratter trop profondément. En tous cas, lorsqu'on pourra employer le ponçage, ce sera toujours préférable. On passe ensuite au pinceau une goutte d'acide acétique étendu, et on continue comme nous l'avons exposé plus haut.

S'il est nécessaire de faire plusieurs corrections au même endroit, on ne peut songer au grattage. On commence par « dépréparer » la pierre avec de l'acide acétique étendu, puis, si on veut éviter le ponçage, on emploie le procédé d'effaçage à la potasse caustique indiqué par Chevallier et Langlumé. La partie à effacer est mouillée avec la liqueur alcaline, qu'on laisse agir pendant un certain temps en rapport avec l'importance de l'effaçage, puis on lave à grande eau et on y passe quelques gouttes d'essence après avoir terminé le lavage par une légère acidulation à l'acide acétique.

Lorsque la pierre sur laquelle il s'agit de faire des changements et des corrections est fort surchargée de travail, que d'un autre côté ces changements et corrections ont une certaine importance, il est souvent préférable d'en faire un report avec des réserves sur les parties à corriger, comme nous l'indiquons au chapitre des transports. On crée de cette façon une pierre nouvelle, sans les défauts qu'occasionne toujours le grattage le mieux fait, et sans courir les chances de l'effaçage chimique. Si on préfère opérer sur la planche type, après l'avoir mise à l'encre de conservation, on la laisse reposer pendant un jour ou deux, puis on efface, on gratte et on déprépare la pierre. Les corrections faites, on fait précéder l'encrage par une acidulation plus forte que de coutume, afin de détruire tout ce que l'effaçage ou le grattage n'auraient pas fait complètement disparaître, on gomme après lavage et on laisse la pierre au repos.

LE TRAVAIL AU CRAYON

Le travail au crayon a eu la plus belle page dans l'histoire artistique de la Lithographie. Procédé d'artiste, de coloriste par excellence, né à une époque où le peintre qui voulait reproduire lui-même son œuvre n'avait pas d'autre moyen à sa portée que l'eau-forte, il présentait sur celle-ci d'immenses avantages.

Avec l'eau-forte, c'est l'imprévu. Il faut déchiffrer l'action de la morsure, deviner la réussite plus ou moins certaine des réserves : on ne connaît l'œuvre que pour l'accepter avec tous ses défauts. La possibilité de suivre le travail dans toutes ses phases, de le voir naître et se développer sous la main, de se rendre compte à tout instant de son degré d'avancement, de peindre, pour ainsi dire, avec le crayon chimique, grâce à sa douceur et à sa richesse de tons : voilà ce que la Lithographie offrait à l'artiste, avec une facilité de travail bien faite pour séduire le peintre et le dessinateur.

Aujourd'hui, le dessin au crayon a vécu. « C'était un art charmant », dit M. A. de Lostalot dans son *Histoire des procédés de la gravure*, « il est mort entre les bras du commerce, mais était digne d'un meilleur sort. La planche au crayon a un grave défaut; on ne peut la reproduire fidèlement par le report, et elle ne donne qu'un nombre limité de bonnes épreuves avant d'être alourdie et usée, quelques précautions dont on fasse usage pour l'impression. Mais il ne faut pas plus attribuer à ce défaut qu'à des tendances mercantiles l'abandon d'un genre qui, pendant plus de trente ans, a fourni tant et de si belles planches. Il est devenu « inutile ».

Depuis l'invention de la photographie, les conditions de la reproduction ont totalement changé et se modifient encore chaque jour, au fur et à mesure des progrès accomplis. Que gagnerait un artiste à chercher à interpréter une de ses œuvres à l'aide du crayon lithographique, alors que l'objectif reproduit instantanément l'œuvre elle-même d'une façon parfaite, et que cette reproduction peut être, mécaniquement ou chimiquement, transformée à volonté en planche de gravure en creux, en planche de gravure en relief ou en planche lithographique.

Le dessin au crayon lithographique, en tant que procédé artistique, a rempli sa mission; il ne subsiste plus que comme accessoire du travail lithographique; mais à ce titre encore, on ne peut nier son importance et le laisser à l'écart.

Nous avons indiqué, en parlant du grainage, quelle était la préparation qu'on faisait subir à la pierre pour la rendre apte à recevoir le dessin au crayon. Le dessinateur n'a pas d'autres précautions à prendre que la propreté la plus scrupuleuse dans son travail. Tout est motif à taches sur la surface grainée : elle est, à ce point de vue, d'une extrême sensibilité. Le contact de la main, un cheveu, une pellicule tombant de la chevelure ou de la barbe, un fragment de crayon, un atome de salive, une goutte de sueur produisent autant de défauts auxquels il est difficile de remédier.

L'outillage du dessinateur se compose d'un certain nombre de porte-crayons, dont quelques-uns fort légers ; d'un canif, d'un grattoir, d'une pointe, d'un blaireau et d'une petite glace. Il ne lui manque avec cela qu'un peu de pratique et beaucoup de patience, deux choses plus importantes pour lui que le meilleur des professeurs. Les impatients, quelque talent de dessinateur qu'ils aient, ne sauraient mener à bien un dessin sur pierre.

Voici quelques données sur l'ensemble du travail. Elles ne sauraient, en tout cas, rien avoir d'absolu dans un art où le mode de procéder est aussi personnel, où chaque dessinateur travaille selon son tempérament.

Sur la table de dessin, — quelques artistes lui préfèrent le chevalet, — la pierre doit être isolée de tout contact ; le dessinateur utilise dans ce but les tasseaux et la planchette échancrée de l'écrivain lithographe. Elle doit être complètement sèche et posséder la température moyenne du milieu où se fait le travail ; pour cela, elle doit y séjourner quelque temps avant que le dessinateur ne l'utilise. Cette moyenne s'établit promptement si on a pris la précaution de faire, auparavant, « suer » la pierre à l'étuve. Il faut la préserver de la poussière qui s'attacherait aux traits du crayon, et de l'action des rayons du soleil qui les ramollirait et les ferait déborder sur les aspérités du grain. Lorsque le temps est froid ou humide, il est nécessaire de couvrir les parties faites ou celles sur lesquelles on ne travaille pas, afin de les soustraire à l'influence de la température.

Le crayon lithographique, dont la contexture est molle, se taille comme le fusain, en partant de la pointe ; autrement, on ne pourrait obtenir des pointes effilées, sans lesquelles le travail ne serait guère possible et donnerait plus d'empâtements que de finesses. On les appointe sur un frottoir en papier de verre ou d'émeri. Les porte-crayons légers viennent en aide ou suppléent, dans une certaine mesure, à la légèreté de la main pour obtenir les tons délicats et vaporeux qui ont tant fait apprécier les planches de nos dessinateurs de la bonne époque.

On doit garnir légèrement d'abord toutes les parties du dessin, placer les masses, puis faire monter peu à peu en couleur par des hachures en tous sens, afin de produire un grain transparent. Les traits de vigueur et de détails se font en dernier lieu, alors que le fond est suffisamment garni. Il ne faut pas perdre de vue, dans le dessin au crayon, la structure de la base, c'est-à-dire de la surface grainée. Cette surface, comme la définit C. Doyen, est composée d'une infinité de cônes minuscules régulièrement groupés les uns contre les autres, sans interruption. Il faut que le crayon, passant et repassant à la pointe de ces imperceptibles cônes, laisse chaque fois une parcelle de sa matière, afin que l'ensemble soit nourri, que le dessin ait du corps. Ce grain est d'un puissant secours pour le chromographe, en lui permettant de tirer d'une même couleur, par un seul tirage, tout une gamme de nuances fondues et d'une grande douceur.

Le dessinateur doit se méfier de la teinte de la pierre; son dessin doit être poussé plus haut de ton que l'œil ne lui indiquerait de le faire, parce qu'au tirage, le contraste du noir sur le blanc du papier ferait paraître maigre ce qu'il croyait suffisamment garni. La préparation de la pierre, d'un autre côté, atténue toujours la vigueur d'un dessin.

Le dessin, comme l'écriture, doit être exécuté à rebours; le dessinateur, après avoir calqué ce qu'il se propose de reproduire, retournera son calque et se servira de sanguine, comme nous l'avons indiqué au chapitre du travail à l'encre, pour fixer le tracé. Le meilleur mode de procéder consiste à calquer à la pointe sur une feuille de gélatine, qu'on frotte ensuite avec de la sanguine en poudre. Celle-ci reste dans les traits : il suffit de retourner la feuille de gélatine sur la pierre et de passer sous presse avec une pression moyenne. La sanguine se reporte entièrement sur la pierre. Ce mode de faire, plus expéditif, a l'avantage d'éviter au grain les contacts et les frottements inhérents au mode de décalque à la pointe mousse.

S'il survient un accident à un dessin en voie d'exécution, ou si quelque erreur exige une correction, on peut essayer d'y remédier en effaçant la partie endommagée, ou à rectifier avec la lessive caustique de MM. Chevallier et Langlumé; mais ce n'est jamais qu'un replâtrage qui, quatre-vingt-dix fois sur cent au moins, quelque habileté qu'on y mette, donne de piètres résultats. C'est pourquoi nous ne saurions trop recommander toutes les précautions possibles, afin d'éviter la nécessité d'y avoir recours.

Au nombre de ces précautions figure en première ligne le soin de passer fort souvent à la surface de la pierre un pinceau doux, un blaireau, afin que des débris de crayon ne produisent pas des mouchetages qui seraient sans remède.

LA GRAVURE SUR PIERRE

En 1817, Ambroise Jobard écrivait dans un journal de Bruxelles, l'*Indépendant* : « Tout ce qui se fait sur cuivre, à l'eau-forte, au burin, à la pointe » sèche et sur bois, peut se faire sur la pierre avec une économie de plus de » moitié sur le temps et l'argent. » Les différentes publications qui sortirent de ses presses les années suivantes, entre autres les planches du *Voyage de*

Dupin, les cartes de l'île d'Elbe et de la Corse, gravées par Collon, montrèrent aux lithographes tout le parti qu'ils pouvaient tirer de la gravure sur pierre.

« La gravure sur pierre, disait-il, possède un avantage auquel on ne s'attend pas, c'est de fournir des tirages plus purs, plus nets que le cuivre, et la raison en est facile à expliquer. La main qui nettoie le cuivre tire toujours l'encre d'un côté ou de l'autre de la taille et occasionne des bavures très visibles à la loupe, tandis que le rouleau, en passant sur les tailles, ne fait que soulever l'encre au milieu même des traits, dans lesquels elle ne laisse pas d'épaissir, puisque les traits les plus larges n'ont pas besoin de profondeur. »

Aujourd'hui, on ne comprend plus la Lithographie privée du secours de la gravure sur pierre : il y a plus de graveurs que d'écrivains, ou plutôt presque tous les écrivains savent manier le burin, la pointe et le diamant : le travail est plus net, la besogne avance davantage. Toute question d'économie à part, quel procédé donnerait les résultats qu'on obtient si facilement avec les différentes machines à graver ?

La gravure sur pierre présente toujours une certaine sécheresse, une certaine dureté. Mais ce qui est un défaut lorsqu'il s'agit de vignettes à effet devient une qualité pour les dessins de précision, la topographie et l'architecture, pour les écritures commerciales, pour les travaux qui exigent de la netteté. Et puis, cette dureté, elle la perd en partie par le transport, sans pour cela que sa finesse primitive soit sacrifiée. Au point de vue artistique, la gravure lithographique ne saurait entrer en comparaison avec la gravure sur cuivre, sans cela il y a longtemps qu'elle aurait entièrement remplacé la chalcographie ; mais, d'autre part, quelle différence dans la facilité du travail, dans la variété des applications ! Ce qui a sauvé le cuivre d'un abandon certain, c'est l'invention de l'aciérage des planches, qui prolonge pour ainsi dire à l'infini leur durée, et celles de la galvanoplastie et du moulage en celluloïd, qui permettent de les multiplier autant qu'on le veut : il se trouve alors dans les conditions de la pierre au point de vue de la production ; mais le tirage sur originaux gravés en lithographie présente toujours plus d'éclat, un noir plus brillant, et la pierre gravée peut fournir un tirage assez important, sans traces d'usure, pour répondre à toutes les exigences commerciales.

La gravure sur pierre diffère essentiellement de la classique gravure au burin. Il ne s'agit pas, comme dans cette dernière, de procéder par des incisions plus ou moins profondes pour déterminer l'intensité du trait, mais pour ainsi dire par simple dénudation. La profondeur de la taille ne sert de rien en Lithographie, elle nuit à l'impression ; aussi l'écrivain, le dessinateur au courant du travail à la plume n'ont pas besoin d'un long apprentissage pour graver proprement. Comme dit C. Doyen, pour graver sur pierre, il faut plus de positivisme que de feu sacré, c'est pour cela que les Allemands y réussissent si bien.

On choisit, pour la gravure, les pierres dont la pâte présente le plus d'homogénéité. Il ne faut pas qu'elles soient dures à l'excès, ni surtout qu'elles soient mouchetées de taches ou de vermiculures cristallines : l'outil glisserait sur ces places, au grand détriment de la finesse de la pointe. Les pierres de teinte grise, ardoisée, sont plus agréables pour le travail, qu'elles permettent de mieux suivre. Le ponçage doit être parfait. Lorsqu'elles ont été lavées et essuyées, qu'elles sont sèches, on les inspecte à la loupe afin de vérifier si leur surface est bien polie, sans raies ni piqûres qui occasionneraient des défauts au tirage, puis on prépare.

Nous avons exposé la théorie de la Lithographie pour le travail à l'encre et au crayon ; telle elle subsiste pour la gravure. On prépare une pierre non pas tant pour fixer le corps gras dans ses pores que pour s'opposer à ce qu'il ne s'étende hors du trait ; or ce trait n'est ni en relief ni en creux, il n'existe en fait qu'à la superficie de la pierre. Si, après avoir acidulé une pierre avec la préparation ordinaire (acide azotique et gomme), et étendu à la surface une couche de gomme arabique, vous attaquez cette couverte protectrice avec une pointe ou un burin, partout où la pierre est mise à nu, elle sera prête à absorber les corps gras et à les retenir alors que, à côté, elle se trouvera dans les conditions de la planche lithographique préparée, absorbant l'humidité et repoussant les corps gras.

On acidule donc la pierre et on verse à sa surface quelques gouttes d'une dissolution de gomme, qu'on étend en tous sens avec un chiffon propre jusqu'à ce qu'elle soit sèche. Il faut que cette couche gommeuse soit aussi ténue que possible, car épaisse, elle serait dure à attaquer, et la pureté du trait s'en ressentirait. A cette première opération succède le « teintage », la coloration de la surface. Cette coloration a pour but de permettre à l'œil de suivre le travail de l'outil par le contraste qu'elle présentera avec la couleur de la pierre partout où on la dénudera. Les graveurs emploient pour cela différents moyens. Le plus simple, le meilleur et le plus en usage est de gratter un peu de sanguine, qu'on frotte légèrement du doigt sur toute la pierre, qu'elle teinte en rouge brique ; on enlève l'excédent avec un blaireau ou une patte de lièvre, et la planche est prête pour la gravure. Elle n'a rien à redouter du contact de la main si elle est sèche, et ne craint que l'humidité ou le frottement d'un corps dur : elle est donc plus maniable qu'une pierre préparée pour le travail à l'encre ou pour le travail au crayon.

Vient ensuite la troisième opération : le tracé ou le décalque des traits que le graveur doit exécuter. Pour le tracé, le graveur se sert d'un crayon de graphite à mine tendre, finement taillé. Pour le décalque, la feuille intermédiaire qui doit donner le trait est frottée de noir de fumée ou de plombagine, et il se sert d'une pointe mousse, afin de ne pas attaquer la couverte de gomme qu'une pointe dure pourrait érailler, même sans contact direct. Le tracé ou le décalque fait et vérifié, il couvre la pierre d'une feuille de papier qu'il colle sur les bords, afin de la protéger contre tout frottement ; il soulèvera ou déchirera cette feuille au fur et à mesure de l'avancement du travail.

La pointe d'acier, l'éclat de diamant enchâssé dans une monture, les burins de diverses formes des graveurs en taille-douce sont les instruments du graveur sur pierre; mais, comme nous l'avons dit, leur rôle se borne à enlever la couverte gommeuse et à mettre légèrement à vif l'épiderme de la pierre que la gomme aurait pu pénétrer. Généralement, on commence le travail par un simple tracé des contours que l'on exécute à la pointe, et de préférence au diamant, qui produit des traits plus fins et ne s'use pas comme la pointe, quelque bien trempée qu'elle soit; puis on engraisse les traits, on fait les pleins et les fonds à l'aide des burins. Chaque morsure produit une poussière blanchâtre, résultat du grattage de la surface de la pierre par l'outil, poussière qu'il faut à chaque instant enlever avec le blaireau; sans cela, la moindre trace d'humidité, celle produite par la respiration, la fixerait dans la couche gommeuse, ce qui nuirait à la netteté du travail. Le graveur doit avoir à sa disposition une bonne loupe afin qu'aucun détail de lui échappe, et chaque fois que, pour une cause ou pour une autre, il interrompt, même pour peu de temps, son travail, il aura la précaution de couvrir sa pierre avec une feuille de papier, ou mieux avec un morceau de drap ou d'une étoffe souple et épaisse.

Le travail de gravure fini, la pierre peut être remise telle que à l'imprimeur; mais le graveur préfère presque toujours procéder lui-même à l'opération préliminaire à l'impression, c'est-à-dire au garnissage des tailles avec une substance grasse sur laquelle viendra, par affinité, se fixer l'encre d'imprimerie. Les quelques instants qu'il y consacre sont bien compensés par la certitude qu'il acquiert d'avoir mis son œuvre à l'abri des accidents.

Il s'assurera que la pierre est entièrement sèche et qu'aucun grain de poussière ne reste dans les tailles; puis, soit avec la paume de la main, soit avec un morceau de flanelle, soit avec une brosse à poils doux, il couvrira la pierre d'une couche d'huile de lin, de vernis faible ou d'encre d'impression étendue d'essence de térébenthine, et la fera pénétrer dans tous les traits. Après un temps qui varie de quelques minutes à une demi-heure, suivant le travail, on peut nettoyer la pierre avec un morceau de flanelle imbibé d'eau gommée, puis l'encrer au chiffon ou au tampon.

La facilité avec laquelle la pierre se prête aux changements et aux corrections n'est pas un des moindres avantages de la gravure lithographique. Changements et corrections ne demandent, pour être bien faits, qu'une attention soutenue.

Si la pierre n'a pas encore été couverte de corps gras, huile ou encre, et qu'il s'agisse d'une simple suppression, il suffira de couvrir la partie à enlever, ou tout au moins qui ne doit pas s'imprimer, avec la préparation acide et gommé. S'il faut enlever une partie du travail pour lui substituer autre chose, ce qui nécessite l'emploi de la pierre ponce et du grattoir, on attendra que la planche, complètement terminée, ait subi un premier encrage.

On mettra d'abord la planche à l'encre grasse, puis, avec le grattoir plat, on grattera la place à corriger, en ayant la précaution de ne pas aller trop profond et d'éviter au grattage des talus saillants; chaque fois qu'on pourra remplacer le grattoir par la pierre ponce, on sera plus certain du résultat. L'espace gratté est préparé au pinceau et coloré par une très

faible dissolution de gomme teintée de sanguine, qui permettra de voir en
transparence le travail conservé, et par conséquent de le raccorder avec le
nouveau. On procède ensuite comme sur une pierre neuve.

L'action des acides a été préconisée à différentes époques pour enlever
les parties à corriger, mais l'acide phosphorique seul, dont l'action lente est
facile à circonscrire, a donné des résultats satisfaisants. On nettoie à l'essence,
avec un petit pinceau, la partie de la planche qui est destinée à disparaître,
et on laisse sécher; puis on y passe à différentes reprises, avec un pinceau,
de l'acide phosphorique concentré; on lave, on gomme, et une heure après
on peut préparer la place pour graver les changements. Les autres acides
enlèvent bien, mais les uns ne pénètrent pas assez, comme l'acide acétique,
les autres laissent sur la pierre un corps insoluble et se gravant mal, comme
l'acide sulfurique (le sulfate de chaux), les autres enfin donnent un grain particulier peu favorable au travail, comme l'acide azotique, ou ont une action
trop difficile à limiter, comme l'acide chlorhydrique.

Un des avantages précieux de la gravure sur pierre, c'est qu'on peut
imprimer des planches où ce genre de travail est associé à la plume, ce qui
a lieu journellement avec les pierres couvertes de grisés et de lignes grises.

Chaque fois que, dans une industrie, on remplace la main de l'homme
par la machine, c'est un progrès considérable qu'on réalise. Le pantographe,
inventé en 1611 par Christophe Schreiner; le tour à guillocher, qui remonte
à 1650 et nous vient d'Angleterre; la machine à graver, inventée en 1803 par
Conté pour graver les fonds des planches de *l'Expédition d'Égypte*, ont
fourni aux graveurs les éléments d'une foule de combinaisons dont la plus
curieuse est certainement le procédé Collas. En 1816, Achille Collas a trouvé
le moyen de reproduire à la machine, en planches de gravure, les bas-reliefs
et les médailles; c'est son procédé qui a donné de si merveilleux résultats
pour la gravure des titres fiduciaires, des billets de banque, etc.

Aujourd'hui, ces instruments ont été perfectionnés de mille manières, et
aucun genre de gravure ne peut mieux utiliser leurs ressources multiples
que la gravure lithographique, nulle surface ne se prête mieux que la pierre
à ce genre de travail. Les préparations, les soins à donner à la pierre, l'encrage ne diffèrent pas de ce que nous avons indiqué. Nous décrirons au chapitre des *Procédés de la Lithographie* quelques-unes de leurs applications.

Senefelder a débuté par la gravure sur pierre, mais gravure d'un tout
autre genre que celui dont nous venons d'exposer les données. Il cherchait
à obtenir des reliefs assez puissants et assez nets pour y appliquer les
modes d'impression typographique. Après lui, André, d'Offembach en 1802,
Duplat en 1809, et Girardet de 1811 à 1812, s'y sont adonné. Cette idée, qui
n'a plus sa raison d'être aujourd'hui, en présence des progrès accomplis par
la gravure chimique en relief sur métal, a été reprise par Tixier, qui a créé
la tissiérographie en 1842; par Dupont, de Périgueux, en 1839, et par plusieurs autres chercheurs. Nous donnons, d'après C. Doyen, la formule de
l'enduit dont se servait Senefelder pour protéger les traits de la pierre
contre les morsures des acides : cire blanche, 40 grammes; suif, 20; gomme

laque, 20 ; poix de Bourgogne, 10 ; colophane, 10 ; poix grecque, 10 ; le tout fondu ensemble et additionné de 40 grammes de vernis fort.

Les lithographes ont quelquefois besoin de monter un motif quelconque en relief pour imprimer ensuite un pseudo-filigrane dans la pâte du papier. Ils choisiront une pierre de moyenne dureté, plutôt tendre, et y décalqueront le motif, qu'ils encreront comme pour tirer une épreuve. Faisant ensuite sécher la pierre à l'éventail, ils la saupoudreront de bitume de Judée en poudre, passeront le blaireau à sa surface pour enlever tout ce qui n'aura pas été fixé par l'encre, et laisseront sécher. Ils donneront ensuite une première morsure à l'acide nitrique étendu, en ayant soin d'éviter la formation des bulles, soit en inclinant la pierre tantôt d'un côté, tantôt de l'autre, soit en passant un pinceau à sa surface. Cette première morsure faite, ils laveront la pierre, encreront et saupoudreront à nouveau et recommenceront la même opération plusieurs fois, jusqu'à ce qu'ils aient obtenu le relief nécessaire. Après la première et la seconde morsure, le rouleau doit être assez chargé d'encre pour que celle-ci, couvrant les talus du relief, s'oppose à ce que l'acide ne creuse en dessous des traits.

Pour obtenir par impression un pseudo-filigrane, il faut que le papier soit bien imprégné d'humidité, et on remplace le châssis en cuir de la presse par une feuille de métal.

L'AUTOGRAPHIE

L'autographie, c'est la lithographie à la portée de tous, c'est la promptitude d'exécution, l'exactitude de reproduction par excellence. On écrit, on dessine, on calque sur papier autographique comme sur du papier ordinaire, et la planche s'obtient sans l'intermédiaire de l'écrivain, du dessinateur spécial. La planche autographiée n'a pas la finesse de la planche à la plume, la netteté de la planche gravée ; aussi ne s'adresse-t-elle qu'aux travaux qui exigent moins de fini, comportent plus de laisser-aller.

L'autographie cependant a ses artistes : elle compte des calligraphes émérites dont les travaux rivalisent avec les travaux ordinaires à la plume ; des dessinateurs, dessinateurs d'ornement et d'architecture surtout, dont les productions sont vraiment remarquables. Les plans, les dessins graphiques courants n'ont pas de meilleur interprète que l'autographie.

Et quelle facilité de travail ! Un peu de pratique pour se familiariser avec l'emploi de l'encre et du papier chimique, quelques précautions « de propreté », comme éviter le contact direct des doigts sur le papier, elle n'exige rien de plus. La plume d'oie finement taillée, la plume de corbeau, la petite plume à dessin en acier souple, le tire-ligne, le pinceau, au besoin, sont les instruments de l'autographe comme ils sont ceux du calligraphe.

On prend une feuille de papier autographique et on l'essaie : si la surface ne retient pas assez la plume, ou si l'encre s'y étend trop, on la frotte avec un peu de sandaraque en poudre, puis on y trace finement, au crayon de graphite, des lignes qui doivent guider le travail. On écrit ensuite lentement, avec une plume peu chargée d'encre ; il faut que celle-ci se détache naturellement du bec, sans qu'il y ait d'efforts à faire pour la fixer sur le papier. Le travail fini, on laisse sécher et on donne au transporteur, sans rouler la feuille, afin d'éviter les frottements.

S'il y a quelque erreur à corriger, la méthode la plus simple et en même temps la plus sûre consiste à découper, avec la pointe d'un canif, la place où se trouve la faute. On colle au dos de la feuille un morceau de papier autographique pour boucher la petite ouverture qu'on a faite, et la place est nette pour recevoir la correction. Cette méthode est préférable à l'emploi de la gomme élastique qui laisse souvent une trace graisseuse, quelque soin qu'on ait pris d'enlever auparavant, avec un grattoir, l'encre déposée sur le papier, et à celui de l'essence de térébenthine, qui lave bien l'encre, mais lave aussi parfois une partie de l'encollage.

On a essayé à différentes reprises de se passer de l'intermédiaire du papier autographique ; nous ne parlons de ces essais que pour mémoire, car les résultats, obtenus à l'aide de manipulations compliquées, de réactions incertaines, n'ont jamais donné de résultats encourageants.

Les dessinateurs qui illustrent nos journaux humouristiques font un usage journalier de l'autographie, soit à la plume, soit au crayon ; il n'y a même guère qu'eux qui dessinent sur papier autographique à l'aide du crayon chimique, qu'ils rehaussent souvent par du travail à la plume. Les imperfections inhérentes au report du crayon n'ont pas grands inconvénients pour des productions qui ne visent qu'à l'actualité, et n'ont aucune prétention artistique. En France, du reste, le tirage ne s'en effectue pas en Lithographie : les décalques sur métal, montés chimiquement en relief, sont imprimés typographiquement avec le texte.

Le décalque de l'autographie sur pierre, et la préparation de celle-ci pour l'impression, sont du domaine des « Transports ». Nous renvoyons à ce chapitre, avec cette seule observation, qu'on réserve généralement, pour recevoir le report autographique, les pierres de qualité inférieure.

LES TRANSPORTS.

Le transport, ou plutôt le report sur une pierre préparée pour la recevoir, d'une épreuve tirée sur une autre pierre ou toute autre planche d'imprimerie, date des premiers temps de la Lithographie. On ne saurait en refuser la paternité à Senefelder, dont les nombreux essais, suivis et imités, pour la reproduction des vieilles gravures, des impressions fraîches et des autographes, font date. Du reste, la théorie du report est basée entièrement sur les principes mêmes de la Lithographie, qui consistent à fixer sur la pierre un corps gras, susceptible de présenter avec elle assez d'adhérence pour résister à l'impression, que ce corps gras soit déposé d'une façon ou d'une autre, que les traits reproduits soient du dessin ou de l'écriture.

Les premiers essais n'eurent, sans aucun doute, rien de bien pratique : il fallut les travaux et les tâtonnements de toute une génération de praticiens pour atteindre et même dépasser les résultats prévus par l'inventeur. Comme il arrive aux débuts de toute industrie basée sur des réactions chimiques, l'empirisme n'a pas fait faute à la Lithographie. Senefelder avait semé, chacun cultivait la plante à sa façon, avec la certitude d'appliquer seul le meilleur mode de culture. Le plus grand nombre procédait sans méthode, à coups de formules hétéroclites : des rouleurs allaient de maison en maison, offrant à Pierre, contre argent, le « secret » de Paul, et réciproquement; au milieu de tout cela, absence presque complète de connaissances chimiques, qui seules pouvaient amener des résultats sérieux.

Les premières tentatives de transport se firent avec de l'encre d'impression ordinaire : les résultats furent précaires, rarement satisfaisants, et cela se comprend. D'abord, la composition de l'encre d'impression n'était pas bien définie, et sa fabrication pas des plus régulières; ensuite, dans cette encre, la matière grasse est incorporée à une grande quantité de noir de fumée; au décalque, les épreuves légères n'en laissaient pas assez sur la pierre pour imprégner ses pores, les épreuves montées en couleur s'écrasaient et produisaient de véritables empâtements. On ajouta, au noir d'impression, de l'encre lithographique et du suif; les résultats furent meilleurs, mais, comme le fait remarquer Camille Doyen dans son *Trattato di Litografia,* la surabondance des matières inertes, du noir de fumée, était un obstacle à la réussite complète et régulière. Cela conduisit à fabriquer des encres spéciales, où le principe colorant n'entrait qu'en quantité strictement nécessaire pour permettre de suivre les phases de l'opération. La période d'essai était franchie, l'usage du report ne tarda pas à se répandre partout.

On a écrit qu'il ne se généralisa en France qu'après 1832 ; cependant, Brégeaut, dans son *Manuel* publié en 1827, consacre un chapitre aux « Transports des gravures et des épreuves lithographiques sur pierre »; en 1828, un lithographe anglais, M. Netherclift, qui avait été formé à Mulhouse, recevait, de la Société d'Encouragement de Londres, un prix de 20 guinées pour ses transports sur pierre ; et l'année suivante, un Français, M. Feuillet, se voyait attribuer pour le même motif, par la même Société, une médaille d'argent grand module.

Les ressources que les transports mettent entre les mains du lithographe sont des plus variées ; ils se prêtent à toutes les combinaisons : multiplication indéfinie des planches sans endommager en quoi que ce soit la planche type; création de planches types avec des éléments empruntés à des matrices différentes ; facilité de mettre à contribution, pour la création des planches, la typographie et la gravure sur métal, etc., etc. On a assimilé le report lithographique au clichage typographique au papier, dont il est contemporain : comme résultats économiques, soit; à tous les autres points de vue, il lui est supérieur. Il est souvent difficile, même à un lithographe exercé, de juger, au vu d'une impression, si elle a été faite sur report ou sur planche matrice.

Avant de détailler les différents modes de transports, nous allons étudier les éléments qu'ils mettent en œuvre.

LE PAPIER A REPORTS

Que demande-t-on au papier destiné aux épreuves dont le décalque doit fixer le corps gras sur la pierre? Une grande finesse de pâte et de la souplesse, rien autre chose. Son rôle, en effet, se borne au service de support : le véritable intermédiaire entre la planche matrice et la planche transportée, c'est là légère couche d'encollage dont on couvre le papier : elle reçoit directement l'épreuve et l'accompagne, intacte, avec toutes ses finesses, toutes ses nuances, sur la pierre, en abandonnant le support.

Le papier autographique est le prototype des papiers à reports; c'est de lui, du reste, dont on s'est tout d'abord servi. On s'est ensuite adressé au papier de Chine, fin, souple, soyeux, qu'on a enduit au recto — côté uni — d'une couche de colle d'amidon de moyenne consistance, contenant un peu de colle de poisson. C'est encore le meilleur et le plus employé de tous les papiers à reports.

Pour certains travaux, il est nécessaire que le papier à reports ait de la transparence; alors on prend, comme support à cette même couche de colle, du papier pelure bien régulier et bien satiné.

Comme dans la fabrication du papier autographique, on peut faire varier la formule de l'encollage. Tout encollage prenant bien l'impression sans absorber l'encre et abandonnant facilement son support, c'est-à-dire le papier qui le porte, sans qu'il soit nécessaire d'un excès d'eau, sera bon pour les reports.

Une formule des plus simples, après celle dont nous avons donné les éléments, consiste à faire fondre, avec la quantité d'eau nécessaire pour en faire une colle légère, six parties de colle de poisson et à y ajouter une partie de sel ammoniac.

Si on désire un papier à reports ayant un certain corps, une certaine rigidité, bien que fabriqué à l'aide du papier pelure, la composition de l'encollage, qui devra être étendu à chaud à l'aide d'une éponge fine, sera la suivante :

```
Gomme adragante. . . . . . . . . . . .    10 grammes.
Colle forte . . . . . . . . . . . . . . .  10    —
Amidon, . . . . . . . . . . . . . . . . .  10    —
Blanc de Meudon . . . . . . . . . . . .    20    —
```

On fait dissoudre la gomme adragante dans un vase d'eau, dissolution qui demande deux ou trois jours et l'intervention de la chaleur au dernier moment. D'un autre côté, la colle forte est gonflée à l'eau, et l'amidon cuit en empois léger. Ces trois substances, mises dans cet état avec un litre d'eau dans un vase en terre vernissée, sont chauffées, et on y ajoute peu à peu le blanc de Meudon réduit en poudre, en remuant continuellement pour faciliter son incorporation.

Lorsqu'on veut tenter le report de planches au crayon, ce qui n'est guère pratique, comme nous .l'exposerons plus loin, il faut un support plus moelleux. On choisit du papier de Chine qu'on baigne dans de l'eau alunée. Après séchage, on l'enduit d'une couche de colle de poisson, aussi peu chargée que possible.

Nous terminerons cet aperçu sur le papier à reports par la publication d'une formule brevetée en France en 1887. Comme elle n'a rien de brevetable, ni nouveauté dans les produits employés, ni nouveauté dans le mode d'emploi, les amateurs de complication, ceux qui ne croient pas qu'on puisse aspirer à la perfection sans compliquer, peuvent l'adopter.

On étend sur le papier une première couche de l'encollage suivant :

Dextrine	200 parties.
Eau	500 —
Albumine ou gélatine.	100 —
Glucose.	50 —

Après séchage, on lisse les feuilles, puis on les couvre d'une seconde couche composée de :

Albumine ou gélatine.	200 parties.
Eau.	500 —
Blanc de plomb, de zinc ou de baryte	500 —
Glucose.	80 —
Dextrine	200 —
Glycérine.	80 —
Bleu soluble	Traces.

On fait sécher et on lisse à nouveau.

Les papiers à reports doivent être conservés à l'abri de toute humidité.

L'ENCRE A REPORTS

On pourrait dire, sans trop s'écarter de la vérité, qu'il y a autant d'encres à reports que de transporteurs ; chacun fait sa cuisine à sa façon et prétend la mieux faire que son voisin. Comme toutes ces cuisines ne diffèrent, au fond, que par des assaisonnements inutiles, il n'y a pas lieu d'y attacher grande importance.

Nous avons indiqué ce que devait être une bonne encre à reports : un mélange intime de substances grasses se distribuant bien au rouleau, susceptible de donner des épreuves d'une grande finesse, pas trop chargé de noir de fumée, et assez concret pour, tout en s'incorporant intimement à la pierre par le décalque, ne pas s'écraser au delà des traits de l'écriture ou du dessin.

La première en date — nous parlons de l'encre spéciale à reports —

fut composée d'un mélange de quatre parties de noir d'impression avec deux parties d'encre autographique. Le mélange s'opérait à une douce chaleur et se terminait par un broyage à la molette.

La formule d'Engelmann vint ensuite : cire, suif et savon noir, de chacun une partie; vernis moyen, douze parties; térébenthine de Venise, six parties; noir de fumée, la quantité nécessaire pour colorer. La cire, le suif et le vernis sont chauffés ensemble dans un vase de dimension assez grande pour qu'en se boursouflant les matières n'en puissent sortir. Lorsque le mélange, grâce à un spatulage continuel, est complet, et que la température du contenu est à peu près celle de l'eau bouillante, on ajoute le savon noir par petites portions; l'eau contenue dans ce savon se vaporise, on retire alors le vase du feu, et, avant refroidissement complet, on y incorpore le noir de fumée en broyant à la molette.

La formule de Desportes diffère de la précédente par l'adjonction d'une petite quantité de colophane remplaçant la térébenthine, et la substitution du savon blanc au savon noir :

Cire jaune, ... 300 grammes.
Suif de mouton. . . . . 30 —
Savon blanc : . . . . 120 —
Colophane. . . . . 240 —
Vernis faible. . . . . 370 —
Noir de fumée. . . . . Pour colorer.

Le savon, coupé en rubans, est desséché à l'avance. On fait d'abord fondre la cire et le suif, et on y ajoute le savon par petites portions. Quand le mélange est parfait, on y verse peu à peu la colophane concassée et on spatule vigoureusement en diminuant l'intensité du feu ; on verse ensuite le vernis et on laisse cuire pendant un quart d'heure environ, en continuant à spatuler, puis on retire du feu et on ajoute le noir au broyage.

C. Doyen donne la même formule, en faisant varier les proportions : cire jaune, 1,000 grammes; suif de mouton, 100 grammes; savon blanc, 300 grammes; colophane, 500 grammes; vernis faible, 1,000 grammes; noir de fumée, pour colorer. Il indique aussi un mélange de 200 grammes d'encre d'impression; 200 grammes d'encre autographique et 250 grammes de vernis faible.

Nous citerons en dernier lieu la formule Reiner, dont le savon, la colophane et la térébenthine sont exclus, et dont les résultats ne sont ni moins complets ni moins solides :

Cire jaune. . . . . 3 parties.
Suif de mouton. . . . . 1 —
Vernis faible. . . . . 1 —
Noir de fumée calciné. . . . . . . 1 —

Lorsque la cire est fondue, on y ajoute le suif, qu'on mélange au fur et à mesure de sa fusion, puis on ajoute peu à peu le vernis, et enfin le noir de fumée; et, continuant à spatuler pour rendre le mélange aussi intime que possible, on élève un peu la température, en évitant toutefois que les matières prennent feu. Après quelques minutes, on retire du feu et on broie à la molette avant entier refroidissement.

L'encre à reports, quelle que soit sa composition, se conserve indéfiniment en pots fermés.

LES REPORTS DE LITHOGRAPHIE

La préparation de la pierre qui doit recevoir le report, le tirage des épreuves sur la pierre matrice, le décalque et ses opérations préliminaires, la préparation de la planche transportée et son encrage, constituent les diverses phases d'un report lithographique. C'est l'ordre que nous allons suivre pour détailler les opérations successives du report.

La pierre destinée au report doit être nette de toute impression antérieure : l'effaçage doit être complet et le ponçage ne laisser subsister aucune raie sur la surface polie. Après lavage à l'eau, elle est séchée, soit au soleil, soit à l'étuve, selon les saisons, l'encre grasse s'attachant mieux sur une surface sèche et légèrement chaude que sur une surface humide ou froide. A défaut de soleil ou d'étuve, on la lave à l'eau chaude et on la présente au feu.

La pierre matrice étant calée sous presse, on enlève la composition à l'essence de térébenthine, afin de ne plus laisser trace de l'encre de conservation qui la couvrait; puis, avec un rouleau spécial, d'excellente qualité, un peu dur, c'est-à-dire garni d'une seule flanelle sous le cuir, rouleau qu'on réserve spécialement à cet usage, on encre la planche avec de l'encre à reports. L'encre à reports s'emploie sans aucune adjonction de vernis, et en chargeant peu le rouleau. Si elle est trop dure, on peut l'adoucir avec une ou deux gouttes d'essence de lavande. On tire quelques épreuves sur papier ordinaire, pour mettre la pierre en train, c'est-à-dire amener l'encrage au point que l'on désire. Ces épreuves permettent de s'assurer qu'il n'y a aucune correction à faire à la planche type, et que les repères qui serviront plus tard à guider l'ébarbage des épreuves de report, repères le plus souvent indiqués par des traits à la pointe sèche, ne sont pas effacés.

Cela fait, on procède au tirage des épreuves : elles doivent être pures, pas trop chargées et par conséquent grises. Après chaque encrage, la pierre est séchée à l'éventail, puis on marge le papier à reports côté encollé en contact avec la planche, puisque c'est la couche de colle ou de préparation qui doit recevoir l'empreinte. Les épreuves s'enlèvent de dessus la pierre en soulevant d'abord un coin, puis en tirant délicatement le papier, sans hâte, afin d'éviter les arrachements. On imprime un plus grand nombre d'épreuves qu'il n'en faut pour établir le report, afin d'avoir le choix, et on les intercale une à une entre les feuilles légèrement humides d'un cahier de papier sans colle, en évitant de charger le cahier avec quoi que ce soit.

Le papier sans colle, continuellement imprégné d'humidité, finit par se piquer, la cellulose qui le constitue se transforme, fermente et devient acide, ce qu'une odeur caractéristique indique. Bien que les épreuves ne soient pas longtemps conservées au contact de ce papier, il vaut mieux le remplacer aussitôt qu'on constate un commencement de piquage.

On enlève ensuite la pierre matrice; on cale à la place la pierre qui doit servir au report, et on la couvre d'une feuille de papier blanc. On dispose sur la presse un ais de bois tendre, généralement une planchette à dessin, ou même un carton épais, en guise de table, puis, sur une feuille du papier qui doit servir au tirage, on trace au crayon dur des lignes légères suivant lesquelles les épreuves à reporter devront être distribuées. Cette feuille tracée est pour ainsi dire la carcasse, le canevas de la planche à établir. Chaque épreuve, sortie du papier humide où elle était entreposée, est ébarbée suivant les besoins, et piquée avec une pointe mousse sur la feuille tracée, à la place qu'elle doit occuper. Si ce piquage doit durer un certain temps, on couvre au fur et à mesure les parties finies avec du papier légèrement humide; la feuille, entièrement garnie, est soulevée avec précaution et placée à son tour entre des feuilles de papier sans colle humides. Pendant toute cette manipulation, il faut éviter le contact des doigts sur la surface encollée des épreuves de report, car il en résulterait autant de taches que d'empreintes, surtout si le transporteur avait la peau moite. Dans ce cas, une excellente précaution est d'avoir à sa portée un chiffon sec frotté de blanc de Meudon ou de blanc d'Espagne, afin de s'essuyer fréquemment les doigts.

La presse est débarrassée de sa table volante; avec une pierre ponce tendre on ponce à sec la pierre calée, qui est ensuite essuyée au chiffon propre et au blaireau, afin qu'il ne reste plus un atome de poussière à sa surface. Quelques praticiens procèdent autrement : au lieu de poncer la pierre, ils l'aspergent avec une dissolution concentrée d'alun dans l'eau de pluie, et la frottent avec un chiffon jusqu'à ce qu'elle soit sèche. L'une ou l'autre de ces opérations étant faite, la feuille de papier où sont disposées les épreuves de report est déposée sur la pierre, face en dessous, en appuyant un coin d'abord, et en l'abaissant lentement et régulièrement pour éviter tout frottement. On la couvre d'un garde-mains en papier un peu fort et satiné, le châssis est baissé, et coup sur coup on donne deux ou trois pressions vigoureuses à fond de pédale. On relève le châssis, sans rien toucher à la pierre on change le râteau de place, bout pour bout, et on donne deux nouvelles pressions; cette manœuvre a pour but d'atténuer, sinon de corriger, les défauts qui pourraient exister, soit dans le râteau, soit dans la bande de cuir qui recouvre son biseau. On recommence au besoin en retournant cette fois la pierre bout pour bout. Le châssis relevé, le garde-mains ôté, on s'assure que la feuille à décalquer est bien adhérente sur toute la surface de la pierre. On la couvre alors d'une feuille humide et on recommence les trois pressions avec changement de disposition du râteau ou de la pierre. La feuille de piquage, imbibée, s'enlève alors facilement, laissant sur la pierre les épreuves de report, qu'il faut mouiller à l'éponge pour dissoudre en partie l'encollage et permettre l'enlèvement du papier qui lui servait de support, ce à quoi il faut procéder avec tous les soins possibles. Il ne doit plus rester sur la pierre que les empreintes grasses de l'encre couvertes par une couche de colle plus ou moins dissoute. On lave vivement la pierre pour faire disparaître toute trace d'encollage, et on l'assèche en l'essuyant, sans appuyer, avec des chiffons doux.

La pierre, sauf les parties couvertes par le décalque de l'encre de report, se trouve alors dans les conditions d'une pierre qui sortirait du ponçage. Si la planche nécessite quelque raccord, des filets, des cadres ou même quelques corrections, c'est le moment de la remettre entre les mains de l'écrivain. Tout ce qu'il y tracera à l'encre lithographique se trouvera dans les mêmes conditions que l'empreinte laissée par le décalque. Pour les corrections à faire, comme l'écrivain n'est pas toujours à même de n'enlever strictement à l'essence que la lettre, le mot ou le trait à corriger, à remplacer, si la correction a été décidée avant le décalque des épreuves de report, voici un moyen très pratique indiqué par Motteroz et qui évite tout grattage. Le grattoir, avec quelque dextérité qu'on le manie, produit toujours un creux nuisible à la bonne impression des surfaces modifiées : le râteau ou le cylindre ne peuvent donner à la feuille, sur ces surfaces, la même pression qu'ailleurs, et les traits ont une tendance à venir gris, cassés, bavochés. Il suffit de passer un pinceau imbibé de gomme — colorée par un peu de carmin pour guider le trait, — sur les points à corriger. Le décalque étant fait, l'encre des parties à rectifier ne se trouve plus en contact avec la pierre et disparaît au premier coup d'éponge.

Avant d'encrer la pierre, il faut la préparer, c'est-à-dire la lotionner avec une préparation acide qui attaque légèrement le calcaire partout où il n'est pas protégé par l'encre grasse, nettoie et avive sa surface, le dépolit et le dispose à retenir plus facilement l'humidité sur tous les points où elle a agi. On a attribué à la préparation acide la propriété de décomposer la partie soluble de l'encre et de laisser alors au corps gras une action plus énergique. Engelmann a été plus loin; selon lui, grâce à cette décomposition du savon contenu dans les préparations lithographiques, encre lithographique ou encre à reports, le corps gras se combinait avec la chaux de la pierre pour former un savon calcaire. Le premier de ces effets ne peut se produire que d'une façon restreinte; quant à la théorie d'Engelmann, elle ne soutient pas l'examen : ce qui a lieu lorsqu'on imprime lithographiquement sur zinc, sur étain ou sur verre dépoli, montre bien que l'effet de la préparation se borne à celui que nous indiquons.

Tous les acides pourraient être employés pour préparer la pierre ; si le choix des praticiens s'est porté sur l'acide nitrique, c'est en raison de cette particularité, que l'azotate de calcium formé, plus soluble que le sulfate de calcium qui serait résulté de l'emploi de l'acide sulfurique, et moins soluble que le chlorure de calcium qu'aurait produit l'acide chlorhydrique — nous ne prenons que ces trois types — n'empâte pas les pores de la pierre comme le ferait le sulfate, et a plus de durée comme effet utile que n'en aurait le chlorure, sel plus soluble. Cette partie de la théorie lithographique émise par Houzeau en 1826, est en tous points vraie pour la pierre.

Quelques imprimeurs emploient l'acide pur étendu de vingt à trente fois son poids d'eau, suivant le degré de dureté de la pierre ; ils reconnaissent que l'acide est assez étendu lorsqu'il ne produit d'effervescence qu'après, quelques instants de contact avec le calcaire. Ils acidulent avec un pinceau plat, ou mieux, avec une éponge. Ils commencent par tracer un large cordon autour de la pierre, sur les marges, et manœuvrent l'éponge ou le pinceau soit de droite à gauche, soit d'arrière en avant, sans repasser deux fois à la même place ; ils garnissent vivement toute la surface, puis lavent l'acide avec une éponge imbibée d'eau pure. D'autres acidulent avec une préparation où entre la gomme arabique et dont voici les proportions moyennes :

Gomme arabique. . . . . 125 grammes.
Acide azotique fumant . . . . . . 20 —
Eau. . . . . 500 —

L'effet de la gomme, dans ce cas, est de permettre à la solution acide de mouiller la pierre jusqu'au contact des traits décalqués : la préparation est alors plus complète.

L'acidulation faite et la planche lavée, on la met sous gomme, c'est-à-dire qu'on étend sur toute la surface une couche de gomme en dissolution dans l'eau. M. Marie a défini en quelques lignes l'importance du gommage :

« Beaucoup d'imprimeurs gomment leurs pierres sans y ajouter d'importance, et cependant tout est là, car une pierre mal gommée, c'est tout comme si elle ne l'était pas du tout. La preuve, c'est qu'en y passant de l'encre lithographique délayée à l'essence de térébenthine, on ferait prendre le noir autour du travail, ce qui indiquerait que les bords des traits ne sont pas gommés, et par conséquent pas protégés. Quel est, en effet, le but principal du gommage ? de garantir les traits de l'élargissement, inconvénient qui se produit par l'infiltration du corps gras. Pour arriver à gommer autour des traits, il faut passer la gomme, ni trop liquide ni trop forte, assez longtemps sur la pierre, jusqu'à ce qu'elle soit presque sèche, comme si on voulait vernir la surface. Les anciens imprimeurs se servaient de la paume de la main pour arriver à ce résultat. »

La solution gommeuse qui sert au gommage des pierres ne doit pas être acide. Si on la prépare mal, elle reste peu de temps neutre: cet inconvénient se présente surtout pour les solutions faites à l'eau chaude. Voici un mode d'opérer qui donne une solution qu'on peut conserver longtemps en vases clos, sans pour cela être obligé d'exagérer sa densité: dans un vase en verre à demi rempli d'eau, on suspend un sachet en mousseline contenant la gomme à dissoudre. Elle est dyalisée au fur et à mesure de sa dissolution, et toutes les impuretés restent dans la mousseline. C'est le moyen le plus expéditif de dissoudre la gomme.

La pierre doit rester sous gomme pendant une heure environ, il est rarement nécessaire de la laisser davantage; c'est une question de pratique, d'expérience, mais il n'y a aucun inconvénient, lorsque le gommage a été fait avec soin, à prolonger ce temps. On la remet ensuite sous presse, et avec une éponge imbibée d'eau propre, on enlève la couche de gomme. Pendant que la pierre est encore humide, on projette à sa surface quelques gouttes d'essence de térébenthine, et on la frotte avec un chiffon. Toute trace du décalque disparaît pour reparaître peu à peu sous le chiffon en teinte grise; on lave une seconde fois à l'eau, puis on commence l'encrage à l'aide d'un rouleau peu chargé de noir d'impression étendu de vernis faible. On encre sans précipitation, lentement. Chaque fois que la pierre, se desséchant par places, laisse prendre le noir ailleurs que sur les traits, on y passe de nouveau l'éponge, l'humidité se rétablit, et il suffit d'un coup de rouleau ou de deux pour dégager la planche.

Lorsque l'encrage est complet, nourri sans empâtements, à l'aide d'acide beaucoup plus fort que celui qui a servi à la préparation, on fait disparaître les taches et les points noirs qui se sont accidentellement produits. On se sert pour cela d'un pinceau, d'une plume d'oie et d'une lisière de drap roulée sur elle-même en tampon. Si quelque partie est empâtée par suite d'un défaut de préparation première, on y passe le pinceau chargé d'acide étendu. Bref, lorsque la planche est nette, propre, on y passe encore l'éponge, un dernier coup de rouleau, et on la gomme.

On a quelquefois besoin, étant donné un coin de cadre, une médaille, un attribut quelconque dessinés sur une pierre, d'avoir une contre-épreuve symétrique. Pour l'obtenir, on tire quelques épreuves sur papier à reports, de préférence sur pelure préparé et à sec, puis, sur une plaque de cuivre ou d'acier poli placée sur une pierre calée sous presse, on dispose, en la collant par le bord du côté où doit prendre la pression du râteau, une feuille de papier de Chine, côté préparé au-dessus. On y marge les épreuves de report colle contre colle, et on procède au décalque, qui donne des épreuves symétriques, un peu grises, mais dont on peut encore, avec quelques soins, obtenir une planche assez nette.

Nous ne parlerons que pour mémoire du report des planches lithographiques dessinées au crayon; on l'a tenté souvent, mais jamais on ne l'a réussi d'une façon satisfaisante. En y réfléchissant, on reconnaît que la chose est matériellement impossible. On se sert quelquefois du crayon lithographique pour l'établissement de planches destinées à être imprimées en chromo, lorsqu'il s'agit de teintes légères, pointillées, sablées ; dans ce cas, le report devient pratique, car on ne cherche pas à obtenir plus ou moins d'effet, plus ou moins de finesse, et s'il y a quelque défaut, il se trouve masqué, tout au moins atténué, par les superpositions de couleurs.

REPORTS TYPO-LITHOGRAPHIQUES

Lorsque, en 1838, Berger de Xivry faisait paraître à Rouen un opuscule sur les *Premiers Essais de la Typo-Lithographie*, procédé pour lequel, un an plus tard, Paul Dupont revendiquait la propriété, il ne vint à l'idée de personne de l'attribuer à son véritable inventeur, à Senefelder. Nous étions si peu au courant, en France, de ce qui se passait à l'étranger, que nous ignorions même la fraude dont le *Journal des Débats* fut un certain temps victime en Belgique : le premier numéro qui arrivait à Bruxelles était décalqué sur pierre, imprimé et vendu par un éditeur peu scrupuleux, ce qui obligea l'administration du journal des Berlin, désireuse de couper court à cette fraude sans l'ébruiter, à prendre conseil de Thénard. L'illustre chimiste recommanda d'additionner l'eau de trempage du papier avec du sulfate d'alumine ; le report ne fut plus possible.

Grâce au report typo-lithographique, le *Journal de la Belgique* fut victime, en 1825, d'une curieuse mystification. Il était en délicatesse avec un de ses confrères qu'il écrasait chaque jour en première page, alors que celui-ci lui rendait, mais en seconde page, aménité pour aménité. Or un matin, au paroxysme de la polémique, le *Journal de la Belgique* fut répandu dans Bruxelles avec la seconde page de son adversaire imprimée à la place de la sienne.

Le prix élevé des compositions lithographiques, le temps qu'elles demandent, et le manque, dans beaucoup de localités, d'écrivains et de graveurs habiles, ont depuis longtemps obligé les lithographes à s'adresser à la typographie pour obtenir plus vite et à meilleur compte les éléments d'une foule de leurs planches. Cependant, le nombre des lithographes qui tirent tout le parti possible de la grande variété de types créés par nos fondeurs est encore assez restreint. Pourquoi ? C'est que généralement les reports manquent de netteté, de finesse, et qu'on n'ose les employer chaque fois qu'il s'agit de travaux exigeant un certain cachet. Il est facile de remédier à ces imperfections. Voici comment il faut procéder pour réussir à coup sûr avec toute la perfection désirable.

On ne doit, autant que possible, employer que des caractères neufs, ou tout au moins en très bon état. La composition, à la mise en châssis, doit être soutenue, dans les grands blancs et autour, par des garnitures pleines de la hauteur des caractères, comme celles que l'on emploie pour la clicherie, afin que le papier de report soit soutenu partout.

La presse à bras employée aux épreuves de report doit être très juste; ses deux tympans, en soie, ne doivent contenir qu'une feuille de papier fort et bien glacé, sur lequel on épinglera la mise en train. Le foulage doit être réglé sec et à peine marquer au dos des épreuves. On aura soin que le rouleau ne renferme aucune trace d'humidité, et qu'il possède cependant beaucoup d'amour; pour qu'il ait ces deux qualités, il faudra le préparer quelque temps d'avance. La mise en train sera aussi sobre que possible en collages, mais on aura la précaution de découper sur une feuille mince toutes les parties de la composition qui demanderaient de la finesse ou tendraient à piquer, comme les déliés, les accents, les bords, etc.

L'encrage est le point important. Il faut distribuer fort peu d'encre à reports sur le rouleau, mais distribuer vigoureusement. Si la température est un peu froide, ramollissez à l'avance l'encre à reports, ou servez-vous d'une pierre légèrement chauffée comme table à noir. Il est inutile, nuisible même, que les épreuves soient montées en couleur; on devra plutôt les tenir grises, sur la limite du lisible. Une fois décalquée sur pierre, si faible qu'elle soit, la quantité d'encre grasse déposée par le papier encollé suffira pour permettre un bon encrage de la planche.

Dans ces conditions, le meilleur papier à reports sera encore le papier de Chine encollé.

On peut se servir de bonne encre typographique peu siccative pour tirer des épreuves de reports; dans ce cas, il faut que la couleur soit plus montée, et le papier pelure légèrement gommé sur une couche d'empois d'amidon et bien satiné est préférable au papier de Chine. L'épreuve ne sera tenue que très peu de temps dans le papier humide avant le décalque. Nous devons ajouter que le résultat n'est pas toujours satisfaisant.

Nombre de formules ont été données pour fabriquer des papiers spéciaux à reports typo-lithographiques. Dans presque toutes, un corps inerte, tel que le blanc d'Espagne, le blanc de zinc, le blanc de plomb, la baryte, entre dans la composition de l'encollage. Nous ne voyons pas l'intérêt qu'il y a à chercher la complication, alors qu'on atteint la perfection possible par des moyens plus simples.

L'application la plus curieuse des transports de typo-lithographie est celle qui se pratique à l'imprimerie des cartes du dépôt de la Guerre. Pour la confection des cartes de l'Algérie, qui s'impriment sur zinc, tous les noms ont été composés en typographie et transportés.

LES REPORTS DE TAILLE-DOUCE

« Comment, la conservation des planches est ce qui encombre les
» lithographes d'Europe? Que ne font-ils comme chez nous? Les pierres
» servent à l'impression, mais nous trouvons bien plus avantageux, pour
» conserver nos matrices, de les confier au métal : au cuivre ou à l'acier. Voyez
» tous les travaux de commerce et d'administration de l'Union imprimés en
» Lithographie, presque toujours ce sont des transports de gravure, de taille-
» douce. La gravure ne nous coûte guère plus ici que le travail de vos
» écrivains. Dans un casier, nous avons autant de planches conservées que
» vous dans toute une maison, et quelle différence de finesse, de netteté! »

Voilà ce que nous écrivait, il y a longtemps déjà, un lithographe français
établi en Californie, à San-Francisco, M. Cl. Quirot. Il avait quelque raison,
car les réserves de certains de nos établissements lithographiques constituent de véritables carrières où sont entassées des pierres de tous formats.
La zincographie, la photographie et d'autres procédés commencent à y
mettre bon ordre, mais les ressources de la chalcographie ne sont pas à
dédaigner, et les lithographes doivent être à même d'en tirer parti. Comme
le maniement des planches de métal n'est pas familier à beaucoup d'entre
eux, quelques données ne leur seront pas inutiles. Elles s'appliquent aux
reports de taille-douce, c'est-à-dire de gravure sur cuivre, mais peuvent
être utilisées pour le cas plus rare où on aurait à mettre en œuvre des
planches gravées sur acier.

La première chose à voir est de s'assurer si la planche est en bon état
de propreté, c'est-à-dire si les tailles sont dégagées d'encre et si la surface
du cuivre n'est pas rayée. Par la simple inspection de la planche, on voit si,
en quittant le dernier tirage, l'ouvrier a eu le soin de la vider : les traits, dans
ce cas, sont de la même couleur que la surface du cuivre, et on distingue
leurs cavités; dans le cas contraire, ils sont noirs et bouchés. Il faut alors
les vider à l'aide de l'essence de térébenthine ou d'un autre dissolvant : ce
moyen réussit toujours lorsqu'il n'y a pas longtemps que la planche a servi;
mais si l'essence est insuffisante, on peut avoir recours à une lessive chaude
de potasse, 1 kilogramme de potasse environ pour 6 litres d'eau; généralement, après quelques minutes de séjour dans cette lessive, les planches
sont nettes, les tailles ne renferment plus trace de vieille encre, mais si
on prolonge trop l'action du bain, la gravure peut s'en ressentir. L'emploi
de la potasse ne convient pas aux planches d'acier; pour elles, on se sert
à froid de la benzine, de l'essence de pétrole et même du sulfure de carbone.
Les graveurs chauffent légèrement la planche de cuivre, y projettent un peu

d'eau seconde, puis la frottent en rond avec un tortillon de papier peu serré.

L'effaçage des raies sur les planches de métal exige une grande habitude, beaucoup de pratique et beaucoup d'habileté, aussi faut-il laisser ce soin aux gens du métier, plutôt que de s'exposer soit à rayer davantage en essayant d'effacer les raies existantes, soit à détériorer les tailles.

L'encre dont se servent les imprimeurs en taille-douce n'est pas susceptible de donner de bonnes épreuves de transport, et l'encrage avec l'encre à reports ordinaire ne peut se faire dans de bonnes conditions. On lui substitue le mélange suivant :

Bonne encre d'impression lithographique . . . . . 100 grammes.
Encre à reports . . . . 150 —
Suif . . . . 25 —
Huile de lin . . . . 50 —
Vernis faible . . . . 50 —

que l'on a soin de broyer à la molette, en commençant par mélanger les deux encres, puis le suif. Les proportions de suif, d'huile et de vernis ne sont pas strictes, nous indiquons un maximum; si la planche est usée ou si les traits de la gravure sont fins, déliés, il en faudra moins.

Voici maintenant le détail de l'encrage. Nous ferons remarquer ici que notre prétention se borne à indiquer aux imprimeurs lithographes le moyen d'obtenir, de planches ordinaires, des épreuves de report, lorsqu'ils ne peuvent avoir recours pour cela à des imprimeurs en taille-douce.

L'encrage des planches de métal gravées en creux ne se fait pas sur la presse : 1° parce qu'on barbouillerait d'encre tout ce qui entoure ces planches ; 2° parce qu'il nécessite une chaleur soutenue qu'on n'obtient que par leur chauffage. Les imprimeurs en taille-douce ont à leur portée un gril en fer, élevé, sous lequel ils entretiennent du feu dans une sorte de brasero, ou qu'ils chauffent avec des dispositions spéciales à l'aide du gaz.

Lorsque tout est prêt : planche nettoyée, encre broyée, brasero allumé, on choisit une certaine quantité de vieux chiffons blancs, coton ou toile fine de lin ou mousseline, de tissu uni, et « blancs de lessive », c'est-à-dire n'ayant servi, depuis leur lavage, à aucun usage, et on les divise en quatre poignées. La première remplacera le tampon des imprimeurs en taille-douce; roulée, montée en sorte de tampon, elle servira à encrer, c'est-à-dire à faire entrer l'encre dans les tailles de la planche. On prend avec ce tampon improvisé un peu d'encre, et on le promène sur le cuivre que l'on maintient de la main gauche sur le gril, en appuyant assez fortement le tampon et en le balançant de droite à gauche et de gauche à droite. On garnit ensuite plus spécialement les parties de la planche où le travail est large et profond, les cadres, les parties colorées du dessin, les caractères noirs dont l'impression doit avoir un certain relief, en se servant du doigt. Ce garnissage, qui est long, ne se fait que pour la première et quelquefois pour la seconde épreuve.

Enfin on tamponne une seconde fois toute la planche, puis on procède au nettoyage.

Maintenant toujours la planche sur le gril, on la frotte légèrement avec la seconde poignée de chiffons, qu'on ramasse dans la main. La plus grande partie de l'encre qui couvrait la plaque de métal en dehors des tailles disparaîtra par ce frottement, que l'on doit accentuer sur les marges. Ceci fait, on place la planche sur une table ou sur une pierre lithographique, près de laquelle on a disposé une terrine contenant de l'eau aiguisée de carbonate d'ammoniaque, 5 à 6 grammes par litre au plus, et deux poignées de chiffons humectées par cette préparation. Les taille-douciers se servent d'urine coupée d'eau. Avec l'extrémité des doigts de la main gauche, on prend quelques gouttes du liquide, qu'on laisse tomber sur la planche, ou seulement sur la poignée n° 3, et, en frottant légèrement avec cette poignée, on enlève la totalité de l'encre qui restait à la surface du cuivre. La dernière poignée sert à éclaircir les marges.

Il ne faut jamais essuyer une planche dans la direction des tailles du burin, c'est-à-dire dans leur sens, car on s'exposerait à vider ces tailles de l'encre qu'elles doivent contenir.

La planche prête, il reste à tirer l'épreuve. On cale sous presse une pierre un peu plus grande que le métal, et on règle la course et la pression; cette dernière doit être légère. Pour la course, le râteau doit prendre sur le métal et ne pas en sortir, c'est-à-dire ne pas tomber à la fin. On place sur la pierre quatre ou cinq bonnes maculatures, sur lesquelles on dispose la planche de métal encrée et essuyée. Le papier de Chine encollé, à peine humide, est margé, couvert d'une maculature de papier sans colle, ou plutôt d'un blanchet de drap mince, le châssis de la presse abattu avec lenteur, et l'épreuve se fait comme une épreuve lithographique ordinaire. Une bonne épreuve de report doit être grise, d'une pureté et d'une régularité parfaites dans toutes ses parties. D'aucuns recommandent de laisser un peu sécher les épreuves avant de les transporter, afin d'éviter l'écrasement du léger bourrelet d'encre qui résulte du mode même de l'impression.

Le transport se fait comme un transport de Lithographie ordinaire, et s'encre sans précipitation, avec de l'encre plutôt faible et un rouleau peu chargé. La pierre se couvre souvent, pendant cet encrage, d'un voile assez intense; il ne faut pas s'en effrayer, car il cède à une faible acidulation qu'on fait subir lorsque les traits sont assez chargés.

EMPREINTES POUR REPORTS
POUVANT SE CONSERVER PENDANT DES ANNÉES

Nous terminerons ce chapitre en faisant mention d'une note publiée par Édouard Knecht, en avril 1850, dans le *Technologiste*. L'ancien associé de Senefelder, continuateur de ses recherches et de ses travaux, a consacré une partie de sa carrière industrielle à des essais de tous genres, et la Lithographie lui doit de nombreux perfectionnements. La conservation des épreuves de report est une des dernières études qu'il a publiées. Voici ses indications :

« Le papier à reports, papier pelure d'excellente qualité, est enduit d'abord d'une couche très mince de colle d'amidon colorée; la coloration a pour but de permettre de constater si la couche a été régulièrement étendue. Cette première couche bien sèche, et le papier satiné à la presse, on couvre la feuille d'un mélange de colle de Flandre et de gomme adragante, on laisse sécher complètement et on satine à la presse feuille par feuille. Pour préparer le mélange de colle de Flandre et de gomme adragante, on met dans un verre d'eau de pluie 50 grammes de colle, et dans un autre, 50 grammes de gomme. Quarante-huit heures après, colle et gomme sont gonflées; on les réunit et on les fait bouillir dans un litre d'eau pendant cinq minutes environ; l'encolle formée est versée dans une cuvette plate, afin de pouvoir facilement glisser sur la surface du liquide le papier pelure déjà couvert de colle d'amidon.

» Les épreuves se tirent aussi légères que possible, et si la planche est en relief, si c'est une forme de typographie par exemple, sans aucun foulage. L'encre, qui est en même temps une encre de reports et une encre de conservation, se prépare ainsi : Faites fondre, dans un vase en cuivre, 300 grammes de cire jaune et 300 grammes de suif épuré. Lorsque la masse est bien liquide et bien chaude, jetez-y peu à peu 250 grammes de gomme-laque blonde, réduite en poudre, et remuez jusqu'à ce que la fusion et le mélange soient complets. Retirez le vase du feu et ajoutez cire et suif, 50 grammes de chaque; chaussez aussitôt fusion au travers d'une toile. Lorsque cette encre paraît trop dure et se distribue mal, on peut l'adoucir avec quelques gouttes d'essence de lavande.

» Pour décalquer le report, on prépare la pierre ou la planche de métal comme pour un report ordinaire, mais en ayant soin de la laisser pendant quelques instants exposée à une douce chaleur. On chauffe aussi légèrement l'épreuve à reporter avant de l'intercaler entre les feuilles de papier sans colle humide. »

Suivant M. Knecht, il n'y a pas d'autres précautions spéciales à prendre, si ce n'est de conserver les épreuves dans des cartons fermés, à l'abri de toute humidité et de toute pression.

Nous ne citerons que pour mémoire les laborieuses recherches entreprises par Senefelder, Marcel de Serres, Jobard, Knecht, Aug. Dupont et nombre d'autres lithographes de valeur, dans le but d'obtenir le transport sur pierre des vieilles estampes. La Photographie a coupé court aux tentatives de ce genre, qui, aujourd'hui, en présence de la facilité des reproductions photographiques et de leur perfection, n'ont plus aucune raison d'être.

L'IMPRESSION

Nous commencerons ce chapitre par l'énumération et la description des moyens d'action mis à la disposition de l'imprimeur, c'est-à-dire des organes principaux de la presse et des accessoires qui lui sont utiles dans les différentes phases du travail.

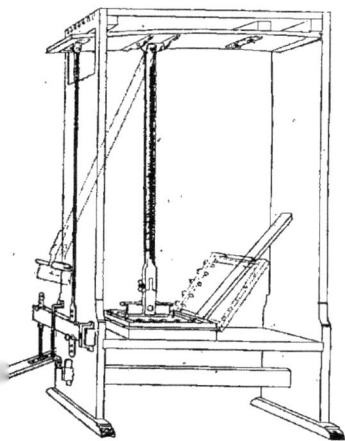

Les différentes figures que nous avons pu joindre au texte, montrent les modifications qu'ont subies les presses à bras depuis la première presse construite par Senefelder. Telle qu'elle est aujourd'hui, la presse lithographique n'a plus guère à attendre du perfectionnement. Elle est simple, solide, et répond à tous les besoins, surtout depuis que l'invention des machines a fait de la célérité une de ses qualités secondaires. Ses organes principaux sont :

Le *chariot*, plateau solide destiné à porter la pierre. Le chariot est bordé, sur ses deux grands côtés, par des *crémaillères* en fer hautes de quelques centimètres, et fermé sur les deux autres par de fortes traverses. Crémaillères et traverses forment cadre autour du plateau. Il est mobile dans le sens des deux bandes métalliques ou en ·bois qui forment la partie supérieure de la charpente de la presse, et, en position de repos,. son avant-train repose sur un *cylindre* de fort diamètre, dont les tourillons portent sur deux coussinets encastrés à l'intérieur de deux montants placés au milieu de la charpente. C'est suivant le plan perpendiculaire passant par l'axe de ce cylindre que s'exerce l'effort de la pression.

Type des premières presses lithographiques.

Celui des deux montants qui est à l'arrière de la presse porte, à sa partie supérieure, une genouillère dont le noyau mobile est surmonté d'une forte tige filetée. C'est sur cette tige que s'ajuste le *porte-râteau,* dont le milieu doit correspondre exactement avec l'axe du cylindre, c'est-à-dire avec le plan de pression. Le montant placé à la partie antérieure de la presse porte, en avant, deux guides, dans lesquels se meut verticalement une tige terminée en haut par une boucle. Cette tige, perpendiculaire à l'axe du cylindre, est percée de plusieurs trous à sa partie inférieure, pour pouvoir se relier,

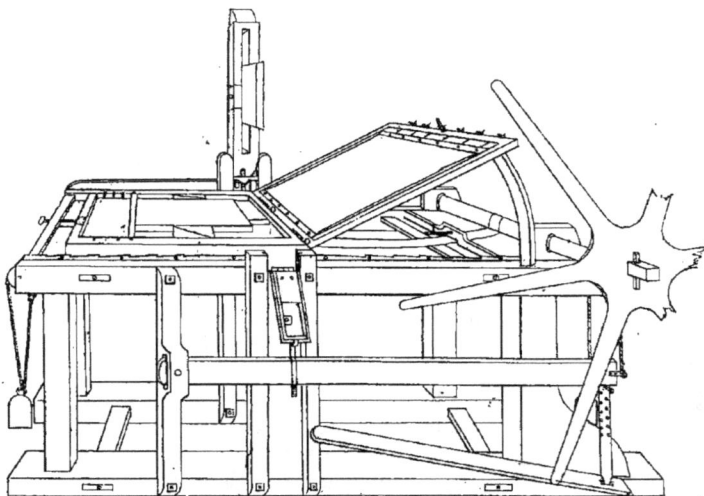

Presse en bois, de Brisset, 1833.

à des hauteurs différentes, à l'un des bras du levier articulé qui, par le jeu de la pédale, est destiné à donner la pression.

Le porte-râteau est un cadre étroit, haut de 20 centimètres environ, et dont la longueur est égale à la largeur de la presse. Il est terminé à l'arrière par une culasse forée, qui s'ajuste dans la vis surmontant le noyau de la genouillère, et à l'avant par un crochet mobile venant, lorsqu'il est abaissé, s'ancrer dans la boucle de la tige de pression. Le *râteau,* dont nous parlerons plus loin, s'ajuste entre les joues latérales de ce cadre. De même qu'on peut fixer à différentes hauteurs la *tige de pression* sur un des bras du levier de pression, on peut relever plus ou moins le porte-râteau par le jeu d'un écrou à oreilles qui surmonte la vis du noyau de la genouillère.

Le chariot porte à sa partie antérieure une pièce en fer munie de deux fourchettes, dans lesquelles on peut hausser ou baisser le *châssis* suivant l'épaisseur de la pierre. Ce châssis est un cadre en fer garni d'une pièce de cuir bien tendue qui s'interpose entre la pierre et le râteau; relevé, il s'appuie sur un chevalet ajusté à la charpente de la presse. A l'avant du chariot est fixée une poignée à laquelle s'adapte une courroie ou une sangle, dont l'autre extrémité s'enroule autour d'un arbre disposé à l'avant de la charpente. Cet arbre tourne dans des coussinets, et est terminé à sa partie antérieure par un *moulinet* à longues ailettes, à l'aide desquelles on le met en mouvement pour enrouler la courroie et par conséquent attirer le chariot. Le porte-râteau étant accroché et la pédale actionnée, si on fait tour-

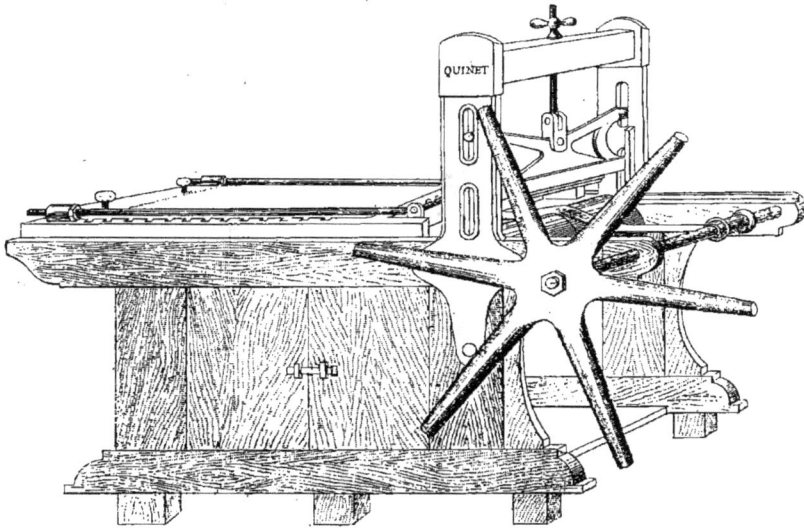

Presse à pression fixe, de Quinet, 1836.

ner le moulinet, le chariot, en se déplaçant, subira, entre le râteau et le cylindre, tout l'effort de la pression suivant une ligne déterminée par le sommet du râteau et l'axe du cylindre. Un système de contre-poids ramène le chariot et le levier de pression dans leur position de repos aussitôt qu'on laisse le moulinet et la pédale libres.

Ces détails nous paraissent suffisants pour nous permettre d'aborder la suite de ce chapitre; aussi n'empiéterons-nous pas davantage sur la partie de ce Traité qui sera consacrée à la mécanique de la Lithographie.

A gauche de l'imprimeur, et à l'extrémité de la presse opposée au moulinet, se place la table à noir, petit meuble dont le soubassement formant armoire est surmonté d'un tiroir que recouvre une pierre polie. C'est sur cette pierre polie que l'ouvrier prépare son encre, l'étend également avec le rouleau et la distribue à la surface de celui-ci pour encrer la pierre. En

arrière de cette table à noir est un rayon étroit où trouvent place les boîtes
à encre et à vernis, des vases contenant de la préparation acide et de la
gomme arabique dissoute dans l'eau, un tampon formé d'une lisière de drap
roulée sur elle-même, un pinceau, un morceau de pierre ponce, une ou deux
plumes d'oie taillées sans fente, un couteau souple, une raclette, une petite
molette, un flacon d'essence, un morceau de pierre ponce et quelques menus
morceaux d'éponge pour aciduler ou pour gommer.

Dans le tiroir du meuble, l'imprimeur entrepose règles, crayons,

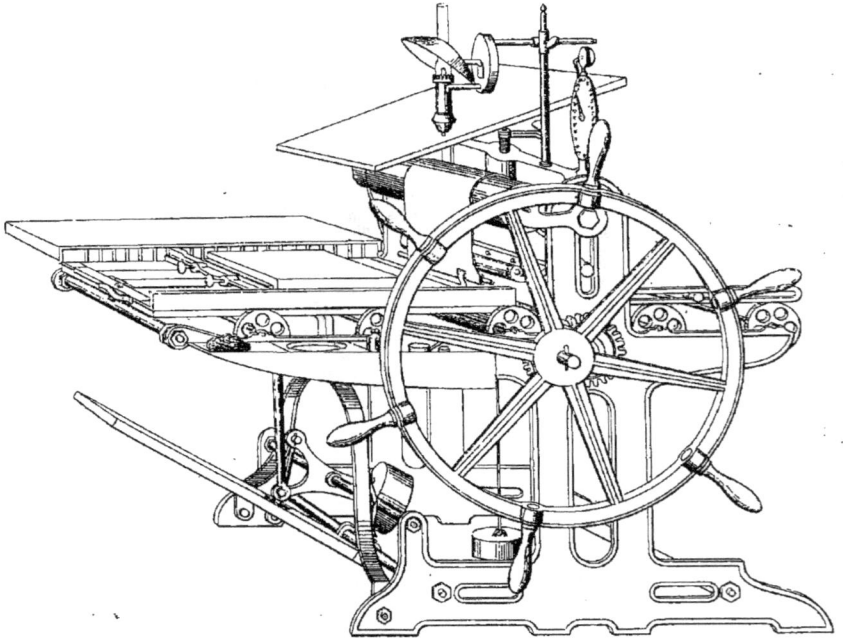

Presse Grimpré et Engelmann, 1840.

équerres, compas, ciseaux, pointes, grattoirs, etc., tous accessoires dont il
peut avoir besoin pour des transports, régler des marges, exécuter quelques
menues corrections, etc., etc. Dans l'armoire, il y a place pour deux rouleaux, des chiffons propres, et les produits dont il ne fait pas journellement
usage. Devant lui, sur une petite console qui est à gauche du porte-râteau,
l'imprimeur a à sa portée un creuset rempli d'eau propre imbibant une
éponge, et l'éponge ou le tampon d'étoupe avec lequel il entretient l'humidité
de la pierre. L'étoupe de chanvre ou de lin privée de ses pailles, ou mieux
la filasse peignée peut, à la rigueur, remplacer l'éponge, dont elle est loin
d'avoir la souplesse, la finesse et l'élasticité ; ce sont les Allemands qui en

ont préconisé l'usage comme plus économique, mais l'économie est loin d'être prouvée et le travail en vaut souvent pis.

Le râteau, ou plutôt les râteaux, car chaque format demande un râteau de longueur déterminée, sont des planchettes larges de 25 millimètres environ sur 10 centimètres de haut, dont un des grands côtés est à double biseau, ce qui le fait ressembler à une lame de couteau dont le taillant, au lieu d'être effilé, aurait encore un à-plat de 2 millimètres. On choisit pour les confectionner un bois sans nœuds ni gerçures, sans fibres d'une dureté plus grande que le reste des cellules du bois, et cependant assez résistant :

Presse à double effet, du Temple de Beaujeu, 1846.

c'est le poirier que l'on utilise habituellement pour cela, mais il est d'autres bois qui lui sont préférables, le gayac, entre autres. On choisit une bille de cette essence bien sèche, et on la fait débiter en planchettes de dimensions qu'on façonne en râteaux selon les besoins. La plupart du temps on les ajuste dans le porte-râteau à l'aide d'une cheville centrale qui traverse les deux joues. En théorie, le taillant du râteau devrait être strictement dressé, mais comme, par suite de son mode d'attache, l'effort de la pression porte plus particulièrement au centre, on tient ce taillant légèrement concave dans la partie centrale. Pour atténuer la dureté du bois, on recouvre le taillant du râteau d'une bande de cuir mince, arrêtée à ses deux extrémités et tendue autant que possible.

Le châssis est un cadre en fer dont l'un des côtés est mobile et peut être plus ou moins écarté à l'aide de deux écrous; sur ce cadre, on tend une peau de veau mégissée, arrêtée seulement en tête et en pied, et placée le côté de la chair en dessus. Cette peau, bien régulière, pas trop épaisse, doit être suffisamment tendue pour que la pression n'y occasionne pas de plis. On graisse avec de la panne la partie qui doit être en contact avec le cuir du râteau pour faciliter le glissement lors de la mise en marche sous pression du chariot. Chaque presse est munie de plusieurs châssis, afin que ceux-ci ne soient pas en disproportion avec le format de la pierre sur laquelle on travaille.

Une excellente préparation pour les cuirs à châssis consiste à les enduire, avant tout graissage, d'une bouillie assez épaisse de plombagine. Lorsque cette bouillie est sèche, on frotte les cuirs de façon à ce qu'il ne reste plus d'épaisseur à leur surface. Le glissement du râteau sur le châssis, facilité dans les limites du possible par ce lubrifiant, ne fatigue plus le cuir.

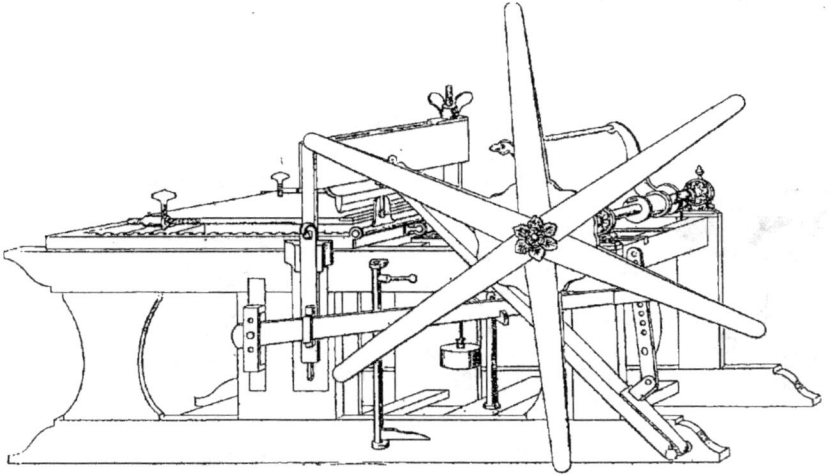

Presse Poirier, 1848.

Entre le châssis et la pierre, on interpose soit une feuille de papier fort soigneusement talquée, soit des maculatures, dans le but de protéger l'envers de la feuille qu'on imprime du contact direct du cuir, et celui-ci des détériorations que pourraient lui causer les grains de sable qui, quelquefois, se trouvent dans la pâte des papiers communs.

LES VERNIS ET LES ENCRES

Les vernis lithographiques sont des huiles siccatives dont on a poussé plus ou moins loin l'oxydation par la cuisson. Cette cuisson modifie et en même temps détruit les impuretés de l'huile. Leur préparation constitue une opération délicate, difficile, et qui n'est pas exempte de danger; d'un autre côté, elle a une très grande importance, car sans bon vernis pas de bonne encre, et à *fortiori* pas de bonne impression. Le danger de leur fabrication réside dans la propriété qu'ont les huiles siccatives quand on les chauffe à un certain degré : elles prennent feu très facilement et on n'est pas toujours maître de leur combustion. Une des variétés du feu grégeois dont se servaient les Orientaux n'était autre chose que certaines huiles surchauffées.

Toutes les huiles siccatives peuvent être amenées, par la cuisson, à un état de viscosité propre aux vernis de cette nature, mais la qualité du produit diffère du tout au tout selon les huiles employées ; nous ajouterons même que des huiles en apparence similaires ne donnent pas toujours des produits satisfaisants, et ce n'est pas une des moindres qualités du fabricant que de savoir reconnaître celles qui sont aptes à produire de bons vernis.

Pour les vernis lithographiques, on ne fait usage que d'huile de lin ; l'huile de noix, dont on se servait quelquefois, mais bien rarement, et pour des travaux spéciaux, est abandonnée. L'huile de lin, choisie avec le plus grand soin, limpide, d'un beau jaune d'ambre, claire et surtout pure, est soumise à une clarification, à une épuration méthodique qui est l'œuvre du temps. Ce n'est guère que deux ans après son extraction à froid de la graine que le fabricant la met en œuvre. On peut, par des procédés chimiques, abréger le temps de cette épuration, et détruire les matières mucilagineuses en suspension dans l'huile, au lieu d'attendre leur dépôt qui s'effectue toujours avec lenteur, mais ce serait au détriment de la qualité des vernis.

La cuisson de l'huile de lin s'opère à une température voisine de son point d'ébullition, environ 315 degrés, et suivant qu'on veut obtenir un vernis plus ou moins dense, plus ou moins fort, on la continue pendant un temps qui varie entre vingt-quatre et cinquante-six heures. Les trois qualités courantes du commerce sont désignées sous les noms de vernis faible, vernis moyen et vernis fort.

Il y a peu d'années encore, chaque maison fabriquait le vernis dont elle avait besoin. Les procédés un peu sommaires mis en œuvre pour arriver à un prompt résultat, et encore plus la difficulté de se procurer des huiles pures, bien clarifiées, vieilles à souhait, — car l'huile fraîche est très dangereuse à employer et ne donne rien de bon, — obligeaient l'imprimeur à utiliser, sous le nom de vernis, des produits aussi médiocres que peu réguliers, et dont la coloration rendait souvent difficile l'impression des couleurs claires ou ayant quelque fraîcheur. Le mode de procéder ne différait pas de celui des anciens imprimeurs typographes ou taille-douciers.

Après avoir choisi un emplacement en plein air, à l'abri du vent et assez éloigné des habitations pour éviter tous risques d'incendie, les ouvriers se munissaient d'une marmite en fonte à anse, avec son couvercle fermant hermétiquement, d'une poche en fer à long manche terminé par une poignée en bois, d'une tige de fer effilée à une de ses extrémités, d'un trépied, d'une bêche, d'un bidon d'huile de lin ou d'huile de noix, d'une assiette, de miches de pain, d'une botte d'oignons, d'un seau d'eau et de quelques torchons de toile et de laine, le tout accompagné d'une ample provision de liquide à l'usage des opérateurs. Voici maintenant la description de l'opération.

On allume le feu sous le trépied, on verse dans la marmite de l'huile de lin jusqu'à moitié de sa hauteur, on la bouche avec son couvercle et on chauffe. Après trois quarts d'heure environ, on enlève le couvercle avec la tige de fer, puis piquant avec la pointe de cette même tige une tranche de pain, on la promène dans l'huile, ce qui doit déterminer un mouvement d'ébullition si l'huile est chaude à point; il faudrait dans le cas contraire continuer à chauffer jusqu'à ce que le pain s'y rôtisse en quelques instants. La tranche rôtie est remplacée par une seconde, puis par une troisième, jusqu'à concurrence du poids de l'huile. On met aussi les oignons dans la marmite. Cette première manipulation dégraisse, dit-on, l'huile.

Lorsque l'huile commence à émettre des vapeurs blanchâtres, on y met le feu, puis, replaçant immédiatement le couvercle, on enlève la marmite du feu à l'aide d'une tige de bois passée dans l'anse, et on la dépose à quelque distance du foyer, dans une excavation qu'on a aménagée à la bêche dans le sol; le couvercle enlevé de nouveau, on rallume l'huile, et, à l'aide de la poche en fer, on renouvelle continuellement sa surface, comme s'il s'agissait de brûler un punch. Après vingt-cinq ou trente minutes de combustion, on étouffe la flamme avec le couvercle, entouré au besoin de linges mouillés, et on laisse refroidir. Le produit est ce qu'on désigne sous le nom de vernis à une flamme, ou vernis faible.

Le vernis à deux flammes, ou vernis moyen, s'obtient en ravivant la combustion et en la continuant pendant autant de temps; le vernis à trois flammes, ou vernis fort, après une troisième combustion d'une demi-heure encore. En laissant tomber quelques gouttes de vernis sur l'assiette, il s'y refroidit, ce qui permet de se rendre compte, par le toucher, du degré de cuisson. Si, pendant une de ces opérations, la flamme, au lieu de rester bleuâtre, prenait une teinte rouge et tendait à s'élever à une certaine hauteur, il faudrait de suite essayer de l'éteindre par l'apposition du couvercle, et, si cela ne suffisait pas, l'étouffer en couvrant de terre la marmite. Si, au contraire, la flamme bleuâtre s'éteignait trop promptement, ce qui donnerait un vernis insuffisamment cuit, il faudrait la rallumer après avoir remis un instant la chaudière sur le feu. Les vernis qu'on obtient ainsi sont toujours plus ou moins colorés, et, comme nous l'avons dit, très irréguliers.

L'encre d'impression lithographique est un mélange aussi intime que possible d'un des vernis dont nous venons de parler et de noir de fumée, ou de toute autre matière colorante pouvant être réduite en poudre impalpable. L'office de l'encre est de nourrir les traits dessinés sur la pierre, de leur fournir le colorant nécessaire à la reproduction de ces traits sur le papier par la pression. Si elle est mal broyée, si le mélange des éléments qui la composent n'est pas intime, elle se distribuera mal à la surface du rouleau, et celui-ci ne pourra la répandre que fort inégalement sur la planche. Si, quoique bien broyée, elle est trop liquide, le rouleau en répandra trop; la pression aura pour effet de chasser l'excédent hors des traits et de le faire pénétrer dans les pores de la pierre, à l'entour de ces mêmes traits, en occasionnant l'empâtement de la planche. Une encre trop dure, soit qu'elle renfèrme une trop grande proportion de colorant, soit que le vernis employé ait trop de force, non seulement dégage les traits, mais aussi ne les nourrit pas assez, ce qui les affaiblit peu à peu et les prédispose à disparaître. Le broyage parfait et le mélange en proportions convenables sont donc des conditions essentielles.

Nous parlerons des encres de couleur en traitant de la chromolithographie. Nous nous bornerons ici à l'encre noire, celle qui est obtenue à l'aide du noir de fumée. Dans cette encre, le noir doit être tenu en suspension dans le vernis, mais dans un tel état de division qu'il y semble comme dissous, et dans une proportion qui soit en rapport avec le travail auquel elle est destinée. Pour cela, elle est préparée d'abord dans un état de dureté relative, et on l'étend plus ou moins de vernis faible au moment de l'emploi.

La fabrication des noirs de fumée, qui au premier abord ne semble pas présenter de bien grandes difficultés, puisqu'elle consiste à brûler par différents moyens des corps très carburés, est une opération assez délicate pour qu'on trouve rarement dans le commerce des produits irréprochables.

Il ne suffit pas, en effet, qu'on puisse les obtenir dans le plus grand état de division possible et débarrassés de tous les corps étrangers, il faut qu'ils soient d'une belle nuance intense, qu'ils s'allient facilement aux vernis, et qu'ils donnent à l'impression un ton franc, brillant même, au lieu du ton roux et terne qu'on remarque si souvent. C'est l'écueil que rencontreront presque toujours les lithographes qui voudront préparer eux-mêmes leur encre de toutes pièces.

Un marbre ou une pierre dure bien polie, sur un pied solide de 90 centimètres de hauteur environ, une molette en porphyre assez pesante, dont la table, bien unie, aura au moins 10 centimètres de diamètre, un couteau à palette à lame souple et une raclette composent l'outillage nécessaire au lithographe pour le broyage des encres.

L'ouvrier commence par malaxer sur le marbre environ dix parties de noir de fumée avec huit parties de vernis; quand il en a fait une pâte assez liée, il la ramasse avec la raclette et l'entrepose sur un coin du marbre. Il en détache ensuite une petite quantité qu'il broie lentement et longuement à la molette, en y ajoutant un peu de noir; pour cela, il tient la molette légèrement inclinée devant lui et lui imprime un mouvement de va-et-vient, s'arrêtant de temps en temps pour ramasser le noir au milieu de la table à broyer, soit à l'aide de la raclette soit à l'aide du couteau. Quand le broyage lui semble à point, il met de côté, dans un vase, la quantité broyée, et recommence l'opération sur une nouvelle prise faite au pâton. L'encre est à point comme broyage quand, réunie puis partagée avec un couteau, sa section paraît d'un beau noir mat qui ne tarde pas à devenir brillant dans toutes ses parties. Une condition essentielle pour bien broyer, c'est de broyer peu à la fois. Suivant la qualité du noir employé et le travail auquel l'encre est destinée, on se sert de vernis fort ou de vernis moyen.

Quelques lithographes abrègent l'opération longue du broyage en substituant au marbre de la table à broyer un marbre en fonte dressée, qu'ils chauffent par-dessous afin d'augmenter la fluidité du vernis et de faciliter ainsi le mélange avec le noir, ou en chauffant à feu doux, en vase clos, parties égales de vernis et de noir de fumée. D'autres ont installé dans leurs ateliers de petites machines à broyer. S'il n'est pas inutile que le lithographe sache préparer lui-même ses matières premières, il ne doit pas perdre de vue que certains produits, comme les encres et les vernis, lui seront toujours livrés meilleurs et à meilleur marché, s'il s'adresse à des maisons sérieuses, qu'il ne pourrait les obtenir lui-même.

Le broyage du noir, dans l'encre d'impression, doit être si complet, qu'en dissolvant un peu de cette encre dans l'essence de térébenthine et en filtrant la dissolution, aucun résidu ne doit rester sur le filtre.

Pour l'impression de la gravure sur pierre, on fait quelquefois une encre spéciale, broyée au vernis faible et moins chargée de noir, à moins que la planche ne renferme des traits d'une certaine largeur. En Allemagne, on prépare un mélange de cire et d'essence de térébenthine, dont on ajoute de temps en temps, dans le cours du tirage, une petite proportion à l'encre. On la malaxe aussi avec un peu de dissolution gommeuse.

Lorsqu'il s'agit d'appliquer sur l'impression des bronzes en poudre ou de l'or en feuille, il faut un vernis qui soit beaucoup plus adhésif que le vernis ordinaire. On le désigne sous le nom de mordant; il a plus de consistance que le vernis fort. C'est du vernis faible additionné de cire jaune, de térébenthine de Venise et parfois de vernis copal. On fait fondre au feu, dans un vase de métal, 100 grammes de cire jaune, et on y ajoute peu à peu, en quantité égale, la térébenthine. Si le mélange se gonflait trop et crépitait trop violemment, on suspendrait un instant l'opération. Quand la fusion est complète et la masse tranquille, on y ajoute par petites doses 250 grammes de vernis faible, en spatulant continuellement, puis du vernis copal en quantité suffisante pour ne pas trop diluer le mélange. Le rôle du vernis copal est de donner de la solidité à la dorure ou au bronzage.

La formule d'Engelmann pour la préparation des mordants ne contient pas de copal : cire blanche, 100 grammes; térébenthine de Venise, 100 grammes; vernis moyen, 200 grammes. Nous préférons la première, parce qu'elle donne plus de solidité et plus de brillant à la dorure.

PRÉLIMINAIRES DE L'IMPRESSION

Les opérations préliminaires de l'impression sont la préparation de la planche et sa mise sous presse. Le mode de préparation à faire subir à la pierre doit être en rapport avec le genre de travail qu'on a exécuté : crayon, encre ou gravure. Nous avons déjà décrit en partie cette opération en parlant des transports, de l'autographie et de la gravure sur pierre; nous allons la compléter en ce qui concerne les planches au crayon ou à l'encre. Ses phases principales sont l'acidulation, le gommage, l'enlevage à l'essence de térébenthine et l'encrage.

Les planches au crayon, à cause de la nature du travail qui est tout à la surface, sont les plus délicates; elles réclament toute l'attention de praticiens consommés. On doit se rendre compte du degré d'acidulation que peut supporter le dessin, suivant que le travail est plus ou moins nourri ou qu'il a été exécuté plus légèrement, puis étendre la préparation acide sans arrêt et sans hésitation sur toute la pierre, en évitant les frottements. Après avoir laissé séjourner quelques instants l'acide sur la pierre, on lave à grande eau et on met sous gomme. Pour l'acidulation, la pierre doit être maintenue à plat et bien de niveau, afin que l'attaque soit régulière dans toutes ses parties. On laisse la pierre sous gomme pendant quelques heures, puis, la remettant sur le chariot de la presse, on enlève à l'essence et on procède à l'encrage, lentement, méthodiquement, sans trop charger d'encre à la fois, jusqu'à ce que le dessin ait atteint le ton qu'il doit avoir. On gomme alors et on règle la presse comme nous l'indiquons plus loin.

Si la planche s'encrait mal, on prendrait un peu d'encre grasse (encre à reports ou encre de conservation), qu'on étendrait d'essence de térébenthine, puis, avec un chiffon de laine douce, la pierre étant mouillée, on en frotterait légèrement tous les traits sur lesquels elle s'attacherait; on gommerait ensuite et on laisserait la pierre en repos pendant quelques instants; on pourrait au besoin encrer de suite au rouleau.

Quelques imprimeurs, dans la crainte de voir filer les parties délicates par l'effet du lavage à l'essence, encrent sur le crayon même, et tirent quelques épreuves avant d'opérer ce lavage. C'est une pratique vicieuse, dont le résultat le plus clair est d'alourdir la planche par l'écrasement des épaisseurs de crayon sous l'effet de la pression.

Une précaution qu'il ne faut pas oublier lorsqu'on a un dessin au crayon à préparer, c'est de laisser, avant d'y toucher, la pierre prendre la température du milieu où l'on travaille.

Le dessinateur appréhende toujours les effets de la préparation sur une pierre où il a souvent sacrifié un temps considérable, car il n'ignore pas que la moindre négligence de l'imprimeur peut, au début, compromettre sans remède son œuvre. Ambroise Jobard a indiqué jadis un mode de faire qui a été préconisé plus tard par Chevallier et Langlumé, et toujours appliqué avec succès par ce dernier. Voici le court exposé qu'en a donné l'auteur : « Il suffit de prendre des fragments ou de la poudre de marbre blanc, d'en saturer de l'acide chlorhydrique, de décanter le liquide neutralisé qui est du chlorhydrate de chaux, et de le mélanger avec une forte dissolution de gomme arabique. Étendez doucement ce magma avec un large blaireau sur votre dessin, et laissez reposer jusqu'à ce qu'il vous plaise de le livrer à l'imprimeur, qui saura ce qui lui reste à faire. S'il empâte une pareille pierre et s'il perd un atome des teintes les plus légères, c'est un manœuvre. » Avec une pierre ainsi préparée, il n'y a qu'à laver à grande eau et à enlever à l'essence avant d'encrer.

Les planches à l'encre se préparent comme nous l'avons indiqué pour les transports. Après l'acidulation on gomme, et on laisse reposer la pierre jusqu'à ce que la couche de gomme soit sèche. On lave ensuite à l'éponge, on enlève à l'essence et on encre au rouleau. On nettoie ensuite à l'acide, avec un pinceau, une plume d'oie ou le tampon de lisière, toutes les taches qui auraient pris l'encre en dehors des traits.

Si, au lieu d'une planche neuve, on avait affaire à une pierre ayant déjà fourni un tirage, il suffirait de dégommer la pierre par un lavage à l'eau, d'enlever à l'essence l'encre de conservation qui couvre les traits, et d'encrer au rouleau pour couvrir ces derniers d'encre d'impression, en procédant avec précaution pour que toutes les parties soient bien régulièrement nourries. Pour les pierres gravées, on enlève à l'essence, on humecte la surface de la pierre avec de l'eau légèrement gommée, puis on encre au tampon en se servant d'encre étendue de quelques gouttes d'essence de térébenthine.

La pierre prête, on la dispose sur le chariot à égale distance des deux crémaillères, et de façon qu'en abaissant le porte-râteau, le râteau morde sur elle de plus d'un centimètre. On l'arrête en pied à l'aide d'une pièce en fer entrant dans les crans les plus rapprochés des crémaillères, et sur les côtés par des cales en bois. La pierre étant couverte d'une maculature, on ajuste le châssis, en réglant sa hauteur, à l'avant par le jeu d'une tige à oreilles vissée sur un des montants du cadre, à l'arrière en le fixant à l'aide d'écrous dans les fourchettes. Le cuir doit se trouver soutenu à environ un centimètre de la pierre. Si la pierre est trop mince, on l'élève en interposant un ou plusieurs cartons entre elle et le chariot; ces cartons doivent être bien réguliers d'épaisseur et sans boutons ou corps étranger résistant dans leur pâte, ces défauts pouvant occasionner le bris de la pierre.

On ajuste dans le porte-râteau un râteau dont on a vérifié le dressage, qu'on choisit de dimensions un peu moindres que la pierre elle-même; puis, le porte-râteau baissé, on règle la course du chariot en l'arrêtant, par un buttoir quelconque, au point de cette course où toute la partie à imprimer de la pierre est passée sous le râteau. On comprend que, le râteau ne devant pas quitter la pierre, le dessinateur et le transporteur doivent donner à la planche des marges suffisantes chaque fois que l'impression doit s'effectuer à la presse à bras.

On règle ensuite la pression. Pour cela, le châssis étant abaissé, puis le porte-râteau, dont on ancre le crochet dans la boucle de la barre de pression, on fixe celle-ci plus ou moins haut sur la tige du levier articulé, de façon qu'en abaissant la pédale avec le pied, on éprouve de la résistance à lui faire toucher le sol, sans cependant que cette résistance dépasse certaines limites sur lesquelles un peu de pratique fixe promptement l'imprimeur. Il peut agir aussi, pour modifier dans un sens ou dans un autre sur le résultat que lui aura donné la barre de pression, en serrant ou en desserrant l'écrou à oreilles qui maintient la culasse du râteau sur le noyau de la genouillère.

Pendant toutes ces opérations, il est nécessaire, comme nous l'avons indiqué, que la pierre soit couverte d'une maculature, autant pour lui éviter le contact du cuir gras du râteau et du cuir plus ou moins gras du châssis, que pour la mettre à l'abri des frottements qui pourraient être préjudiciables à la planche.

Nous indiquerons plus loin les modifications à apporter à ces préliminaires pour les tirages à effectuer à la machine.

Lorsque la pierre est préparée et la presse réglée, l'imprimeur s'assure que le papier destiné au tirage est à point, puis, en prenant une feuille, il règle les marges sur la pierre et les indique, en tête et à droite, par des lignes tracées avec un style d'étain. S'il se servait de crayon de graphite, les traits disparaîtraient trop promptement sous le frottement de l'éponge, et les traces que donnerait un style de plomb auraient une tendance à attirer l'encre au passage du rouleau.

Il prépare ensuite son encre, en l'additionnant de vernis, mais de vernis seulement, pour l'amener à la consistance voulue par le genre de travail qu'il doit imprimer. Tous autres corps gras, l'huile non cuite et le suif, par exemple, ternissent l'éclat de l'encre, lui donnent une teinte désagréable et font jaunir les impressions au bout de peu de temps.

COMMENT ON IMPRIME

L'imprimeur est à sa presse. Son papier est disposé sur une étagère qui fait suite au bâti; à sa gauche, à côté de la table à noir. La pierre est dégommée, nettoyée, prête en un mot. Il commence par encrer son rouleau. Pour cela, prenant très peu d'encre avec la pointe du couteau, il l'étend sur le cuir, à différentes places, et roule sur le marbre jusqu'à ce qu'elle soit très uniformément répandue à la surface du cuir. Prenant l'éponge de la main droite, il mouille ensuite la pierre, ni trop ni trop peu : si elle est trop mouillée, le rouleau glissera, patinera; si elle ne l'est pas assez, l'encre s'attachera en dehors des traits de la planche. La pierre mouillée, ou plutôt humectée, il roule à plusieurs reprises le rouleau à sa surface, et la planche se charge d'encre. Il remet le rouleau sur la table à noir.

Il saisit ensuite une feuille de papier par l'angle supérieur, entre le pouce et l'index de la main droite, et par l'angle diamétralement opposé entre le pouce et l'index de la main gauche, pose, de la main droite, le coin de la feuille qu'elle tient sur le guide tracé sur la pierre, et laisse descendre la main gauche en maintenant la feuille presque tendue pour qu'elle s'applique sur la pierre sans frottement. Il couvre la feuille avec une maculature ou avec le garde-mains, abaisse le châssis, abaisse le porte-râteau et l'accroche, met le pied sur la pédale et fait tourner le moulinet pour amener le chariot à fin de course.

La pédale et le moulinet lâchés, les contrepoids ramènent le chariot à sa position de repos et font remonter la tige de pression. L'imprimeur décroche le porte-râteau, le relève, ouvre le châssis et prend sur la pierre la feuille imprimée.

C'est, on le voit, tout ce qu'il y a de plus simple en théorie, mais, en pratique, l'opération est hérissée d'une foule de difficultés, prévues et imprévues, imprévues surtout, car il est peu de professions où l'imprévu, — nous ne parlons pas du travail à la machine, — joue un aussi grand rôle. Aussi, le succès d'un travail réside-t-il autant dans le discernement et la prévoyance de l'imprimeur que dans sa pratique. C'est un métier d'expérience, et, comme tel, il est difficile de l'analyser. A vrai dire, on ne peut que donner des indications générales.

Le principal outil de l'imprimeur est le rouleau; nous avons longuement expliqué ce qu'il était, reste à établir comment il faut s'en servir. Pour le garnir d'encre, on le fait courir dans tous les sens sur la table au noir, non pas mollement, mais en appuyant assez pour que tous les points du cuir entrent, à différentes places, en contact avec le marbre. Chaque fois que le rouleau quitte la planche, il ramène à sa surface une légère couche d'humidité provenant de la pierre mouillée; cette distribution accentuée sur le marbre est nécessaire pour l'en débarrasser autant que faire se peut, et raviver sa surface. Peu à peu, cette humidité s'accumule sur la pierre à noir, elle englobe les molécules d'encre, et le rouleau s'en débarrasse de plus en plus difficilement; l'encrage de la planche ne se fait plus régulièrement ni plus suffisamment, bien que table et rouleau soient loin d'être dépourvus de noir. Il faut racler le rouleau, racler le marbre et renouveler l'encre.

Le premier coup de rouleau qu'on donne sur une planche est celui qui y dépose le plus de noir. En roulant lentement et en appuyant sur les poignées, en les serrant, on charge les traits; tout au contraire, en laissant les poignées libres et en roulant vite et légèrement, on les dépouille : d'où on doit commencer l'encrage lentement pour déposer l'encre sur la planche, et le terminer en passant deux ou trois fois le rouleau rapidement pour la dégager, la dépouiller de l'excédent. De même, lorsque les traits d'une planche ont tendance à s'amoindrir, on doit encrer lentement; lorsque la planche a tendance à s'empâter, à se voiler, on doit accentuer le mouvement du rouleau.

Les rouleaux durs encrent plus difficilement que les rouleaux relativement mous, mais l'impression a plus de netteté, plus de vigueur, elle est plus propre. Avec un rouleau dur, l'imprimeur est maître de son encrage, il peut l'accentuer sur certaines parties de la planche, dégager d'autres parties, en un mot colorer l'impression, ce qui est utile chaque fois qu'on imprime du dessin, et ce qu'on n'obtiendra qu'avec une encre un peu ferme, et pas du premier coup. Il n'est pas rare qu'une planche au crayon ne soit réellement au point, même avec un excellent imprimeur, qu'après le tirage d'une quarantaine d'épreuves.

De ce qu'on accentue l'encrage en appuyant sur le rouleau, — ce qu'il ne faut pas confondre avec rouler lourdement, — il en résulte que lorsqu'on dispose une pierre sur le chariot de la presse on doit, autant que possible, placer la partie la plus chargée de travail en avant, bien à portée de l'imprimeur. Il se rendra mieux compte de l'effort qu'il fera, les bras à demi repliés, que s'il est obligé d'appuyer sur le rouleau les bras étendus, surtout si la pierre présente une certaine surface.

Un dernier détail en ce qui concerne l'encrage. Les rouleaux, quelque bien confectionnés qu'ils soient, présentent toujours du côté de la couture un léger défaut. Si cette ligne de couture, à chaque révolution du rouleau sur la pierre, portait à la même place, on aurait à l'épreuve ce qu'on désigne sous le nom de « coup de rouleau », c'est-à-dire une ligne d'un autre ton. On l'évite en tournant le rouleau de façon à faire chaque fois varier le point de contact de cette ligne avec la planche, et on use de la même précaution quand on roule le rouleau sur la table à noir pour le charger d'encre.

Le bon imprimeur ne réussit pas toujours comme il veut, et quelquefois les difficultés semblent s'accumuler à plaisir sur une planche dans le cours du tirage. Le choix de la pierre, la qualité de l'encre, la température du lieu où l'on travaille, la préparation trop forte ou trop faible de la planche sont autant de causes dont il faut savoir prévenir les effets, ou tout au moins ne pas les laisser s'accentuer sans y porter remède. C'est affaire au discernement, à l'expérience de l'ouvrier et à l'attention qu'il portera à son travail.

Lorsque la planche tend à se couvrir d'un voile, précurseur de l'empâtement, c'est que la pierre est irrégulière de pâte, trop tendre ou mal préparée. Dans le premier cas, elle ne fournira jamais un bon tirage; dans les deux autres cas, il faut bien la dégager au rouleau et employer une encre plus forte. Si le voile persiste et s'accentue, il ne faut pas attendre l'empâtement : on enlève à l'essence, on encre à l'encre grasse et on prépare légèrement avec le mélange acide et gomme. Si le voile reste faible, quelques gouttes d'un acide végétal dans l'eau de mouillage, en entretenant la préparation de la pierre, le feront disparaître et empêcheront qu'il ne se renouvelle; mais il faut se méfier de cette acidulation continuelle, quelque faible qu'elle soit, la solidité de la planche pourrait en souffrir. L'ouvrier met, dans le creuset qui contient l'eau de mouillage, du vin blanc, de la bière, du vinaigre, un peu de noix de galle, un débris de cigare, etc. : c'est toujours un acide végétal à faible dose qui agit, acide acétique, acide gallique, acide tannique, etc.

Lorsque la température de l'atelier est trop élevée, ou qu'il y règne quelque courant d'air, la régularité du mouillage en souffre; c'est encore une cause qui prédispose la pierre à prendre le noir en dehors des traits.

Si, dans le courant d'un tirage, les traits s'affaiblissent, perdent leur valeur, c'est que l'encrage ne les nourrit pas assez; il faut prendre une encre un peu plus faible et encrer lentement. Le remède n'étant pas suffisant, on encre la pierre à l'encre grasse et on la laisse reposer sous gomme; c'est le meilleur moyen de fortifier la planche. Quand on la remet sous presse, on la traite comme un report ou comme une pierre neuve. La malpropreté de l'éponge est quelquefois cause de cette nature d'accident, qui est plus fréquente lorsque au lieu d'une éponge on se sert d'un tampon de filasse pour mouiller la pierre.

L'éponge se nettoie facilement, on fera même bien de le faire chaque jour; mais lorsque l'humidité a déterminé un mouvement de fermentation dans la filasse, il n'y a pas de remède, il faut la remplacer; sans cela, la meilleure planche, le transport le plus solide, ne résisteraient pas longtemps.

Ce qu'on désigne sous le nom de « bavochage » peut provenir de quatre causes : la pierre est malpropre; l'encre est trop faible; la feuille a été mal margée; le cuir du châssis est mal tendu et le châssis porte sur la pierre. Les énumérer, c'est indiquer les remèdes; à l'imprimeur de juger à laquelle de ces quatre causes est due le bavochage lorsqu'il se produit dans son tirage.

Si, lorsqu'on prépare une planche, on se servait d'acide étendu sans addition de gomme, la pierre aurait toujours quelque tendance à se salir, à prendre l'encre à la plus faible défaillance dans le mouillage; d'un autre côté, l'acidulation serait irrégulière autour des traits, ce qui les prédisposerait à l'empâtement. Tout ce que nous venons d'exposer s'applique aussi bien aux planches au crayon qu'aux planches à l'encre. Comme le crayon est un genre condamné, qui va disparaissant tous les jours, nous n'avons pas jugé utile de lui consacrer une description à part.

L'impression de la gravure sur pierre ne diffère de l'impression lithographique que par le mode d'encrage; et encore, lorsque la gravure est fine, ce qui est le cas des gravures exécutées à la machine, ou quand, sur une même planche, elle est alliée au travail à la plume, on encre au rouleau comme nous l'avons exposé plus haut, avec une encre un peu plus faible cependant. Le papier a besoin d'être un peu plus humide et la pression plus forte.

Comme la réussite de l'encrage de la gravure, quand on ne peut y employer le rouleau, réside dans un petit tour de main, chaque imprimeur a sa méthode et en tire d'excellents résultats, grâce à une longue pratique. Les uns encrent au chiffon et nettoient au chiffon, — voir ce que nous avons longuement exposé en traitant des reports de chalcographie; — les autres encrent au tampon et nettoient au rouleau; le tampon est une planchette surmontée d'une poignée dont la partie plane, bien dressée, est recouverte d'un morceau de drap tendu et arrêté sur les côtés; d'autres enfin encrent à la brosse et nettoient au chiffon ou au rouleau; la brosse doit avoir des soies de moyenne longueur et assez souples pour pénétrer dans toutes les parties gravées où elle doit déposer l'encre. L'encrage au tampon est le plus répandu.

On prend fort peu d'encre à la fois, on l'additionne d'une pointe de gomme et on l'étend avec quelques gouttes d'essence de térébenthine; cette préparation se fait au couteau souple sur le marbre de la table à noir. On mouille la pierre, un peu plus que pour l'impression lithographique, puis chargeant le tampon d'encre en le promenant sur la table à noir, on le pose ensuite sur la pierre qu'on frotte en tous sens, jusqu'à ce que les tailles soient bien garnies. Prenant à la main un chiffon humide, on enlève l'excédent d'encre, et on termine le nettoyage en roulant sur la pierre le rouleau lithographique. Quand il en est besoin, on corrige l'encrage avec la paume de la main. Afin que la pierre reste assez longtemps humide pour se prêter à toutes les manipulations de l'encrage, on ajoute d'ordinaire quelques gouttes d'une dissolution gommeuse à l'eau de mouillage.

Lorsque l'impression d'une planche de gravure est bien en train, le nettoyage ne souffre pas de difficulté, mais il n'en est pas de même au début, où la pierre tend souvent à se couvrir d'un voile. Cela provient quelquefois de la mauvaise préparation initiale, ou des chiffons; on y remédie en changeant ceux-ci et en passant un peu de gomme sur la planche, qui, sous l'effet d'un frottement plus ou moins prolongé, ne tarde pas à s'éclaircir.

Une planche de gravure, de quelque nature qu'elle soit, est d'autant plus facile à imprimer proprement que sa surface est mieux polie; la gravure sur pierre ne fait pas exception à cette règle. Or, il est un moyen bien pratique d'obtenir un poli parfait sur les surfaces où l'encre ne doit pas s'attacher, alors que l'acidulation à la préparation d'acide nitrique y laisse toujours un léger grain, dont l'accentuation est inversement proportionnelle à la dureté de la pierre : il suffit de la frotter avec un chiffon de laine douce imbibé d'une solution d'acide oxalique à cinq pour cent. L'oxalate de chaux qui se forme à la surface de la pierre en couche mince, unie et insoluble, se prête bien au nettoyage et retient assez l'humidité.

Nous consacrerons quelques lignes, sans nous étendre outre mesure, aux impressions dorées, ou, pour parler plus exactement, bronzées. Elles ne présentent aucune difficulté d'exécution. L'or, le bronze, peut s'appliquer de deux façons : en feuilles ou en poudre; comme dans l'un ou l'autre cas il est toujours en couche extrêmement ténue, on broie avec le mordant une petite quantité de couleur pour faire valoir le ton du bronze qu'il doit fixer.

L'or en feuilles, qui ne s'emploie guère que lorsqu'on a des à-plat à recouvrir d'une couche métallique brillante, s'applique au couteau ou au pinceau de doreur, ou en appuyant chaque feuille par l'apposition, sur la feuille imprimée, du cahier qui la contient; on laisse ensuite sécher l'impression avant d'enlever l'excédent avec une brosse douce.

Le bronze en poudre s'applique au tampon de coton, ou mieux avec un petit coussin de velours, avec lequel on prend un peu de bronze qu'on frotte hardiment sur l'impression, puis on enlève de suite l'excédent avec un tampon propre. La table sur laquelle on bronze, sorte de caisson ouvert par devant, doit être couverte d'une feuille de zinc ou tout au moins de carton lissé, afin de pouvoir recueillir les parcelles de métal en poudre qui n'auraient pas été fixées par le mordant. Le bronzage fini et l'impression sèche, on augmente son éclat métallique par un cylindrage.

Les bronzes en poudre sont diversement colorés; on en fabrique de plus de quarante nuances, établissant une gamme depuis l'argent jusqu'à l'or rouge. Les prix varient beaucoup, suivant le degré de finesse. Les bronzes communs ne valent rien pour l'impression : on en perdrait beaucoup trop; l'imprimeur aura toujours avantage, pour les travaux courants, à employer les qualités moyennes, dont la ténuité est suffisante.

Le bronzage, que l'on confie à des femmes ou à des apprentis, n'est pas un travail salubre. Lorsque ce travail dure quelque temps, les molécules entraînées par la respiration pénètrent dans l'intérieur du corps, où elles occasionnent souvent des troubles. Cet inconvénient grave a conduit à l'invention de la machine à bronzer, qui produit plus économiquement un meilleur travail; mais lorsqu'il s'agit d'un labeur de peu d'importance, ou quand on désire obtenir certains effets par un bronzage simultané en plusieurs nuances, on ne peut y avoir recours.

Chaque fois que, pour une cause quelconque, on interrompt momentanément l'impression, il faut couvrir la pierre, après l'avoir encrée, d'une couche de gomme. Nous avons indiqué, en parlant des reports, quels étaient les effets de ce gommage; nous compléterons nos explications en traitant de la conservation des pierres.

CONSERVATION DES PIERRES

Quand un tirage est fini, si on doit ultérieurement tirer parti de la planche, soit pour un nouveau tirage, soit pour des épreuves de report, ce qui est journellement le cas des pierres dites matrices, il faut la mettre en état de se conserver intacte et sans perdre de ses qualités.

Si on laissait les traits couverts d'encre d'impression ordinaire, au fur et à mesure que l'humidité qu'on a entretenue par le mouillage, pendant l'impression, s'évaporerait, le vernis s'infiltrerait dans les pores de la pierre, et le premier résultat fâcheux serait l'empâtement de ces traits. L'encre, séchant ensuite, perdrait son affinité et se rechargerait imparfaitement lorsqu'on voudrait encrer à nouveau ; après quelques mois, cet encrage ne serait plus possible et la planche serait perdue sans ressources. Pour obvier à ces inconvénients, et par conséquent assurer sa conservation, on remplace l'encre d'impression par un mélange de substances grasses moins altérables et de nature à la maintenir longtemps en bon état. Ce mélange est désigné sous le nom d'encre de conservation, et nous donnons ci-après six des formules les plus

en usage pour sa préparation, en faisant remarquer que la cire est le seul
corps commun à toutes ces formules, puis viennent le suif épuré et le savon
qu'on rencontre dans cinq d'entre elles ; le noir de fumée n'intervient que
comme colorant, et l'essence de térébenthine comme diluant pour en faciliter
l'emploi. On suit, pour sa fabrication, les données indiquées plus haut au sujet
des encres à reports. Il serait facile de modifier ces formules en remplaçant
par exemple le suif et le savon par la lanoline, corps gras qui se conserve
indéfiniment sans rancir.

	1	2	3	4	5	6
Cire blanche.	100	100	100	»	100	100
Cire jaune.	»	»	»	100	»	»
Savon blanc.	50	80	75	100	»	50
Suif épuré.	50	23	25	»	40	100
Poix-résine.	»	»	»	100	»	»
Asphalte.	»	»	»	»	100	»
Vernis faible ou vernis moyen	»	»	»	100	»	100
Encre d'impression.	100	»	»	»	»	»
Noir de fumée.	»	22	25	S.a.	20	»
Essence de térebenthine.	10	S.a.	S.a.	»	S.a.	»

Les numéros 1 et 2 correspondent aux formules d'Engelmann et de Desportes ; le n° 3 est une formule italienne ; le n° 4 correspond à une formule
Lemercier ; le n° 5 est une formule allemande, et le n° 6 celle de Chevallier
et Langlumé.

On commence à laver la pierre à l'essence, puis, avec un rouleau spécial,
qui ne sert à aucun autre usage, on met la planche en couleur à l'encre de
conservation. On comprend facilement que cet encrage doit être fait avec
toutes les précautions possibles, et la pierre montée au ton qu'elle doit conserver : s'il y a des parties de la planche qui tendent à s'affaiblir, l'imprimeur
les chargera davantage ; si d'autres sont trop lourdes, il les dégagera. Pour
encrer le rouleau, on nettoie soigneusement la table à noir, on étend un peu
d'encre sur le cuir, à l'aide du couteau, puis on y laisse tomber trois ou
quatre gouttes d'essence et on distribue vigoureusement.

Après l'encrage, on attend un quart d'heure environ et on gomme. Quelquefois, avant que la gomme ne soit complètement sèche, on place sur la
pierre, côté imprimé en dessus, une feuille du tirage, et on donne une pression légère pour la faire adhérer.

Pour conserver les planches de gravure sur pierre, on enlève à l'essence,
puis on encre avec un mélange de suif, de noir de fumée et de térébenthine.
La planche, nettoyée aussi bien que possible, on la gomme lorsque l'essence
est évaporée.

Un imprimeur italien, M. Tommassi, a préconisé il y a longtemps un autre moyen de conserver les planches. Le tirage fini et la pierre encrée à nouveau avec l'encre d'impression, puis séchée à l'éventail, il recommande de saupoudrer sa surface de bitume en poudre impalpable, d'enlever quelques heures après, à l'aide d'un blaireau, ce que les traits encrés n'auraient pas fixé, et de gommer ensuite. Ce procédé a été plus spécialement appliqué à la conservation des planches sur zinc.

La gomme n'a pas seulement pour effet de protéger la surface de la pierre, mais encore de s'opposer à ce que le corps gras n'envahisse, par endosmose, les parties de la pierre où l'encre ne doit pas s'attacher pendant l'impression. Sa dissolution doit avoir la fluidité de l'huile ordinaire, et il ne faut pas en étendre une couche épaisse, car si la pierre était, par inadvertance, entreposée dans un endroit trop chaud, la couverte se fendillerait et se lèverait par écailles en arrachant les traits qu'elle devait protéger. A pareil accident il n'y aurait pas de remède. Autre détail : les lithographes se plaignent souvent de ce que la gomme en dissolution s'acidifie assez vite, surtout pendant l'été. La gomme acide n'est bonne qu'à entrer dans la composition de la préparation des pierres, mais l'employer au gommage serait fort préjudiciable à leur conservation. Pour éviter qu'elle ne s'aigrisse, qu'elle ne devienne acide, il suffit de la conserver en dissolution très épaisse, et de l'étendre d'eau propre au fur et à mesure des besoins. Nous avons indiqué, au chapitre des transports, un mode de faire pour se procurer des solutions de gomme pures; le gommage est une opération qui, en lithographie, a une grande importance, aussi faut-il veiller aux produits qu'on emploie.

S'il faut éviter, aux pierres que l'on conserve, l'excès de chaleur, on se méfiera aussi de l'excès d'humidité, qui n'est pas moins pernicieux. Ainsi, lorsqu'on entrepose les pierres dans un lieu humide, la couche de gomme se couvre de moisissures qui détruisent la planche par places, ou tout au moins font des taches auxquelles on peut difficilement — et pas toujours — remédier.

Aussitôt qu'on s'aperçoit qu'une pierre est couverte de moisissures, on lave la pierre sans la frotter, on l'acidule avec une préparation de moyenne force, puis on la gomme au pinceau, et vingt-quatre heures après on la reprend pour l'enlever à l'essence et l'encrer avec une encre un peu faible. On la remet sous gomme, et le lendemain ou le surlendemain on peut l'encrer plus fortement et enfin la remettre à l'encre grasse.

M. Lemercier recommandait une autre méthode. La pierre dégommée et enlevée à l'essence est mouillée comme si on devait l'encrer, puis, avec un morceau de bois de charbon bien homogène, taillé en sifflet et imbibé d'huile verte (baume tranquille), ou d'une dissolution de crayon lithographique dans l'essence de térébenthine, ou ponce légèrement les parties attaquées par les moisissures, on lave ensuite et on encre au rouleau.

Pour protéger la pierre contre les effets de l'humidité, Chevallier et Langlumé ont préparé un enduit hydrofuge qui a été primé en 1831 par la Société d'Encouragement. Cet enduit s'étend au rouleau par-dessus la gomme et se compose : spermacéti, 100 grammes; poix de Bourgogne, 85; huile d'olives, 60;

cire blanche, 20; térébenthine de Venise, 20. — Le mieux est encore de conserver les pierres dans un local sec, en les disposant sur des étagères à 15 ou 20 centimètres du sol pour les rayons les plus bas, et de façon à ce que l'air puisse facilement circuler autour d'elles.

LE TRAVAIL A LA MACHINE

On imprime mieux et plus facilement à la machine qu'on ne le fait à la presse, à l'exception, bien entendu, des travaux qui sont du domaine exclusif de cette dernière. Les planches se conservent mieux et fournissent un plus long tirage; leurs grandes dimensions, au lieu d'être une difficulté, facilitent plutôt le travail; quant à la régularité des épreuves, il est impossible d'obtenir mieux.

Cela est facile à comprendre : l'encrage, une fois réglé, ne varie plus; il se fait à l'aide de plusieurs rouleaux marchant simultanément, qu'on peut individuellement faire appuyer ou faire passer légèrement sur la planche; enfin, le jeu des mouilleurs entretient un degré constant d'humidité sur toute la surface de la pierre, chose importante qu'il est impossible d'obtenir à la presse lorsque la pierre dépasse certains formats.

Énumérons, comme nous l'avons fait pour la presse, les principaux organes de la machine, non pas au point de vue de leur construction mécanique, ce qui nous occupera plus tard, mais de leurs fonctions.

Le *marbre*, pièce en fonte dressée, encastrée dans un chariot à six roues mobiles sur des patins faisant corps avec le socle de la machine. Le marbre est destiné à porter la pierre; un système de vis, dépendant du chariot, permet de le monter à différentes hauteurs, suivant l'épaisseur de la pierre. A l'arrière du marbre se trouve la *table à encre* portée sur un prolongement du chariot. Le *chariot* est bordé des deux côtés parallèles au grand axe du socle par une bande de fer dressée qui sert de *chemin* aux galets des rouleaux toucheurs, et par une forte *crémaillère* dont les dents sont disposées horizontalement. Le chariot porte en dessous, venus de fonte et dressés, deux *patins* qui règnent sur toute sa longueur. De chaque côté du chariot, deux bâtis en fonte, régnant sur toute la longueur de la machine, dont ils portent les autres organes, sont montés parallèlement sur le socle. Ces bâtis sont réunis par des entretoises, sur lesquelles sont boulonnées de fortes *bandes* de fer ou de fonte dressées. Ces bandes servent de support et de chemin de glissement aux patins du chariot.

En tête se trouve l'*encrier*, composé de trois pièces principales : une *embase* en fonte boulonnée à ses extrémités sur les bâtis; un cylindre, dit *cylindre encreur,* disposé à la partie antérieure et tournant continuellement pendant le fonctionnement de la machine; l'axe de ce cylindre est légèrement au-dessus du niveau inférieur de l'embase; derrière le cylindre encreur est une pièce en fonte terminée à sa partie inférieure par un sifflet qui vient affleurer de son taillant une des génératrices du cylindre encreur; on désigne cette pièce sous le nom de *couteau.* Le couteau est boulonné sur l'embase, mais de façon à pouvoir glisser d'avant en arrière : un double jeu de vis fixées à l'embase permet d'éloigner ou de rapprocher le couteau du cylindre. L'encre se verse dans la cavité allongée formée par le couteau et le cylindre, qui se trouve fermée aux deux extrémités de l'encrier par des oreilles.

A la suite de l'encrier, les bâtis portent deux séries de *peignes* qui servent à maintenir les fusées des rouleaux distributeurs et des rouleaux toucheurs. Les peignes des rouleaux toucheurs sont profondément entaillés, de façon à permettre l'adjonction à ces rouleaux de rouleaux chargeurs pour obtenir une distribution plus complète de l'encre.

Aux deux tiers environ de la longueur de la machine, les bâtis forment, de chaque côté, une espèce de cage où sont emboîtés les *coussinets* destinés à recevoir les tourillons du cylindre de pression; des ressorts à boudin donnent à ces coussinets une certaine élasticité dans le sens de la verticale. Le *cylindre de pression* est, comme son nom l'indique, une pièce cylindrique en fonte dont le développement est égal au double du format du marbre. Cette pièce est creuse et terminée à chacune de ses extrémités par une *couronne dentée,* dont les dents correspondent à celles des crémaillères du chariot. Ces couronnes dentées présentent un à-plat qui se trouve à la partie inférieure lorsque le cylindre est au repos, c'est-à-dire dans sa position d'arrêt. Lorsque le chariot se meut en avant, le cylindre est entraîné, puis, après avoir fait sa révolution complète, retombe à son point d'arrêt pendant que le chariot exécute son mouvement de retour.

Dans sa position de repos, le cylindre présente, presque à sa partie supérieure, et dans toute sa longueur, une *gorge* large d'environ 0^m08, dans laquelle sont disposés deux goujons pour agrafer les tringles de tête des blanchets, et la tringle en fer qui porte les *pinces.* A la partie diamétralement opposée du cylindre se trouve une gorge semblable, un peu plus étroite, où sont les *barres à crochets* autour desquelles on entoure l'extrémité des blanchets ou étoffes dont on habille le cylindre et qui servent à les tendre uniformément à sa surface.

A l'arrière du cylindre sont disposés les peignes destinés à supporter les fusées des rouleaux mouilleurs, et une étagère surmontée de la *table de marge* et du *plateau* où se place le papier pour l'impression. Tout à fait à l'arrière de la machine est la *table de réception* généralement munie d'un receveur mécanique à raquette.

Les rouleaux sont de cinq sortes : le *preneur,* les *distributeurs,* les *toucheurs,* les *chargeurs* et les *mouilleurs.*

Le preneur, placé sous le cylindre encreur, est actionné par une came ajustée sur l'arbre même de ce cylindre. Son rôle est de prendre une partie de l'encre dont ce cylindre se charge à son passage dans l'encrier, et de la déposer sur la table lorsque celle-ci, le chariot étant à fin de course, se trouve au-dessous de lui. On peut régler le mouvement de va-et-vient vertical de ce rouleau, de façon à augmenter la durée de son contact soit avec le cylindre encreur, soit avec la table. Il est toujours préférable que le cylindre encreur se charge de peu d'encre, et que le contact du preneur avec lui soit prolongé.

Lorsque le preneur a déposé l'encre sur la table, cette encre est distribuée sur toute sa surface par les rouleaux distributeurs, mis en mouvement par le passage de la table même. Une disposition spéciale des peignes permet de disposer ces rouleaux les uns parallèlement, les autres obliquement par rapport au chariot, de façon à obtenir une distribution plus complète de l'encre.

Les rouleaux toucheurs viennent ensuite, tous disposés parallèlement dans les peignes les plus rapprochés du cylindre. Par suite du mouvement de va-et-vient du chariot, ils portent tantôt sur la table où ils se chargent d'encre, tantôt sur la pierre qu'ils encrent. Les peignes sont agencés de façon à ce qu'on puisse placer au-dessus des toucheurs d'autres rouleaux de plus petit diamètre, dits rouleaux chargeurs, dont le nom indique la fonction. Les fusées des rouleaux toucheurs sont fixées, à quelque distance de leur extrémité, dans des *galets* qui, lorsque ces rouleaux sont en place sur la machine, portent sur les bandes que nous avons indiquées à l'intérieur des crémaillères du chariot. Ces bandes, dites chemins des rouleaux, entraînent par leur passage le mouvement rotatif des galets et par suite des rouleaux.

Les rouleaux mouilleurs, qui sont à l'arrière du cylindre au nombre de deux, doivent pouvoir fonctionner parallèlement audit cylindre, ou l'un parallèlement et l'autre obliquement. Ce sont eux qui, remplaçant l'éponge, sont chargés d'entretenir l'humidité sur la pierre. On les fabrique de différentes façons; en résumé, ce sont des mandrins en fer, à bouts tournés, qu'on habille de plusieurs tours de flanelle et qu'on recouvre en dernier lieu d'une étoffe de coton spongieuse ou de moleskine.

Tels sont les organes principaux communs à tous les systèmes de machines. Le mouvement de va-et-vient du chariot est obtenu par le jeu d'une *bielle* que commande l'arbre moteur; celui-ci est en tête de la machine, sous l'encrier, et porté par des coussinets montés sur un prolongement du socle. L'arbre moteur commande par des engrenages le mouvement de rotation du cylindre encreur, et par des pignons dont des tiges articulées transmettent l'action, l'engrènement du cylindre sur les crémaillères au mouvement d'aller du chariot, son arrêt au point de repos lors du retour, le jeu des pinces, du receveur mécanique, etc., etc.

Le travail à la machine exige deux ouvriers lorsqu'elle est munie d'un receveur de feuilles mécanique, et trois lorsqu'il faut recueillir chaque épreuve après l'impression. L'un, le conducteur, c'est-à-dire le véritable imprimeur, veille à tout. Il met la pierre sur le marbre, lève ou abaisse celui-ci

pour que la surface de la planche occupe, à la hauteur voulue, un plan
parfaitement horizontal; dispose celle-ci de façon à ce que la partie où doit
commencer l'impression corresponde avec la sortie de la gorge du cylindre;
cale la pierre dans le cadre du chariot, afin que les trépidations ne puissent la
faire varier dans aucun sens; dispose les rouleaux; règle la prise d'encre,
le débit du cylindre encreur et la distribution, la pression du cylindre imprimeur ainsi que le mouillage; vérifie l'étoffage du cylindre, le jeu des pinces,
des pointures, des cordons. S'il n'a pas, comme le conducteur typographe,
une mise en train souvent compliquée à faire, tous ses instants sont pris par
une surveillance incessante.

Son second est le margeur. Monté sur un escabeau à côté de la machine,
de façon à dominer le cylindre imprimeur de la moitié du corps au moins,
il prend les feuilles une à une, sur le plateau où elles sont déposées, et les
présente à la prise des pinces, ou les pique sur les pointures, selon le cas,
en les guidant avec la main au moment de leur entraînement pour qu'elles
adhèrent sans plis à la surface du cylindre imprimeur. A sa portée se trouve
la poignée d'embrayage qui lui permet de mettre en marche ou d'arrêter la
machine.

On se sert d'habitude, pour la machine, de pierres dressées des
deux côtés, et on interpose une feuille de caoutchouc mince entre la
pierre et le marbre pour le garantir de la rouille; il y aurait mieux à faire,
ce serait de nickeler le marbre; au prix où le nickelage se pratique, ce serait
un perfectionnement peu coûteux. On pourrait aussi nickeler le cylindre et
les parties de la machine exposées à être en contact prolongé avec un
corps humide.

L'étoffage du cylindre imprimeur se fait en tendant entre les deux
gorges une feuille de caoutchouc, puis, par-dessus, un blanchet en drap
feutré. Ce blanchet est lui-même recouvert d'une étoffe unie lissée, sans
boutons dans la trame. Le nickelage rendrait inutile la feuille de caoutchouc. Le blanchet se choisit plus ou moins épais, selon la nature du
travail, mais en lithographie ce sont les blanchets de force moyenne qu'on
emploie le plus.

Lorsqu'on met une pierre sur le marbre de la machine, on règle sa hauteur de façon à ce que sa surface soit de niveau avec le sommet des dents
des crémaillères; on est assuré, en procédant ainsi, que les engrenages
de ses couronnes et ceux des crémaillères seront en bons rapports pour
que la machine fonctionne sans fatigue de ce côté, à la condition que l'étoffage
du cylindre soit raisonnable. Desserrant ensuite les vis de pression qui
appuient sur la cage des coussinets des tourillons, on fait avancer le chariot
pour mettre la pierre en pression. On règle alors le serrage de la cage des
coussinets de telle sorte qu'il soit égal des deux côtés du cylindre, que
celui-ci soit bien horizontal. On se rend compte du degré de la pression en
faisant manœuvrer le chariot à la main à l'aide du volant.

Pour l'encrage, on dispose les meilleurs rouleaux dans les peignes
les plus rapprochés des cylindres, car ce sont eux qui toucheront la pierre

en dernier. Nous renvoyons, pour les soins à donner aux rouleaux, au chapitre où nous avons spécialement traité d'eux. On emploie rarement les
chargeurs pour les impressions en noir, mais ils sont indispensables pour
les travaux en couleur, qui font l'objet d'une autre partie de ce Traité. L'encre
qu'on emploie à la machine doit être un peu plus faible que celle qu'on utili-
serait à la presse pour des travaux de même nature, mais la pierre étant
maintenue continuellement au même degré d'humidité, on a moins à redouter l'empâtement, surtout si la prise d'encre est bien réglée.

L'encrier doit être tenu en parfait état de propreté; on ne doit jamais
trop l'emplir, et on règle l'émission de l'encre, par le cylindre encreur, suivant le format de la planche qu'on imprime. Pour cela, on retient l'encre
dans une partie de l'encrier à l'aide de deux petits blocs en plomb fondus
entre le couteau et le cylindre; ces blocs sont mobiles et peuvent se déplacer à volonté. Le cylindre encreur ne se charge alors d'encre que dans l'espace compris entre eux. Nous indiquons plus loin, dans un chapitre spécial,
comment on obtient le maximum de sensibilité dans le réglage de la quantité
d'encre débitée par les encriers des machines.

La table à noir doit être lavée à l'essence (pétrole, benzine ou térébenthine) tous les jours, en fin de travail, et si, dans le courant de la journée, on
interrompt la marche de la machine, il faut avoir la précaution de la couvrir
d'une maculature, afin d'éviter que la poussière ne se fixe sur l'encre qui la
couvre. De même, en cas d'arrêt, il est indispensable de relever les
rouleaux sur les peignes et de les couvrir.

L'artiste, l'écrivain, le transporteur qui préparent une pierre pour la
machine, doivent tenir compte du format du papier sur lequel le tirage s'ef-
fectuera, et du point ou plutôt de la ligne d'entrée en pression de la pierre,
car il faut autant que possible que l'image commence presque au bord de la
pierre du côté où elle sera placée contre le cylindre, surtout si la machine
n'est pas à pinces noyées.

En résumé, l'impression à la machine n'est autre chose que l'impression
à la presse, mais avec la division du travail qui en atténue en grande partie
les difficultés.

Nous donnons, à la fin de ce Traité, des descriptions détaillées ainsi que
des planches au trait et à l'effet de diverses machines lithographiques.

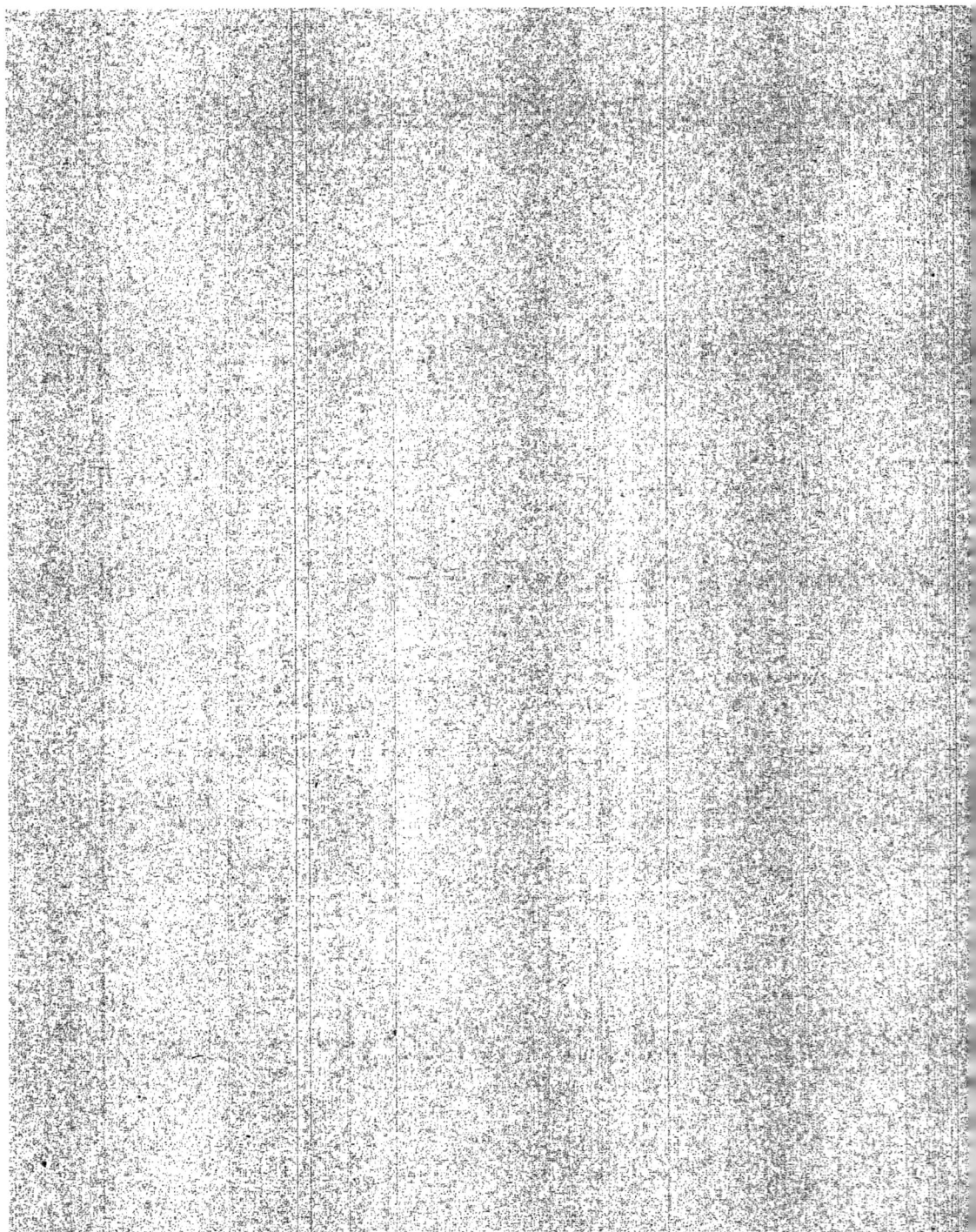

DEUXIÈME PARTIE

SOMMAIRE

CHROMOLITHOGRAPHIE. — L'impression en couleurs. Ses débuts. La théorie de Leblond. Premiers essais de Senefelder. La chromo dite *La Foire de Bulgarie*. Godefroi Engelmann et Graft. Le repérage. — *L'établissement des planches.* — La maquette. Le dessin au trait. Le calque. Papier-calque et papier-glace. Les feuilles de celluloïd. La planche de contours et les traits de repère. Le décalque des traits ou contours. Le décalque au piqué. La plume Edison et le perforateur Napoli. Les services qu'ils peuvent rendre au lithographe. Des qualités indispensables au chromolithographe. Le pointillé et les superpositions. — *Les reports.* — Établissement d'une planche-canevas avec celle de contours. Comment on doit imprimer et préparer les épreuves à décalquer. Le meilleur papier de transport pour les transports de chromolithographie. Mise en relief des planches à imprimer en couleurs. — *Le repérage.* — Des différentes manières de l'obtenir. Le repérage à l'aiguille. Le châssis à repérer de Godefroi Engelmann. Comment on le manœuvre. Les pointures pour les machines. Le margeur automatique importé en France par M. Dupuy. Le promoteur du pointage automatique. Le margeur-pointeur Vieillemard. Le pointeur Taesch. Le margeur Châtenet. — *Le papier.* — L'hygroscopicité du papier en général. Qualité que doivent avoir les papiers pour chromo. Laminage du papier. Papier collé à la caséine ammoniacale. — *La couleur.* — Définition de la couleur. Opinion de Newton. Opinion des physiciens actuels. Décomposition de la lumière solaire. Couleurs simples et couleurs composées. Reconstitution du blanc d'après les travaux de MM. Helmoltz et Angot. Les nuances, les tons et la gamme. M. Chevreul. Le contraste simultané des couleurs. Comment on choisit une couleur. Classification des matières colorantes : minérales, organiques naturelles, organiques artificielles. Les principes colorants dérivés de la houille. Une des causes de la disparition des couleurs. Les matières colorantes et les encres d'imprimerie. — *Emploi des couleurs.* — Considérations générales. Ce qu'on peut obtenir avec trois couleurs judicieusement employées. Superpositions de trois couleurs en divers tons obtenus sur la même planche. Éviter de mélanger aux encres de couleur des corps étrangers. Essai des vernis. Comme on doit les employer. Ce dont il faut tenir compte dans les mélanges de couleurs. Action des matières colorantes sur les vernis. Leur action les unes sur les autres. Les couleurs siccatives et les couleurs anti-siccatives. Les matières colorantes de densité différente. Comment on forme une couleur composée. Les couleurs à poudrer. Précautions à prendre pour le poudrage. Les blancs. Les bleus. Les rouges. Les jaunes. Les verts. Quelques combinaisons de couleurs. — *L'impression.* — Le travail de l'impression polychrome. Choix du rouleau selon le travail. Encrage de la planche. Par quelles couleurs on doit commencer l'impression. Les impressions qu'on doit vernir. Précautions à prendre à chaque impression. Soins à donner au rouleaux. Tableau de la solidité des couleurs. Tableau des couleurs au point de vue du vernissage. Dernières recommandations.

ZINCOGRAPHIE. — L'idée de substituer le métal à la pierre appartient à Senefelder. Ses premiers essais. L'emploi du zinc breveté en Autriche en 1822. Son introduction en France par Breugnot (1829). Géorámas et zincographes. Les essais de Knecht sur différents métaux. Sa formule pour préparer les planches métalliques. M. Monrocq, vulgarisateur du zinc. Les diverses qualités du zinc. Les nouvelles cartes du dépôt de la Guerre. Avantages économiques que présente l'emploi du zinc. Ses propriétés chimiques. — *Choix et préparation des feuilles de zinc.* — Comment on préparait et comment on prépare aujourd'hui les feuilles de zinc. Le zinc laminé à 0m001. Choix et débit par format des feuilles. Le grainage : au jet de sable fin ; aux vapeurs acides ; à la main. Le finissage. — *La planche.* — Précautions à prendre par l'écrivain et le dessinateur. Choix du grain suivant le travail à exécuter. Avivage du métal. Corrections à exécuter avant préparation et encrage. Corrections sur planches préparées et encrées. Le rôle du grattoir. Le crayon et le zinc. Classification des grains par M. Monrocq. La gravure sur zinc. L'autographie sur zinc. Inconvénients des crayons de plombagine. Décalque sur zinc des dessins au crayon lithographique sur papier à grain. — *Préparation des planches.* — Deux formules usuelles. Nettoyage des planches. La benzine et le pétrole préférables à l'essence de térében- thine. Autre mode de préparation. Préparation de la solution d'acide gallique. Le gommage des planches. Planches ne devant pas être imprimées de suite. — *Décalques et reports.* — Manipu- lation. Précautions spéciales pour le décalque des dessins au crayon. Importance du séchage rapide des planches. Choix du format des feuilles de métal. Énumération des opérations succes- sives du report. Les reports de gravure. De la température de l'atelier. Trois procédés étran- gers. — *L'impression.* — Mode de procéder pour tirer des épreuves ou s'il s'agit d'un petit tirage. Le bloc en fonte substitué à la pierre comme support de la feuille de zinc. Accidents pouvant survenir au cours de l'impression. Le voile de la planche. Le maculage des bords. Le zinc fournit de longs tirages. Après l'impression. La mise en réserve. L'effaçage.

DIVERS PROCÉDÉS et TOURS DE MAINS. — *L'impression sur bois, sur verre, sur métal, etc.* — Application de la Lithographie à la tabletterie et à la céramique. Les procédés de Senefelder. L'impression sur feuilles de métal. Travaux de Pelaz, d'Huguenet, de Géneux et de Barclay. Brevets pris en France pour l'impression sur métal. L'impression sur feuilles de gélatine et sur celluloïd. L'oléographie de Jehenne. La Lithographie appliquée à l'impression des étoffes de ten- ture. — *Les réserves.* — *Le blanc sur le noir.* — *Transposition du blanc au noir.* — L'encre de réserve. Procédé Desportes. Les épreuves pour transposition du blanc au noir. Procédé Massias. Procédé Chatenet. Deux autres procédés. — *Des réductions et des agrandissements mécaniques.* — M. Gonord. M. Loire et le caoutchouc. Appareil de réduction et d'agrandissement Fougea- doire. Sa description et son maniement. — *Renforçage des planches.* — Le remontage des planches. Leur mise en relief. Procédé à la flamme. Le savon de fer. — *Papier glace pour calque.* — Son mode de préparation. Formule de MM. Zach et Lipowski. — *Le réglage des encriers.* — Insuffisance des vis de réglage. L'appareil de M. Holzle. Comment on procède en France. — *Le vernissage des imprimés.* — L'encollage. Tour de main du vernissage. Les premiers vernis. Pro- priétés de leurs composants. Le vernis trouble ; comment on le clarifie. Précaution à prendre pour le vernissage. Formule allemande. Le vernis souple. L'émaillage des photographes. L'albumi- nage. — *Gommage des imprimés.* — La gomme arabique. Comment on prépare sa solution. Gommage à la dextrine. La machine à enduire. Sa description.

LA CHROMOLITHOGRAPHIE

La chromographie est la reproduction, en une ou plusieurs couleurs, par l'une des méthodes qui sont du domaine des arts graphiques, des traits ou de l'ensemble d'un dessin. Suivant la méthode employée, elle est désignée sous les noms de : chromogravure; chromolithographie; chromotypographie ou chromotypie et photochromie.

Les premiers spécimens de chromographie furent les initiales et les lignes imprimées en couleur — le plus souvent en rouge — que Pierre Schœffer substitua aux initiales et aux lignes enluminées des anciens missels. Puis vint la gravure dite en « camaïeu », que les artistes graveurs du commencement du XVIe siècle inventèrent pour imiter les dessins à effet. « Cette imitation était parfois si parfaite, dit M. de Lostalot dans son *Histoire* » *de la Gravure*, qu'on put vendre certaines épreuves comme les dessins » originaux des maîtres ». La gravure en camaïeu vit le jour en Allemagne et eut dès le début d'illustres interprètes, Albert Dürer entre autres. Les camaïeux d'Allemagne et de Flandres étaient presque tous à deux teintes : dessin noir imprimé sur fond bistre, orangé ou verdâtre, avec tons dégradés et réserves de lumière; mais en France, en Hollande et en Angleterre, on obtenait plusieurs teintes à l'aide d'un mélange de gravure en creux et de gravure xylographique : la taille-douce était imprimée d'abord et suivie d'impressions typographiques. Lesueur en France, Jackson en Angleterre et Bloemaert en Hollande ont produit des œuvres remarquables en ce genre.

Un siècle après l'invention de la gravure en camaïeu, Lastman, le maître de Rembrandt, imagina vers 1626 la « gravure en couleurs », qui n'était qu'un genre particulier d'impression polychrome à l'aide d'une seule planche gravée en creux, le plus souvent à l'eau-forte, et qu'on encrait, ou plutôt qu'on peignait au pinceau avec des encres de différentes couleurs.

C'est ce procédé qui fut appliqué, en 1680, par Peter Schenk en Hollande et par Taylor en Prusse. Les impressions monochromes de planches gravées imitant les dessins à la sanguine des maîtres, qu'on faisait alors surtout en France, étaient beaucoup plus artistiques.

En 1720, un peintre-graveur de Francfort, J. C. Leblond, qui était venu se fixer à Paris après un séjour de seize années en Hollande, eut l'idée d'employer la manière noire, alors totalement abandonnée chez nous, pour imiter les peintures à l'aide d'impressions successives sur des planches différentes. La manière noire qui consiste, sur une planche de métal grainée, à détruire plus ou moins le grain en proportion de l'intensité des parties lumineuses de la gravure qu'on exécute, fournit la gamme la plus étendue de tons intermédiaires entre le noir intense et le blanc pur : aucun procédé ne se prêtait mieux au but qu'il se proposait. Voici un passage de l'exposé de ses procédés, que Leblond publia dans l'*Encyclopédie :*

« C'est en cherchant les règles du coloris que j'ai trouvé la façon d'im-
» primer les objets avec leurs couleurs, savoir : le rouge, le jaune, le bleu.
» Les différents mélanges des trois couleurs primitives produisent toutes les
» nuances imaginables, autant de teintes qu'il en puisse naître de la palette
» du plus habile peintre. Mais on ne saurait, en les imprimant l'une après
» l'autre, les fondre comme le pinceau les fond sur la toile : il faut donc
» que ces couleurs soient employées de façon que la première perce à travers
» la seconde, et la seconde à travers la troisième, afin que la transparence
» puisse suppléer à l'effet du pinceau. Chacune de ces couleurs sera dis-
» tribuée par le secours d'une planche particulière : ainsi, trois planches
» sont nécessaires pour imprimer une estampe à l'imitation de la peinture.
» Ces planches doivent être de même grandeur, et pourvues chacune aux
» quatre coins de trous de repère. Sur chacune on calque le contour du
» dessin, et l'on traite les parties qui doivent être gravées à la manière noire
» sans trop approcher du contour ; les ombres les plus fortes sont faites par
» des hachures au burin.
» La première planche sert pour la couleur bleue, la seconde pour le
» jaune, et la troisième pour le rouge ; les lumières vives ou le blanc sont
» représentés par le papier. On ajoute quelquefois une quatrième planche,
» avec laquelle on imprime les noirs du tableau, et, pour rendre les brillants
» plus apparents, on se sert d'une planche dans laquelle on creuse les traits
» qui doivent rendre en blanc sur les autres couleurs la transparence de
» l'original. »

Il est difficile d'exposer d'une façon plus claire et plus concise tout à la fois les bases de la chromolithographie actuelle. Leblond, qui avait obtenu en 1740 un privilège du roi, mourut en 1741, laissant quelques élèves, entre autres Robert, qui grava et fit imprimer en deux couleurs les planches du *Traité d'Anatomie* de Pierre Tarin. Le privilège de Leblond passa à un Bourguignon, Gauthier, de l'Académie de Dijon, désigné par quelques biographes comme étranger (Gauthier Dagotti). Gauthier produisit plusieurs planches à quatre impressions, dont quelques-unes ne sont pas sans mérite.

La chromographie était dès lors acquise aux arts graphiques, et les artistes des différentes contrées de l'Europe s'emparaient à l'envi des nouveaux procédés dont ils combinaient les effets avec les genres qu'ils pratiquaient.

Il était réservé à la Lithographie, avec les facilités et les ressources qu'offrent ses multiples procédés de travail, de la porter au plus haut point de perfection, et de permettre à la typographie d'aborder, elle aussi, les travaux polychromes.

Senefelder a compris, dès la première heure, tout le parti qu'on pouvait tirer de son admirable invention pour l'impression polychrome, et a jeté les bases de tous les procédés dont on se sert aujourd'hui, ne laissant, pour ainsi dire, à ses successeurs, que le soin de les perfectionner. Son livre, *l'Art de la Lithographie*, publié en France en 1819, contient plusieurs planches qui montrent jusqu'à quel point cet esprit inventif avait fouillé les moindres détails de son œuvre. Voici deux extraits de cet ouvrage qui ne laissent aucun doute à l'égard de la chromolithographie, qu'il désignait sous le nom de *farbendruck* (impression en couleurs).

P. 195. — « *Dessin à l'encre de Chine avec plusieurs pierres.* — Cette » manière n'est, à proprement parler, qu'une réunion de pierres à teintes; » mais néanmoins on peut, par son moyen, reproduire des dessins aussi » beaux que ceux faits par un dessinateur à l'encre de Chine, ce qui doit lui » mériter l'attention des artistes. »

P. 197. — « *Impression coloriée avec plusieurs pierres.* — Cette manière » a la plus grande ressemblance avec celle que je viens de décrire. On » dessine sur plusieurs pierres les différentes couleurs, soit avec la plume » ou avec le crayon. La manière dont l'artiste procède décide si le dessin » doit ressembler à une peinture ou à une gravure imprimée en couleurs, où » si, en imprimant les pierres sur une impression noire, où tout le dessin » est déjà marqué, il doit être pareil à une gravure enluminée. » — Et plus loin : — « L'impression avec plusieurs couleurs est une manière particu- » lière à la pierre, et susceptible de tant de perfectionnements, qu'avec le » temps elle produira de véritables peintures. Les expériences que j'ai faites » dans ce genre m'en donnent la conviction.... »

En 1817, Senefelder avait publié, à Vienne, quelques planches impri- mées en plusieurs couleurs, entre autres : *La Foire de Bulgarie*, grande lithographie mesurant 1^{m}50 sur 1 mètre et tirée en onze teintes. Comme il avait dû employer, pour obtenir ce format, trois pierres, cela représentait trente-trois impressions par exemplaire, véritable tour de force, étant donnés les moyens rudimentaires de repérage qu'il possédait.

Les difficultés du repérage, qui provenaient autant de l'insuffisance des moyens mécaniques que de l'extensibilité des papiers, arrêtèrent longtemps l'essor de l'impression en plusieurs couleurs, juxtaposées ou superposées, par les procédés lithographiques. Dès 1828, la Société d'Encouragement avait proposé un prix de 2,000 francs au lithographe qui présenterait un moyen pratique; quatre concurrents s'étaient mis sur les rangs en 1830, entre autres Knecht, le neveu de Senefelder; mais leurs procédés furent jugés insuffisants et la question resta au concours.

Pendant qu'en France Godefroi Engelmann et Graft poursuivaient des essais qui devaient aboutir, en 1837, à la réussite complète des procédés indiqués par Senefelder et au repérage tant cherché, nos voisins ne restaient pas inactifs. En Allemagne et en Angleterre, on publiait de fort beaux ouvrages en couleurs : la reproduction des fresques de Pompéi (Berlin, 1832 à 1835) et celle des mosaïques de l'Alhambra (Londres, 1834), sont des œuvres à teintes plates remarquables, dues surtout à l'habileté de l'imprimeur et à son adresse de mains.

Enfin, en 1837, Engelmann, surmontant toutes les difficultés pratiques, se vit attribuer le prix de la Société d'Encouragement et fit breveter le fruit de ses recherches. C'est lui qui baptisa la nouvelle manière du nom de chromolithographie. Elle ne reçut pas, tant s'en faut, du monde artiste le même accueil que la lithographie au crayon : « Ce n'est pas de l'art, disait-on, » c'est de l'enluminure. » On ne lui faisait pas même crédit du temps nécessaire pour que des artistes consciencieux pussent se former à ce genre de travail. La quantité de chromolithographies défectueuses, aux tons faux et criards, dont on inonde maintenant le public, donnerait malheureusement un semblant de raison à cette appréciation trop exclusive. Il a fallu tout le talent de Kellerhoven, de Thurvenger et d'Antoine Pràlon pour forcer enfin les portes du Salon et gagner les suffrages du jury. La belle chromo a une valeur artistique indiscutable, que ne saurait atténuer la facilité de reproduction industrielle.

Cet exposé nous a semblé nécessaire pour établir la genèse de cette branche, aujourd'hui si importante, de la Lithographie. Nous allons exposer, comme nous l'avons fait pour la Lithographie proprement dite, mais en suivant un ordre différent, les données nécessaires à la chromolithographie. Nous commencerons par le travail du dessinateur pour l'établissement des planches, en faisant remarquer que ce travail est sensiblement le même, lorsque, avec le concours de la gravure chimique, on veut employer d'autres modes d'impression que les procédés lithographiques.

L'ÉTABLISSEMENT DES PLANCHES

Avant tout, il est indispensable que le chromolithographe possède une maquette, grandeur d'exécution, du sujet à reproduire, que ce sujet soit une œuvre d'art ou une modeste étiquette. Cette maquette, établie à l'aquarelle ou à la gouache, doit être aussi complète que possible, tant au point de vue du dessin que du coloris.

Le premier soin de l'artiste sera d'en établir un dessin au trait, d'une exactitude rigoureuse. Ce dessin, exécuté ou transporté ensuite sur pierre, constituera la « planche de contours » qui servira de point de départ, de base pour l'exécution des différentes planches nécessaires à la reproduction polychrome. L'établissement de ce dessin et de cette première planche a une importance capitale : les changements de couleurs, les modifications de nuances que comportent les différentes parties du modèle, doivent être indiqués avec la plus scrupuleuse exactitude, soit en traits plus fins que les contours principaux, soit en pointillé. Sans ces indications, le meilleur chromolithographe ne saurait mener à bien son travail.

C'est au calque qu'on a recours pour cela, et chaque dessinateur le fait à sa manière. Les uns se servent de papier pelure encollé, de papier calque végétal aussi encollé et plus ou moins épais, ou même de papier autographique transparent, et dessinent avec de l'encre lithographique assez liquide en calquant sur la maquette elle-même. D'autres emploient des feuilles de gélatine spéciales, dites « papier glace » sur lesquelles ils calquent à l'encre lithographique liquide ou en entaillant plus ou moins profondément ces feuilles de gélatine à l'aide de la pointe sèche ; ce dernier mode de faire demande une certaine habileté et une grande sûreté de main, toute retouche étant impossible. Le dessin-calque est ensuite remis à l'imprimeur. Dans le premier cas, il le décalque sur pierre à l'aide d'une forte pression, sans humecter le papier au préalable, puis traite le décalque comme s'il s'agissait d'un transport ordinaire. Dans le second cas, c'est-à-dire avec le calque en creux sur gélatine, il encre cette feuille avec de l'encre à reports, comme s'il opérait sur une planche de taille-douce, et décalque sur pierre en évitant toute trace d'humidité, ce qui occasionnerait des déformations dans la gélatine, sinon des adhérences sur la pierre, et compromettrait tout le travail. On peut aussi garnir les tailles de la gélatine avec de la sanguine en poudre : la feuille, appliquée sur la pierre et passée en pression, laisse sur celle-ci un tracé léger que le dessinateur passe à l'encre lithographique.

On a essayé, pour combattre l'influence fâcheuse de l'humidité sur les feuilles de gélatine, d'insolubiliser celle-ci par différents procédés, l'alunage et l'action de l'alcool entres autres. La gélatine acquiert alors une dureté qui nuit à l'action de la pointe sèche : les traits sont sans profondeur et souvent éraillés. Les feuilles minces de celluloïd ont donné de bons résultats, leur encrage surtout est facile, mais leur prix est encore trop élevé, et ne peut être compensé par l'avantage de pouvoir conserver un calque gravé comme on conserve une planche.

La planche de contours établie, le dessinateur trace de chaque côté, au tire-ligne, des croisillons destinés à assurer le repérage, sans lequel il n'y a pas de chromolithographie possible. Quelques imprimeurs font tracer, au bas de cette planche, un long rectangle divisé en autant de petits carrés que le travail exigera d'impressions différentes, chacun de ces carrés étant destiné à indiquer la nuance vraie de la couleur employée à l'impression de la planche à laquelle il correspond ; c'est une précaution qui, sans être indispensable,

a cependant son utilité, en ce qu'elle guide l'imprimeur et facilite le classe-
ment des planches.

   Si le sujet à reproduire ne présente que des teintes plates, destinées à
être juxtaposées par les impressions successives, la tâche de l'artiste,
la planche de trait établie, est en somme assez simple. Mais c'est un cas qui
ne se présente guère aujourd'hui que pour le « teintage » des cartes géographiques, ou l'impression de quelques étiquettes ou tableaux d'annonces pour
lesquels la planche de trait, combinée dans ce but et imprimée en dernier
lieu, vient encadrer les couleurs et accuser certains effets.

   Lorsque l'artiste est fixé sur le nombre de planches qui lui est nécessaire, il fait décalquer le trait sur autant de pierres, et sur chacune
d'elles opère les remplissages, c'est-à-dire garnit d'encre lithographique, à la
plume ou au pinceau, toutes les parties correspondantes à la couleur à
laquelle cette planche est destinée; il n'a pour cela qu'à suivre fidèlement les
indications de son calque reportées par le décalque. Les planches de décalque s'obtiennent en imprimant sur la planche au trait, avec de l'encre d'impression étendue d'essence de térébenthine, et en se servant d'une feuille de
papier bien laminée, les faux décalques que l'on reporte ensuite par la
pression sur les autres pierres. Cette encre, étendue d'essence, a peu d'adhérence sur les pierres, et est destinée à disparaître lors de l'acidulation qui
précédera leur encrage au rouleau. Le dessinateur ne devra pas oublier, sur
chaque planche, de repasser à l'encre lithographique les croisillons établis
sur la planche de trait et décalqués par le faux-décalque, ces croisillons étant
indispensables, nous le répétons, pour régler le repérage des planches entre
elles.

   On peut obtenir les planches de contre-épreuves par un autre procédé,
le décalque au piqué, qui permet d'éviter la confection de la planche de
contours et de se contenter de l'établissement du dessin au trait. Mais ce
procédé, que nous avons indiqué des premiers il y a plusieurs années, ne
saurait être employé couramment que pour des travaux ordinaires, la planche
de contours restant toujours le guide le plus certain, celui qui offre le plus
de sécurité pour la confection des autres planches dans les travaux demandant
quelque soin.

   Le décalque au piqué est des plus simples et peut rendre de grands
services aux dessinateurs lithographes qui abordent la chromolithographie;
en voici l'exposition : en perçant une feuille de papier d'une série de trous
rapprochés, suivant les lignes d'un dessin, on peut reproduire ce dessin un
certain nombre de fois, en plaçant chaque fois cette feuille perforée sur
une feuille blanche et frottant sa surface avec de la poudre colorée, noir de
fumée, plombagine, sanguine, etc., etc. C'est le vieux procédé du « dessin au
frottis » qu'emploient les peintres décorateurs et les peintres sur faïence. Il est
une autre manière de procéder, qui consiste à recouvrir la feuille perforée
d'une autre feuille fraîchement enduite au rouleau d'encre d'imprimerie, et à
faire passer le tout en pression. Le nombre des reproductions que l'on peut
obtenir dépend de la résistance de la feuille perforée; or, en employant le

parchemin végétal, qui ne s'étend pas sous la pression, on est assuré d'avoir un grand nombre de décalques identiques. Mais le procédé ne saurait avoir de valeur sans une perforation parfaite, comme régularité, du papier; or cette perforation s'obtient mécaniquement en procédant au calque.

Plusieurs appareils ont été imaginés pour obtenir ce résultat. Dans tous c'est une aiguille à mouvements alternatifs très rapides, fonctionnant dans une sorte de portecrayon avec lequel on suit perpendiculairement les traits de l'image à reproduire. Ces appareils ne diffèrent guère que par le système du moteur qui actionne l'aiguille. Les deux derniers qui se sont produits, la plume électrique d'Edison et le perforateur Napoli, datent de quelques années. Dans la plume Edison, l'aiguille est mue par un petit moteur électrique qui surmonte le portecrayon; ce moteur reçoit, par un fil double, le courant d'une petite pile placée à côté du dessinateur. Dans le perforateur Napoli, le mouvement de l'aiguille est dû à la déformation d'une lame élastiquée sous l'action de l'air comprimé, qu'on obtient soit au moyen d'une petite soufflerie, soit au moyen d'une poire creuse en caoutchouc, ou même en soufflant dans un tube souple qui va de la bouche de l'opérateur à la tête du portecrayon. Ces deux instruments sont tout ce qu'il y a de plus pratique et fonctionnent avec une grande régularité. Le perforateur Napoli présente cet avantage, que l'opérateur peut, sans que le portecrayon quitte le papier, interrompre et reprendre à volonté la perforation; d'un autre côté, il n'a pas à s'inquiéter du plus ou moins bon fonctionnement d'un moteur aussi délicat que minuscule, ni de la marche d'une pile.

Avec la règle à diviser, qui sert au lithographe à tracer à la pointe ou au diamant les fonds grisés, on peut obtenir, à l'aide de ce procédé et en opérant sur des feuilles de parchemin végétal minces et bien tendues, des fonds pointillés d'une grande finesse, qu'il est facile de transporter directement sur pierre, en remplaçant l'encre d'imprimerie qui couvre la feuille noircie par de l'encre à reports un peu modifiée pour la rendre plus fluide. Pour la feuille à perforer, il faut dans ce cas choisir du pelure parcheminé, et pour la feuille noircie du papier sans colle un peu mou, qu'on enduit d'une couche légère de colle d'amidon du côté destiné à être encré au rouleau. Le décalque se traite comme un report ordinaire.

La tâche de l'artiste n'est pas aussi simple, tant s'en faut, lorsqu'il s'agit de reproduire autre chose que des teintes plates rehaussées par une dernière impression d'une planche au trait plus ou moins chargée. Non seulement il doit posséder une connaissance parfaite des couleurs et des effets pouvant résulter de leur superposition et de leurs contrastes, l'alpha et l'oméga, comme le dit C. Doyen, de l'échelle chromatique, mais il lui faut, s'inspirant de son modèle, toile, aquarelle ou gouache, le décomposer, le disséquer mentalement, pour ainsi dire, et être à même d'en rendre toute la tonalité, d'en reconstituer toutes les nuances par la combinaison des différentes planches qu'il établira, en partant des couleurs claires. Il n'a à sa disposition, pour cela, que le noir, la seule couleur qui se combine suffisamment avec le corps gras pour constituer soit l'encre, soit le crayon lithographique, et la seule aussi qui permette de juger de l'intensité d'un travail exécuté sur pierre. Il peut, il est vrai, mettre à profit toutes les ressources de la Lithographie : la plume, le pinceau, le tire-ligne, la pointe, les effets du crayon et ceux du pointillé qui, avec un grain plus ou moins fin et plus ou moins garni, un pointillé plus ou moins gros et plus ou moins serré, lui permettront d'obtenir, sur une même planche, des tonalités différentes d'une même couleur.

On ne saurait formuler de règles pour ce mode de reproduction, tout d'inspiration et de pratique acquise. Le chromolithographe est un « coloriste » qui n'a qu'une couleur sur sa palette, le noir, avec laquelle il doit faire la synthèse de toutes les autres. Son talent consiste à calculer d'avance l'effet que produiront, en se superposant, les planches synthétiques qu'il crée, et le genre de travail nécessaire pour mieux rendre telle ou telle partie du sujet qu'il traite, pour mieux combiner les superpositions de couleur en vue du résultat à obtenir.

Lorsqu'il s'agit de « faire de l'art », le lithographe a ses coudées franches pour le nombre de planches à établir. Il peut, s'il le juge à propos, en consacrer une à chaque nuance du sujet qu'il est chargé de reproduire. Mais les exigences commerciales s'accommoderaient mal de ce mode coûteux, et l'éditeur, l'imprimeur surtout, ont intérêt à restreindre le plus possible le nombre des impressions. C'est à l'ingéniosité de l'artiste qu'incombe la solution du problème : obtenir beaucoup avec peu.

Par le pointillé, ou en faisant varier le travail, on peut produire sur une même planche toutes les valeurs de la gamme chromatique pour une même couleur. En combinant les superpositions de ces différentes valeurs avec celles d'une autre planche, il en résultera les valeurs correspondantes de la couleur produite par la superposition. Prenons comme exemple trois planches : rouge, bleu et jaune. La superposition du rouge et du bleu, à intensité égale, donnera le violet; du bleu et du jaune, le vert; du jaune et du rouge, l'orangé. Partout où le grain ou le pointillé de la planche rouge sera fort et celui de la planche bleu faible, le résultat de la superposition sera un violet rouge ; dans le cas inverse, un violet bleu. Partout où le grain ou le pointillé de la planche bleu sera fort et celui de la planche jaune faible, on obtiendra un vert bleu ; dans le cas contraire, un vert jaune. Partout où le grain de la planche jaune sera fort et celui de la planche rouge faible, le résultat sera un orangé jaune; le contraire donnera un orangé rouge. On voit que le champ est vaste, puisqu'il serait possible, avec trois planches, d'obtenir par superpositions les tons correspondants à douzes gammes différentes. Avec cinq ou six planches, huit au plus, un lithographe habile peut répondre à toutes les exigences de la chromolithographie commerciale, et aborder même avec chance de succès, à ce point de vue, certaines reproductions artistiques.

Chaque planche terminée est préparée et encrée comme les planches lithographiques ordinaires; l'artiste, en en faisant tirer un certain nombre d'épreuves qui reçoivent une nouvelle impression avec la couleur voulue au fur et à mesure qu'il livre une planche à l'imprimeur, peut suivre les diffé-

rentes phases de son travail et y apporter les modifications qu'il juge nécessaires.

En résumé, l'établissement des planches chromolithographiques exige des
connaissances artistiques et une expérience du métier qui ne s'acquièrent que
par une longue pratique. Le chromolithographe doit être dessinateur et coloriste; il doit savoir manier la plume, le pinceau, le crayon, le burin, et
connaître toutes les ressources du travail sur pierre. A quelque point de vue
qu'on se place, il fait œuvre d'artiste; or, l'art n'a pas de théorie absolue,
chacun le comprend et le pratique à sa façon. C'est même à cette indépen-
dance que les chromolithographies françaises doivent leur cachet, qui caractérise aussi bien les travaux commerciaux que les reproductions purement
artistiques.

LES REPORTS

Pour les travaux commerciaux, on a le plus souvent recours aux reports,
afin d'en obtenir des planches permettant de multiplier le nombre d'exemplaires à reproduire par chaque série d'impression. Il serait, en effet, trop
long et trop coûteux, soit de ne produire qu'un exemplaire à la fois, soit de
répéter un certain nombre de fois le même travail sur chaque pierre, surtout
si ce travail présentait quelques complications de détails. Quelque soin qu'y
mette le dessinateur dans ce dernier cas, il lui serait matériellement impossible d'obtenir une uniformité parfaite dans le travail : le report seul peut
donner cette uniformité. Nous avons traité des reports lithographiques dans
la première partie de cet ouvrage; il ne nous reste qu'à indiquer les précautions spéciales nécessitées par le résultat que l'on veut obtenir.

On commence par établir, à l'aide d'un report de la planche de contours
ou de celle qui en tient lieu, une nouvelle planche comportant le nombre
d'exemplaires que l'on veut produire à la fois. Cette planche rendra au transporteur les services que la planche-matrice de contours a rendus au dessinateur : elle lui servira de point de départ pour l'établissement de chacune des autres planches à obtenir par reports. Cette première planche
de tirage ou de contours décalquée, le transporteur trace en marge, de
chaque côté, des croisillons, soit au tire-ligne, soit à la pointe, prépare
la pierre et encre au noir. Il choisit ensuite un certain nombre de feuilles de
papier du format de la pierre, de force moyenne et fortement glacé par le
laminage, afin qu'elles ne s'étendent pas sous la pression du râteau. Il les
imprime sur le report, en ayant soin, après chaque encrage, de faire sécher
la pierre avant de les marger, et les intercale, au fur et à mesure du tirage,
entre des feuilles d'un format plus grand et parfaitement sèches. Cette pré-

caution a pour but d'éviter les allongements que pourrait occasionner au papier l'humidité de l'atmosphère, le papier, comme tous les corps feutrés, étant éminemment hygroscopique.

Le transporteur imprime ensuite, sur la seconde planche du dessinateur, le nombre d'épreuves de report dont il a besoin pour établir la seconde planche de tirage, et découpe ces épreuves en utilisant les croisillons pour les repérer sur une des feuilles imprimées avec la première planche de tirage ou de contours. Il les fixe à la place qu'elles doivent occuper sur cette feuille, en les piquant à l'aide d'une pointe en fer de toupie, moyen qui est préférable au collage, et intercale la feuille couverte de béquets piqués entre des feuilles de papier sans colle, tout au plus à peine humides. Il cale ensuite la pierre qui doit recevoir cette seconde planche et procède au décalque. Lorsqu'une ou plusieurs pressions successives ont fait adhérer sur toute la surface de la pierre, préalablement légèrement humectée, les épreuves piquées, alors seulement il humecte progressivement à l'éponge la feuille de support, et, lorsqu'elle se détache facilement en abandonnant sur la pierre les épreuves de report, il ne reste plus qu'à traiter cette pierre comme un report ordinaire.

Pour conserver un guide de repérage, avant de préparer et d'encrer ce report, le transporteur repasse à l'encre lithographique la trace des croisillons faits en marge de la première planche de tirage, croisillons qu'il a eu soin de ne pas recouvrir en piquant les épreuves et dont l'encre s'est décalquée, mais sans solidité, en même temps que le report.

Le transporteur procède de la même façon pour chaque planche de tirage qu'il a à établir, en utilisant chaque fois une des feuilles imprimées sur la première planche. On peut procéder autrement, et piquer par exemple les épreuves de report de la seconde planche sur une épreuve de la première; celles de la troisième planche sur une épreuve de la seconde, et ainsi de suite. Mais c'est un mode de faire défectueux, en ce qu'il expose à accentuer les erreurs que l'on peut commettre, et n'offre, par conséquent, aucune garantie d'exactitude, tandis qu'en partant du même point de départ, pour l'établissement de chaque planche, ce risque ne saurait exister.

Tous les papiers de transport sont bons pour les reports de chromolithographie, mais le papier pelure enduit d'une couche légère de colle d'amidon se tient mieux, et présente une transparence qui lui fait généralement donner la préférence.

Comme les épreuves de report doivent être imprimées en faisant intervenir la plus petite somme d'humidité possible, si le papier de report, chine ou pelure, était trop fortement encollé, l'impression se fixerait mal sur lui d'une part, et, d'autre part, il se recoquillerait au point d'être d'un emploi difficile. Si, au contraire, le papier était insuffisamment encollé, il se fixerait mal sur la pierre au décalque, et le report aurait grandes chances d'être doublé sur quelque point. Voilà deux écueils que le transporteur doit d'autant plus s'ingénier à éviter, que les reports de planches pour la chromo sont le plus souvent fort chargés; il y arrivera en préparant lui-même son papier, et nous compléterons à ce sujet les indications que nous avons données dans la première partie de ce Traité, en indiquant un mode de préparer la colle et d'encoller le papier s'accordant mieux avec le genre qui nous occupe.

On prépare une colle d'amidon assez forte, à laquelle on ajoute, en délayant l'amidon à l'eau froide, par litre d'eau employée, 100 grammes d'une dissolution à 15 0/0 environ de gélatine blanche. Lorsque la cuisson de la colle est complète, c'est-à-dire après une ébullition de moins d'une minute, on laisse un peu refroidir, puis, avec une spatule de bois, on remue la masse jusqu'à ce que la cohésion moléculaire qui constitue la prise en gelée soit détruite. La colle a alors l'aspect d'une pâte semi-liquide. On peut donner plus de douceur au papier et lui conserver une certaine fraîcheur qui ne nuit en aucune façon au travail, en additionnant cette colle d'une très petite quantité de glycérine pure, 1/2 0/0 au plus, soit 5 grammes, au maximum, pour un litre; généralement on se contente de la moitié de cette quantité. On peut substituer le riz à l'amidon pour la confection de la colle. Le riz donne un encollage d'une grande transparence et dont les qualités adhésives ne sont pas inférieures à celles de la meilleure colle de froment, mais il faut que la cuisson se fasse sur un feu doux jusqu'à prise complète de la colle.

Certains transporteurs, et c'est le plus grand nombre, choisissent comme feuilles de support, pour le piquage des reports, du papier fortement collé; d'autres préfèrent du papier à peine collé, presque mi-colle. A priori, il semble que ce dernier soit plus sujet à subir les influences de l'humidité; cependant, le papier peu collé se gondole moins et s'étend peu; il conserve, même lorsqu'il est fortement glacé, une certaine souplesse qui peut présenter quelques avantages, entre autres celui de rendre les doublages moins fréquents, surtout en employant pour les épreuves un papier encollé avec les précautions que nous avons indiquées.

Le tirage des chromos se fait toujours sur papiers glacés, souvent laminés « au refus » et, par conséquent, durs. Le degré de pression nécessaire au tirage est en raison directe de cette dureté des papiers; un léger relief de la planche lui donne plus de durée, mais au détriment de la netteté. Ce léger relief, le transporteur l'obtient, après avoir encré au noir une planche, en la saupoudrant de talc, en passant le blaireau à sa surface pour enlever tout ce que l'encre n'a pas retenu, et en l'acidulant après, plus ou moins fortement. Quelques imprimeurs emploient la résine en poudre pour pouvoir accentuer ce relief: c'est une faute qu'ils commettent, car les résultats ne sont pas meilleurs, tant s'en faut.

LE REPÉRAGE

Le repérage est la superposition ou la juxtaposition, aussi parfaite que possible, d'impressions faites sur des planches différentes. Sans repérage, la chromolithographie ne saurait exister.

On obtient le repérage de différentes façons : à l'aiguille, lorsqu'il s'agit de tirer, à la presse lithographique, des épreuves d'essai ou une chromo-lithographie à un nombre restreint d'exemplaires ; au châssis à repérer, s'il s'agit d'un tirage de quelque importance. Lorsqu'on a recours aux machines pour l'impression, l'aiguille et le châssis à repérer font place aux pointures, aux margeurs et aux pointeurs automatiques. Nous allons passer en revue ces différentes manières de procéder, en détaillant les appareils dont on fait usage, avec tout le soin qu'ils comportent en vue du résultat à obtenir.

Nous avons indiqué que, dans toutes les planches destinées à produire par leur assemblage une chromolithographie, il devait exister plusieurs points communs destinés à servir de points de repère. Ces points communs sont les croisillons disposés sur les marges de la planche de trait, qui se reportent sur toutes les autres planches à une place identique par rapport au dessin.

La première planche d'une chromolithographie tirée, on comprend qu'il suffira de faire retomber exactement ces croisillons sur ceux de la seconde planche, en margeant la feuille de papier déjà couverte d'une première impression, pour que la concordance des deux impressions soit parfaite, et qu'il en sera de même pour les planches suivantes. Pour cela, on perce un petit trou au centre des croisillons, à l'endroit où leurs lignes se coupent, et l'imprimeur, muni de deux aiguilles montées sur des manches légers, pique la feuille à l'envers dans ces trous, place la pointe de l'aiguille qu'il tient de la main droite sur le centre du croisillon correspondant de la planche, la pointe de celle qu'il tient de la main gauche sur le centre de l'autre croisillon placé du coté opposé de la pierre, et fait descendre la feuille sur celle-ci. L'imprimeur peut encore procéder autrement et marger avec une seule aiguille. Pour cela, il découpe un des angles du croisillon de droite sur la feuille imprimée, l'angle supérieur externe (⌐) par exemple ; il établit ensuite, à l'aide de l'aiguille, la concordance du centre du croisillon gauche avec le centre du croisillon correspondant de la planche, puis, avant de laisser la feuille reposer sur la pierre, il la dispose de façon à ce que l'angle découpé du croisillon de droite couvre exactement la même partie du croisillon correspondant.

Le repérage à l'aiguille, en outre d'une main-d'œuvre délicate, exige une grande dextérité et ne saurait, en somme, se prêter aux exigences d'une production un peu importante. Il suffit que les croisillons ne soient pas perforés juste à leur centre, que l'angle ne soit pas découpé mathématiquement, que la main appuie un peu plus à droite ou un peu plus à gauche, pour que le repérage manque d'exactitude. Nous ne parlerons que pour mémoire des bavochages et des estompages qui se produisent inévitablement si on laisse la feuille porter trop tôt sur la pierre. C'est pour obvier à tous ces inconvénients et rendre le repérage pratique que G. Engelmann a inventé le châssis à repérer.

Le châssis à repérer se compose de deux cadres : l'un fixe, qu'on place sur le chariot et dans lequel entre la pierre; l'autre mobile selon des charnières qui le relient au premier, de telle sorte que l'imprimeur puisse le relever pour procéder sans gène à l'encrage des planches. Deux réglettes en métal glissent dans les rainures entre les bandes antérieure et postérieure du cadre mobile, de telle sorte qu'on puisse soit les éloigner, soit les approcher l'une de l'autre. Sur ces réglettes est ajustée, en leur partie médiane, une pointure ou aiguille recouverte par une autre réglette s'ouvrant par un jeu de charnières et portant une petite ouverture correspondant aux pointures. On dispose ces réglettes porte-pointures sur la planche, en faisant exactement coïncider la base de la pointure portée par chacune d'elles avec le centre du croisillon correspondant, et on les fixe dans cette position à l'aide de vis à tête noyée dans les bandes du cadre mobile.

La première pierre d'une chromolithographie étant disposée sur la presse et le châssis à repérer réglé comme nous venons de l'indiquer, l'imprimeur relève le cadre mobile, encre la planche, rabaisse ce cadre, ouvre les réglettes qui masquent celles armées de pointures, marge la feuille, referme ces réglettes et passe en pression. Par le fait de cette pression, les pointures percent le papier avec une régularité mathématique, sans s'émousser, leur pointe se trouvant protégée par la réglette qui les recouvre, et maintiennent la feuille une fois margée. La seconde pierre calée et le châssis disposé de la même façon par rapport à elle, il suffira de placer chaque feuille en pointures, comme nous venons de l'indiquer à la marge « en blanc » du premier tirage, pour que le repérage présente toute l'exactitude, toute l'uniformité désirable.

On a débuté, avec les premières machines lithographiques, par utiliser le système de pointures adopté pour la retiration sur les machines typographiques en blanc, en vissant sur le cylindre, dans des trous percés et taraudés à cet effet, les pointures fixes destinées à perforer la feuille de papier à son premier passage sous presse, de façon à ce que ces pointures portent en dehors de la pierre. Laissant ensuite en place la pointure vissée sur le bord de la gorge du cylindre, on enlevait, comme on le fait du reste sur les machines typographiques, la seconde pointure, et on la remplaçait, pour le pointage de la feuille, par une tige mobile venant faire saillie sur la table de marge et s'abaissant automatiquement lorsque la feuille était saisie par les pinces. Mais ce mode de faire, outre les difficultés d'un repérage parfait, présentait plusieurs inconvénients qui firent chercher d'autres manières de procéder.

Une de ces manières est la marge automatique, qui, pour les travaux courants, donne presque toujours une précision suffisante. Les Anglais en firent les premiers l'application ; elle fut importée en France par un des doyens de la Lithographie parisienne, M. Dupuy, inventeur d'une des premières machines lithographiques; perfectionnée par M. Marie (brevet n° 128,161, du 28 décembre 1878, certificat d'addition du 5 octobre 1881), elle a été simplifiée par M. Monrocq, l'imprimeur-éditeur, qui l'utilise pour tous ses travaux de noir et de couleur. Le principe du margeur automatique réside dans la mobilité de l'équerre de marge suivant une ligne parallèle à l'axe du cylindre imprimeur, dans une rainure ménagée dans la table de marge. L'ouvrier fait glisser la feuille de papier au contact des taquets disposés à l'avant du cylindre, et l'abandonne. L'équerre, dont la course a été réglée selon le format qu'on imprime, se meut mécaniquement et amène la feuille à la place qu'elle doit occuper. Immédiatement après, un abat-feuille fait adhérer le papier aux bords du cylindre et l'y maintient, afin que les pinces, en s'abattant pour le saisir, ne le fassent pas dévier de la position qu'il occupe. Lorsqu'on imprime en retiration, on dispose l'équerre sur la table de marge du côté opposé à celui qu'elle occupait pour le tirage en blanc, afin qu'elle actionne toujours la feuille sur la même tranche ; de cette façon, les inégalités de dimensions des feuilles ne nuisent pas au repérage.

Diverses dispositions mécaniques ont été appliquées pour obtenir ce mouvement de l'équerre qui amène chaque fois à la même place la feuille margée. Dans toutes, l'équerre est montée sur une tringle placée sous la table de marge, et cette tringle est susceptible d'un mouvement de va-et-vient commandé par la marche du chariot, qui actionne soit un excentrique, soit un système de leviers, soit même un simple verrou biseauté à son extrémité. Des ressorts à boudin tendent à ramener continuellement cette tringle dans une même position, et des vis de butée règlent leur action.

On n'a pas été sans faire quelques tentatives pour obtenir, par la seule marge aux taquets, sans le secours de l'équerre mobile ou non, une régularité permettant non seulement les retirations, mais encore les impressions polychromes communes.

L'idée première de ces essais, qui marquent la transition entre la marge automatique et le pointage automatique, est antérieure aux machines lithographiques et appartient à un typographe, M. Léon Barbier, prote dans une imprimerie de province. Son système consistait à entailler mécaniquement, sur la marge du papier, des encoches plus ou moins profondes, à angle aigu _/_, ces encoches devant correspondre, à la marge, avec des parties saillantes de la même forme disposées sur les taquets. M. Barbier proposa ensuite ce qu'il désignait sous le nom de « nouveau système de pointures pour les machines typographiques », dans lequel il remplaçait le trou de la pointure inférieure par une encoche dans le papier, et celui de la pointure supérieure par un trou d'un plus fort diamètre ; encoche et trou étaient faits, au premier passage de la feuille sous presse, par un jeu d'emporte-pièce disposé dans la forme. Une note, publiée par

M. Léon Barbier, alors qu'il dirigeait l'imprimerie Tourrette père, à Carpentras, établit le principe de l'encoche et d'un gros trou de pointure, ainsi que celui de leur façonnage lors de l'impression en blanc de la feuille, principe qui resta, croyons-nous, sans application sérieuse à cette époque.

C'est à M. A. T. Vieillemard, lithographe à Paris (brevet n° 136,700, du 18 mai 1881, certificats d'addition des 12 et 16 décembre 1881), qu'on doit le premier margeur-pointeur automatique qui ait donné des résultats réellement pratiques et permis de marcher pour ainsi dire à toutes les vitesses, quelle que soit la qualité du papier. « M. Vieillemard, dit M. Plon, dans le rapport qu'il a été chargé de rédiger au nom du comité des Constructions et des Beaux-Arts de la Société d'Encouragement pour l'Industrie nationale, pratique tout d'abord à l'emporte-pièce, sur l'un des bords du papier à imprimer, deux ou plusieurs trous ronds de 0^m005 à 0^m006 de diamètre et deux encoches en forme de V. Une machine très simple, mise en mouvement par une pédale, perfore ainsi le papier par pincées de plusieurs feuilles à la fois, rapidement et régulièrement. Lorsque la feuille de papier ainsi perforée doit passer à l'impression, l'ouvrier n'a plus qu'à la poser à peu près d'équerre sur la table à marger, en faisant légèrement butter les deux encoches de son papier contre deux taquets pareillement en forme de V, qui viennent à ce moment s'abaisser près du bord de la table et se poser sur le cylindre pendant son arrêt; un abat-feuille vient ensuite appliquer le bord de la feuille contre le cylindre. Enfin, par un mouvement presque simultané, deux ou plusieurs petites tiges cylindro-coniques s'abaissent à leur tour; pénétrant dans les trous, elles rectifient les déviations que l'action combinée des encoches et des buttoirs n'aurait pas suffi à éviter, et achèvent de mettre la feuille à la place absolument exacte qu'elle doit occuper au moment où les pinces vont la saisir et l'entraîner sur le cylindre. » Nous ajouterons à cette définition une remarque qui a son importance : les trous peuvent être découpés presque au bord du papier, et les entailles n'ont pas besoin de présenter une grande profondeur, ce qui rend insignifiante la perte occasionnée par la bande de papier qu'on doit sacrifier au façonnage.

A côté du margeur-pointeur automatique Vieillemard viennent prendre place le pointeur automatique avec taquet de M. E. Taesch, et celui de M. Chatenet, basés sur les mêmes principes.

Dans le margeur Chatenet (brevet n° 146,317, du 13 décembre 1881), les pointures coniques ont leur mouvement dans le cylindre et pénètrent de bas en haut dans les trous perforés d'avance, pendant que des tiges creuses, s'abaissant sur elles, obligent la feuille de papier à pénétrer d'une profondeur déterminée sur ces pointures.

La pointure automatique Taesch (brevet n° 151,202, du 21 septembre 1882, certificats d'addition des 1er mai et 19 décembre 1883), avec taquet, est aussi ajustée dans le cylindre. La pince fait mouvoir le taquet, qui à son tour actionne la pointure. Pour le premier passage sous presse, chaque support de pointure est muni d'un emporte-pièce, qui perfore automatiquement la feuille, puis ces emporte-pièce sont enlevés et les pointures les remplacent.

Le margeur Chatenet fonctionnerait tout aussi bien sans les tiges creuses qui obligent le papier à descendre sur les pointures ; l'abat-feuille, légèrement modifié, ainsi que les grosses pointures coniques sortant du cylindre en même temps que s'ouvrent les pinces, donneraient le même résultat. Quant au margeur Taesch, nous ne pouvons lui refuser le mérite de la simplicité, mais nous préférons les trous percés à l'avance à l'emporte-pièce et l'encoche Barbier.

LE PAPIER

Le papier, comme tous les corps feutrés, est essentiellement hygroscopique. Cette hygrométricité n'a pas été un des moindres obstacles qu'ont rencontrés les premiers lithographes dans leurs essais de chromolithographie. Au contact de la pierre humide, il absorbait une partie de cette humidité et s'allongeait irrégulièrement, selon sa contexture, sous la pression du râteau ; l'épreuve, en séchant, se contractait non moins irrégulièrement, rendant tout repérage parfait impossible.

C'est Godefroi Engelmann qui, le premier, a eu l'idée de satiner fortement le papier destiné aux impressions polychromes ; il en resserrait ainsi les pores et diminuait d'autant son pouvoir d'absorption. Il lui faisait subir, pour cela, un passage préalable sur une pierre sèche, avec une pression aussi forte que les presses d'alors le permettaient. Aujourd'hui, c'est à un glaçage énergique, au laminoir, qu'on a recours.

Le papier de vieux chiffons de chanvre et de lin est le meilleur pour les impressions chromolithographiques : les qualités qu'on doit lui demander sont : une pâte pure, très régulière et bien fondue, autant que possible exempte de charge et parfaitement collée. En sortant de la machine à papier, il ne doit avoir ni trop de mollesse, ni trop de dureté, car, dans ces deux cas, le glaçage, cette opération si importante, ne donnerait pas les résultats qu'on lui demande. S'il était trop mou, creux, les fibrilles conserveraient, après le glaçage, une certaine élasticité qui tendrait à en détruire les effets ; trop dur, ses molécules s'écraseraient inégalement et se marieraient mal sous la forte pression qu'on leur fait subir : l'impression serait difficile et irrégulière.

Après le laminage, la feuille de papier doit être sonore, résistante, et conserver cependant une certaine souplesse. Le but serait dépassé si le feutrage, « brûlé, énervé » par une action trop brusque, était devenu cassant, sans tenacité, ce qui se produit lorsqu'on glace des papiers de qualité inférieure, à pâte plus ou moins chargée. Le laminoir est un instrument brutal, qu'on a presque toujours le tort de laisser gouverner par des manœuvres. Il ne faut pas glacer le papier trop de temps à l'avance, et, en tous cas, l'emmagasiner dans un local humide. Aussitôt glacé, on le met en paquets qu'on dispose par piles sur de faux planchers élevés au-dessus du sol.

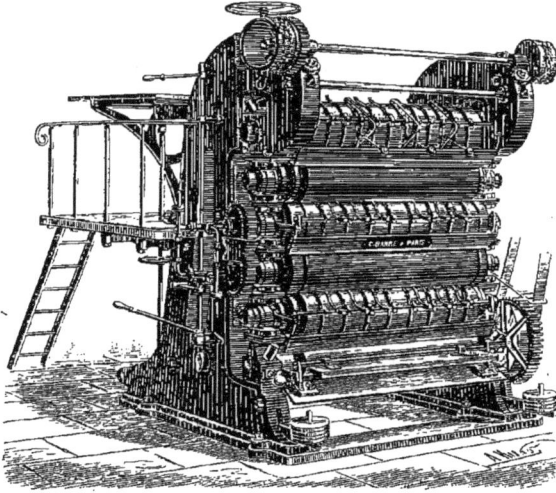

Laminoir nouveau modèle pour le glaçage du papier.

Depuis peu, on a introduit, dans quelques papeteries étrangères, un nouveau procédé de collage des papiers dont les résultats présentent un grand intérêt pour la chromolithographie. Ce procédé est le collage à l'aide de la caséine ammoniacale, soit employée seule, soit employée comme adjuvant du savon de résine. Son importance est telle, par rapport au sujet qui nous occupe, que nous croyons devoir lui consacrer quelques lignes de ce chapitre.

Le lithographe rencontre, dans le papier collé à la caséine ammoniacale, la solution de tous les desiderata qu'il peut former : ce papier ne jaunit pas, il conserve indéfiniment sa nuance blanche; il a de la souplesse et une grande solidité; après un satinage à la calandre, satinage plus pratique et moins coûteux que le glaçage au laminoir, tout en conservant une grande douceur au toucher, il prend un uni parfait et un beau brillant. Son imperméabilité est supérieure à celle de tous les autres papiers, même après un mouillage et un séchage ultérieurs. Nous ajouterons à cette nomenclature des avantages du papier collé à la caséine ammoniacale, que la présence de l'ammoniaque libre, au moment du collage de la pâte à papier, neutralise complètement toute trace de chlore, point d'une grande importance, si on songe à l'action destructive que le chlore peut avoir à la longue sur les couleurs d'une chromolithographie. On accuse souvent les couleurs de manquer de solidité, mais tient-on toujours compte de l'élément destructeur qui est latent dans le papier?

On peut faire subir au papier un collage superficiel à la caséine ammoniacale : s'il ne lui donne pas toutes les qualités que nous venons d'énumérer,
il lui procure une résistance à l'allongement et une imperméabilité à l'eau
qui permettent de ne pas lui appliquer un « glaçage à fond. » Cette opération
est surtout utile lorsque les imprimés doivent subir un vernissage.

La caséine, qui se rapproche beaucoup des corps albuminoïdes, au
nombre desquels du reste certains chimistes la classent, est un des principes
du lait. Bien qu'on en trouve chez les fournisseurs de produits chimiques,
nous allons donner sa préparation, qui est assez simple. Après avoir écrémé
et fait bouillir du lait, on le filtre afin de le débarrasser autant que possible
des matières grasses qu'il renferme. On le fait ensuite cailler par l'addition
d'un peu de vinaigre. La caséine, qui se précipite sous forme d'une masse
blanche floconneuse, est recueillie sur un filtre ou sur un tamis de soie,
lavée à grande eau, puis séchée à l'air. Voici comment on obtient, d'après
la formule du docteur Muth, la caséine ammoniacale : on met, dans un
mortier en marbre ou en pierre dure, 1 kilogramme de caséine lavée et
desséchée aussi bien que possible, 100 grammes de carbonate d'ammoniaque et 10 grammes de phosphate d'ammoniaque, puis on triture vigoureusement le mélange. La masse commence à se boursoufler, ensuite elle
devient peu à peu homogène, sans bulles de gaz ni grumeaux; sa couleur,
de blanche qu'elle était, est devenue jaunâtre. L'opération dure de quinze
à vingt minutes, après quoi on recueille la caséine ammoniacale obtenue
dans des flacons ou dans des récipients en verre ou en grès.

Lorsqu'on veut l'employer, on la dissout dans de l'eau de pluie et on
l'étend à l'éponge sur la surface du papier, comme s'il s'agissait d'un encollage à la gélatine; mais l'opération présente plus de facilités, parce que la
solution est très fluide, n'est pas agglutinante et ne se prend pas en gelée
par le refroidissement. Le papier est ensuite séché à l'étuve à une température d'environ 130° centigrades qui insolubilise presque totalement la caséine.
Au sortir de l'étuve, on étend le papier à l'air pendant quelques heures avant
de le calandrer.

LA COULEUR

Nous avons fouillé, mais en vain, dans nombre d'ouvrages de physique
pour y trouver une définition précise de «la « couleur ». A défaut de plus
savante, voici celle que nous proposons :

La couleur est la sensation que produit, sur la rétine de l'œil, la lumière plus ou moins réfléchie par les corps. La réflexion complète de la

lumière ordinaire donne la sensation du « blanc » ; l'absence de réflexion de toute lumière, la sensation du « noir. »

Cette définition semblera quelque peu paradoxale à nos lecteurs, car elle conduit à refuser aux corps une coloration qui leur soit propre. Or, un de nos physiologistes les plus distingués a écrit cette phrase dans un de ses récents ouvrages : « Une seule substance colorée existerait dans les plantes. Les diverses colorations qu'elles nous présentent dans les fleurs ne seraient dues qu'aux modifications que lui feraient subir les matières alcalines ou acides que les végétaux contiennent. Là, comme dans toute la nature, on retrouve l'unité dans la variété. »

Newton n'avait pas été aussi radical ; mais les physiciens d'aujourd'hui, après avoir reconnu que la coloration qu'ont les corps n'est pas une propriété propre de ces corps, mais qu'elle provient des modifications qu'ils font subir à la lumière, et qu'un corps blanc est un corps qui diffuse tous les rayons, tandis qu'un corps noir est celui qui les absorbe tous, avancent, comme terme de transition, que les corps ont une « couleur latente ». Ils se basent, pour cela, sur des expériences récentes qui, mieux que tous les raisonnements, viennent appuyer notre définition.

Tout le monde connaît cette expérience que l'on fait avec la lumière solaire décomposée par le prisme. Si on expose un morceau de carmin aux rayons bleus ou aux rayons verts du spectre solaire, il paraît noir, et ne semble vraiment rouge que dans les rayons rouges ; un morceau d'outremer, dont la coloration bleue sera très vive dans les rayons bleus, semblera noir dans les rayons rouges et dans les rayons jaunes.

Mais, voici deux corps dont la coloration est presque identique à la lumière du jour, le biiodure de mercure et le sulfure de mercure : tous deux donnent la sensation du vermillon et se comportent de même dans les raies du spectre solaire. Si on teint, avec ces corps, deux bandelettes de papier, qu'on les juxtapose, et qu'on les éclaire à la lumière produite par la combustion d'un morceau de sodium, le papier enduit de sulfure de mercure paraît presque noir, alors que celui enduit de biiodure de mercure paraît jaunâtre, tirant sur le banc. Le minium et l'orangé de chrome se comportent comme le biiodure de mercure.

Il y a certainement, dans ces phénomènes, d'un côté, réflexion complète de la lumière du sodium, jaune tirant sur le blanc, d'un autre côté, absence presque complète de réflexion donnant la sensation d'un noir terne.

On peut citer, invoquer d'autres constatations non moins probantes. Qui n'a admiré les merveilleuses colorations des plumes de certains oiseaux, et des ailes de certains papillons ? Or, ces plumes, qui paraissent douées de nuances si vives, si on en sépare les barbes en les dédoublant ; ces ailes, dont les effets de couleurs sont si chatoyants, si on en isole les écailles microscopiques, on remarque avec étonnement que barbes et écailles isolées sont incolores.

Ceci dit, rentrons dans le domaine de la pratique, et prenons les choses comme elles paraissent être, ou du moins telles que la lumière ordinaire nous les fait voir : matérialisons la couleur pour mieux en définir les effets.

Si, dans une chambre noire dont une des parois est percée d'un petit trou arrondi, on reçoit sur un écran la lumière solaire qui pénètre par cette ouverture, on obtient une image ronde parfaitement blanche. En interposant un prisme de cristal sur le trajet du faisceau lumineux dans l'intérieur de cette même chambre noire, l'image obtenue sur l'écran deviendra oblongue, et, au lieu de donner la sensation du blanc, présentera sept colorations différentes : violet, indigo, bleu, vert, jaune, orangé, rouge. Cette image est désignée sous le nom de spectre solaire.

On remarque que, sur ces sept colorations, quatre : le violet, l'indigo, le vert et l'orangé, ne sont que la transition entre les trois autres : le rouge, le jaune et le bleu. Ces trois dernières colorations sont dites couleurs simples ou primaires, et les autres, qu'on peut reproduire par le mélange deux à deux des couleurs simples, sont dites couleurs composées ou secondaires. Faisant abstraction de l'indigo, qui marque un terme moyen entre le bleu et le violet, on peut formuler, par la figure suivante, le passage des couleurs simples aux couleurs composées.

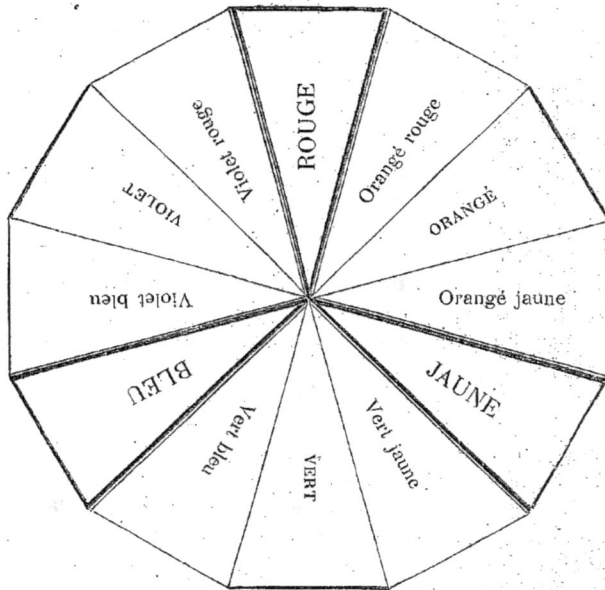

Et par celles ci-après leurs principales combinaisons à deux degrés différents :

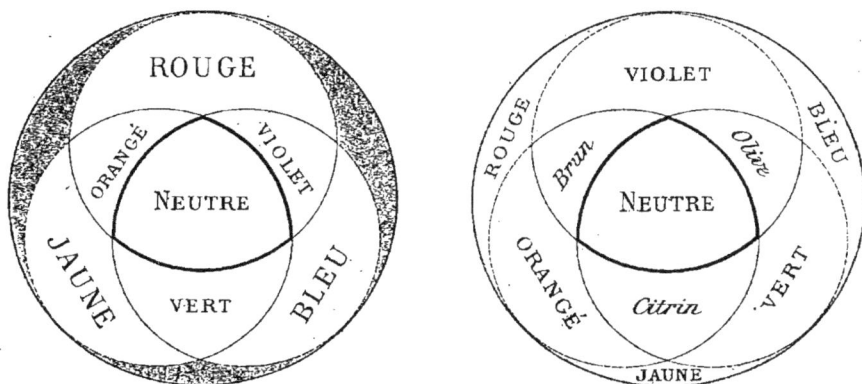

Le mélange des trois couleurs simples donne le noir, comme leur combinaison dans la lumière solaire donne la sensation du blanc. — Dans le premier cas, la lumière n'est plus réfléchie : tous ses rayons sont absorbés. Si, au lieu de mélanger les trois couleurs simples, on mélange une couleur simple avec une couleur secondaire résultant du mélange de deux autres couleurs simples, le résultat est le même; on dit alors que cette seconde couleur est la complémentaire de la première. Il est facile, en consultant la première des trois figures que nous venons de donner, de voir immédiatement quelles sont les couleurs qui sont complémentaires l'une à l'autre. — Dans le second cas, la lumière est réfléchie en totalité.

On doit à Newton l'expérience suivante, qui démontre que le blanc est la plus complexe des couleurs. Si, sur un écran circulaire, dont le centre est monté sur un pivot, on peint un secteur avec une des colorations du spectre, et qu'on fasse tourner cet écran avec vitesse, l'œil perçoit l'impression d'un cercle entièrement coloré comme l'a été le secteur. Si on divise cet écran en sept secteurs, et qu'on peigne chacun d'eux avec une couleur représentant une des colorations du spectre, dans l'ordre où elles se produisent lorsqu'on décompose par le prisme la lumière solaire, la rotation rapide de l'écran donnera la sensation du blanc.

Un physicien étranger, M. Helmholtz, a étudié les différentes combinaisons que la superposition, deux à deux, des colorations du spectre donnait par ce moyen. Il en a dressé le tableau que nous donnons ci-après.

On remarque, dans ce tableau, que le blanc se trouve produit trois fois dans ces combinaisons binaires, fait encore mal expliqué, par le bleu et le jaune. A part cette anomalie apparente de la production du blanc par la superposition de deux couleurs dont le mélange donne la sensation du vert, et que les physiciens attribuent à ce que, dans la pratique, les matières jaunes et bleues qu'on mélange ne présentent pas des couleurs homogènes, la lumière que diffuse le mélange prend la teinte qui résulte des absorptions exercées simultanément par l'une et par l'autre des matières mélangées, ce tableau offre un certain intérêt pour le coloriste, et par conséquent pour le chromolithographe.

	ROUGE	JAUNE	VERT	BLEU	VIOLET
ROUGE	Rouge	Orangé	Jaune terne	Rose	Pourpre
JAUNE	Orangé	Jaune	Vert bleuâtre	Blanc	Rose
VERT	Jaune terne	Vert jaunâtre	Vert	Vert bleuâtre	Bleu pâle
BLEU	Rose	Blanc	Blanc	Bleu	Indigo
VIOLET	Pourpre	Pourpre	Bleu pâle	Indigo	Violet

D'autres physiciens, au nombre desquels nous citerons M. Angot, ont continué les recherches commencées par M. Helmholtz, et ont obtenu le blanc pur en combinant diverses colorations du spectre : ainsi le rouge et le bleu vert, l'orangé et le verdâtre, le vert et le pourpre. Ils ont donné le nom de couleurs complémentaires à celles dont la combinaison produisait ainsi le blanc, nom que, dans la pratique, on a réservé, ainsi que nous l'avons dit plus haut, pour désigner la corrélation des couleurs dont le mélange produisait le noir.

————————

Voyons les différents termes qui nous servent à exprimer les sensations produites sur nos sens par la couleur, qui nous servent à les définir.

On désigne sous le nom de *nuances* d'une couleur ses variations sous le rapport de sa constitution optique, variations qui se traduisent par des sensations différentes. Ainsi, une couleur secondaire, par exemple, résultant d'un mélange de rouge et de jaune, donnera, selon qu'une de ces couleurs dominera, un orangé rouge ou un orangé jaune. Le mélange de rouge et de bleu pourra produire des colorations qui varieront de l'indigo au pourpre; celui de jaune et de bleu, des colorations allant du vert bleu au vert jaune. Le nombre des nuances est presque infini.

Les *tons* d'une couleur sont les variations qu'elle éprouve sous le rapport de l'intensité dans une nuance déterminée, et la *gamme* se compose des différents tons d'une même nuance.

M. Chevreul, dont les admirables travaux sur les couleurs sont toujours consultés avec fruit, a raconté, dans une communication à l'Académie des sciences, qu'il y a plusieurs années il avait assisté pendant la nuit à l'incendie d'une maison. « La flamme a passé, dit-il, par différentes périodes d'intensité; or ces variations de la lumière principale se traduisaient par des modifications dans la couleur de la flamme d'un bec de gaz qui brûlait dans le voisinage. » Ce fut le point de départ de son étude sur le contraste simultané des couleurs, dont il formula ainsi la loi : « Lorsque l'œil regarde en même temps deux couleurs contiguës, il les voit aussi dissemblables que possible, quant à leur composition optique et quant à l'intensité de leur ton. Il peut y avoir, à la fois, contraste simultané des couleurs et contraste de ton. » M. Ch. Lorilleux, dans une *Notice sur la fabrication et le mode d'emploi des encres d'imprimerie,* qu'il présenta aux membres du jury de l'Exposition universelle de 1867, a résumé en conseils pratiques cette question des contrastes. Nous ne saurions mieux faire que de reproduire quelques passages de cet intéressant travail.

Lorsque l'œil regarde une seule couleur, il a toujours tendance à voir la couleur complémentaire, c'est-à-dire celle qui donnerait du noir par sa réunion. D'où il résulte qu'une personne observant deux couleurs contiguës, le vert et le rouge par exemple, sera disposée à voir du rouge lorsqu'elle regardera le vert, et du vert lorsqu'elle regardera du rouge. Ces deux couleurs se feront donc valoir quand on les observera simultanément. Ajoutons que si l'on regarde pendant quelque temps du rouge, et que l'on reporte les yeux sur un papier blanc, ce dernier paraîtra teinté de vert, couleur complémentaire du rouge.

Lorsque l'œil regarde deux tons différents d'une même couleur, il a toujours tendance à voir le ton clair plus clair, et le ton foncé plus foncé qu'ils ne sont réellement. Un ton clair et un ton foncé se font donc valoir réciproquement.

En s'appuyant sur ces principes, pour choisir une couleur il ne faut pas, comme on serait tout d'abord porté à le faire, parcourir toute la série des nuances de cette couleur, mais bien feuilleter, au préalable, la série des nuances de la couleur complémentaire. La théorie et l'expérience s'accordent à démontrer que l'œil ainsi préparé acquiert une délicatesse, une habileté plus grandes à apprécier les moindres différences. Ainsi, pour faire choix d'un rouge (vermillon, carmin, cramoisi, etc.), on commencera par examiner l'échelle des verts, puis on se reportera à l'échelle des rouges. Si la vue est fatiguée avant que le choix soit fait parmi ces derniers, on reviendra encore à la série complémentaire. On fera de même pour une couleur quelconque, c'est-à-dire qu'on débutera par la couleur complémentaire avant d'opter pour la nuance que l'on veut réellement employer.

En se reportant à la figure où nous avons formulé le passage des couleurs simples aux couleurs composées, on remarquera que chaque nuance a sa nuance complémentaire indiquée dans le triangle qui lui est opposé, ce qui abrège toute recherche à cet égard.

Dans son ouvrage sur la loi du contraste simultané des couleurs, M. Chevreul décrit ce qu'il désigne sous le nom de « chromatique hémisphérique » à l'aide de laquelle il a établi la classification la plus remarquable et la plus simple des multiples colorations produites par les mélanges des couleurs. Cette chromatique hémisphérique comprend, sur un plan circulaire, 72 couleurs qu'il nomme « gammes franches »; chacune d'elles se compose de 20 tons, dont l'intensité, à partir du centre qui est blanc, croît jusqu'à la circonférence, au delà de laquelle est supposé le noir normal. Ces gammes franches sont constituées par les trois couleurs primaires : rouge, jaune et bleu, et leurs composés binaires indiqués dans la figure donnée plus haut : rouge orangé, orangé, orangé jaune ; jaune vert, vert, vert bleu ; bleu violet, violet, violet rouge. Entre chacune de ces 12 gammes sont comprises 5 gammes numérotées de 1 à 5, et désignées : rouge 1, rouge 2, rouge 3, rouge 4, rouge 5; rouge orangé 1, rouge orangé 2, rouge orangé 3, etc., etc. Les 10 premiers tons de chacune de ces 72 gammes au moins exempts de noir, sont dits tons francs ; les autres sont dits tons rabattus. Les tons francs sont donc ceux où l'intensité de la couleur est plus ou moins grande sans qu'elle soit assombrie, dont, par conséquent, tout mélange de noir est exclu. Les 72 gammes franches comprennent 1,440 tons, dont 720 au moins sont francs. La combinaison de ces gammes avec le noir donne naissance à 648 gammes rabattues dans les 20 tons, soit 12,960 tons rabattus, auxquels il faut ajouter une gamme de gris normaux (mélanges de blanc et de noir), de 20 tons, soit, au total, 14,420 tons.

M. Chevreul a distingué, dans chaque nuance, trois principes de modification : 1° l'espèce de couleur, formant 72 types ; 2° le ton ou degré d'intensité (couleur pâle, tendre, faible, délicate, ou vive, vigoureuse, sombre), formant 21 tons ; 3° le degré de pureté ou de mélange au gris ou au noir (couleur franche, fraîche, fine, pure ou éteinte, rabattue, brune), formant 10 degrés.

Cette richesse de palette dépasse, de beaucoup, tous les besoins de la reproduction, comme nous le verrons plus loin; ainsi, M. Otto Radde obtenait, par la sténochromie, les reproductions artistiques les plus parfaites avec une palette de 49 couleurs seulement, décomposées chacune en 20 tons, soit 980 tons.

Dans l'établissement des planches chromographiques, on tire souvent parti de la coloration blanche du papier, qu'on fait alors intervenir en raison des effets cherchés, soit pour atténuer le ton d'une nuance, en couvrant moins, soit pour rehausser certaines parties du travail par des réserves lumineuses. Si le papier présentait une coloration autre que le blanc, il faudrait bien tenir compte des modifications de nuances que cette coloration pourrait occasionner, soit par l'effet de la superposition d'une couleur couvrant toujours imparfaitement, soit par celui du contraste. Le contraste est aussi souvent un obstacle au choix, à l'assortiment d'une couleur, surtout si l'œil n'y est pas habitué par une longue pratique. Dans ce cas, si l'on a quelque doute sur le choix qu'on a fait, on peut employer un moyen de contrôle des plus simples. Dans une feuille de papier blanc, on pratique deux petites ouvertures à peu de distance l'une de l'autre. Sous l'une d'elles on dispose la couleur type, et sous l'autre la couleur choisie. Ces deux colorations se trouvant isolées de tout contraste par la cache en papier, l'œil pourra plus facilement apprécier soit leur similitude, soit les différences qu'elles présentent.

On classe les matières colorantes en matières minérales, matières organiques naturelles et matières organiques artificielles. Nous citerons parmi les premières : les vermillons, le minium, la mine orange, le massicot; les ocres; les chromates de plomb jaune et orangé; les jaunes de cadmium, de strontiane, de zinc, d'arsenic, d'antimoine; les verts de chrome et ceux d'arséniate de cuivre; les bleus d'outremer, de Prusse, de cobalt, l'indigo minéral; les bruns au manganèse; les gris et les noirs au carbone; les blancs à base de plomb, de zinc, de baryte, de chaux, etc., etc.

Parmi les secondes sont la garance et ses nombreux dérivés, la cochenille, le carmin, l'orseille, le campêche, les bois rouges, les bois jaunes, le nerprun, la gomme-gutte, le cachou, etc., etc.

Les dernières sont les matières colorantes obtenues de toutes pièces, grâce aux progrès de la synthèse chimique; elles comprennent la série déjà si riche de tous les colorants dérivés de la houille. Ces matières colorantes, dont la découverte remonte à 1826, sont le fruit des travaux d'une pléiade de chimistes : le Suédois Unverdorben, les Allemands Fritzche et Hofmann, le Russe Tzinine, l'Anglais Runge, les Français Kopp, Béchamps, etc., etc. Aujourd'hui, on est parvenu à reproduire artificiellement les principes colorants de la garance, de l'indigo, de la cochenille, de l'orseille, des bois de teinture, etc. Les nouveaux produits sont plus beaux, plus économiques, plus faciles à employer, et, jusqu'à un certain point, solides; du moins certains fabricants obtiennent maintenant des couleurs tirées de la houille laissant peu à désirer sous ce rapport, ce qui permet de les utiliser, tout au moins pour les travaux commerciaux, aux impressions polychromes.

L'industrie des matières colorantes nouvelles comprend trois phases : 1° traitement des goudrons de houille, que l'on fractionne par la distillation en huiles légères, huiles moyennes, huiles lourdes, huiles phéniquées, naphtalines, graisses anthréniques et brais; 2° fabrication, avec ces matériaux, de produits intermédiaires : nitrobenzines, naphtols, benzols, acide phtalique, etc.; 3° transformation directe de ces produits en matières colorantes diverses, désignées dans le commerce sous une telle quantité de noms, qu'il est souvent fort difficile de s'y reconnaître. Voici les principales dénominations : rouges d'aniline (synonymes : aniléine, fuschine, roséine, magenta, azaléine, solférino, rosaniline, rubine, safranine, coraline, éosine, etc.); rouges de toluène; rouges de xylène; rouges de naphtaline; — bleu d'aniline; bleu de Lyon; azuline ou bleu lumière; bleu de toluidine; bleu de diphénylamine; — violets d'aniline (synonymes : rosolane, indisine, mauvéine, etc.); violet de métylaniline; violet de G. Williams; violet de mauvaniline; violine, etc. — Jaunes d'aniline; jaune de toluène, jaune de naphtaline, — verts d'aniline — bruns, marrons et noirs d'aniline.

D'après Hofmann, il faudrait distiller 4,000 kilogrammes de houille pour produire un kilogramme de rouge d'aniline sous forme de petits cristaux verts, à reflets cuivrés ou dorés, très brillants. 1,000 kilogrammes de houille donnent 100 kilogrammes de goudron, dont on peut extraire : 1 kilogramme de benzine, 1 kil. 400 gr. de nitrobenzine, 850 grammes d'aniline, et enfin, dernière transformation, 250 grammes de rouge d'aniline.

La durée des couleurs n'est pas indéfinie, tant s'en faut. Les surfaces qui réfléchissent les rayons colorés se modifient continuellement sous les multiples influences qui agissent sur les corps, et ces modifications entraînent avec elles des changements dans leurs pouvoirs de réflexion. Les « enduits » qui résistent le mieux sont le plus souvent ceux à bases minérales, d'où l'on dit que les couleurs minérales ont plus de durée, qu'elles sont plus solides. Elles ont une tendance à s'assombrir, alors que les couleurs à bases organiques ont la tendance contraire. Celles-ci, quelques-unes du moins, s'affaiblissent à la longue jusqu'à disparaître parfois totalement : ce qui arrive généralement lorsque les corps qu'elles couvrent, les papiers par exemple, renferment des principes pouvant influer sur la nature de la couche réfléchissante. Pour cette raison, des chromolithographies imprimées sur des papiers dont la pâte est chimiquement pure, auront plus de durée que celles imprimées sur des papiers renfermant des traces de chlore ou d'autres sels. C'est un point sur lequel nous attirons l'attention des lithographes. Nous parlerons plus loin, en traitant de l'emploi des couleurs, des mauvais effets que produisent leurs mélanges ou leurs superpositions lorsque les éléments qui les composent peuvent réagir les uns sur les autres, ce dont on ne tient bien souvent pas assez compte.

Il ne faut pas croire que toutes les matières colorantes puissent indifféremment être utilisées à l'impression. Il est nécessaire pour cela qu'elles possèdent une grande richesse en principes colorants, et qu'elles se présentent sous une forme permettant de les associer au vernis dans de telles conditions, qu'elles semblent combinées avec lui ; ce qui exige, en outre d'un broyage poussé aussi loin que possible, des manipulations particulières différant suivant la matière colorante mise en œuvre. Nous dirons plus : lorsque l'imprimeur mélange deux couleurs broyées pour en obtenir une nuance tierce, à moins qu'il n'agisse sur une très petite quantité, il n'obtiendra une fusion parfaite de deux nuances qu'en les passant à la molette, ou plutôt en faisant usage du broyeur mécanique.

Les couleurs qu'on trouve dans le commerce ont rarement la pureté nécessaire pour être utilisées à la fabrication des encres d'imprimerie ; aussi les imprimeurs qui confectionnent eux-mêmes leurs encres ne doivent-ils pas être surpris des insuccès qu'ils rencontrent. D'autre part, la forme sous laquelle se présentent nombre de matières colorantes nécessite leur transformation en laques. L'alumine en gelée a une affinité considérable pour les matières colorantes ; si on la mélange avec une solution chaude de garance, de campêche, de cochenille, etc., etc., elle se précipite à l'état de dépôt coloré, laissant la liqueur incolore. C'est ce mélange d'alumine et de matières colorantes qu'on désigne sous le nom de laques. Or ces laques, il n'est pas donné à tout le monde de les obtenir avec tout l'éclat et toute la solidité qu'elles comportent, éclat et solidité indispensables lorsqu'il s'agit de les faire entrer dans la composition des encres d'imprimerie.

Nous allons examiner, dans le chapitre suivant, les couleurs au point de vue de leur emploi, de leurs mélanges et de leurs superpositions.

EMPLOI DES COULEURS

Les encres de couleur ne sont pas toutes ni toujours d'un emploi facile en Lithographie. Il est indispensable, pour l'imprimeur qui les met en œuvre, s'il veut réussir dans son travail, de ne pas s'écarter de quelques données que nous allons formuler. D'autre part, il n'est pas inutile que le chromolithographe, aussi bien celui qui exécute les planches que celui qui les imprime, connaisse la composition des principales couleurs, les inconvénients et les avantages qu'elles présentent, ainsi que le parti qu'on peut tirer de leur emploi judicieux.

Les artistes de l'Antiquité, du Moyen âge et de la Renaissance ont créé, avec un nombre restreint de couleurs, des chefs-d'œuvre dont le temps a à peine détruit la fraîcheur des nuances. Nous ne pouvons que constater notre état d'infériorité vis-à-vis d'eux, car nos productions modernes, obtenues avec un nombre bien plus considérable de couleurs de toute nature, se ternissent, poussent au noir ou passent en quelques années. A quoi pouvons-nous attribuer cela? A trois causes principales : à notre ignorance de l'emploi des couleurs; à l'abus que nous faisons sans discernement des nuances nouvelles créées par l'industrie; à la négligence qui préside dans nos ateliers aux mélanges et aux superpositions.

Abordons tout d'abord ce dernier point. Nous avons dit, dans un autre chapitre, que l'artiste devait combiner ses planches de façon à leur faire rendre le plus d'effets possibles, évitant par cela même l'impression d'un trop grand nombre de couleurs. Ce résultat peut être obtenu par des superpositions bien comprises, et des différences de ton d'une même nuance, produites dans une même planche par un travail plus ou moins serré. Nous donnons ci-après un spécimen présentant les divers tons que l'on peut obtenir par la superposition de couleurs convenablement choisies, le travail des planches étant disposé en conséquence.

Nous avons préparé pour cela une pierre, donnant à la fois cinq zones d'intensités différentes, cette gradation étant due à un travail plus ou moins fin, plus ou moins serré. Il y a d'abord un aplat, puis quatre grains successifs de moins en moins serrés, que nous avons cherché à obtenir de façon à ce que le premier donne environ 1/2 intensité de l'aplat, le deuxième 1/2 intensité du premier, et ainsi de suite. Nous avons choisi des couleurs de nuance aussi pure que possible : un bleu ni rougeâtre ni verdâtre, composé de 1/2 bleu d'Orient et 1/2 bleu acier; — un rouge ni jaunâtre ni violacé, composé de 1/2 carmin et 1/2 laque géranium; — enfin un jaune ni verdâtre ni rougeâtre, composé de 1/2 jaune 1 et 1/2 jaune 2.

Si, cette planche étant donnée, sur une première impression en jaune nous superposons, de façon à ce qu'elle couvre le tiers de la largeur, une impression en bleu, nous aurons toutes les nuances produites par le bleu pur, par le jaune pur et par la superposition du bleu au jaune. Si, ensuite, sur la moitié libre de l'impression bleue, nous superposons une impression rouge, et si nous faisons de même sur la moitié libre de l'impression jaune en laissant dépasser l'impression rouge d'une certaine quantité, nous aurons une planche qui nous donnera :

    1° Le violet par superposition du rouge sur le bleu;

    2° Le bleu pur;

    3° Le vert, par superposition du bleu au jaune;

    4° Le jaune pur;

    5° L'orangé, par superposition du rouge au jaune;

    6° Le rouge pur.

Mais le travail de la planche permettant d'obtenir à chaque impression cinq tonalités différentes, nous aurons 30 tons distincts.

Nous pouvons, dans les superpositions, faire varier les gradations, les unes dans un sens, les autres dans l'autre, de façon à en obtenir le maximum de combinaisons. Nous aurons ainsi une nouvelle série dont la planche ci-contre donne le schéma, les flèches indiquant le sens de la gradation.

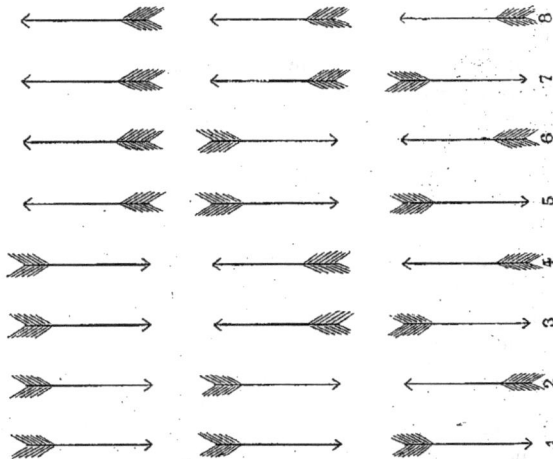

Les combinaisons 1 et 8 étant identiques, il nous reste sept planches permettant d'obtenir, avec trois couleurs, 210 nuances. En superposant d'autre part les trois couleurs sur une même impression, on aura sept autres planches qui présenteront toutes les nuances du gris et du noir bistré, au

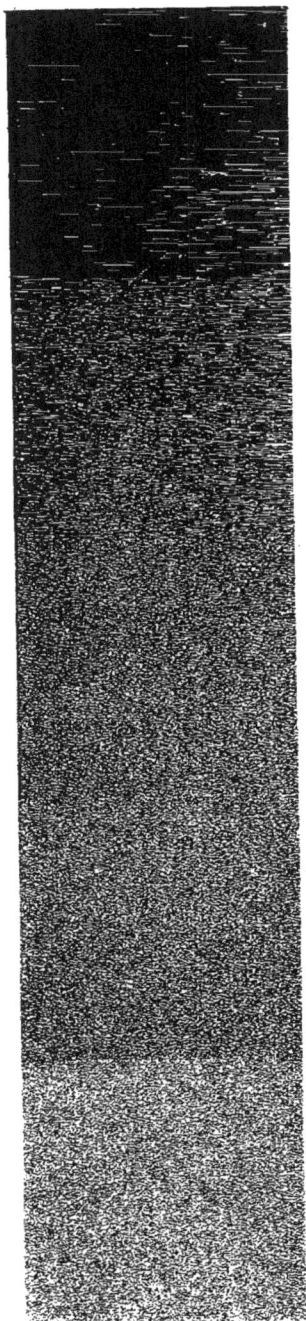

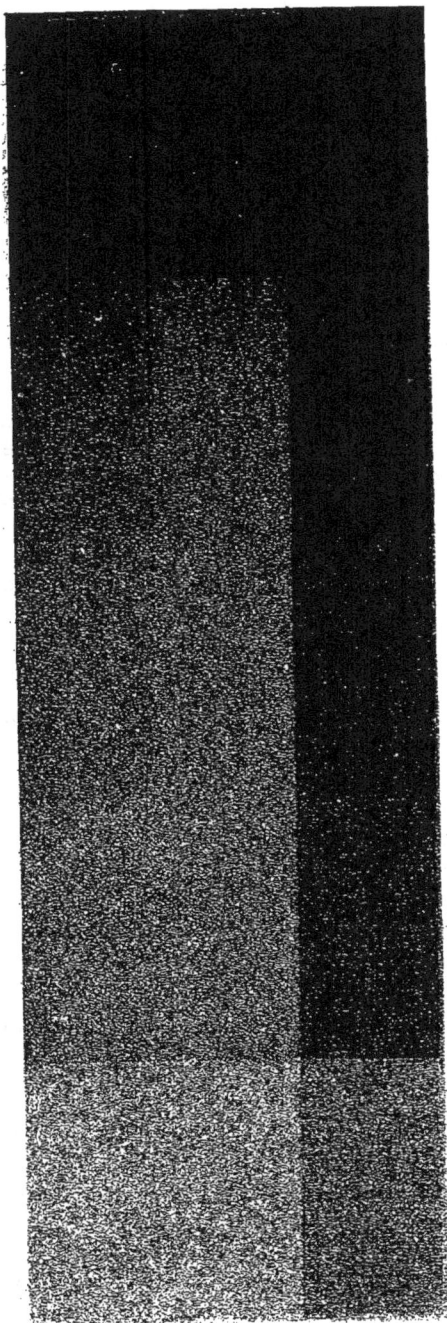

nombre de 35, soit un total de 245 nuances qu'on peut obtenir avec trois couleurs et trois tirages seulement. On juge, d'après cela, des ressources qu'offrent les superpositions bien comprises.

Lorsque les imprimeurs éprouvent quelques difficultés à mettre en œuvre une encre de couleur, ils ont une tendance fâcheuse à l'additionner de substances susceptibles de la dénaturer. Non seulement il faut éviter l'emploi du suif, trop souvent impur, qui enlève aux nuances leur fraîcheur et leur éclat, mais il faut encore veiller à la qualité des vernis dont on se sert. Les vernis doivent être aussi peu colorés que possible, et exempts de toute addition de corps résineux. Ces corps ont une action désastreuse sur certaines couleurs, celles à base de plomb surtout : elles durcissent en peu de temps sous leur influence et deviennent inutilisables.

Pour essayer un vernis, on n'a qu'à le mélanger, par le broyage, à l'une de ces couleurs à base de plomb, à de la céruse, par exemple. S'il est pur, l'encre obtenue restera dans de bonnes conditions pendant très longtemps ; s'il est chargé de corps résineux, en quelques jours elle sera hors de service.

Il faut employer le vernis sans excès, car toutes les couleurs deviennent difficiles à travailler en présence d'un excès de vernis. Si on désire affaiblir leur intensité, c'est par une addition de blanc qu'il faut y arriver ; on ne détruit pas, ainsi, leur corps, et cela permet d'obtenir à l'impression les nuances les plus légères aussi unies que les couleurs les plus corsées, avantage précieux dans les tirages polychromes.

Lorsqu'on mélange deux ou plusieurs couleurs, il y a lieu de tenir compte de la nature même de ces couleurs, si on ne veut s'exposer à de sérieux mécomptes.

Certains corps ont, en effet, les uns sur les autres, une action que l'interposition du vernis entre leurs molécules ne suffit pas toujours à empêcher. Ainsi, il ne faut pas mélanger des couleurs dans la composition desquelles entre le soufre avec celles à base de plomb, car il y a tendance à ce que tôt ou tard il se forme un sulfure de plomb. Cette réaction peut se produire chaque fois que des couleurs où le soufre est à l'état de combinaison plus ou moins stable se trouvent mélangées à d'autres couleurs à base métallique, ou même en contact avec elles, car les sulfures métalliques, sauf le sulfure de zinc, qui est blanc, sont tous noirs.

Le vermillon est un sulfure de mercure; dans la composition de l'outre-mer et du bleu Guimet ou bleu d'Orient, un sulfure alcalin joue un rôle pré-pondérant. Si on veut affaiblir l'intensité du vermillon, il faut éviter l'emploi d'un blanc à base de plomb et prendre un blanc de zinc. On ne devra pas chercher à obtenir un vert par un mélange d'outremer ou de bleu d'Orient avec un jaune à base de plomb ; de même, si dans un gris rougeâtre ou dans un gris bleuâtre, le vermillon et l'outremer ou le bleu d'Orient doivent servir de base à la coloration, l'emploi des blancs de plomb devra être écarté.

En dehors de cette action qu'ont certaines matières colorantes les unes sur les autres, elles ne se comportent pas toutes de la même façon vis-à-vis des vernis qui leur servent de véhicule. Les unes augmentent leurs propriétés siccatives, les autres, au contraire, retardent plus ou moins l'effet de ces propriétés. Les couleurs à base métallique rentrent dans la première catégo-rie; les dérivés de la cochenille, les carmins, les laques de bois, etc., etc., rentrent dans la seconde. Autant qu'on le peut, on doit tenir compte, dans les impressions chromographiques, de ces indications, pour régler l'ordre des tirages, afin d'éviter de superposer, avant dessiccation complète, une couleur de la première catégorie à une de la seconde. A celles-ci, on a soin d'ajouter au broyage une quantité proportionnelle de siccatif incolore, sans dépasser une limite qui rendrait leur emploi désastreux pour la bonne con-servation des planches pendant le tirage.

Les matières colorantes ont des densités fort différentes: il en est de fort lourdes et de fort légères. Lorsqu'on mélange une couleur lourde avec une couleur légère, même après un broyage parfait, les éléments du mélange ont toujours une tendance à se séparer. Si l'imprimeur n'y veille pas, il commencera un tirage avec une nuance composée qui changera insensible-ment à chaque épreuve. Signaler l'écueil, c'est indiquer le moyen de l'éviter. Il consiste à passer fort souvent la spatule dans l'encrier, pour empêcher cette espèce de « liquation » par un fréquent brassage du mélange.

Ces différences de densité entre les diverses matières colorantes guide-ront le plus souvent le praticien dans le choix des vernis à leur adjoindre, soit pour le broyage, soit pour l'impression. Ainsi, une couleur lourde exige un vernis plus fort qu'une couleur légère, sans cela elle se distribue mal et l'encrage est défectueux. Dans un vernis trop faible, les molécules ne sont pas maintenues dans ce cas en aussi parfaite suspension que si on y mêlait un peu de vernis moyen.

Lorsqu'on forme une couleur composée, il faut toujours choisir des élé-ments teintés de la nuance composée qu'on veut obtenir. Ainsi, par exemple, s'il s'agit de composer un violet franc, on mélangera un bleu rougeâtre avec un rouge bleuâtre; un vert franc, on mélangera un jaune verdâtre avec un bleu verdâtre. En employant, dans le premier cas, un bleu verdâtre ou un rouge jaunâtre, et dans le second un jaune tirant sur le rouge ou un bleu tirant sur la même nuance, on introduirait, dans la couleur composée, un gris qui atténuerait son éclat, sa vivacité; la nuance nouvelle, au lieu d'être franche, serait rabattue.

Pour certaines couleurs trop difficiles à travailler, on a dû, jusqu'à un certain point, renoncer à les utiliser à l'impression à l'état d'encres d'imprimerie. C'est en poudrage qu'on les emploie. La planche est encrée avec un vernis dont la cuisson a été poussée à l'extrême : le « mordant » pur ou additionné d'une matière colorante dont la nuance se rapproche de celle de la couleur à poudrer.

La couleur à poudrer, répandue à l'aide d'un tampon de coton, d'un morceau de velours ou d'une brosse douce à la surface du papier, s'attache aux parties couvertes de mordant par l'impression, et celui-ci, en séchant, fixe les molécules colorantes sur le papier. Il ne s'agit plus d'obtenir des couleurs à grain fin, douées d'une grande puissance colorante, faciles à broyer et se mariant bien au vernis : il faut, au contraire, que la couleur se présente pour ainsi dire sous un état cristallin, et qu'elle puisse conserver cette contexture sous la forte pression des machines à imprimer. C'est en procédant à une sorte de teinture d'un corps inerte pourvu d'un grain convenable, qu'on y arrive.

Tandis que les couleurs ordinaires s'attachent au papier et le teintent plus ou moins, les couleurs à poudrer doivent glisser à sa surface et ne laisser de traces que là où le mordant retient leurs molécules. Si cependant le papier avait tendance à se teinter un peu, on obtiendrait un dégagement parfait de l'image poudrée en l'époussetant, ou plutôt en l'essuyant avec un tampon de coton légèrement saupoudré de résine en poudre fine.

Les couleurs qu'on n'emploie guère qu'en poudrage sont peu nombreuses; elles se réduisent aux outremers, au chromate de plomb rouge orangé, au vert de Schweinfürt ou vert brillant, composé d'arsenic et d'acétate de cuivre. Si on y ajoute le blanc léger, le jaune de zinc, le minium ou le vermillon combinés à l'amidon, le carmin aussi combiné à l'amidon et le violet brillant, on a la série des couleurs qui s'utilisent en poudrage; mais, aujourd'hui, on est arrivé à fabriquer dans toutes ces nuances des couleurs faciles à employer sous forme d'encres et assez intenses pour donner à l'impression le velouté du poudrage, et, par conséquent, à éviter le plus souvent cette opération qui n'est pas exempte de dangers. En effet, même avec des couleurs inoffensives par elles-mêmes, l'absorption, par les voies respiratoires, des particules finement divisées, excite les bronches et peut amener des désordres graves dans ces organes si délicats et si importants.

Il nous reste à passer en revue les différentes couleurs usuelles, et à signaler les particularités que peut présenter leur mise en œuvre.

Les Blancs. — Le blanc type est le *carbonate de plomb* ou *céruse*. Pur, il constitue le *blanc d'argent*; mélangé en parties égales avec le sulfate de baryte, il constitue le *blanc d'Allemagne* qu'on désigne aussi sous le nom de *blanc de Venise*. Le carbonate de plomb est une excellente couleur, qui couvre beaucoup et a, par conséquent, l'avantage de produire des teintes très fraîches. Le seul inconvénient qu'il présente est une tendance à se séparer des mélanges colorants dans lesquels on le fait entrer. C'est une matière colorante lourde, à laquelle s'appliquent, par conséquent, les observations générales que nous avons formulées : broyée et employée avec un vernis trop faible, elle se distribue mal. La céruse augmente beaucoup la propriété siccative des vernis, aussi faut-il éviter de trop charger l'impression : sa puissance colorante rend du reste inutile un encrage trop abondant; on s'exposerait à ce que la surface en contact direct avec l'air séchant promptement, ne retarde trop la dessiccation de la couche d'encre qu'elle recouvrirait.

Le *blanc de zinc* ou *blanc de neige* est plus léger, couvre moins, et, lorsqu'il est mal préparé, sèche difficilement. Il s'allie fort bien avec toutes les autres couleurs, dont il affaiblit l'intensité sans en altérer la fraîcheur; aussi, pour les teintes, convient-il mieux que la céruse, à laquelle du reste on le préfère dans bien des cas, sauf lorsqu'on a besoin d'une couleur très couvrante.

Le *blanc transparent* sert surtout dans les teintes de modelé. Il donne à la teinte, sans lui retirer sensiblement de sa transparence, le corps qui est nécessaire au bon emploi d'une encre d'impression, corps sans lequel on ne pourrait éviter l'empâtement des planches lorsqu'elles renferment des pointillés un peu serrés par exemple.

La *laque blanche* donne, à l'impression de certaines parties d'une chromo, un vernis brillant qui les rehausse et permet de mieux apprécier la valeur des demi-teintes dans les tons les plus foncés.

Les Bleus. — Les bleus à base de fer, qui comprennent le *bleu de Prusse*, le *bleu de France*, le *bleu acier*, le *bleu flore*, le *bleu minéral*, etc., etc., coagulent assez promptement les vernis à l'huile de lin; aussi le broyage de quelques-uns d'entre eux, du bleu acier entre autres, nécessite-t-il l'adjonction d'une petite quantité de suif pur. Ces bleus sont les uns durs et brillants, d'un emploi généralement difficile, les autres tendres et assez pâles, fournissant des impressions très intenses. Le bleu de France, qui, comme le bleu de Prusse, est un véritable ferricyanure de fer, a une tendance à verdir.

La maison Ch. Lorilleux et Cie a pu obtenir des bleus à base de fer d'un ton franc, légèrement pourpré, se broyant et s'employant bien, et n'ayant pas le défaut d'agir comme siccatif sur les huiles de lin.

L'*outremer*, moins riche en principes colorants que les bleus à base de fer, présente une belle coloration azur. Il s'emploie surtout en poudrage, car il se broie mal et l'eau le ternit et le « lave ». L'outremer artificiel, connu sous les noms de *bleu d'Orient*, *bleu Guimet*, sur lequel l'eau a beaucoup moins d'action, surtout lorsqu'il a été broyé énergiquement et qu'il n'est pas de préparation récente, est d'un emploi relativement facile et supplée l'outremer naturel dans toutes ses applications.

Le *bleu de cobalt* ou *bleu Thénard* est une couleur solide, d'une nuance riche et d'un emploi facile.

Le *bleu de Saxe* ou *sulfate d'indigo* est un bleu violacé très riche en matière colorante, mais il est peu solide, soluble, et, par conséquent, peu utilisable en Lithographie.

Enfin, les bleus à base de cuivre, tels que le *bleu de Paris* et le *bleu de Brême;* généralement ils sont difficiles à broyer et ont, au contact des corps gras, des vernis, une tendance à verdir, à tourner au bistre vert. Cependant la maison Ch. Lorilleux et Cⁱᵉ fabrique un bleu de Brême sans action sur les vernis, ou du moins non influencé par eux, et dont la teinte se conserve dans toute sa fraîcheur.

Les laques bleues d'aniline comprennent les *éméraldines*, le *bleu opale*, le *bleu turquoise*, le *bleu lumière*, et fournissent, depuis le violet bleu jusqu'au bleu verdâtre, des tons d'une fraîcheur qu'il serait inutile de demander aux couleurs minérales; elles sont d'une solidité relative et supportent le vernissage direct.

Les Rouges. — Parmi les rouges, le *vermillon* ou *cinabre* (sulfure de mercure) est un des plus intenses, et sa nuance magnifique est très stable à la lumière lorsqu'il est bien préparé, car une préparation défectueuse le rend susceptible de noircir. C'est une couleur d'un prix élevé; aussi, celui qu'on trouve dans le commerce est-il souvent falsifié par du minium, de l'ocre rouge, du colcotar ou rouge d'Angleterre, et d'autres corps colorés qu'on additionne de sulfate de baryte pour leur donner du poids. En calcinant du vermillon dans un tube en verre ou en porcelaine, il ne doit laisser aucun résidu fixe, s'il est pur. On vend quelquefois, sous le nom de vermillon, un mélange de mine orange et de couleurs d'éosine. Les impressions obtenues avec ce mélange n'ont aucune solidité; il ne reste plus sur le papier, après peu de temps, que la coloration jaune rougeâtre donnée par la mine orange. Le vermillon, dont le poids spécifique est élevé, doit être employé à l'état d'encre relativement épaisse.

Le *cinabre antimonial*, ou *vermillon d'antimoine*, qu'on obtient en traitant le protochlorure d'antimoine par l'hyposulfite de soude, est un rouge velouté terne, difficile à employer, et formant des encres très siccatives qui ont une tendance à jaunir sous l'influence de l'humidité.

Le *minium*, d'un rouge plus jaune que le vermillon, et dont la variété la plus estimée est la *mine orange*, est une couleur assez éclatante. On reproche au minium de sécher trop rapidement, de se marier mal avec le vernis et d'être d'un emploi difficile en Lithographie. Il renferme souvent de la brique pilée, de l'ocre, du colcotar, etc., etc.

Les *carmins* sont toujours d'un emploi difficile en Lithographie : on peut même dire que les carmins purs ne peuvent s'employer, parce que, quelque soin qu'on prenne pour leur fabrication, on ne peut éviter qu'une partie de la matière colorante ne reste soluble dans l'eau ; après un tirage de quelques épreuves, la pierre entière se trouve teintée. On peut, il est vrai, obvier en partie à cet inconvénient en mêlant un peu d'alun à l'eau de mouillage, mais avec ce moyen la planche est bientôt mise hors de service. Il est nécessaire d'adjoindre aux carmins des corps fixant aussi complètement que possible leur principe colorant. On les broie au suif, puis on les additionne de mordant, mais cette manière de procéder présente un inconvénient : les encres faites avec les laques de cochenille étant par elles-mêmes très peu siccatives, le broyage au suif rend parfois leur séchage presque impossible. C'est avec les *laques* dites *anglaises*, broyées depuis quelque temps déjà, qu'on obtient les résultats les plus satisfaisants, leurs molécules ayant eu le temps de se combiner pour ainsi dire avec le vernis. Il ne faut pas juger d'une impression de carmin sur une épreuve sortant de la presse, car elle paraît souvent violacée, terne et jaspée, et ne prend sa véritable valeur qu'en séchant. Parfois on vend comme carmin des mélanges de carmin et de laque d'éosine, qui flattent l'œil par leur éclat ; mais leur emploi donne de vrais mécomptes, car l'éosine ne tarde pas à disparaître, et on n'a plus qu'un carmin affaibli. La *laque carminée* et la *laque rose* de la maison Ch. Lorilleux et Cie, qui sont, comme le carmin, des dérivés de la cochenille, permettent d'obtenir des roses très frais et fort solides.

Les *laques de garance* sont le type des couleurs végétales solides ; aussi doit-on s'en servir de préférence à toutes autres pour composer les tons chair et les nuances rosées. Elles ne couvrent pas beaucoup, ce qui n'est pas un défaut pour les nuances qui doivent avoir une certaine transparence, où elles remplacent, non sans avantage, les laques de bois. Le broyage de ces couleurs exige quelques précautions, parce qu'elles ont une tendance à coaguler les vernis : à cause de cela, il faut éviter de les échauffer en les broyant, et employer immédiatement assez de vernis pour que la pâte ne soit pas trop compacte. Une pointe de suif ajouté pendant le broyage adoucit la couleur et donne quelquefois de bons résultats.

À côté des carmins prend place la série des *couleurs azoïques*, qui, sous les noms de *ponceau*, de *nacarat*, de *rouge d'Alger*, de *laque écarlate*, peuvent, dans nombre de cas, être substituées aux dérivés de la cochenille. Ces couleurs n'ont pas la nuance franche du vrai carmin, elles sont plutôt d'un rouge orangé, mais leur prix est moins élevé. Il ne faudrait pas essayer d'en obtenir, par mélange ou par superposition à du bleu, un violet, car on n'aurait qu'une nuance terne ; mais, par contre, si on les additionne de vermillon, on obtient des rouges orangés très vifs. Elles sont peu siccatives ; aussi n'est-il pas inutile de leur ajouter un peu de siccatif incolore. La couleur prête à être employée doit former une pâte assez compacte. Les couleurs azoïques peuvent se vernir directement et gagnent beaucoup au vernissage.

Les couleurs dérivées de l'*éosine*, telles que le *rouge de Perse*, l'*écarlate*, le *Lincoln*, ont un éclat que rien jusqu'à présent n'a pu dépasser; par contre, elles sont d'une solidité très relative, et le vernissage direct en est impossible. La puissance colorante de ces laques est si grande, que lorsqu'on les emploie avec toute leur intensité, elles résistent assez bien, mais si on les étend de vernis, ou si on les mélange de blanc pour en obtenir des roses, des tons chair ou des nuances de fond, il n'en reste rien après peu de temps; Un encollage fait avec soin permet de les vernir, mais il faut attendre pour cela que les impressions soient entièrement sèches, sans quoi la matière colorante reste encore un peu soluble. Comme les carmins, les couleurs dérivées de l'éosine ne peuvent être jugées sur les épreuves sortant de la presse : elles ne présentent leur véritable valeur qu'après un jour ou deux.

Les couleurs rouges dérivées de l'*aniline*, le *Solférino* et le *Magenta*, offrent très peu de résistance; aussi ne doit-on pas les employer pour des travaux sérieux.

Les JAUNES. — Les qualités que l'on recherche dans les jaunes, c'est une grande opacité et la possibilité de produire, par leur mélange avec les bleus, des verts de nuance fraîche et vive; avec les rouges, des orangés lumineux, et, en faisant intervenir les noirs, des bistres chauds et intenses. Les principaux jaunes qu'on trouve dans le commerce sont assez opaques et assez riches de ton, mais, broyés avec le vernis, ils ont un gros défaut, celui d'adhérer mal aux planches lithographiques : ils produisent l'effet des encres trop fortes, les traits se dégarnissent et filent. Les ocres, dont nous parlerons plus loin, et les matières organiques, fournissent une nombreuse série de jaunes; parmi ces derniers, le *jaune indien* est un des plus riches de ton et des plus solides. Les jaunes minéraux dont on fait journellement usage sont : le *jaune de Naples*, couleur à base de plomb; le *jaune brillant, jaune de roi* ou *jaune de cadmium*, qui est un sulfure de ce métal; le *jaune de chrome*, chromate neutre de plomb, qu'on falsifie souvent avec la baryte, la craie, le plâtre, l'argile et même l'amidon : la légèreté du produit falsifié permet de se rendre compte de la fraude; le *jaune d'antimoine*, le *jaune de zinc*, et enfin les *oxychlorures de plomb*, qui donnent les jaunes connus sous les noms de *jaune minéral, de Turner, de Paris, de Vérone* et *de Cassel*.

En principe, il faut tirer les jaunes plus faibles que le type donné comme modèle, parce qu'ils tendent toujours à remonter; d'autre part, les jaunes minéraux sont extra-siccatifs et donnent du tirant aux vernis; comme ce sont des couleurs relativement lourdes, on est souvent obligé d'ajouter au broyage une pointe de suif pur pour pouvoir employer sans inconvénients un peu de vernis moyen. Lorsqu'on a besoin, en chromographie, de tons transparents, pour les superpositions, par exemple, c'est aux *laques jaunes* (*stil de grain*, etc.) qu'on a recours.

Les laques de bois et les ocres ou terres fournissent aussi des couleurs dans les gammes rouges et jaunes.

Les laques de bois rouges sont de moins en moins employées en Lithographie; elles ne présentent pas une grande solidité à la lumière, de plus, par des mélanges de couleurs azoïques et de bistre, on produit facilement tous les tons qu'on demandait autrefois aux laques grenat et aux laques brunes. Une pointe de *laque violette* dans du noir lithographique lui enlève le ton roux qui lui est naturel, et lui donne une intensité et une transparence qu'il n'a jamais dans les tons légers. Les *laques de bois jaunes* sont employées, nous venons de le dire en citant le stil de grain, pour les glacis et dans les teintes transparentes. Si on désire obtenir un glacis brillant sur quelques parties d'une impression, on remplace, dans les tons bleus verdâtres, verts et jaunes, les laques garance par des laques de bois additionnées de siccatif incolore. Du reste, les laques de bois, jaunes ou rouges, étant par elles-mêmes fort peu siccatives, il est indispensable de leur ajouter du siccatif si on veut éviter le maculage des épreuves. Les *laques de bois noir* sont assez employées, surtout en phototypie; elles ont une grande intensité colorante, ce qui permet d'obtenir avec elles des demi-teintes très modelées.

Les *ocres* ou *terres* fournissent des tons chauds et intenses, mais leur emploi en Lithographie, quel que soit leur bas prix apparent, n'est pas à conseiller. Elles ne se marient jamais bien aux vernis, surtout les terres d'*ombre* et de *Cassel*, et le travail de broyage qu'elles nécessitent augmente leur coût hors de proportions. L'industrie a toute une série d'oxydes de fer obtenus par précipitation : *jaune Washington, jaune de Mars, rouge de Mars, rouge de fer*, faciles à broyer et revenant bien moins cher à l'imprimeur que les ocres, les *terres de Sienne naturelles* ou *calcinées*, etc., etc.

Nous venons de passer en revue les couleurs principales : les bleus, les rouges et les jaunes, qui, par leurs différents mélanges ou superpositions et l'adjonction du blanc et du noir, permettent de reconstituer toutes les nuances connues. Elles ne sauraient cependant, dans la pratique, suffire aux exigences de la chromolithographie, quelle que soit l'habileté de l'artiste à les combiner. C'est ce qui a amené les fabricants à préparer des nuances intermédiaires, couleurs faites de toutes pièces et destinées à faciliter et à simplifier le travail, ou à donner des produits plus stables, ce qui est le cas du vert de chrome.

Nombre d'imprimeurs préfèrent préparer eux-mêmes le *vert de chrome* dont ils ont besoin par un mélange de bleu de Prusse et de jaune de chrome. Le bleu de Prusse est une couleur légère, et le poids spécifique du jaune de chrome est assez élevé; il en résulte, suivant la loi que nous avons formulée au commencement de ce chapitre, que les composants du vert de chrome ont tendance à se séparer, ce qui rend impossible un tirage régulier. Le fabricant a trouvé un tour de main ingénieux pour éviter ce grave inconvénient : c'est, au lieu de mélanger du bleu de Prusse et du jaune de chrome fabriqués séparément, d'obtenir en proportions voulues la précipitation simultanée des deux constituants. Il obtient de la sorte un mariage intime des particules colorées, et non leur simple juxtaposition. Ces verts doivent être employés, surtout les verts clairs, avec un vernis assez soutenu; l'imprimeur a tout avantage à se procurer, pour les travaux soignés, des verts relativement légers, car la distribution des verts lourds se fait mal.

Les *viridines* sont des verts à nuance très éclatante, pas très solides malheureusement, mais qui présentent sur les verts à base d'arsenic, avec lesquels on ne peut obtenir d'intensité, l'avantage de se travailler beaucoup plus facilement. On les broie au vernis faible.

The Principle and Practice of Colour Printing, de Fr. Noble, paru à Londres en 1881, indique un certain nombre de combinaisons pour impressions commerciales polychromes sur fonds de diverses nuances, où les couleurs se font valoir par leur contraste.

Impressions en deux couleurs, sur fond blanc : vert vif et rouge vermillon, — vert vif et carmin, — vert vif et pourpre, — vert vif et brun chaud, — vert bleu et orangé, — outremer et carmin, — outremer et marron, — outremer et brun chaud, — bleu clair et orangé brillant, — laque pourpre et jaune brillant, — cramoisi et jaune brillant.

Impressions en deux couleurs sur fond jaune pâle inclinant plus au jaune citron qu'à l'orangé : vert jaune et carmin, — vert jaune et marron, — vert sauge et marron, — vert sauge et carmin, — vert brillant et brun rouge, — couleur bronze et carmin, — couleur bronze et pourpre.

Impressions en deux couleurs sur fond jaune pâle inclinant plus à l'orangé qu'au citron : bleu vert vif et orangé, — bleu vert vif et carmin, — outremer vif et cramoisi, — outremer vif et marron, — bleu vert et marron, — outremer vif et bronze, — outremer vif et brun rouge, — outremer vif et rouge pourpre, — pourpre bleu et orangé, — pourpre bleu et carmin.

Impressions en deux couleurs sur fond pourpre pâle : pourpre rouge et outremer, — pourpre rouge et vert bleu, — pourpre bleu et cramoisi, — outremer et carmin.

Impressions en deux couleurs sur fond vert pâle d'un ton bleuâtre : outremer et carmin, — outremer et pourpre rouge, — bleu foncé vert et pourpre rouge, — bleu foncé vert et marron.

Impressions en deux couleurs sur fond bleu pâle : outremer foncé et rouge pourpre, — outremer foncé et carmin, — bleu foncé vert et carmin, — vert vif et rouge pourpre, — bleu vif et rouge pourpre.

Impressions en deux couleurs sur fond vert pâle tendant au jaune : vert vif et carmin, — vert vif et pourpre, — vert vif et rouge brun, — vert vif et marron, — vert sauge et carmin, — vert sauge et pourpre, — vert sauge et rouge brun, — vert sauge et marron.

Impressions en deux couleurs sur fond vert pâle tenant une pointe de brun : vert sauge foncé et carmin, — vert sauge foncé et rouge pourpre, — vert sauge foncé et marron.

Impressions en deux couleurs sur fond rose pâle : carmin et outremer vif, — carmin et vert vif, — carmin et bleu pourpre, — carmin et bronze, — pourpre et bronze, — outremer clair et bronze, — rouge pourpre et vert jaune.

Impressions en deux couleurs sur fond cuir foncé : marron et bleu vert foncé, — marron et outremer foncé, — brun pourpre foncé et carmin.

Impressions en deux couleurs sur fond brun clair : carmin et pourpre foncé, — carmin et vert foncé, — carmin et noir, — marron et vert foncé, — pourpre rouge et vert foncé, — brun foncé et vert foncé, — brun foncé et noir.

Impressions en deux couleurs sur fond vert de moyenne intensité : vert foncé et pourpre foncé, — vert foncé et marron, — vert foncé et carmin, — noir et carmin.

Dans les combinaisons qui précèdent, on remarque que souvent une des couleurs contrastantes est celle du fond dans un ton plus foncé. Si on veut remplacer une des couleurs indiquées par un bronze en poudre ou par de l'or en feuilles, il y aura avantage à conserver la couleur qui correspond, mais dans un ton plus foncé, à celle du fond ; ainsi, sur un fond rose pâle, où le carmin et l'outremer sont indiqués, c'est l'outremer qu'il faudrait remplacer par le bronze ou l'or. — Par vert vif, c'est la nuance moyenne de la laque verte qu'on veut désigner ; par vert bleu, c'est la laque verte la plus foncée avec une pointe de blanc ; par couleur bronze, c'est le jaune de chrome moyen mélangé d'un peu de laque pourpre.

Impressions en trois couleurs sur fond blanc : carmin, outremer vif et pourpre, — carmin, vert vif et pourpre, — carmin, outremer et brun pourpre, — pourpre bleu, marron et vert jaune, — pourpre, orangé et bleu vert.

Impressions en trois couleurs sur fond rose pâle : carmin, outremer et bronze, — carmin, pourpre bleu et bronze, — carmin, pourpre et bleu vert, — rouge pourpre, bleu vert vif et bronze, — bleu de Chine vif, carmin et pourpre.

Impressions en trois couleurs sur fond jaune : carmin, outremer et brun pourpre, — carmin, vert jaune et brun pourpre, — carmin, vert jaune et pourpre, — brun foncé, outremer et pourpre. — Quand l'outremer est employé sur fond jaune, le jaune doit tirer sur l'orangé.

L'IMPRESSION

Le travail de l'impression polychrome ne diffère de l'impression en noir, décrite dans la première Partie de ce Traité, que par les précautions inhérentes à l'emploi des encres de couleur. D'une part, l'état de division extrême du noir de fumée ne peut être qu'approximativement obtenu avec les autres matières colorantes; d'autre part, nombre de celles-ci ont quelque action sur l'huile de lin qui constitue les vernis, d'où la nécessité de surveiller attentivement les tirages en couleur, pour être à même de remédier immédiatement aux moindres accidents d'impression qui pourraient survenir.

Lorsque l'imprimeur a disposé, sur le chariot de la presse à bras ou sur le marbre de la machine, une des planches d'une chromolithographie, qu'il a réglé la pression et le repérage, fixé la pierre et nettoyé la table à encrer, il prépare la teinte nécessaire au tirage et juge, d'après le travail de la planche, s'il doit faire usage du rouleau à grain ou du rouleau lisse (voir première Partie, chapitre II). Lorsqu'il s'est assuré que les rouleaux sont en parfait état de propreté, il les charge de l'encre de couleur qu'il a préparée, distribue convenablement cette encre, enlève à l'essence la planche qui était à l'encre noire, procède à l'encrage et passe quelques feuilles d'essai, jusqu'à ce que l'impression ait atteint le ton indiqué par la feuille type qui lui a été remise; ensuite, il aborde le tirage définitif.

Il ne saurait y avoir de règles fixes déterminant par quelle planche on doit commencer l'impression d'une chromolithographie; cependant, on met d'habitude en premier sous presse les teintes opaques, les jaunes d'abord, puis les vermillons et ensuite les bleus, ce qui permet de mieux suivre le travail et le développement de l'effet. On déroge à cette habitude lorsque la chromolithographie comporte des ors ou des couleurs poudrées, parce qu'alors on s'exposerait à ce que l'or ou les couleurs en poudre s'attachent plus ou moins sur les couleurs déjà imprimées et incomplètement sèches. Les couleurs poudrées passent donc toujours en premier, et, quand il y a nécessité d'imprimer le mordant destiné à fixer le bronze en poudre sur d'autres couleurs, il faut, avant cette impression, passer de l'amidon en poudre impalpable sur le papier imprimé. L'amidon est préférable au talc, qui fait corps avec l'impression incomplètement sèche, au lieu de la dessécher sans trop atténuer sa vigueur.

Les encres de couleur sont très irrégulièrement siccatives, mais on peut dire que, pour la plupart, elles le sont moins que les encres noires. Comme les planches d'une chromolithographie présentent généralement moins de traits fins et plus d'aplats que les planches de travaux en noir, elles nécessitent pour l'impression de plus grandes quantités d'encre, et par conséquent prêtent plus au maculage. Pour l'éviter, on dispose, au fur et à mesure de leur impression, les feuilles dos à dos entre des feuilles de papier blanc ou de papier bulle, et, chaque rame tirée, enlevée sans frottements ni glissements de la table de la presse ou de la machine, est entreposée à l'endroit où elle doit attendre le tirage suivant, recouverte par des maculatures qui protègent ses tranches. Il ne faut se résoudre à faire usage du séchoir que dans des cas exceptionnels ou lorsque le tirage de toutes les planches est terminé.

Lorsqu'une impression polychrome est destinée à être vernie, cas qui se présente assez fréquemment pour les chromolithographies commerciales, l'imprimeur doit s'assurer, avant de faire usage des couleurs, qu'elles supportent ce vernissage. L'oubli de cette précaution exposerait à compromettre le travail, où tout au moins nécessiterait un encollage supplémentaire, main-d'œuvre qu'on doit chercher à éviter. Il y a lieu de se méfier, à ce sujet, des couleurs riches en principes colorants, comme celles d'éosine, d'aniline, etc., certaines laques et certains verts.

Un tirage étant terminé sur une planche, il faut, avant de commencer le tirage de la planche suivante, s'assurer que la première impression est sinon totalement sèche, tout au moins assez pour ne pas décalquer sur la pierre, ce qui non seulement occasionnerait des voiles pouvant compromettre la planche, mais encore ôterait toute fraîcheur à la première impression en l'atténuant, et détruirait l'effet attendu des superpositions de nuances.

Chaque fois qu'on interrompt un tirage, ne fût-ce que pour quelques heures et même moins, il faut enlever la planche à l'essence et l'encrer au noir, ce qui permet, entres autres avantages, de mieux juger de l'état de conservation dans lequel elle se trouve. D'autre part, il faut racler les rouleaux s'ils sont à grain, ou les laver à l'essence s'ils sont lisses, afin de ne pas laisser à l'encre de couleur la possibilité de sécher à leur surface, car rien ne leur serait plus préjudiciable.

Si on juge, lorsque la planche a été mise au noir, qu'elle a besoin soit d'être remontée, soit d'être dégagée, on la traite comme on agirait avec une planche ordinaire : encre grasse, gommage, acidulation, etc., etc., suivant le cas.

Afin de guider les imprimeurs sur le degré de solidité des diverses couleurs qu'ils peuvent être à même d'employer, et sur la possibilité de les vernir, nous avons dressé les deux nomenclatures ci-après, en prenant pour texte les désignations adoptées par la maison Ch. Lorilleux et Cie. Ces renseignements peuvent s'étendre, par analogie, aux produits similaires des autres fabricants.

SOLIDITÉ DES COULEURS

1° Couleurs très solides :

Blancs d'argent, 1, 2.
— de neige.
— transparent.
Laque blanche.
Bleu cobalt.
Verts solides, 1, 2.
Jaunes de Mars, 1, 2.
Rouge de Mars.
Brun minéral, 1, 2.

Rouge minéral.
— de Venise.
— de fer.
Sienne naturelle.
— calcinée.
Terre d'ombre.
— d'Italie.
— de Cassel.
Jaune de Florence.

2° Couleurs solides :

Bleus acier, 1, 2.
— flore, 1, 2.
— minéral, 1, 2.
— Orient, 1, 2.
— de Prusse.
— printemps.
Jaunes, 1, 2, 3, 4, 5.
— de Naples, 1, 2.

Orange, 1, 2, 3.
Rouges cramoisis, 1, 2, 3.
Jaunes Washington, 1, 2.
Vermillons, 1, 2, 3.
Verts, 1, 2, 3, 4, 5.
Mine orange.
Laques garance, 0 à 10.
Laques carminées, 1, 2.

3° Couleurs assez solides :

Bleu marine.
Carmins, 1, 2, 3, 4.
Laques anglaises, 1, 2, 3, 4.
— rose, 1, 2.
— grenat.
— brune.
— pourpre.
— rose végétal.
— noire.

Laques jaunes, 1, 2, 3, 4.
— violette.
Teinte photographique.
Nacarat.
Ponceau.
Ecarlate, 3.
Vermillons factices, 1, 2.
Rouges solides, 1, 2, 3, 4, 5.
Rouges américains, 2, 3, 4.

4° Couleurs qui pâlissent lentement :

Rouges de Perse, 0, 1.
Ecarlates, 1, 2.
Eméraldine, 3.

Rouges Lincoln, 00, 0, 1, 2, 3, 4.
— de Paris.
Bleu de Brême.
— turquoise.

5° Couleurs qui pâlissent :

Rouges de Perse, 2, 3.
Purpurines, 1, 2.
Bleu opale.
— lumière.

Laques bleues, 1, 2, 3.
Eméraldines, 1, 2.
Violet végétal, 1, 2, 3.

6° Couleurs qui pâlissent vite :

Purpurine, 3.
Solférino.
Magenta, 1, 2.

Violet Hofmann.
Rouge Franklin.
Rose de Paris.

VERNISSAGE DES COULEURS

1° Couleurs se vernissant très bien :

Blancs d'argent, 1, 2.
— de neige.
— transparent.
Bleus acier, 1, 2.
— flore, 1, 2.
— minéral, 1, 2.
— Orient, 1, 2.
— cobalt.
— de Prusse.
Carmins, 1, 2, 3, 4.
Laques anglaises, 1, 2, 3, 4.
— carminées, 1, 2.
— roses, 1, 2.
Bleu turquoise.
— opale.
— lumière.
Laques bleues, 1, 2, 3.
Bleu de brême.
Jaunes, 1, 2, 3, 4, 5.
— de Naples, 1, 2.

Orangés, 1, 2, 3.
Jaunes de Mars, 1, 2.
— Washington, 1, 2.
Mine orange.
Laque grenat.
— brune.
— pourpre.
Rose végétal.
Rouge végétal.
Laques de garance, 0, 1.
— jaune, 1, 2, 3, 4.
— noire.
— violette.
Teinte photographique.
Cramoisis, 1, 2, 3.
Verts, 1, 2, 3, 4, 5.
Verts solides, 1, 2.
Émeraldines, 1, 2, 3.
Les vermillons.
Les ocres.

2° Couleurs se vernissant assez bien :

Purpurine, 3.

3° Couleurs se vernissant difficilement :

Rose de Paris.

Violet végétal, 1, 2, 3.

4° Couleurs ne se vernissant pas :

Bleu printemps.
Solférino.
Magenta, 1, 2.
Violet Hofmann.
Rouge Franklin.

Rouges Lincoln, 00, 0, 1, 2, 3, 4.
— de Paris.
— de Perse, 0, 1, 2, 3.
Purpurines, 1, 2.
Écarlates, 1, 2, 3.

Un dernier mot : l'imprimeur lithographe ne doit pas oublier qu'il n'est qu'un exécutant, et qu'il ne doit par conséquent pas sortir de la gamme des tons donnés par l'artiste, ou indiqués sur l'épreuve qui lui sert de modèle.

ZINCOGRAPHIE

L'idée de substituer le métal à la pierre, pour l'impression chimique, appartient sans conteste à Senefelder. A peine son admirable invention commençait-elle à se répandre, que déjà il s'inquiétait d'où l'on pourrait tirer assez de pierres, et de pierres suffisamment grandes, susceptibles d'être utilisées par la Lithographie. Il pensa au métal, et dès 1818 fit part au public de ses recherches et des résultats qu'il avait obtenus. « Tous les métaux, disait-il, sont susceptibles de recevoir les taches graisseuses et de pouvoir être disposés à repousser l'encre d'impression lorsque, sur les parties bien dégraissées, on applique des acides, de la gomme, de la décoction de noix de galle, etc. »

Après avoir fait des essais sur le fer et sur le zinc, puis sur l'étain, il avait exposé à Paris, en 1823, des petites presses où la pierre était remplacée par une plaque de ce dernier métal. Plus tard il revint au zinc, mais pour l'utiliser comme support d'une couche calcaire destinée à tenir lieu de pierre litho-graphique, reprenant en cela ses travaux de 1814. (Voir première Partie : *Les pierres lithographiques factices*). C'est ce que fait aujourd'hui, à l'aide d'un enduit spécial, la maison Wezel et Naumann de Leipzig.

Pendant que Senefelder délaissait le zinc pour l'étain, un Polonais, M. Joseph Trentsenski, obtenait, en 1822, un brevet en Autriche pour le remplacement de la pierre lithographique par des feuilles de zinc. Voici là définition sommaire de son procédé, que M. Hammann donne dans son ouvrage sur *Les Arts Graphiques,* paru en 1857 à Genève : « Il polit la planche » avec de la pierre ponce, et y trace son dessin avec de l'encre ou du crayon » lithographique Après vingt-quatre heures, il acidule avec de l'acide azotique » ou de l'acide sulfurique très étendus, passe à la gomme et encre comme dans » la Lithographie. Son encre lithographique se compose de 9 parties de cire,

» 4 1/2 de savon, 2 de gomme laque, 1 1/2 de sandaraque et 1 de noir de
» fumée. Le crayon est formé de 4 parties de cire, 2 de suif, 5 de savon et
» 1 de noir de fumée. »

Deux ans plus tard, un architecte parisien, M. Pierron, construisit une
petite presse portative à planche de zinc, et publia, en 1826, le *Manuel de
l'Autographie ou Impression de l'Écriture sur Métal.* Paris, imp. de Carpentier-
Méricourt, manuel inscrit au dépôt légal en 1827 seulement.

M. Breugnot, lithographe à Paris, fit, en 1829, usage des planches de zinc
pour l'impression de grandes cartes géographiques qu'il désignait sous le nom
de *géoramas*, et se fit breveter pour cette application, qui était déjà chose
acquise à la Lithographie royale de Berlin. Le brevet Breugnot passa aux
mains de M. Carenac, qui le rétrocéda à M. Kœppelin. Ce dernier a publié, en
1843, des cartes qu'il nommait *zincographes*, dont quelques-unes atteignaient
les dimensions, inusitées à cette époque, de 1ᵐ40 sur 2 mètres. En 1834 avait
paru le *Manuel Autographique, ou manière d'imprimer sur métal,* pour le service
journalier des savants, donnant 500 exemplaires d'une même écriture, par
Lequin. Paris, imp. de Beaudouin; et en 1842, l'*Instruction pour l'emploi de
la presse auto-zincographique.* Paris, imp. de Belin-Leprieur.

M. Knecht, le successeur, à Paris, de Senefelder, avait de son côté
continué les essais de l'inventeur de la Lithographie, et publiait en 1840 la
note suivante sur l'emploi du métal pour remplacer la pierre :

« A l'exception du fer et du bronze, tous les autres métaux ont plus ou
moins d'affinités chimiques pour recevoir ou repousser les corps gras.
L'étain est trop tendre, les caractères s'élargissent, la planche s'altère
facilement. Le zinc serait le plus convenable par la modicité de son prix et
par l'étendue des dimensions sous lesquelles il est facile de l'obtenir, mais
le zinc du commerce est aigre. Il faudrait pouvoir obtenir des fabricants
du zinc allié à du bismuth, du laiton, ou de l'étain : alors ce métal pourrait
offrir de grandes ressources pour l'impression chimique. Le cuivre jaune
(laiton) est solide et donne un tirage pur et brillant. Voici la méthode de se
servir d'une planche de laiton, méthode qui du reste est la même pour tous
les autres métaux. Lorsque la planche est polie et frottée avec de la craie et
une feuille de papier de soie, on dessine à la plume ou au pinceau, en se
servant d'une encre composée de 4 parties de cire, 5 de gomme laque, 3 de
suif, 2 de mastic, 2 de savon, 1 de noir de fumée, 1/2 de térébenthine de
Venise. Le dessin achevé, on chauffe la planche à un feu tempéré; on
trempe ensuite un blaireau dans une préparation de 8 parties de gomme
arabique, 2 de noix de galle, 1 d'eau forte (acide azotique), 4 d'acide phosphorique et 30 d'eau, puis on le passe plusieurs fois sur la planche. Après
quelques instants, on enlève l'acide et on essuie avec précaution. Lorsque
la planche n'est plus que faiblement humide, on peut procéder au tirage. »

Il semblerait, d'après ce que nous venons de rappeler, que le règne du
métal ne devait pas tarder à être inauguré en Lithographie, et que le rêve de
Senefelder allait enfin être réalisé. De 1843 à 1870, c'est-à-dire pendant près
de vingt-huit ans, la métallographie fit peu de progrès : quelques brevets

sans importance furent pris, plusieurs petits établissements se montèrent pour
végéter pendant quelques mois, mais aucune application sérieuse et suivie ne
fut faite.

C'est après cette période improductive, en 1870, qu'un lithographe parisien, M. Monrocq, frappé des avantages économiques que le zinc substitué à la pierre lithographique pouvait procurer, se mit résolument à l'œuvre
et lutta avec ténacité pendant quatre ans contre les multiples obstacles d'une
application pratique, industrielle, de la zincographie. En 1874 seulement, il
se sentit assez sûr des résultats pour remplacer dans tous ses travaux le
calcaire de Solenhoffen par des feuilles de métal laminé. Un des premiers
travaux importants qu'il exécuta fut, pour M. Masson, éditeur, cent tableaux
d'histoire naturelle format grand monde. Le matériel nécessaire pour un tel
travail coûterait, en pierres de deuxième choix, plus de 15,000 francs et
pèserait environ 25,000 kilogrammes. Or, 400 kilogrammes de zinc spécial,
du coût total de 2,000 francs, lui ont suffi.

Nous croyons qu'il faut surtout attribuer ce temps d'arrêt à l'état d'im-
pureté dans lequel les usines métallurgiques produisaient alors le zinc, métal
choisi à cause de son prix peu élevé, de son peu de ductilité à la température
ordinaire, de sa ténacité et de sa dureté relatives, ainsi qu'aux réactions auxquelles il se prête par sa constitution chimique non moins que par sa texture
cristalline. Le zinc est presque toujours chargé d'une petite quantité de plomb
qui, dans le zinc de Silésie, atteint 3 0/0; d'arsenic, de cadmium et de fer.
L'arsenic et le cadmium se trouvent en trop petites proportions pour nuire
à l'emploi du zinc en Lithographie; le fer figure dans les analyses pour des
quantités variant de 0,1 à 0,01 0/0, soit de 10 à 100 grammes pour 100 kilogrammes : c'est encore une quantité négligeable; le plomb semble donc être le seul
métal nuisible. Or, des zincs d'Europe, c'est celui des mines belges qui en
renferme le moins; quant aux zincs américains (de Pensylvanie et de New-
Jersey), arrivés sur le marché européen depuis vingt ans au plus, ils n'en
contiennent pas : ce sont les plus purs, et par conséquent ceux qu'on doit
choisir de préférence.

Depuis plusieurs années, le Dépôt de la Guerre a adopté le zinc pour
remplacer la pierre dans la confection des cartes de l'état-major. M. le colonel Perrier, chef du Dépôt, a présenté à l'Académie des sciences, au nom
du ministre de la Guerre, les douze premières feuilles de la carte topogra-
phique de l'Algérie, exécutées sur zinc et comprenant sept planches par feuille :
le rouge, le noir, le bleu, le gris bleuté, le vert, le violet et le bistre. L'économie de matériel prévue est des 4/5es.

Aujourd'hui, il est peu de bons imprimeurs lithographes qui ne soient
capables d'aborder avec succès les reports sur zinc, et les dessinateurs, les
graveurs, les écrivains, ont reconnu que le travail était aussi facile sur le métal que sur la pierre. L'avantage de l'économie ressort donc en entier au
bénéfice du zinc, dont l'usage tend maintenant à se répandre, tout au moins
pour les grands formats; il est des dimensions pour lesquelles on ne peut
songer à la pierre : les grands formats courants, en tous cas, sont fort

chers, et les risques de casse augmentent proportionellement à la surface.
Nous laissons pour mémoire la facilité de manutention et d'emmagasinement
des planches en zinc, qui ne saurait être discutée.

Il est un autre point qui milite en faveur du zinc, c'est que ce métal
sert de transition directe entre deux modes d'imprimer : la Lithographie
et la Typographie, ainsi que d'intermédiaire entre la photographie et les différents modes de la reproduire par l'impression. C'est une voie nouvelle
ouverte à l'imprimerie en général, voie de progrès dont les premières étapes
sont jalonnées par les travaux des Gillot, des Motteroz, des Dujardin, des
Michelet, des Guillaume, des Petit, des Ducourtioux, etc., etc.

Avant d'aborder les différentes manipulations de la zincographie, il
n'est pas inutile de connaître quelque peu le métal choisi comme support de
l'image, qu'il reste à l'état de support comme pour la lithographie, ou que la
morsure des acides le transforme en planche gravée en relief pour la typographie, ou gravée en creux pour l'impression genre taille-douce.

Le zinc n'était pas connu des anciens, qui cependant mélangeaient un
de ses minerais, la calamine, aux métaux dont ils composaient le bronze.
Ce fut Paracelse, le fameux médecin-alchimiste, qui, au commencement
du xvie siècle, donna, à ce métal importé alors d'Orient sous les dénominations d'étain des Indes et de Spiauter, le nom de zincum. Son exploitation en
Europe date de la seconde moitié du siècle dernier, mais ce n'est que
depuis cinquante ans environ que sa métallurgie a pris une extension considérable. C'est un métal blanc bleuâtre, à texture cristalline, fusible vers 410°,
dont le poids se rapproche de celui de l'acier, et qui, exposé à l'air, ne tarde
pas à se couvrir d'une couche mince et très adhérente d'un hydrocarbonate.
Nous ne sommes pas loin d'admettre que cette couche ne joue un certain
rôle dans l'utilisation du zinc en Lithographie.

Le chlore, le brome, l'iode, le phospore se combinent directement avec
le zinc ; il décompose l'eau en présence des acides étendus ; l'acide azotique,
en l'attaquant, donne naissance à un peu d'ammoniaque ; le zinc réagit sur
les dissolutions alcalines, qui se décomposent en hydrogène d'une part, et
en combinaison d'oxyde de zinc avec le sel d'autre part. Ces différentes
propriétés du zinc ne doivent pas être ignorées de l'imprimeur, qu'elles
peuvent guider dans certaines circonstances.

CHOIX ET PRÉPARATION DU MÉTAL

Lorsqu'on commença les premiers essais pour l'application du zinc à
la Lithographie, l'industrie du laminage laissait encore beaucoup à désirer,
d'où la nécessité d'employer des plaques d'une certaine épaisseur : 0^{m}003 au

moins. On paraît les bords à la lime, puis on les assujettissait sur un marbre ou une table bien dressée; ensuite, avec une lame souple d'excellent acier, qu'on désignait sous le nom de lame à polir, on les raclait dans le même sens jusqu'à ce qu'elles paraissent parfaitement unies. Lorsque cette opération mettait à jour des soufflures, si elles étaient profondes, la plaque qui les contenait était rejetée; dans le cas contraire, on continuait à racler la surface entière jusqu'à ce qu'elles ne paraissent plus.

Lorsque le rôle de cette espèce de grattoir était terminé, on usait la surface de la plaque avec une pierre ponce imbibée d'eau jusqu'à ce que toute trace de raie ait disparu; la plaque devait alors offrir partout un aspect mat uniforme. On la lavait à grande eau et on l'asséchait avec un chiffon de toile usée, puis on la polissait avec un papier émeri du plus fin numéro et on l'empaquetait après avoir passé un blaireau à sa surface. Si la plaque restait quelques jours, quatre ou cinq, sans être utilisée, on la passait de nouveau au papier émeri avant de l'employer.

Aujourd'hui, le laminage des métaux a atteint un assez grand degré de perfection pour qu'il soit inutile d'avoir recours à cette longue et minutieuse main-d'œuvre. On lamine régulièrement en toutes épaisseurs et en toutes dimensions. D'autre part, on a reconnu, dans la pratique, qu'il était non seulement inutile, mais désavantageux d'employer des feuilles de métal d'une trop grande épaisseur. Le zinc de 0^m001 au plus est celui qui, pour les formats courants, présente le plus d'avantages, tant au point de vue de la facilité que de la bonne exécution du travail; pour les formats de grandes dimensions, il y a des inconvénients à exagérer l'épaisseur de la feuille de métal, on s'expose surtout à ce que, s'appliquant moins bien sur les supports ou sur les blocs, elle ne se gondole sous la pression.

Il faut espérer que lorsque l'emploi du zinc en lithographie aura pris plus de développements, les fabricants qui, jusqu'à présent, ont fait peu attention à ce débouché, tiendront à la disposition des lithographes des feuilles sans défauts. Jusque-là, l'imprimeur doit les choisir avec tout le soin possible, exemptes de piqûres, de taches, de pailles, et vérifier au calibre la régularité de leur épaisseur; il les détaille ensuite, après avoir affranchi les bords, en dimensions, de 4 à 5 centimètres plus longues que les formats dont il a besoin, et les emmagasine à l'abri de l'humidité. Les feuilles de zinc se coupent à la règle, à l'aide d'un crochet en acier trempé dont la pointe est aiguisée en grain d'orge.

Le laminage, en refoulant les molécules du métal, lui donne un « glacé » qui, pas plus que le polissage parfait d'une pierre, ne convient à la Lithographie. Il faut faire disparaître ce « glacé » en avivant la surface, et la préparer en vue du travail qu'on veut faire en lui donnant un grain plus ou moins fin, qui, pour les travaux à la plume, la gravure et les reports, donne au métal la texture de la pierre poncée. A ce propos, nous renvoyons à ce que nous avons écrit dans la première partie de ce traité au sujet du grainage des pierres; nous allons compléter tout à l'heure ces données en ce qui concerne spécialement le zinc.

Différents moyens, les uns mécaniques, les autres chimiques, ont été essayés pour obtenir cette première préparation, mais jusqu'à présent aucun n'a pu être substitué avantageusement au travail manuel du graineur; c'est regrettable, car on aurait ainsi fait disparaître une des plus grosses difficultés de la zincographie.

Au nombre des moyens mécaniques, nous signalerons le grainage des plaques à l'aide d'un jet de sable plus ou moins fin. A l'œil, le grain obtenu paraît parfait; il se prête bien au travail du crayon ou de la plume, mais sous presse ce grain s'affaisse et la planche s'empâte sans qu'on puisse remédier à l'empâtement.

Au nombre des moyens chimiques, le grainage aux vapeurs acides passe en première ligne. Les vapeurs acides produisent un décapage d'une grande régularité, qui dispose les plaques à recevoir les reports les plus fins et se prête bien au travail à la plume et au pinceau, mais il n'est possible que pour des surfaces relativement petites et presque toujours hors de proportions avec celles dont on a besoin pour les travaux courants, à plus forte raison pour les grandes planches. Dans une cuvette plate, en verre, en porcelaine ou en gutta-percha, on verse une certaine quantité d'acide chlorhydrique du commerce; cette cuvette doit être un peu moins grande que la plaque à préparer. On la couvre de cette plaque; huit ou dix minutes après, les émanations acides ont produit l'effet voulu, il suffit de retirer la plaque, de la laver avec une solution de soude ou de potasse pour neutraliser l'action de l'acide, de la rincer à grande eau et de la sécher vivement. Huit à dix minutes est un temps moyen; plus la température du local où on opère est élevée, et moins l'exposition aux vapeurs acides doit être prolongée. — Un autre moyen consiste à laver la plaque avec une solution de soude caustique ou de potasse caustique; il se forme une petite quantité de zincate de soude ou de potasse qu'on enlève par un lavage abondant, puis on termine la préparation en passant la surface à l'émeri fin à l'aide d'un tampon de flanelle. Ce moyen ne brille pas par la régularité des résultats.

Revenons au grainage ordinaire. On termine ordinairement ce grainage à la molette, surtout quand il s'agit de planches destinées au travail au crayon lithographique. Pour les planches destinées au travail à la plume ou aux reports, après avoir produit à leur surface le grain le plus fin possible, on les frotte à l'eau, avec de la ponce en poudre et un tampon de paille de fer du plus fin numéro : les aspérités du grain ne tardent pas à disparaître, ce qui donne à cette surface un aspect presque poli; quand elle présente partout une nuance régulière, on la lave à grande eau et on l'assèche vivement, en l'essuyant avec un chiffon doux très propre d'abord, puis à l'éventail. Il ne reste plus qu'à envelopper la feuille de zinc dans du papier blanc — sans colle si possible — pour la conserver jusqu'au moment de l'utiliser.

LA PLANCHE

Le mode de travail de l'écrivain et du dessinateur est sensiblement le même sur le zinc que sur la pierre. Il offre autant de ressources, et ne demande qu'un peu plus de soins, quelques précautions, que nous allons détailler.

Le zinc se « graisse », c'est le terme admis, très facilement. L'humidité, le contact de la main, du doigt, provoquent à sa surface une oxydation très rapide qui produit, mais avec plus de ténacité, l'effet des taches graisseuses sur la pierre. L'usage du sous-main, pour l'écrivain et le dessinateur, est donc de première nécessité. D'autre part, le crayon de plombagine produit sur le zinc, mais d'une façon purement mécanique, les mêmes effets; d'où nécessité non moins absolue de n'employer, pour les tracés et les décalques de trait, que la sanguine ou le crayon Conté, qui est composé de noir de fumée.

L'écrivain ou le dessinateur qui a un travail à la plume, au tire-ligne ou au pinceau à exécuter sur zinc, choisit une planche à grain très fin passée à la poudre de pierre ponce, comme nous l'avons indiqué plus haut. La finesse du grain doit être en rapport avec la finesse du travail; si l'on a souvent reproché au zinc de ne pouvoir être utilisé que pour des ouvrages traités largement, de ne permettre aucune des finesses qu'on peut obtenir sur pierre, c'est qu'on ne tient pas toujours compte de cette prescription.

Lorsque la feuille de zinc est de préparation récente, l'artiste peut la mettre en œuvre sans autre précaution que de passer le blaireau à sa surface. Dans le cas contraire, il avive cette surface en y passant de l'eau aiguisée à 4 ou 5 0/0 d'acide chlorhydrique, de chlorure acide de zinc ou d'acide azotique; après avoir ensuite été rincée à l'eau, essuyée et séchée, la planche est prête. Quelques écrivains font suivre ce léger décapage d'un lavage avec une solution faible de tanin et d'acide gallique : 2 grammes de tanin et 1 gramme d'acide gallique pour 200 grammes d'eau. D'après eux, les traits ont plus de netteté, l'encre ayant moins de propension à s'étendre à la surface du métal.

Les corrections à exécuter sur une planche de zinc sont un peu plus délicates que sur pierre, car il faut autant que possible éviter l'usage du grattoir, qui raye le métal et tend à traîner à sa surface les particules d'encre qu'il a enlevées, en créant ainsi des taches graisseuses aussi tenaces que la composition elle-même. Lorsqu'on ne peut éviter de se servir du grattoir, après chaque coup franchement donné, il faut essuyer son taillant pour enlever toute trace de corps gras. Quand il ne s'agit que de petites corrections, comme faux traits à enlever, lettres à changer, on frotte ce qu'il faut faire disparaître, à plusieurs reprises, avec un style de bois enveloppé d'un morceau de calicot imbibé d'une solution d'acide acétique, d'acide phosphorique ou d'acide chlorhydrique (solution à 4 0/0). Si la partie à retrancher est plus importante, il faut se servir d'un petit morceau d'éponge imbibée de la même solution, puis on lave à l'eau cette partie et on l'assèche avant d'y continuer le travail, comme si elle était neuve.

Ce mode de procéder ne s'applique qu'aux planches n'ayant été ni préparées, ni encrées. Dans ce dernier cas d'une planche ayant été préparée et encrée, voici comment on procède. Si la correction est peu importante, on dégomme la planche, on l'essuie et on l'assèche; on enlève ensuite la partie qui doit disparaître avec la solution faible d'acide acétique ou d'acide chlorhydrique que nous venons d'indiquer, on essuie et on passe à la place un pinceau trempé dans la solution faible de tanin et d'acide gallique (tanin, 2 grammes; acide gallique, 1 gramme; eau, 200 grammes); après deux ou trois minutes, lavage et séchage.

Si la planche comporte un certain nombre de corrections peu importantes, on commence par l'encrer fortement, la gommer et la talquer. L'écrivain la dégomme, enlève toutes les parties à corriger comme nous l'avons indiqué plus haut, déprépare la planche entière avec la solution acide, la lave à l'eau, l'assèche et exécute les corrections. Lorsque les corrections sont importantes et peuvent prendre un certain temps, comme additions, réfection d'une partie du travail, etc., etc., après encrage, gommage, talquage et dégommage, on remettrait sous gomme les parties de la planche où il n'y aurait aucun travail à faire.

Le dessinateur, pour le dessin au crayon lithographique, procède identiquement sur le zinc comme sur la pierre, après avoir choisi une planche grainée dont le grain soit en rapport avec son dessin, et fait son décalque de traits ou son tracé à la sanguine ou au crayon Conté. Il tiendra compte de la nuance gris bleuté du zinc et forcera son travail en conséquence. Le zinc présente sur la pierre un avantage précieux : alors que sur cette dernière toute retouche est pour ainsi dire impossible, tout au moins funeste à l'œuvre, l'artiste peut, sur le métal, en suivant les indications que nous avons données pour les corrections des planches à la plume, enlever tout ou partie de son dessin et modifier ou recommencer son travail. Si l'enlevage est bien exécuté, le grain ne sera pas sensiblement modifié, à peine subira-t-il une petite atténuation.

Le grattoir est un utile auxiliaire du dessinateur lithographe. La planche finie, il lui sert pour enlever des « lumières » et rehausser ainsi la valeur de certaines parties du dessin. Nous avons indiqué les inconvénients que son intervention pouvait rencontrer avec le zinc, mais on les évite en réservant ces touches lumineuses avec autant de franchise que le coup de grattoir leur donne sur la pierre. Il suffit pour cela, lorsque le dessin est bien en place sur la planche de zinc, de dessiner les « lumières » à la plume ou au pinceau avec une dissolution de gomme pure, et pas trop épaisse, afin que les traits puissent sécher promptement. Le dessinateur n'a plus alors à se préoccuper de ces réserves, il peut y passer vingt fois son crayon : elles se retrouveront avec toute leur netteté à la préparation de la planche.

M. Monrocq, qui le premier a édité des lithographies et même des chromolithographies artistiques au crayon imprimées sur zinc, a adopté quatre numéros de grains suffisant amplement à tous les genres de travaux. Ces numéros correspondent à ceux des toiles métalliques utilisées au criblage du sablon employé au grainage. Il a ainsi le n° 80, pour les travaux largement traités, les affiches par exemple; le n° 100, pour les dessins demandant un peu moins de « lâché »; le n° 120, pour les travaux soignés; et le n° 140, pour les travaux qui demandent de grandes finesses, des tons fondus.

La planche terminée, qu'elle soit à la plume ou au crayon, il suffit de l'envelopper avec soin d'un papier blanc, en évitant tout frottement; dans cet état elle peut attendre autant qu'on le voudra l'intervention de l'imprimeur.

Nous avons fort peu de choses à ajouter, en ce qui concerne le zinc, à ce que nous avons écrit dans la première partie de ce Traité au sujet de la gravure lithographique. L'artiste qui désire employer le zinc choisit une plaque grainée aussi finement que possible et passée à la poudre de pierre ponce. Il frotte à sec toute sa surface avec de la pierre ponce porphyrisée, c'est-à-dire impalpable, en se servant pour cela d'un tampon de feutre, la nettoie au blaireau et la prépare. Pour cela, à l'aide d'un pinceau, il la couvre d'une liqueur composée de 300 grammes d'eau, 45 grammes de gomme arabique, 30 grammes de solution de noix de galle et 5 grammes d'acide azotique. Après avoir laissé séjourner cette préparation sur le métal pendant une ou deux minutes, il lave celui-ci à grande eau, l'essuie et le gomme comme s'il opérait sur une pierre, essuie de nouveau et fait sécher vivement à l'air en se servant de l'éventail.

Le diamant donne de fort bons résultats sur le zinc, mais les burins, les échoppes, en un mot tous les outils tranchants du graveur, doivent avoir un taillant moins vif que pour la gravure sur pierre, car le métal serait trop entamé. Or la gravure lithographique, nous l'avons dit, n'est pas une gravure en « creux » : la préparation seule doit être enlevée pour permettre à l'encre de se fixer sur les surfaces mises à nu.

La planche finie, le graveur la nettoie au blaireau et garnit les tailles comme il le fait pour la gravure sur pierre.

Les lignes grises et les grisés, qui ne sont autre chose que de la gravure, s'exécutent sur le zinc comme sur la pierre, à l'aide du diamant ou de la pointe sèche.

L'écrivain et le dessinateur s'inquiètent peu, lorsqu'ils ont recours à l'autographie, si l'imprimeur fera usage de la pierre ou du zinc. Il y a cependant, dans cette seconde hypothèse, quelques précautions à prendre qui ressortent de ce que nous venons d'exposer dans ce chapitre. Nous les résumons : ne pas faire usage, pour les tracés, de crayons de plombagine; ne pas se servir du grattoir pour les corrections sur papier autographique : on couvre les parties à corriger avec un peu de gouache, puis, lorsque cette gouache est sèche, on y met une couche de colle d'amidon, de colle de pâte ou de la préparation qui enduit le papier; et enfin éviter, plus encore que si l'autographie devait être décalquée sur pierrre, le contact des doigts ou d'un corps graisseux quel qu'il soit : papier imprimé, maculé, etc.

L'autographie donne d'excellents résultats sur zinc, surtout au point de vue de la netteté et de l'importance des tirages qu'elle peut fournir. Mais où le métal a une supériorité marquée sur la pierre, c'est lorsqu'il s'agit de dessins au crayon lithographique (crayons durs autant que possible pour éviter l'écrasement), exécutés sur papiers à grains préparés spécialement pour ce genre de travail. Avec quelque pratique, le dessinateur trouvera dans l'autographie de sérieuses ressources et de grandes facilités, assuré qu'il sera d'une reproduction fidèle de son œuvre, le report sur zinc donnant, sous ce rapport, des résultats qu'on n'a jamais pu obtenir sur pierre.

PRÉPARATION DES PLANCHES

Lorsqu'une planche de zinc, que le travail qu'elle porte ait été exécuté à la plume ou au crayon, est remise à l'imprimeur, celui-ci la prépare et l'encre. Cette préparation, comme cela a lieu pour la pierre, attaque les surfaces non protégées par le travail, tout en insolubilisant en partie l'encre ou le crayon, et prédispose ces surfaces à retenir l'humidité nécessaire pour que l'encre d'impression ne s'attache, lors de l'encrage, que sur les traits. La préparation diffère, pour le zinc, par la composition du liquide employé, dans lequel on fait entrer une certaine proportion de noix de galle, soit à l'état de solution, soit à l'état d'acide gallique; la gomme arabique y joue le même rôle que pour la pierre. Voici les formules les plus suivies pour cette préparation; nous avons du reste indiqué la première plus haut en parlant de la gravure sur zinc :

1° Eau de pluie	300 grammes.
Gomme arabique	45 —
Acide azotique	6 —
Solution de noix de galle	30 —
2° Décoction de noix de galle à 100 pour mille d'eau, réduite de moitié par	
l'ébullition et filtrée.	500 grammes.
Acide phosphorique sirupeux.	1 à 2 —

Avec un pinceau doux ou une brosse fine, on couvre la planche de l'une ou de l'autre de ces préparations et on la laisse pendant quelques minutes, — cela dépend du genre de travail qui y est exécuté, — sous l'action du liquide; on la lave à l'eau et on l'essuie ensuite avec un chiffon propre jusqu'à ce qu'elle ne paraisse plus humide. La deuxième préparation indiquée, sans gomme, avec substitution de l'acide phosphorique à l'acide azotique, donne généralement de meilleurs résultats.

Cette première opération est suivie d'un gommage, d'un essuyage et d'un asséchage à l'éventail. La planche une fois sèche, on la dégomme à l'éponge sans employer un excès d'eau, on enlève la composition à l'essence et on encre au rouleau, avec de l'encre d'impression ordinaire. Le nettoyage des marges et l'enlèvement des taches que l'encrage pourrait faire ressortir, se font avec de l'eau aiguisée d'acide, comme nous l'avons indiqué en parlant des corrections, soit au pinceau, soit à l'éponge, ou encore avec de la pierre ponce en poudre dont on frotte le zinc à l'aide d'un petit morceau de bois blanc trempé dans de l'eau; seulement, lorsqu'on se sert ainsi de pierre ponce, il faut ensuite, avec un pinceau, préparer à nouveau les places nettoyées. Quand la planche est en état et bien encrée, on la gomme, on la fait sécher vivement en l'essuyant d'abord pour activer ce séchage, et on la laisse reposer; ce repos n'est pas indispensable avant de commencer un tirage.

On procède de même pour la préparation et l'encrage des corrections, modifications ou adjonctions : préparation, rinçage, gommage, séchage, dégommage, enlevage à l'essence, encrage et gommage.

L'essence de térébenthine du commerce convient peu pour l'enlèvement des planches sur zinc. Elle est rarement assez bien rectifiée pour ne pas laisser sur le métal un voile, une couche résineuse très tenace qui produit l'estompage des blancs dès le début d'un tirage. Pour cette raison, les praticiens lui préfèrent la benzine ou l'essence de pétrole.

Un autre mode de préparation consiste, après avoir gommé, séché et dégommé la planche, à l'aciduler avec une préparation de noix de galle additionnée de 5 0/0 d'acide nitrique et d'autant d'acide chlorhydrique. On lave ensuite, on met sous gomme et on continue, comme nous l'indiquons plus haut, par l'enlevage à l'essence, l'encrage, etc.

L'acide gallique peut être employé seul pour la préparation des planches. On en couvre toute la surface avec un large pinceau, en ne craignant pas de passer plusieurs fois sur les traits, puis on laisse le liquide séjourner sur la planche pendant une demi-heure environ. On lave ensuite à grande eau, on gomme, on essuie et on laisse reposer pendant quinze à vingt minutes avant de continuer par l'encrage. La solution d'acide gallique se prépare en faisant bouillir, jusqu'à réduction d'un tiers, un litre d'eau de pluie dans laquelle on a mis 100 grammes de noix de galle concassée, et en y ajoutant, en remuant pour assurer le mélange, 7 à 8 grammes d'acide azotique. Il ne faut employer pour cette opération qu'un vase en porcelaine allant au feu, ou un vase de terre vernissée. Après refroidissement, on filtre à plusieurs reprises jusqu'à ce que la liqueur, dont la nuance doit être caramel, soit bien limpide.

Chaque fois que l'on gomme une plaque de zinc, il faut veiller à ce que cette plaque soit couverte partout également, et essuyer avec un chiffon propre pour hâter le séchage; un gommage inégal et séchant lentement peut amener la formation de taches d'oxyde; or ces taches sont aussi tenaces que la composition elle-même; elles repoussent l'eau et semblent augmenter encore de ténacité au contact de l'essence lorsqu'on enlève la composition avant l'encrage.

Toutes les fois qu'une planche ne doit pas être imprimée de suite, après l'avoir amenée au point avec l'encre d'impression ordinaire, on l'enlève à l'essence, on l'encre légèrement à l'encre de conservation, puis on la gomme, on l'essuie et on l'assèche aussi promptement que possible à l'éventail. Nous ferons remarquer que le zinc étant un métal très sensible aux influences de la chaleur, il est prudent de ne pas l'y exposer, surtout après le gommage.

Nous n'avons rien de plus à ajouter, en ce qui concerne les planches de gravure sur zinc, à ce que nous avons écrit, dans la première partie de ce Traité, sur la gravure sur pierre.

DÉCALQUES ET REPORTS

Nous comprenons, sous la désignation de « décalque », le transport sur zinc de tous les genres d'autographie, qui, au point de vue du travail, se divisent en deux catégories : la plume et le crayon. Nous référant aux données déjà exposées, il nous suffira d'indiquer la marche des manipulations à suivre dans ces deux cas.

L'imprimeur cale sur le chariot de la presse une pierre dressée ou un bloc, puis, s'il s'agit d'une autographie à la plume, choisit une feuille de zinc grainée fin et passée à la poudre de pierre ponce, d'un format plus grand que celui du papier à imprimer. Il avive sa surface avec un tampon de feutre et un peu de pierre ponce en poudre, à sec, l'essuie et décalque à la manière ordinaire. La feuille enlevée, il débarrasse, avec une éponge, le métal de toute l'eau qui le couvre et fait sécher la planche; il gomme ensuite, essuie avec un torchon propre et doux, puis fait sécher de nouveau. Il la dégomme alors et encre lentement au rouleau ou par tout autre moyen; lorsque cet encrage est à point, il prépare comme nous l'avons indiqué au chapitre précédent, lave la planche à l'eau, l'essuie, et, lorsqu'elle paraît sèche, la met sous gomme, essuie de nouveau pour ne laisser qu'une couche mince, et l'assèche complètement à l'éventail. Si l'autographie doit être tirée de suite, il ne reste plus qu'à dégommer et à rouler comme si on avait à imprimer sur pierre; dans le cas contraire, il faut enlever la planche à l'essence, l'encrer légèrement à l'encre de conservation et la mettre sous gomme pour attendre le moment du tirage.

S'il s'agit d'une autographie au crayon, l'imprimeur choisit une feuille de zinc grainée dont le grain soit en rapport avec celui du dessin, il la nettoie avec un chiffon doux et propre, la chauffe légèrement pour faciliter l'adhérence du crayon, et décalque. Ceci fait, il lave avec soin la planche pour la débarrasser de l'encollage du papier qui s'est attaché à sa surface, l'essuie légèrement et l'assèche vivement à l'éventail. Dans cet état, pour donner plus de solidité au travail, il peut la laisser à plat pendant quelques heures dans une pièce chauffée à 20 ou 25 degrés. Il la prend ensuite et la couvre à l'éponge ou au pinceau d'un mélange en parties égales d'une dissolution fraîche de gomme et de la première préparation indiquée au chapitre précédent (eau, 300 gr.; gomme, 45 gr.; solution de noix de galle, 30 gr.; acide azotique, 5 gr.), essuie et fait sécher. La planche est alors enlevée à l'essence, encrée au rouleau, séchée, talquée pour lui donner plus de résistance à la préparation, préparée, lavée, gommée, essuyée, séchée de nouveau. Elle est prête pour le tirage; il suffit de l'enlever de nouveau à l'essence et de l'encrer.

Si nous insistons tant sur le séchage, et le séchage rapide après chaque opération, c'est qu'il ne faut jamais laisser l'eau séjourner à la surface du zinc : ce n'est qu'à cette condition qu'on peut obtenir des planches nettes.

D'autre part, les bords des planches métalliques ont toujours une tendance à retenir l'encre, quelque soin que l'on prenne à les préparer : c'est pour cette raison que nous recommandons d'employer un format plus grand que celui du papier à imprimer.

Les reports sur zinc de Lithographie ordinaire se font ou plutôt se traitent comme les transports d'autographie à la plume, en choisissant pour les reporter les épreuves les plus nettes, les plus pures et les plus propres. Nous indiquons dans leur ordre la série des opérations : Choix et nettoyage à sec de la plaque. — Décalquage comme sur pierre. — Nettoyage de la planche à l'eau et essuyage jusqu'à ce qu'elle paraisse sèche. — Gommage, essuyage et séchage. — Dégommage et encrage au rouleau avec un noir un peu ferme. — Préparation acide. — Rinçage, essuyage et séchage. — Gommage, essuyage et séchage. — Dégommage, enlevage à l'essence, encrage et tirage. — Dans le cas où le report présenterait des finesses qu'on craindrait de voir « filer » à la préparation, il faudrait, après le premier encrage, le talquer soigneusement.

Les seules précautions supplémentaires que réclament les reports sur zinc de gravure, résident dans le choix des épreuves à transporter. Si la matrice est usée ou présente de grandes finesses, il est indispensable de talquer avant la préparation acide. Souvent l'imprimeur fera bien de préparer d'abord faiblement, d'enlever à l'essence, d'encrer, de talquer une seconde fois et de préparer alors un peu plus vigoureusement. Si la planche est en bon état et les tailles profondes, il tirera les épreuves à reporter quelques heures d'avance et les intercalera entre des feuilles de papier sans

colle légèrement humides ; de cette façon, il évitera ou tout au moins atté-
nuera l'élargissement, le grossissement des traits qui résulterait du décalque
d'épreuves trop fraiches.

Les reports de planches au crayon, qu'on n'a jamais pu réussir d'une façon
satisfaisante sur pierre, se font assez facilement sur zinc, surtout lorsqu'il
ne s'agit pas de planches d'une finesse excessive. Comme pour les transports
sur zinc d'autographie au crayon, on choisit une planche à grain relevé, vif,
en rapport avec le dessin, et on suit la même marche pour les opérations. La
facilité d'obtenir sur zinc de bons reports de crayons peut rendre de très
grands services pour la chromographie, car le travail au pointillé, dans les
nuances fondues, n'offrira jamais au dessinateur les ressources qu'il peut
trouver dans l'emploi du crayon lithographique.

Une précaution essentielle pour tous les reports sur zinc, quels qu'ils
soient, est de veiller à ce que la température de l'atelier ne soit pas inférieure
à 15 degrés. Si l'atelier est froid, il ne faut pas compter sur de bons résultats.

Nous terminerons ce chapitre en indiquant sommairement trois formules
de reports publiées à l'étranger.

1° Le décalque fait, on brosse la planche avec une infusion de noix de
galle, on gomme et on fait sécher. On enlève ensuite à la térébenthine, tenant
un peu d'asphalte en dissolution ; on lave à l'eau et on encre.

2° Le décalque fait, on étend sur la planche, à l'aide d'une éponge douce,
une solution de gomme arabique de moyenne consistance additionnée
de 3 0/0 d'acide phosphorique, puis, cette couche presque sèche, sans l'enlever, on encre la planche avec un chiffon doux imbibé d'encre étendue
d'essence de térébenthine ; lorsque l'encrage est assez vigoureux, on lave à
l'eau et on essuie la planche.

3° Le report décalqué, on couvre la planche d'une solution faible, tiède,
d'acide phosphorique et de noix de galle ; on lave à l'eau et on encre avec
de l'encre d'impression étendue d'un peu d'huile ; on gomme ensuite et on
laisse reposer quelques heures avant de tirer.

L'IMPRESSION

Lorsqu'il n'a que quelques épreuves à tirer sur une planche de zinc,
l'imprimeur cale une pierre sur le chariot de la presse, s'assure que la feuille
de zinc ne porte au dos aucun corps étranger, mouille la pierre, y place la
planche de métal dans la position qu'elle doit occuper pour le tirage et passe
en pression. La couche d'air interposée entre le métal et la pierre est chassée
par cette pression, et l'adhérence est assez forte. Cela fait, il dégomme la

planche, l'enlève à l'essence, encre et procède au tirage, en mélangeant à l'eau de mouillage une petite quantité de solution de noix de galle. Les épreuves faites, il enlève de nouveau la planche à l'essence, la met en couleur à l'encre de conservation, gomme, essuie, fait sécher. La mise à l'encre de conservation est inutile et le gommage suffit, si le tirage définitif doit avoir lieu peu après.

Pour le tirage définitif, on mouille la pierre qui doit servir de support à la feuille de métal avec une dissolution faible de gomme; on obtient de cette façon une adhérence plus parfaite. Puis, autant pour éviter le maculage des bords de la feuille de métal que pour éviter de couper le papier si la pression portait sur ces bords, on règle la marche du chariot de telle sorte que le râteau ne donne de pression que sur la partie de la planche occupée par le dessin.

Dans la pratique, à la pierre servant de support on a substitué des blocs en fonte dressée des différents formats usuels. Sur un des côtés de ces blocs est ajustée une règle en fer qui peut s'en rapprocher jusqu'au contact à l'aide de vis. Sur le côté opposé est une règle double dont on peut écarter les joues indépendamment des vis de serrage destinées à la rapprocher ou à l'éloigner de la paroi du bloc. Dans les blocs perfectionnés, destinés aux tirages chromographiques, une commande par vis de rappel disposées parallèlement aux côtés du

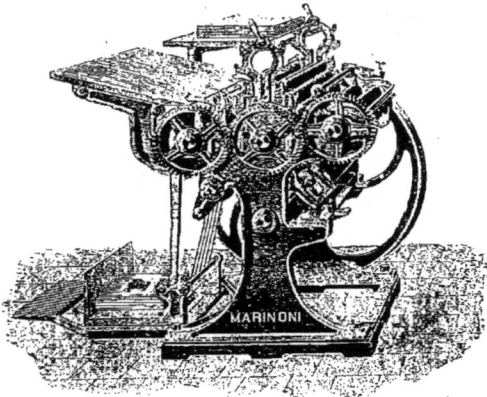

Petite presse zincographique cylindrique.

bloc permet de mouvoir ces joues dans le sens de cette parallèle. Les feuilles de zinc, repliées de deux centimètres environ à leurs extrémités, s'emboîtent sur les blocs, le premier pli pris entre la réglette simple et le bloc, le second entre les joues de la réglette double. Les vis serrées et la réglette double éloignée du bloc jusqu'à tension suffisante de la feuille de zinc, il n'y a plus à craindre aucun dérangement de la planche au cours de l'impression. Pour faire usage des vis de rappel latérales, on desserre celles de la règle simple, et on les resserre lorsqu'on a amené la planche à la place qu'on désire lui voir occuper. L'usage de ces blocs est indispensable pour les tirages à la machine.

Les accidents qui peuvent survenir au cours d'un tirage sont les mêmes pour le zinc et pour la pierre; le voile de la planche se présente cependant plus fréquemment sur le zinc, même avec un mouillage plus que suffisant, surtout au début du travail, lorsque la température est un peu élevée et lorsque le zinc est « gras », c'est-à-dire contient un peu de plomb. Presque toujours ce voile est le résultat d'une préparation incomplète. Si on ne peut en venir à bout en remplaçant l'eau de mouillage par une légère infusion de thé, ou en l'additionnant d'un peu d'infusion de noix de galle, il ne faut pas hésiter à préparer la planche à nouveau. Pour cela, après l'avoir encrée avec une encre un peu ferme, et talquée après séchage, on l'acidule abondamment avec de l'eau aiguisée d'acide acétique, en frottant au besoin les parties du voile qui résistent avec un tampon de drap ou un morceau de bois tendre trempés dans la préparation. Cela fait, on rince, on sèche, on prépare avec la solution : noix de galle, gomme, acide azotique et eau, on gomme, et, lorsque la gomme est sèche, on agit comme si c'était une planche nouvelle pour continuer le tirage. Nous signalerons en passant les vernis lithographiques de qualité inférieure comme cause fréquente du voile.

Nous avons dit que les bords des feuilles de zinc avaient une tendance à prendre l'encre, et étaient, par conséquent, une cause de maculage du papier lorsqu'on n'y veillait pas avec assez de soins. Aussitôt qu'on s'en aperçoit, il faut frotter les bords à la pierre ponce, ou mieux les grainer au sablon, les préparer, les gommer, après séchage dégommer et continuer le tirage. Dans les machines lithographiques construites spécialement pour imprimer sur zinc, une disposition du cylindre atténue cet inconvénient : l'entrée en pression, au lieu d'être brusque, se fait graduellement.

On obtient, des planches sur zinc, un rendement beaucoup plus considérable que des planches sur pierre, et elles se conservent presque indéfiniment sans qu'il soit nécessaire de les entretenir. Mais il faut reconnaître que sur pierre on peut remonter une composition, tandis que cela n'est pas possible sur zinc.

Lorsqu'un tirage est terminé, si la planche doit être mise en réserve, après avoir vérifié son état on l'enlève à l'essence et on la met à l'encre de conservation; on la gomme ensuite comme nous l'avons indiqué, et, lorsqu'elle est sèche, on l'emmagasine à l'abri de l'humidité, après l'avoir enveloppée. Quelques praticiens recommandent de l'encrer, après l'enlevage à l'essence, avec de l'encre d'impression mélangée d'un dixième environ de lanoline, au lieu d'encre de conservation; d'autres, après le dernier gommage, et quand il est complètement sec, couvrent la planche d'une couche légère de vaseline, y font adhérer, en frottant avec la main, une feuille de papier sans colle et enveloppent le tout. La vaseline, qui est une graisse minérale épurée, et la lanoline, préservent beaucoup plus efficacement le métal que les autres corps gras dont on serait tenté de faire usage.

Si la planche doit être effacée, on l'enlève à l'essence, puis on frotte sa surface avec une brosse dure imbibée de potasse ou de soude caustiques; après un lavage abondant, on essuie et on fait sécher. Il ne reste plus qu'à lui faire subir les manipulations indiquées au chapitre de la préparation du métal avant de l'employer à nouveau. L'encre d'impression, ou plutôt le corps gras, ne pénètre pas, pour ainsi dire, dans les pores du métal, ce qui rend possible le « nettoyage » chimique cherché en vain pour la pierre. Au lieu de potasse ou de soude caustique, on pourrait employer des acides, mais on éprouverait inutilement une corrosion plus forte, car l'effaçage ne serait pas plus complet.

DIVERS PROCÉDÉS ET TOURS DE MAINS

L'IMPRESSION
SUR BOIS, SUR VERRE, SUR MÉTAL, ETC.

Il y a plus de cinquante ans que la tabletterie mettait déjà à contribution l'art lithographique pour orner ses produits. A Liège et à Spa, entre autres centres de production, on fabriquait chaque année des millions de coffrets et de tabatières en platane gris, couverts de dessins obtenus par décalques monochromes; ces deux villes ont été le berceau de la décalcomanie.

La céramique, d'autre part, n'avait pas tardé à imiter la tabletterie et à tirer parti des procédés lithographiques pour illustrer les plats, les assiettes, etc., etc. Les faïenceries de Montereau et de Sarreguemines eurent, les premières en France, des ateliers lithographiques. L'encre d'impression était composée de vernis et d'oxydes métalliques d'une vitrification facile et porphyrisés. Les épreuves étaient imprimées sur une feuille de gélatine mince, et le décalque se faisait en donnant avec la main la pression nécessaire pour opérer une sorte de « maculage » plus ou moins net sur les surfaces contournées des pièces de faïence à orner. Les faïences étaient ensuite enfournées, et portées à la température nécessaire pour obtenir la vitrification des oxydes métalliques contenus dans l'encre. Les Anglais remplacèrent les feuilles de gélatine par du papier mince non collé; aujourd'hui, c'est le caoutchouc qui sert presque toujours d'intermédiaire.

Lorsqu'on désire obtenir, sur faïence, sur porcelaine ou sur verre, une impression présentant quelque pureté, il faut d'abord imprimer le dessin, en couleur vitrifiable, sur papier fin non collé et humecté pour lui donner une certaine souplesse. On couvre ensuite d'une légère couche de térébenthine de Venise, ou mieux de vernis copal, la pièce à orner; avant que cette couche ne soit sèche, on y applique le papier, côté imprimé en dessous, en assurant partout l'adhérence avec la main, un tampon ou un ballon de caoutchouc en partie gonflé d'air. La couche résineuse, en séchant, colle le papier à la pièce; on met cette pièce au moufle, le papier brûle et l'encre se vitrifie.

La planche sur pierre doit être établie sans renversement de l'image, qui se trouve alors renversée sur l'épreuve et redressée sur la pièce.

On peut ainsi obtenir, sur faïence, sur porcelaine ou sur verre, des chromolithographies qui, sans avoir la prétention de remplacer les œuvres des décorateurs céramistes et des peintres verriers, peuvent donner lieu cependant à une industrie de quelque importance. La chromolithographie étant imprimée en couleurs vitrifiables sur du papier mince et sans colle, le papier humecté légèrement, comme nous l'avons dit, et fixé par la couche résineuse sur la pièce à décorer, est, après séchage de cette couche résineuse, enlevé délicatement à l'aide d'une éponge humide, afin que sa carbonisation au moufle ne réduise pas les oxydes métalliques composant les couleurs vitrifiables.

Avec ce procédé, on peut exécuter, par une seule « cuisson », des travaux d'un certain intérêt artistique, pour lesquels, par les procédés ordinaires, il aurait fallu trois ou quatre feux au moins et l'intervention de l'artiste peintre ou décorateur à chaque reproduction.

Les couleurs vitrifiables qu'on incorpore au vernis lithographique pour constituer les encres d'impression à employer sont celles dont se servent les peintres sur verre; elles se vitrifient à la chaleur du rouge sombre. Il est indispensable, avant de les broyer avec le vernis, de leur faire subir la porphyrisation la plus complète. Pour certaines reproductions monochromes à tons fondus, donnant l'effet de l'estompé, comme cet effet est généralement obtenu en lithographie par le pointillé, on peut imprimer sur le papier au mordant ordinaire et poudrer la couleur vitrifiable; lorsque l'impression est sèche, on intercale le papier entre des feuilles humides pour lui donner la souplesse nécessaire à son application sur la pièce à décorer.

Senefelder avait prévu cette extension des procédés lithographiques aux industries céramiques. Parmi les notes qu'il avait préparées pour le second volume de l'*Art lithographique*, se trouvaient celles relatives aux émaux et aux vitraux lithographiques. Pour les émaux, son procédé se résumait, une fois le décalque d'une épreuve obtenu sur verre, sur porcelaine ou sur faïence, à saupoudrer l'image avec des poudres d'émaux, à laisser sécher lentement à l'air, afin d'obtenir une résinification complète du vernis de l'encre, et à chauffer ensuite au moufle pour obtenir la vitrification. Pour les vitraux lithographiques, il conseillait de nettoyer le verre avec du vinaigre et de la craie; de tirer les épreuves de report sur du papier autographique en mélangeant un peu d'essence à l'encre; de décalquer à la roulette; de saupoudrer le décalque avec des couleurs vitrifiables porphyrisées, et enfin de « glacer » au four à porcelaine.

Voici, d'autre part, le procédé qu'il indiquait pour opérer le transport sur bois, sur verre, sur métal ou sur toile, d'épreuves lithographiques : « Les épreuves sont plongées pendant deux jours dans un bain d'acide nitrique étendu d'eau. Le bois, le verre et la toile sont enduits d'une couche de couleur à l'huile, le métal est légèrement mordancé à l'acide. On les fait sécher, puis on ponce la couche de peinture pour qu'elle présente une surface unie; ensuite on couvre soit la partie mordancée du métal, soit la couche de peinture, de vernis copal, et, lorsque ce vernis est presque sec, on y applique le côté imprimé de l'épreuve, en exerçant pendant quelques instants sur le papier une pression régulière. Humectant alors ce papier à l'éponge, il s'enlève facilement, abandonnant l'impression sur le support. »

L'impression sur feuilles de métal est beaucoup plus récente que les applications à la tabletterie et à la céramique; elle ne date guère que de vingt-cinq ans. Après avoir essayé d'imprimer directement des feuilles de fer-blanc ou de zinc laminé, on a reconnu qu'il n'était pas possible d'éviter les nombreuses défectuosités de ce mode d'opérer, dues principalement à la rigidité du métal. Pelaz, en 1863, et Huguenet, en 1871, préconisèrent l'emploi du caoutchouc pour produire ce qu'ils désignaient sous le nom d' « impressions en identique » et qui ne permettait que des reproductions monochromes. L'impression, obtenue par les procédés ordinaires sur caoutchouc, était simplement décalquée sur zinc ou sur fer-blanc et vernie après séchage.

En 1875, M. Guéneux imagina de recouvrir le métal d'une couche adhérente de pâte à papier fortement additionnée de kaolin, de sulfate de baryte, d'oxyde de zinc ou de céruse. Cette couche permettant aussi facilement que le papier l'impression directe, il lui fut possible d'obtenir sur métal des reproductions chromographiques. Son brevet (106,272) indique comment il obtenait cette couche sur le métal à l'aide d'une machine lithographique. Sur le marbre de la machine, la pierre était remplacée par un bloc recouvert d'un cuir épais et régulier. Les rouleaux encreurs distribuaient cette pâte sur le cuir, qui la cédait à la feuille de métal sous l'effet de la pression du cylindre. Ces feuilles étaient, au préalable, fortement grainées, pour faciliter et assurer l'adhérence. M. Guéneux se servait du même dispositif pour vernir les feuilles de métal après l'impression : au lieu de pâte, les rouleaux étendaient alors une mince couche de vernis sur le cuir à chaque révolution de la machine.

La même année, parut en France le brevet anglais Barclay, basé sur la construction d'une machine lithographique spéciale, transférant l'impression sur le métal au fur et à mesure de sa réception sur une surface intermédiaire, dans des conditions mécaniques permettant l'impression polychrome. Étant donnée une machine lithographique dont le cylindre est surmonté d'un autre cylindre pouvant faire pression sur lui, on a le schéma de la machine Barclay, dont le cylindre inférieur, sobrement étoffé, était recouvert d'une feuille de carton mince ou de papier à dessin bien encollé et fortement laminé. Cette feuille de carton recevait l'impression de la planche disposée sur le chariot, et la transférait, par son mouvement de rotation, sur la feuille de métal qu'on engageait comme dans un laminoir, sous le cylindre supérieur. Ce schéma a servi de donnée à toutes les machines construites depuis pour l'impression sur métal. Au carton ou au papier à dessin glacé, on a substitué la toile cirée, le taffetas gommé, le papier entoilé, les étoffes cylindrées, le parchemin végétal, la gélatine préparée, le cuir, le caoutchouc, le celluloïd, etc., etc.

Une recommandation consignée dans le brevet de M. Barclay : « Lorsqu'on trouve que la quantité ou l'intensité de la couleur transportée du cylindre à impression à la plaque est insuffisante, on peut l'augmenter et la rendre plus vive par le poudrage, après avoir additionné l'encre d'un peu de mordant. » M. Barclay ajoute : « Pour fixer une impression sur métal, il faut saupoudrer la plaque avec de la gomme laque blanche ou orange réduite en poudre, puis la mettre au four de façon à fondre cette gomme laque à sa surface. Si on veut protéger toute la surface du métal par cette espèce de couverte, lorsque l'impression est sèche, on y dépose, au rouleau ou autrement, une couche mince de vernis fort qu'on saupoudre entièrement; on porte ensuite au four ou à l'étuve chauffée en conséquence (120 à 130°). »

Parmi les différents brevets pris en France pour l'application de la Lithographie aux impressions sur feuilles métalliques, nous signalerons les suivants :

N° 127,189, 28 octobre 1878, Trottier et Missier. — Ce brevet rentre dans celui de M. Barclay. — 140,294, 22 décembre 1880, Trottier frères. — Modifications à la machine décrite au brevet précédent.

N° 141,253, 19 février 1881, Normand et les Forges de Montataire. — Modification aux machines imprimeuses. Emploi, comme surface transmettant l'impression, d'un blanchet d'imprimerie recouvert d'une couche de caoutchouc minéralisé. Emploi, comme surface transmettant l'impression, d'un blanchet enduit d'une couche gélatineuse composée de : gélatine blanche, 19 parties; colle de veau, 19 parties; glycérine, 39 parties; eau distillée, 23 parties.

N° 141,593, 4 mars 1881, Champenois et Missier. — N° 145,085, 20 septembre 1881, Pellerin et Narbonneau. — N° 157,219, 24 août 1883, Marinoni. Machine pour impression de plusieurs couleurs sur surfaces métalliques et autres, par report, en faisant sur le cylindre de report plusieurs impressions successives. Etc., etc.

L'impression sur métal est principalement utilisée pour les tableaux-réclames et pour les légendes ou vignettes des boîtes de conserve; quelques maisons cependant ont créé, avec l'impression polychrome sur zinc estampé ensuite, différents articles de Paris, qui font l'objet d'une exportation assez importante.

L'impression lithographique sur gélatine n'a pas d'application en dehors de l'imagerie, qui délaisse de plus en plus cette gélatine pour les feuilles minces de celluloïd. Elle n'est pratiquée que dans fort peu de maisons, et accidentellement. La seule difficulté qu'elle présente est l'enroulement de la feuille au contact de l'humidité de la pierre, et son défaut est le grossissement, l'écrasement des traits, l'encre restant à sa surface. On évite en partie l'enroulement en mouillant la pierre le moins possible, et en la séchant chaque fois à l'éventail après l'encrage, avant de marger la feuille. Quant à l'écrasement, au grossissement des traits, on y obvie en employant une encre forte et siccative. On imprime aussi sur gélatine par reports, comme on imprime sur feuilles de métal.

L'impression sur feuilles minces de celluloïd se fait très facilement : il faut donner à la composition un peu de relief par une forte préparation, et employer de l'encre forte. Les mêmes recommandations s'appliquent aux impressions lithographiques sur étoffe, qui donnent d'excellents résultats lorsque le tissu, d'une certaine finesse, est bien apprêté et surtout bien cylindré. Un apprêt que nous signalons est celui que donnent les photographes pour obtenir sur étoffe des épreuves aux sels d'argent ou aux sels de platine. Il se compose d'albumine étendue d'eau et additionnée d'une très petite proportion de chlorhydrate d'ammoniaque. L'étoffe, après avoir été lavée à l'eau bouillante alcalinisée par un peu de potasse, est rincée et séchée, on y passe ensuite l'apprêt et on cylindre.

Il y a une dizaine d'années, M. Jehenne, lithographe à Paris, a édité un certain nombre de chromolithographies sur toile, imitation de peintures à l'huile. Son procédé était en partie basé sur le décalque; voici la description qu'il nous en a donnée : Il étendait d'avance sur le papier destiné à l'impression une couche de colle d'amidon mêlée d'une petite quantité de colle de poisson. Lorsque cet enduit léger était sec, il l'imprimait entièrement au vernis, et tirait sur le papier, ainsi préparé, une chromolithographie par les procédés ordinaires. Prenant ensuite une toile préparée comme pour la peinture à l'huile, il y décalquait la planche de trait, et peignait en couleurs à l'huile par des aplats chaque partie du sujet avec sa couleur locale, en copiant le ton le plus clair, sans aucun détail. Cette peinture étant sèche, il vernissait la toile et appliquait dessus, en margeant aux points de repère, la chromolithographie tirée sur papier, le côté de l'impression sur le vernis. Le tout restait serré en presse pendant cinq ou six jours; il enlevait alors le papier en mouillant à l'éponge, montait la toile sur châssis et vernissait.

On est parvenu aujourd'hui, à l'aide de combinaisons mécaniques nouvelles, à imprimer lithographiquement, en plusieurs couleurs, des pièces d'étoffe de toutes longueurs. Les chromolithographies qu'on obtient ainsi ne

laissent rien à désirer sous le rapport du repérage. C'est une nouvelle voie,
et des plus importantes, ouverte à la Lithographie, dût-elle s'arrêter à la production des tentures de luxe.

LES RÉSERVES. — LE BLANC SUR LE NOIR. — TRANSPOSITION
DU BLANC AU NOIR

Lorsqu'on veut obtenir, sur une planche lithographique, des effets blancs
sur teinte plate ou sur grisé, on comprend qu'il serait trop long, pour le
dessinateur ou pour le graveur, de réserver dans son dessin les parties destinées à ressortir en blanc, ou même de les enlever après coup au grattoir.
Ce qu'on cherche, c'est à protéger la pierre ou le zinc de telle façon que
l'encre n'y puisse adhérer aux surfaces réservées. On y arrive en employant,
au lieu d'encre lithographique ou de crayon, une mixture spéciale, coulant
dans les plumes ou les tire-lignes comme l'encre dont on fait habituellement
usage, et ne s'étendant pas hors des traits. Cette mixture est ce qu'on désigne sous le nom d'encre de réserve.

Les dessinateurs lithographes la préparent au fur et à mesure de leurs
besoins, et la base des mélanges qu'ils font est toujours la gomme arabique.
Les uns font une mixture de gomme arabique, de vermillon et de fiel de
bœuf : le vermillon sert de principe colorant et le fiel donne du « coulant » ;
d'autres remplacent le fiel de bœuf par quelques gouttes d'acide nitrique ;
d'autres enfin colorent une solution de gomme avec du bleu de Prusse de
première qualité et y ajoutent quelques gouttes d'acide phosphorique.
L'encre de réserve est bonne quand on peut l'employer facilement, que les
traits qu'on trace avec elle ne s'étendent pas, et lorsque, sèche, elle laisse
une trace brillante.

Si les parties qui doivent rester blanches à l'impression d'un fond de
mandat, d'action ou de tout autre imprimé, sont dessinées à l'encre de réserve, en encrant la pierre à sec l'encre prendra sur toute sa surface, pour
ne s'enlever ensuite, au lavage à l'éponge, que sur les parties dessinées dont
l'eau dissoudra la gomme ; il ne restera plus qu'à laisser sécher la planche
avant de la préparer à la manière ordinaire. Les réserves se détacheront en
blanc sur fond noir. En décalquant un fond grisé ou moiré quelconque sur
une planche portant un dessin à l'encre de réserve, et en traitant ce décalque
comme un report ordinaire, la réserve se détachera en blanc de la même
façon que sur le fond uni.

On peut encore, lorsqu'on veut produire des effets en blanc sur un fond
grisé ou moiré, sans avoir recours au report de ce fond sur une planche

portant des dessins exécutés à l'encre de réserve, user du moyen aussi simple qu'ingénieux recommandé jadis par M. Desportes. On commence par tracer sur la pierre un dessin bien arrêté des réserves qu'on désire faire, puis on grave le fond à la pointe ou au diamant, sans s'occuper de ce dessin. La gravure terminée, avec une plume d'oie ou une plume de corbeau trempée dans une préparation acide, on repasse toutes les parties du dessin, on arrête même les contours du grisé, puis, la planche sèche, on l'encre au mode habituel. La préparation acide, en couvrant les tailles de la pointe ou du diamant, les préserve du contact du corps gras lorsqu'on encre la planche, et fait détacher en blanc toutes les parties couvertes.

Etant donnée une planche lithographique, il est possible d'en obtenir une contre-planche dans laquelle les parties noires de la première constitueront des réserves en blanc. Le procédé le plus simple consiste à imprimer une épreuve avec un noir un peu fort, et à la saupoudrer de gomme ou de dextrine finement pulvérisées; on passe ensuite un blaireau à la surface de l'épreuve, afin qu'il ne reste, sur le papier, que la gomme ou la dextrine fixée par l'encre d'impression. On place cette épreuve entre des feuilles de papier légèrement humide, ou plutôt on la laisse séjourner dans un endroit humide, puis on la décalque sur pierre avec une pression moyenne, afin d'éviter l'écrasement de la couche gommeuse; la feuille enlevée, on laisse sécher la pierre avant d'encrer et de préparer comme si l'on avait à traiter une planche établie à l'encre de réserve. A moins d'une assez grande habileté, les résultats manquent généralement de finesse.

Le procédé suivant, dû à M. Massias, donne de meilleurs résultats. On fait, sur une pierre légèrement acidulée (sans trace de gomme dans l'acide), un report encré avec de l'encre lithographique ordinaire, au besoin un peu amaigrie par une très légère addition d'essence de térébenthine. Le report fait et la pierre séchée à l'éventail, on bronze le décalque comme on le ferait d'une épreuve, et avec un blaireau, on nettoie la pierre de façon qu'il ne reste pas de bronze en dehors des traits du dessin. On couvre ensuite d'encre lithographique toutes les parties de la pierre qui doivent rester noires, sans s'occuper des réserves qui se trouvent protégées par le bronze. La planche sèche est traitée comme une planche ordinaire sortant des mains du dessinateur. La légère acidulation qu'a subie la pierre avant le décalque, suffisante pour empêcher l'adhérence du report au noir ordinaire, ne l'est pas pour empêcher celle de l'encre lithographique, qui cependant n'a pu pénétrer jusqu'à la pierre dans les parties bronzées.

M. Chatenet préconise un autre moyen, qui consiste à saupoudrer une épreuve tirée avec de l'encre ferme sur du papier glacé, d'un mélange impalpable de gomme arabique et d'acide oxalique, dans la proportion de deux parties de gomme pour une d'acide. Cette épreuve, intercalée pendant quelques instants entre des feuilles de papier humide, est décalquée sur pierre à l'aide d'une seule pression lente. Le décalque sec, on encre au rouleau chargé d'encre de report, en faisant table noire, puis on mouille légèrement pour dégager au rouleau, comme s'il s'agissait d'une planche de grisés. La réussite de ce moyen dépend surtout de la porphyrisation de la gomme et de l'acide oxalique.

On peut encore employer le procédé dit « au silicate ». La pierre étant enduite d'une solution de silicate de potasse, légèrement essuyée et séchée, reçoit un report encré à l'encre d'impression ordinaire. Un lavage à l'eau chargée d'alun enlève le silicate de potasse partout où il n'est pas protégé par l'encre; après rinçage à l'eau et séchage de la pierre, on fait table noire au rouleau, puis on enlève à l'essence. Au second encrage, l'encre ne s'attachera pas dans les parties précédemment couvertes par le report, la légère couche de silicate double de potasse et de chaux qui s'était formée n'ayant pas laissé pénétrer le corps gras.

Voici un dernier procédé pour la transposition du blanc au noir, que nous allons indiquer par la série des opérations à suivre, ce que nous venons d'exposer rendant toute autre explication superflue : 1° Acidulez et gommez une pierre poncée comme pour un report, et laissez-la pendant une demi-heure au moins sous l'influence de la gomme. — 2° Tirez sur chine, avec de l'encre d'impression ordinaire, au besoin étendue d'un peu d'essence, l'épreuve à transposer du noir au blanc. — 3° Dégommez la pierre et asséchez-la à l'éventail. — 4° Décalquez l'épreuve, lavez la pierre pour enlever toute trace de colle, laissez-la sécher et plombaginez toute sa surface au blaireau; la plombagine s'attachera sur le décalque. — 5° Laissez en repos, pendant une demi-heure au moins, puis lavez légèrement avec du vinaigre ou de l'eau aiguisée d'acide acétique, et laissez sécher. — 6° Etendez, avec un tampon, de l'encre lithographique claire sur toute la surface de la pierre, et laissez sécher. — 7° Enlevez à l'essence, et encrez. Ce dernier procédé est une modification du procédé Massias.

DES RÉDUCTIONS ET DES AGRANDISSEMENTS MÉCANIQUES

Un miniaturiste parisien, M. Gonord, obtenait d'une même planche, dès 1809, par un procédé qu'il ne voulut jamais divulguer, des épreuves de différentes grandeurs et de la plus grande netteté, quel que fût leur degré de réduction. Jusqu'à sa mort, arrivée en 1823, il utilisa ce procédé pour la céramique, et reçut, à différentes reprises, des médailles de la Société d'Encouragement. Sa veuve fit connaître plus tard que le « secret » consistait à imprimer sur feuilles de gélatine et à soumettre ensuite ces feuilles à l'action de l'alcool.

Grâce à la photographie, on peut aujourd'hui réduire ou agrandir, avec la plus grande exactitude, si on emploie des objectifs convenables, les dessins quels qu'ils soient, et en obtenir ensuite des planches lithographiques, que la gravure chimique transforme, au besoin, en planches en relief ou en planches en creux. Mais, pour les travaux où la précision mathématique, absolue, est une question secondaire, on obtient plus simplement, et surtout plus rapidement, d'excellents résultats en utilisant l'élasticité du caoutchouc. L'idée première de cette utilisation appartient à M. Loire, mais l'appareil pour réaliser cette idée d'une manière constante et pratique, avec toute la précision possible, est dû à un graveur parisien, M. Fougeadoire. Voici la description et le dessin de cet appareil.

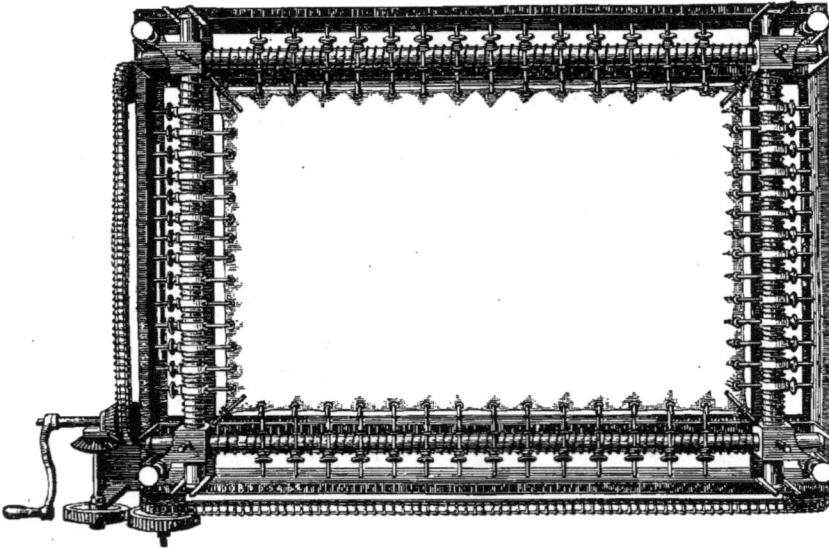

Il est formé d'un cadre en fer rigide monté sur quatre pieds. Ce cadre est traversé à l'intérieur, près de ses montants, par quatre arbres filetés en sens inverse à leurs deux extrémités et portant, à l'extérieur du cadre, une roue dentée. Ces quatre arbres sont mis simultanément en rotation à l'aide d'une manivelle qui actionne en même temps les quatre roues dentées par un engrenage et des chaînes sans fin, chaînes Vaucanson. Les pas de vis de chacun de ces arbres courent dans quatre pièces de fer mobiles placées à angle droit sur l'arbre et portant à chaque bout une fourchette verticale. Ces fourchettes sont destinées à recevoir un cadre extensible dans lequel est tendue la feuille de caoutchouc qui doit recevoir l'image par impression ou par décalque.

Le cadre extensible est formé de quatre tringles rondes qui sont réunies par quatre pièces de cuivre dans lesquelles elles glissent. Ces pièces portent chacune deux vis. Les vis à tête carrée placées au centre servent à faire pression sur les tringles à un moment donné; quant aux vis à tête plate placées sur les côtés, elles constituent les supports du cadre extensible et permettent de monter et de descendre à volonté la feuille de caoutchouc pour la faire porter sur la pierre lithographique. Les quatre tringles sont munies d'une série de crochets destinés à tendre la feuille de caoutchouc; chaque crochet termine une tige droite filetée courant dans une pièce demi-circulaire qui passe autour de la tringle. Cette pièce demi-circulaire est disposée de façon à ce que tous les crochets se trouvent dans un même plan horizontal. Lorsqu'on fait mouvoir l'appareil, les crochets sont toujours maintenus à la même distance relative à l'aide d'un ressort à boudin en cuivre qui entoure les tringles, boudin formant comme un filet à spirale variable, car il est tendu plus ou moins suivant la position des quatre pièces qui relient celles-ci.

La feuille de caoutchouc qui occupe le milieu du cadre extensible est d'une fabrication spéciale, et bordée d'un tissu élastique portant des œillets métalliques dans lesquels s'engagent les crochets. Une échelle de proportions, disposée sur les bords du cadre fixe, permet de noter exactement la position des tringles mobiles. Ceci dit, on comprend que, le cadre extensible étant placé dans les fourchettes du cadre fixe, il suffit de faire tourner la manivelle pour produire à volonté et simultanément dans les deux sens soit l'extension, soit la contraction de la feuille de caoutchouc.

Veut-on obtenir la réduction d'une planche lithographique, on commence par tendre la feuille de caoutchouc à l'aide de l'appareil, — dans la figure que nous donnons, elle est à son maximum de tension, — puis on la lave avec une éponge imbibée d'eau, on l'essuie légèrement et on étend à sa surface une couche de colle ou d'encollage comme on le fait pour la préparation du papier à reports ou du papier autographique. On serre ensuite fortement les quatre vis à tête carrée, et on enlève de l'appareil le cadre extensible, qui par le serrage des vis se trouve fixé à la dimension où on l'avait amené.

Lorsque l'encollage est sec, on le dispose au-dessus de la pierre dont on désire obtenir une réduction, colle en dessous, de façon à ce que le caoutchouc, maintenu par le cadre, soutenu par les vis-supports, soit à quelques millimètres de la surface de la pierre. Cela réglé, on l'enlève, on cale la pierre sous presse, on l'encre comme pour un report, on replace le cadre portant la feuille de caoutchouc qu'on couvre d'une ou deux maculatures et d'une feuille de métal de 0ᵐ003 environ d'épaisseur, puis d'un carton lisse bien graissé à la panne en guise de châssis, on abat le porte-râteau et on imprime la feuille de caoutchouc sans exagérer la pression. On possède de cette façon une véritable épreuve de report sur un support élastique.

Si, replaçant le cadre extensible sur la machine et desserrant les vis qui fixaient ses côtés, on desserre à l'aide de la manivelle les tiges mobiles, on les rapproche plutôt, le caoutchouc se contractera d'autant, et, lorsque l'image qu'il porte sera à la dimension voulue, il suffira de resserrer les vis à tête carrée pour arrêter le cadre extensible à cette dimension. On aura alors l'épreuve de report réduite prête à être décalquée à la manière ordinaire.

Pour agrandir un dessin, c'est l'opération inverse qu'on pratiquera, tirant l'épreuve sur la feuille de caoutchouc, et la soumettant ensuite à l'extension voulue.

Après chaque opération, on détend le caoutchouc, qu'on lave à l'éponge pour enlever toute trace de l'image ou de l'encollage, et on le conserve dans un endroit plutôt humide que sec, car on n'ignore pas que la sécheresse amène promptement la perte de l'élasticité dans le caoutchouc. La durée d'une feuille de caoutchouc est très variable, mais un usage fréquent de l'instrument ne peut que la prolonger en entretenant cette élasticité.

Les réductions ou les agrandissements des planches d'une chromolithographie demandent un certain soin à cause de la précision exigée pour le repérage de ces planches l'une sur l'autre. Voici, à ce propos, le moyen de s'assurer que l'épreuve sur caoutchouc est bien à son point avant d'en effectuer le report. Après avoir opéré une réduction de la planche de trait, on en tire une épreuve sur calque, sur papier glacé, sur gélatine ou sur celluloïd transparent. Pour les planches suivantes, il suffit de présenter cette image transparente sur le caoutchouc imprimé et amené à la dimension pour s'assurer du repérage; cela permet de remédier aux différences qui peuvent se présenter en tendant ou en détendant partiellement la feuille de caoutchouc à l'aide des tiges filetées des crochets.

L'appareil Fougeadoire permet d'obtenir des déformations d'un dessin dans les deux sens, soit en hauteur, soit en largeur, ce qu'on ne peut songer à demander à la photographie. D'un rond, on peut obtenir un ovale, d'un carré un rectangle. Au lieu de distendre la feuille de caoutchouc à la fois sur ses quatre faces, on peut allonger chaque face séparément au moyen d'un système de débrayage adapté à l'appareil; il suffit pour cela d'appuyer sur un ressort, pour qu'un des engrenages se déplace. Une application intéressante de la machine de M. Fougeadoire a été faite pour réduire une planche de taille-douce en une autre planche gravée sans le secours du graveur et par la galvanoplastie.

RENFORÇAGE DES PLANCHES

Souvent le lithographe doit remonter, renforcer la planche sur laquelle il imprime, pour en obtenir un plus long tirage. Il la remonte en la mettant à l'encre grasse et en la laissant reposer sous gomme; il la renforce soit en lui donnant un très léger relief, soit en assurant la solidité de l'image par une pénétration plus complète du corps gras dans les pores du support, pierre ou métal.

La mise en relief, qui doit être très légère, s'obtient par une acidulation bien conduite, après qu'on a encré avec une encre plus résistante que l'encre ordinaire et qu'on a saupoudré, comme nous l'avons déjà indiqué, l'image encrée avec du talc réduit en poudre impalpable, ou, au besoin, de la plombagine. La maison Ch. Lorilleux et Cie fabrique de l'encre spéciale pour cet usage.

Le procédé Éberlé, dit « procédé à la flamme », conduit aussi à ce résultat. En voici la description :

L'encrage de la pierre matrice, pour les épreuves de report, se fait avec l'encre spéciale dont nous venons de parler. Après le décalque, la pierre n'étant plus humide, on la saupoudre avec de la résine aussi finement pulvérisée que possible. Ce saupoudrage est suivi d'un talquage très soigné, au tampon de coton ou à la brosse douce, qui enlève l'excès de résine, celle qui n'a pas été fixée par l'encre décalquée. Au moyen d'une lampe éolypile, analogue à celles utilisées pour faire les soudures, on lance alors un jet de flamme sur la pierre, en le promenant de droite à gauche et de gauche à droite, jusqu'à ce que le dessin prenne un aspect brillant par suite de la fusion de la résine.

On prépare ensuite la pierre avec une solution de gomme marquant de 25° à 30° Baumé, additionnée de 10 0/0 d'acide nitrique. Cette solution s'étend à l'aide d'un large pinceau qu'on promène en tous sens sur la planche. On la laisse agir pendant trois minutes, puis on lave rapidement la pierre avec une éponge imbibée d'eau. Le relief obtenu est sensible; si on désire l'accentuer davantage, on recommence l'opération : encrage, résinage, talquage, puis préparation de deux minutes.

Si le report est fait sur zinc, on chauffe le métal par-dessous au lieu de promener à sa surface le jet de flamme.

Pour fixer plus solidement l'image dans les pores de la pierre ou du métal, on fait usage d'une mixture d'huile grasse dans laquelle on a fait dissoudre, à une chaleur modérée, 10 0/0 de savon de fer. D'ordinaire, c'est au baume Tranquille, autrement dit huile verte, qu'on a recours ; mais la mixture au savon de fer est préférable aux divers onguents que les anciens lithographes préparaient en mélangeant plusieurs sortes de baumes et d'huiles.

Le produit désigné sous le nom de savon de fer ne se trouve pas dans le commerce, mais sa préparation est facile. On fait dissoudre, d'une part, 250 grammes de sulfate de fer du commerce dans 600 grammes d'eau portée à l'ébullition ; d'autre part, 100 grammes de savon de suif dans 500 grammes d'eau bouillante. Les deux dissolutions sont mélangées à chaud, en versant peu à peu celle de sulfate de fer dans l'eau de savon et en remuant continuellement pour activer la réaction. L'acide sulfurique contenu dans le sulfate de fer se combine avec une partie de la base du savon, pour former du sulfate de soude qui reste en dissolution dans l'eau, tandis que le corps gras, entraînant des sels de fer, vient surnager sous la forme ou plutôt l'aspect d'un graillon brun foncé qui ne tarde pas à passer au rouge ocreux. On laisse refroidir, puis on recueille ce graillon qu'on pétrit et qu'on moule en tablettes. C'est le savon de fer.

Quand on veut remonter une planche ou donner de la solidité à un report, on commence par gommer la pierre, par essuyer légèrement et par faire sécher à l'éventail. Prenant ensuite, sur un tampon de linge doux, un peu de la mixture de savon de fer et d'huile, on frotte vigoureusement la planche, on mouille et on dégage au rouleau. L'eau de mouillage doit être acidulée à 2 0/0 d'acide nitrique pour faciliter la fixation du corps gras. La planche, dégagée et encrée, est mise sous gomme ; on la laisse reposer au moins pendant une demi-heure avant de procéder au tirage.

FEUILLE DE GÉLATINE, dite PAPIER GLACE POUR CALQUE

On prépare les solutions suivantes :

1° Gélatine blanche . . . . 20 grammes.
Eau distillée froide . . . . 125 —
2° Colle de poisson . . . . 5 —
Eau distillée froide . . . . 60 —

Lorsque la gélatine et la colle de poisson sont bien gonflées, on chauffe les solutions au bain-marie, puis on les mélange en y ajoutant 1 à 2 0/0 d'alun dissous à saturation dans l'eau. On en coule ensuite, sur une glace frottée de fiel de bœuf et mise parfaitement de niveau, une épaisseur de 3 à 4 millimètres au plus, — on a garni pour cela les bords de la glace d'un rebord en papier collé ou en mastic, — puis on laisse sécher la couche à l'abri de la poussière.

M. Quénédey qui, le premier, en 1823, prépara de la gélatine en feuilles minces à l'usage des dessinateurs, employait parties égales de gélatine et de colle de poisson. La colle de poisson donne plus d'élasticité à la gélatine; quant à l'alun, son effet est d'insolubiliser la feuille obtenue dans une certaine mesure.

Voici une autre formule, due à MM. Zach et Lipowski :

Après avoir fait gonfler 2^k500 de gélatine dans de l'eau ordinaire plusieurs fois renouvelée, on fait fondre cette gélatine au bain-marie, puis on y ajoute de 15 à 16 grammes d'acide oxalique dissous dans l'eau, 100 grammes (proportion minima) d'alcool et 15 grammes de sucre candi blanc. On coule sur des glaces talquées ou frottées de magnésie.

LE RÉGLAGE DES ENCRIERS

Les vis de rappel et les vis de serrage, qui agissent sur le couteau dans les encriers des machines à imprimer, ne peuvent régler la quantité d'encre entraînée par le cylindre encreur dans son mouvement de rotation que d'une façon tout à fait insuffisante pour certains travaux, ceux en couleur surtout. Les planches chromolithographiques présentent souvent des séries de tons dégradés obtenus par le genre de travail, pointillé ou crayon. Sous le passage de rouleaux uniformément chargés de la quantité d'encre nécessaire aux parties les plus garnies, ces tons dégradés auraient continuellement une tendance à s'empâter et ne rendraient pas l'effet voulu. Il a fallu chercher un tour de main pour pallier à cette insuffisance du couteau, et graduer, pour ainsi dire à volonté, la quantité d'encre entraînée par telle ou telle partie du cylindre.

Un conducteur de machines de Munich, M. Hölzle, a inventé un appareil qu'il a nommé *farbe-regulator*, et qu'il a fait breveter, en 1885, dans différents pays : l'Allemagne, l'Angleterre, la France, etc. Cet appareil est composé d'une série de lames métalliques ayant une certaine élasticité, placées à plat dans une monture où elles peuvent se mouvoir horizontalement dans le sens de leur longueur. Ces lames, disposées ainsi, ont l'aspect des touches d'un clavier; des vis, qui traversent la joue supérieure de la monture, permettent de les immobiliser. La monture s'adapte sous l'encrier. Veut-on diminuer l'encre sur un point du cylindre, et, par conséquent, sur toutes les parties des rouleaux qui se trouvent dans la zone perpendiculaire correspondante, on desserre les vis qui retiennent les lames métalliques placées sur le prolongement de cette zone, on fait plus ou moins appuyer la tranche antérieure de ces lames contre le cylindre, et on les fixe à demeure dans la

position qu'on leur a assignée, en resserrant les vis. Voici le schéma d'une
monture de ce genre:

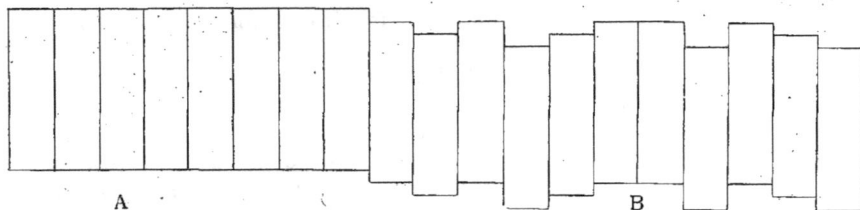

A   B

Nos conducteurs français arrivent aux mêmes résultats sans appareil
spécial. Ils disposent pour cela, dans l'intérieur de l'encrier, vis-à-vis des
zones qu'ils désirent alléger d'encre, des plaques de zinc minces et plus ou
moins échancrées. Le poids du couvercle de l'encrier les fait appuyer sur la
ligne de contact du couteau avec le cylindre et les maintient où on les a
placées. La figure ci-dessous représente une feuille de zinc découpée et
prête à être placée dans l'encrier.

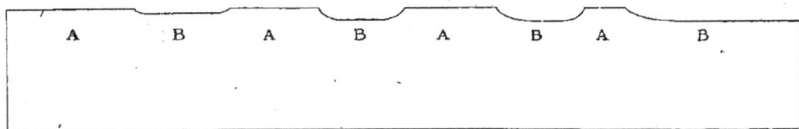

A   B   A   B   A   B   A   B

LE VERNISSAGE DES IMPRIMÉS

Les étiquettes de luxe, certaines chromolithographies et nombre d'autres
travaux lithographiques, sont rehaussés par un vernissage. La première condition pour qu'une feuille imprimée puisse se vernir, c'est qu'elle n'absorbe
pas. Or, le papier, quelque bien collé qu'il soit en fabrique, exige presque
toujours une préparation complémentaire, préparation indispensable lorsqu'on a affaire à du papier couché, du carton-pâte, etc. Cette préparation
consiste à couvrir l'impression d'une couche isolante assez transparente
pour ne pas nuire à son éclat. On emploie généralement la colle d'amidon
faible et bien cuite, la colle d'arrow-root, la gomme arabique blanche dissoute dans l'eau, ou une dissolution de gélatine blanche.

Après avoir essayé l'un ou l'autre de ces encollages supplémentaires sur
des épreuves, et s'être rendu compte de la façon dont le vernis se comporte,

on enduit les imprimés, dans tous les sens, au pinceau ou à l'éponge fine, et on les laisse sécher complètement avant d'entreprendre le vernissage.

Le vernissage présente une petite difficulté de détail qui a bien souvent arrêté les lithographes peu au courant de son application; beaucoup même ne parviennent jamais à la surmonter d'une façon complètement satisfaisante. Il y a, dans cette opération, un *tour de main*, un *je ne sais quoi* qui fait qu'on réussit, et que l'on serait parfois fort embarrassé d'expliquer d'une façon bien claire. Mais, outre le tour de main, qui, pour nous, réside en grande partie dans l'encollage supplémentaire du papier et la température de l'atelier dans lequel on opère, il est bon de connaître la composition du produit que l'on emploie.

Les premiers vernis à cartonnages qu'on a fabriqués se composaient de mastic, de sandaraque et de térébenthine de Venise très pure. C'est, à peu de chose près, la composition des vernis incolores employés aujourd'hui pour les imprimés, et les fabricants qui se sont adressés à d'autres produits ont eu soin de choisir parmi eux ceux qui possédaient les mêmes propriétés. En se rendant compte de celles que ces trois résines apportent à leurs dissolutions dans l'alcool, on arrive à raisonner l'emploi du vernis : de là au tour de main complet, il ne reste qu'un pas, l'expérience le fait faire.

Le mastic, résine qui découle du *Pistacia lentiscus* cultivé en Orient, est jaunâtre, à demi transparent, et se ramollit facilement, mais il est peu soluble dans l'alcool, où il laisse un résidu.

La sandaraque, résine produite par le *Thuya articulata*, est incolore, transparente, entièrement soluble dans l'alcool, mais toujours cassante.

La térébenthine, produit du pin maritime, est d'un blanc jaunâtre comme le mastic, se dissout facilement dans l'alcool et a la consistance du miel.

La dissolution, en proportions déterminées, de ces trois corps dans l'alcool, doit donner un vernis assez souple pour laisser au papier qui en est enduit sa flexibilité, et assez solide cependant pour résister à l'action de la température. Le mastic et la térébenthine corrigent le cassant de la sandaraque, qui est la résine solide de la composition. Ces données permettront de reconnaître à l'emploi les défauts d'un vernis, et au besoin d'y remédier.

Une des conditions d'un vernissage régulier est la fluidité du liquide employé. Chaque fois qu'il sera trop épais, et, par conséquent, difficile à étendre *du premier coup* en couche mince, il faudra l'allonger avec l'alcool le plus fort qu'on pourra se procurer. Il arrive quelquefois que le vernis devient trouble : on évitera ce défaut en versant au fond du flacon qui le renferme un peu de verre pilé, en agitant le mélange, puis en laissant reposer. Le verre, en se déposant au fond, entraînera presque toujours le voile qui s'était formé.

Lorsqu'on met en contact, avec du vernis à l'alcool, une parcelle d'eau, quelque petite qu'elle soit, celui-ci devient trouble et blanchit, pour reprendre, en partie seulement, sa limpidité, si la quantité d'eau est très faible; mais dans ce cas le vernis donne une couche mate et molle en séchant. Il faut donc avoir la précaution de ne jamais vernir que des papiers complètement secs, et de ne pas étendre les feuilles fraîchement vernies dans une atmosphère humide qui les « voilerait ». On peut remédier au défaut que nous venons de signaler; pour cela, on découpe en lanières une feuille de gélatine mince, et on place ces lanières dans le flacon de vernis; elles absorbent peu à peu une grande partie de l'eau mêlée au vernis, qui nuisait à son éclat et à sa solidité.

Une des précautions les plus importantes pour obtenir un bon travail est de passer le moins possible deux fois le pinceau au même endroit. Le vernis sèche généralement fort vite; on ne pourrait éviter, dans ce cas, des inégalités d'épaisseur qu'à la condition d'opérer à une température de 28 à 30° au moins.

Nous ne parlons ici que des vernis à l'alcool, parce qu'ils sont les seuls qui peuvent être employés partout, sans installations et sans ouvriers spéciaux. Quelques grandes maisons, qui font une spécialité des imprimés vernis, ont des ateliers disposés pour ce genre de travail, ateliers dans lesquels la température est toujours maintenue à un degré constant. Les ouvriers qu'ils occupent, habitués par une longue pratique à l'emploi de tous les vernis, obtiennent des résultats très remarquables, qu'il ne serait pas donné à tout le monde d'atteindre dans les conditions où se trouvent ordinairement les imprimeries.

En Allemagne, on se sert quelquefois de la préparation indiquée par le docteur Eder pour vernir les photographies. En voici la formule d'après le journal *Freie Künste* :

Eau de pluie.	300 grammes.
Racine de guimauve bien blanche.	5 —

Faire bouillir pendant une demi-heure, passer à l'étamine, et ajouter au liquide :

Borax (borate de soude).	24 grammes.
Carbonate de soude anhydre	4 —
Gomme laque blanchie, récemment pulvérisée.	100 —

Faire bouillir jusqu'à dissolution complète et filtrer dans un entonnoir en verre garni d'un tampon de coton ou de verre filé.

Le vernissage s'opère en versant la préparation dans une cuvette plate, en verre ou en porcelaine, et en mettant le côté imprimé des feuilles en contact pendant quelques instants avec le liquide. Les feuilles sont ensuite relevées et mises à plat pour sécher. Ce procédé n'est ni plus expéditif ni plus économique que le vernissage ordinaire. Nous lui préférerions, au besoin, la préparation connue sous le nom de « vernis souple », et qui est une solution de stéarate d'alumine anhydre dans l'essence de térébenthine. Pour préparer le vernis souple, on ajoute à une solution étendue et bouillante de savon — savon dur de résine — une solution de sulfate d'alumine, tant qu'il s'en sépare du savon alumineux. Ce savon alumineux, recueilli sur un filtre, est lavé à l'eau chaude, puis chauffé pour faire évaporer toute trace d'eau. Il est soluble en toutes proportions dans l'essence.

A côté du vernissage, prend place un procédé improprement désigné sous le nom d'émaillage, par les photographes, et qui consiste à recouvrir les imprimés d'une couche mince de gélatine. C'est un vernissage de luxe qui ne s'emploie que pour des travaux spéciaux.

On choisit et on nettoie une certaine quantité de glaces un peu plus grandes que les imprimés à émailler; sur le bord de chaque glace on passe un pinceau trempé dans de l'albumine fraîche. Après un quart d'heure environ de dessiccation, on étend, à l'aide d'un morceau de flanelle, un peu de fiel de bœuf à la surface de la glace, sur le côté dont les bords sont albuminés. D'autre part, faites gonfler 100 grammes de belle gélatine blanche dans 1 litre d'eau froide, opération qui demande une heure environ, puis faites fondre au bain-marie, filtrez au travers d'un linge fin, et versez dans un vase maintenu sur un réchaud à eau chaude.

On asperge une glace de quelques gouttes de gélatine fondue, puis on passe une feuille imprimée sur la cuvette contenant cette gélatine, et on l'applique vivement sur la glace; on couvre avec une feuille de toile caoutchoutée mince, et, à l'aide d'une raclette ou d'un petit rouleau, on presse la feuille de papier contre la glace. Cela fait, enlevant la toile caoutchoutée, on met la glace à plat sur une table où elle doit rester jusqu'à dessiccation complète de la gélatine, soit environ vingt-quatre heures. Il suffit alors de passer une pointe aiguisée sur la bordure albuminée de la glace, pour que l'imprimé gélatiné se détache en quelque sorte tout seul, le fiel de bœuf ayant isolé la glace de la couche de gélatine.

Un autre procédé consiste à employer de la gélatine préparée en feuilles minces. Cette gélatine, coupée de la dimension des imprimés, est exposée un instant à l'humidité, placée sur une glace talquée ou frottée au fiel et couverte par le papier maintenu humide. Une raclette mousse ou un rouleau sert, comme dans le procédé que nous venons d'indiquer, à donner l'adhérence.

Quand on emploie la gélatine liquide, une très petite proportion d'alun (1 à 2 0/0 du poids sec de la gélatine) donne plus de solidité à l'émaillage.

Comme complément à ces procédés, il nous reste à indiquer l'albuminage, qui, tout en conservant au papier toute sa souplesse, donne aux couleurs beaucoup de solidité et peut être appliqué par les personnes les plus inexpérimentées.

Prenez, pour 100 centimètres cubes d'eau distillée ou d'eau de pluie, 7 à 8 grammes d'albumine d'œufs desséchée et réduite en poudre (cette quantité est maxima). A l'aide d'une tournette de cuisine, battez le mélange en neige aussi complètement que possible, laissez reposer, et filtrez à plusieurs reprises pour enlever toute trace de fibrine, celle-ci restant sur le filtre. On essaie alors la liqueur, en en passant, au pinceau, sur une feuille de papier. Si, en séchant, elle donnait à celui-ci trop de raideur, il faudrait y ajouter une petite quantité d'eau. Au lieu d'albumine sèche, on peut employer des blancs d'œufs dont on a eu soin d'enlever les germes. On les additionne du quart ou de moitié de leur volume d'eau filtrée, selon qu'on veut obtenir un encollage plus ou moins brillant, et on les traite comme nous venons de l'indiquer pour le mélange d'albumine sèche et d'eau. A défaut de tournette, on bat en neige avec un balai d'osier, des fourchettes de bois ou d'argent, ou, encore mieux, on verse les blancs d'œufs et l'eau dans un flacon de contenance beaucoup plus grande, on y ajoute du verre concassé, on ferme hermétiquement le flacon et on agite jusqu'à ce que tout le liquide soit tourné en neige. L'albumine filtrée se conserve dans des flacons bouchés avec soin, mais il est préférable de ne pas la préparer trop à l'avance, car elle contracte une odeur désagréable.

Pour albuminer les imprimés, on peut procéder de trois façons : passer entièrement chaque feuille dans une cuvette plate où on a versé la solution; faire flotter, à la surface de cette cuvette, les feuilles, le côté imprimé en contact avec le liquide, en évitant toute bulle d'air; étendre l'albumine sur le papier à l'aide d'un large pinceau. Le papier trop sec s'albumine mal, mais en ajoutant à la solution 3 0/00 (trois pour mille) d'acide citrique, on augmente sa fluidité sans nuire à son éclat. Pour coaguler l'albumine et la rendre insoluble, il suffit de passer chaque feuille sortant du premier bain dans un mélange, en quantités égales, d'eau et d'alcool à 40°; l'alcool pur ou d'un degré plus élevé donne des résultats incomplets. Les feuilles sont ensuite satinées après dessiccation.

GOMMAGE DES IMPRIMÉS

Le gommage des imprimés consiste à enduire le papier, du côté opposé à l'impression, d'une mixture adhésive à l'état humide, et qui, à l'état sec, laisse au papier sa souplesse. On l'applique principalement aux étiquettes de petites dimensions, aux bandes, aux enveloppes.

La gomme arabique est la substance généralement employée. On la fait dissoudre dans l'eau; la solution doit être limpide et avoir la consistance d'un sirop. On l'étend au pinceau dit *queue de morue*, et les feuilles sont disposées à plat, dans un séchoir, à l'abri de la poussière, jusqu'à parfaite dessiccation, puis on les satine à la presse, entre des cartons lissés.

Une solution trop épaisse se fendille en séchant, et le papier devient cassant; une solution trop claire ne laisse pas une couche adhésive suffisante. Il faut se tenir dans une moyenne que la pratique seule peut indiquer, car elle varie suivant l'épaisseur, la force et la nature des papiers à gommer.

Les feuilles gommées se crispent, se roulent sur elles-mêmes en séchant. En outre du travail que cela donne pour les dérouler et les étendre à plat, afin de les satiner, il en résulte un inconvénient plus grand : la gomme peut couler des parties qui ne sont pas encore sèches, dégarnir certaines places et former à d'autres des épaisseurs. On évite ces inconvénients en passant, au dos des feuilles à gommer, une éponge trempée dans une eau aiguisée d'une petite proportion de glycérine, 4 à 5 0/0. On procède au gommage lorsque les feuilles sont ou paraissent sèches.

Voici la formule d'une solution gommeuse, formule qui n'a du reste rien d'absolu :

Gomme arabique	160 grammes.
Eau de pluie	1000 —

Lorsque la dissolution est complète, on la passe au travers d'un linge fin et on y ajoute une cuillerée de glycérine et 20 grammes de miel blanc.

On peut parfumer la solution en ajoutant à la glycérine un atome d'une essence quelconque.

Quelques maisons, où l'on fait beaucoup de gommages, n'emploient pas la gomme arabique. Voici la formule de la solution dont elles se servent :

Eau	5 parties.
Dextrine	2 —
Acide acétique	1 —
Alcool	1 —

Cette espèce de colle se prépare au bain-marie sur un feu doux.

Pratiqué sur une certaine échelle, le gommage s'exécute à l'aide d'une machine spéciale dont nous parlons plus loin.

On peut conserver très longtemps une solution gommeuse sans qu'elle s'altère. Nous indiquerons deux moyens d'obtenir ce résultat. Le premier consiste à tremper, tout d'abord, la gomme dans l'alcool, à la dissoudre dans l'eau de pluie, puis à y ajouter quelques gouttes d'acide sulfurique, à laisser tomber le dépôt et à décanter. Le second consiste à ajouter à la solution gommeuse qui reste, le travail une fois fait, quelques grammes de borax (borate de soude), 5 grammes pour 1 litre par exemple.

Le couchage du papier, le gommage et le vernissage des imprimés dont nous venons de parler, sont trois opérations qui, en substance, ne diffèrent que par la nature de l'enduit à étendre à la surface ou au dos de la feuille de papier. On a cherché à les réaliser mécaniquement, et le résultat a été obtenu en France avec la machine à enduire système A. Dupont, qui a été adoptée dans différents pays.

La machine à enduire, dont le dessin est ci-contre, et qu'il ne faut pas confondre avec la « Allen gummung machine », sert à gommer, à vernir, en général à couvrir mécaniquement et d'une manière uniforme une surface souple quelconque d'un enduit liquide ; sa production est de 700 à 800 feuilles à l'heure, et deux personnes suffisent à son fonctionnement : un margeur et un receveur.

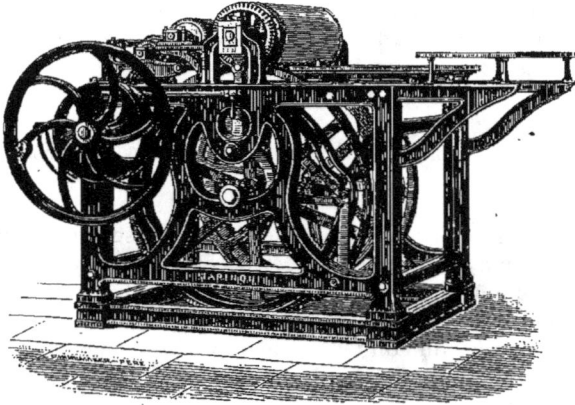

Sur un bâti en fonte est monté un cylindre agencé comme celui des presses mécaniques, avec cette seule différence que la prise de feuille par les pinces se fait en dessous, lorsque celles-ci ont été ramenées à la partie inférieure, et seulement après deux révolutions. Une table de marge, sur laquelle on dispose la feuille, s'avance automatiquement pour que les pinces saisissent celle-ci, et s'éloigne ensuite du cylindre.

Derrière, et parallèlement à ce cylindre, est disposé un auget renfermant la matière liquide dont on veut enduire le papier, et dans cet auget tourne continuellement un second cylindre métallique en partie immergé. Entre ce second cylindre et le premier est un fort rouleau en caoutchouc qui sert d'intermédiaire, de telle sorte qu'il se charge continuellement de l'enduit par son contact avec le second cylindre, et le reporte à la surface du premier, ou tout au moins de la feuille de papier qu'il porte. Le cylindre de marge est excentré, de telle façon que le contact avec le rouleau de caoutchouc n'existe que sur la partie occupée par la feuille à enduire. Le travail se fait, de cette manière, plus proprement, et on évite des pertes de marchandise.

La feuille est margée, le premier cylindre fait deux tours consécutifs, pendant lesquels la feuille est, à deux reprises, en contact avec le rouleau chargé de gomme, de vernis ou de tout autre enduit. Les deux révolutions terminées, le premier cylindre s'arrête, l'enleveur retire la feuille, pendant que la table à marger, où le margeur a disposé une nouvelle feuille, s'avance à portée des pinces. Pendant cet arrêt très court, le second cylindre continue son mouvement de rotation dans l'auget, entraînant celui du rouleau de caoutchouc.

Le caoutchouc étant attaqué par l'essence de térébenthine et la benzine, si on se sert de vernis ou d'enduits dans la composition desquels un de ces corps entre, on devra substituer au rouleau de caoutchouc un rouleau en gélatine.

TROISIÈME PARTIE

SOMMAIRE

PROCÉDÉS PHOTOLITHOGRAPHIQUES. — Infériorité de la photolithographie sur la phototypie.
— *Procédé Poitevin.* — Description donnée par Poitevin. — *Procédé Geymet.* — Sensibilisation
de l'albumine. Son emploi avec la pierre lithographique. Insolation et développement de l'image.
— *Procédé Rodrigue.* — Emploi du zinc. — *Procédé Motteroz.* — Description d'après M. Buffeteau, inspecteur général des chemins de fer. Emploi du zinc et du bitume de Judée. — *Procédé Cutting et Bradford.* — La gomme bichromatée. — *Procédé Gobert.* — L'albumine bichromatée sur différents subjectiles. Rapprochement entre ce procédé et ceux de M. Poitevin et de
MM. Cutting et Bradford. — *Procédé Halleur.*

PROCÉDÉS PHOTOLITHOGRAPHIQUES POUR REPORTS. — Premières indications de M. Poitevin. Avantages et inconvénients des reports. — *Procédé James.* — Formule spéciale pour l'en-
crage. — *Procédé de La Follye.* — *Procédé Fortier.* — Papier gélatiné. — *Procédé Abney.* —
Procédé Moock-Geymet. — Ses points communs avec le procédé de La Follye. Comment on juge
de la bonne venue de l'épreuve. Préparation de l'épreuve pour le report. Encrage de la pierre.
— *Procédé Rodrigue.* — Emploi des feuilles métalliques minces. — *Procédé E. F. Asser.* —
Emploi de l'amidon. — *Procédé Waterhouse.* — Emploi de l'arrow-root. Formule de l'encre. —
Procédé dit papyroteinte. — Papier gélatiné. Formule de sensibilisation du papier propre à per-
mettre d'y développer un grain ou une réticulation. Comment on gradue le grain. Insolation
complémentaire.

LES CLICHÉS FACTICES. — Des différentes manières de les obtenir. Procédé Rodrigue. Autre
procédé. Procédé Geymet. Négatif factice sur celluloïd. Autre procédé. — Positif servant de base
à un dessin à la plume. Comment on fait disparaître l'image photographique après l'exécution
du dessin.

PHOTOGRAPHIE ET LITHOGRAPHIE

Il y avait à peine vingt ans que Senefelder avait planté les premiers jalons de la Lithographie, son *Traité de l'Impression chimique* n'était pas encore écrit, lorsque Nicéphore Niepce, petit propriétaire à Chalon-sur-Saône, adressait à la Société d'Encouragement pour l'Industrie nationale une communication plus surprenante encore, appelée à révolutionner, à l'égal de la Lithographie, les arts graphiques.

Frappé de ce qu'il avait entendu raconter de l'art nouveau, Niepce avait cherché à s'y initier seul. C'est au cours de ses tâtonnements, de ses in- succès, pourrions-nous dire, qu'il conçut l'idée de faire intervenir l'action de la lumière, à l'aide de la chambre noire, pour obtenir la reproduction des images. Il y aura de cela bientôt soixante-quatorze ans. La chambre noire, dont l'invention remonte au xiiie siècle, était encore un appareil bien in- complet; aussi les premiers pas de Niepce dans cette voie furent-ils lents, les tentatives laborieuses, et les résultats longtemps incertains. Ce n'est qu'en 1827 qu'il put soumettre à un habile graveur de Paris, M. Lemaître, cinq petites planches d'étain, mordues à l'eau-forte, permettant de fonder quelque espoir sur ses travaux. Ces planches, recouvertes d'une couche de bitume de Judée, avaient été impressionnées dans un appareil qu'il avait lui-même construit, sans objectif. Pour donner une idée des difficultés qu'il avait eu à surmonter, nous citerons ce fait que, deux ans plus tard, quand il s'associa avec Daguerre, il fallait encore de sept à huit heures d'exposition à la chambre noire pour obtenir, sur une plaque métallique sensibilisée au bitume, la reproduction d'un paysage.

L'association de Niepce avec Daguerre date de la fin de 1829, et se termine à la mort du premier, qui s'éteint en 1833, presque ruiné et profon- dément découragé. Daguerre travaille pendant cinq années encore avant de faire entrer le nouvel art de reproduction dans une voie pratique qui, en apparence, s'écartait totalement du point de départ. Les travaux du physicien anglais Fox Talbot et de l'ingénieur Poitevin ne devaient pas tarder à l'y ramener : la fixation de l'image et sa traduction en planche d'impression.

Le nombre des chercheurs qui ont contribué au merveilleux développement de la photographie, à partir du jour où Daguerre a vu aboutir ses recherches, est considérable. Si nous ne citons que ces deux noms, c'est qu'ils personnifient la marche en avant qui, de nos jours, aboutit à l'alliance intime des arts graphiques, à leur fusion.

Fox Talbot a le premier fixé sur le papier les images de la chambre noire. Poitevin a déterminé les conditions du transport de ces images sur des surfaces susceptibles de tous les modes d'impression. En 1847, les premières découvertes de Talbot furent publiées; Poitevin, ancien élève de l'École centrale, ingénieur aux Salines de l'Est, qui, dès 1842, s'était livré à de nombreuses recherches pour graver les plaques daguerriennes, produisait, en 1848, un premier mémoire à l'Académie des sciences, puis à la Société d'Encouragement pour l'Industrie nationale, et se voyait attribuer le prix institué par cette Société. En 1850, seconde communication de M. Poitevin à l'Académie, suivie d'une troisième en 1851, ces deux dernières relatives à l'emploi de la gélatine comme support de l'image négative, au tirage des épreuves aux sels d'argent et à l'agrandissement des clichés. Ces deux communications n'étaient que le prélude de trois autres plus importantes, dont nous empruntons des extraits à la troisième édition de l'ouvrage de M. Mook sur les *Impressions aux Encres grasses* (Paris, 1888. Gauthier-Villars et fils). La première de ces trois communications, qui résument les procédés encore en usage, remonte à 1854.

Première communication :

« Pour préparer les papiers, je les recouvre d'une dissolution concentrée d'un des corps organiques (gomme, gélatine et congénères) et additionnée d'un sel à acide chromique; après dessiccation, je soumets à l'influence de la lumière directe ou diffuse à travers le cliché du dessin à reproduire. Après un temps d'exposition variable, j'applique, au tampon ou au rouleau, une couche uniforme d'encre grasse typographique ou lithographique, éclaircie préalablement, et je plonge la feuille dans l'eau. Alors toutes les parties qui n'ont pas été impressionnées abandonnent le corps gras, tandis que les autres en retiennent des quantités proportionnelles à celle de la lumière qui a traversé le cliché. »

Deuxième communication :

« On commence par dissoudre, dans l'albumine battue et déposée, une solution concentrée de bichromate de potasse dans l'eau. On verse une certaine quantité de cette albumine sur une pierre lithographique ordinaire parfaitement nettoyée, puis on la laisse sécher spontanément à l'abri de la lumière. La pierre ainsi préparée est soumise, derrière un cliché photographique ordinaire, à l'action de la lumière, pendant dix minutes environ. La lumière, en décomposant le bichromate de potasse, isole une partie de l'acide chromique qui gonfle l'albumine, de sorte qu'en examinant la couche d'albumine à un jour frisant, on aperçoit toute l'image en relief. Si on passe sur cette surface ainsi modifiée un rouleau couvert d'encre de report, celle-ci adhère aux points recouverts d'albumine impressionnée par la lumière, et non aux autres, et la pierre se trouve ainsi recouverte d'encre disséminée en proportions variables, comme elle l'aurait été par le crayon du dessinateur. En acidulant ensuite, en mouillant avec l'éponge, l'encre en excès disparaît. »

Troisième communication :

« En 1849, ayant découvert mon procédé de photographie sur gélatine, que je publiai l'année suivante, je remarquai que les négatives, lorsqu'elles étaient terminées, portaient le dessin en creux dans les parties claires; je pensai à mouler ces surfaces pour obtenir des planches gravées. Ce n'est qu'en 1854, en essayant l'action de la lumière sur une couche de gélatine coulée sur des plaques métalliques et additionnée de bichromate de potasse, puis en mettant à la pile galvanique, que j'obtins un dépôt très régulier de cuivre sur les parties non impressionnées; en outre, la couche de gélatine se gonflait seulement où la lumière n'avait pas agi. Ce fut alors que je cherchai de nouveau à mouler ces surfaces; j'employai d'abord la cire, puis le soufre, mais la gélatine fondait; enfin le plâtre me donna des moules très satisfaisants. C'est ainsi que j'arrivai à produire sur des planches de cuivre des gravures en creux, en me servant de positifs, et des planches gravées en relief en me servant de négatifs.

» Voici les moyens que j'ai employés dans ces opérations. La gélatine dont je me suis servi était blanche et de première qualité. Je la coupe par petits morceaux, je la mets tremper dans de l'eau distillée. On en fond à la lampe ou au bain-marie une quantité proportionnelle à l'épaisseur de la couche à obtenir, et on l'additionne ou non de bichromate de potasse en solution concentrée; on la coule sur une plaque de doublé bien nettoyée à l'alcool et à la craie, sur une glace, ou bien sur toute autre surface posée de niveau; on la laisse sécher spontanément à l'abri de la poussière et de la lumière, si on y a ajouté du bichromate.

» Pour les planches en creux, la gélatine doit avoir une très faible épaisseur. La couche sèche est impressionnée au travers du dessin positif, l'action se produit en quelques minutes au soleil, on met alors la plaque tremper dans de l'eau ordinaire; les parties non impressionnées se gonflent, et celles qui ont reçu l'action de la lumière forment des creux. Pour obtenir des planches de cuivre gravées, j'ai employé deux procédés; le premier consiste à mouler en plâtre la surface impressionnée et gonflée d'eau; sur le moule en plâtre, je faisais un second moule en gutta-percha, que je métallisais, et sur lequel j'opérais le dépôt galvanique : le second moyen consiste à métalliser la gélatine et à effectuer directement à sa surface le dépôt galvanique. »

Entre temps, Niepce de Saint-Victor, neveu de Nicéphore Niepce, avait continué les premières recherches de son oncle, basées sur la propriété du bitume de Judée étendu en couche mince, de devenir insoluble dans tous les dissolvants après avoir été soumis à l'action de la lumière. Le but de Niepce était d'obtenir photographiquement des planches en taille-douce, ce que plus tard Baldus réalisa avec une perfection qu'on n'a pas dépassée. Niepce recouvrait une plaque métallique d'un vernis composé de : benzine rectifiée, 90 grammes; essence de zeste de citron, 10 grammes; bitume de Judée pur, 2 grammes, et employait ensuite, pour dissoudre le vernis sur les parties non insolées, un mélange d'huile de naphte rectifiée, 2 parties, et benzine ordinaire, 1 partie, après quoi il soumettait la plaque à la morsure des acides.

MM. Lemercier, Barreswil, Lerebours et Davanne tentèrent, dès 1852, de produire l'image photographique sur pierre lithographique dans des conditions où on pût en opérer l'impression, en utilisant les propriétés du bitume. La haute valeur, comme praticien, de M. Lemercier, et sa ténacité bien connue lui permirent enfin d'obtenir, sinon des résultats complets, tout au moins dignes de fixer l'attention des artistes et des lithographes. Mais, jusqu'à ces dernières années, la pratique des manipulations photographiques a été pour ces derniers un véritable épouvantail; ils ne voyaient, dans les résultats encourageants de M. Lemercier, que l'argent sacrifié sans compter par ce généreux pionnier du progrès en Lithographie.

Aujourd'hui, la route est aplanie, les gîtes d'étapes sont marqués par les ouvrages de Geymet, de Moock, de Motteroz, de Julio Rodrigue, de Roux, de Vidal; par les travaux pratiques, industriels, d'Albert de Munich, de Thiel aîné, de Quinsac, de Josz; par les travaux d'amateurs dont C. Relvas tient la tête, etc., etc. Partout, en Belgique, en Suisse, en Allemagne, en Autriche, en Espagne, la photographie pénètre dans l'atelier du lithographe, tandis qu'en France, c'est la très rare exception, alors que les procédés mis en usage, dont on a appris à tirer parti, sont des procédés français. Cependant les pratiques de la photographie sont vulgarisées autant qu'elles peuvent l'être; la physique et la chimie les ont mises à la portée de tous.

« Il est rare, dit M. Geymet dans la deuxième édition de son *Traité de Photolithographie* (Paris, 1888. Gauthier-Villars et fils), et le point mérite attention, que, dans les procédés nouveaux, tous les moyens nécessaires et dont l'ensemble, manié par un homme habile, peut seul donner un résultat, se trouvent réunis dans la main d'une même personne. Il résulte de ce fait malheureux que l'application industrielle d'un procédé sûr et simple n'est accepté que fort tard. » La réflexion est des plus judicieuses : dans les premières années de la Lithographie, non pas de son invention, mais de son application industrielle, les Engelmann, les Knecht, les Desportes, les Jobard, les Lemercier, étaient avant tout des praticiens, mettant continuellement la main à l'ouvrage et formant eux-mêmes leurs aides, écrivains, dessinateurs, graveurs et imprimeurs. Dans la nouvelle voie qui s'ouvre pour la Lithographie, le lithographe doit suivre cet exemple, si fécond en résultats. La réussite est à ce prix.

Ce n'est ni coûteux, ni long, ni pénible de se mettre au courant de la photographie, et c'est indispensable, car nous posons en principe que c'est le seul moyen de pouvoir tirer parti d'un opérateur, quelque habile qu'il soit.

Ceci dit, nous nous trouvons en présence de deux procédés types : celui au bitume de Judée, de Niepce, et celui aux préparations bichromatées, de Poitevin ; en présence de deux genres de travail : la planche au trait et la planche à effets ou à demi-teintes. Mais avant d'entrer dans le vif de la question, une incursion dans le domaine de la photographie pure nous semble nécessaire. Nous ne voulons pas empiéter sur les *Traités de photographie*, mais insister seulement sur certains points qui, dans le sujet qui nous occupe, ont une importance capitale.

DE L'IMAGE

L'image est la reproduction, sur l'écran en verre dépoli disposé à l'arrière de la chambre noire, des objets sur lesquels celle-ci est braquée. Elle est au point lorsqu'elle a atteint son maximum de netteté.

L'objectif est un tube en métal garni de lentilles achromatiques, c'est-à-dire ne donnant pas d'irisation aux rayons lumineux qui les traversent, qu'on dispose à l'avant et au centre de la chambre noire. Ces lentilles concentrent la lumière dans un faisceau déterminé, et donnent ainsi à l'image reproduite sur l'écran une netteté qu'on ne saurait obtenir sans leur intermédiaire. L'objectif est la partie la plus importante du matériel d'un photographe. La première des qualités qu'on doit rechercher dans un objectif, c'est qu'il transmette l'image sur l'écran sans aucune déformation. Un des meilleurs types qu'on construise est le type dit *aplanétique*.

Lorsque la chambre noire porte à sa partie antérieure, au lieu d'un objectif, une plaque de métal mince, percée à son centre d'une très petite ouverture circulaire ($0^m 0005$ à $0^m 0007$), l'image formée sur l'écran est la réduction mathématique, sans aucune déformation, de l'objet reproduit. Malheureusement, ce mode de procéder laisse toujours un léger flou qui ne permettra jamais de l'appliquer pour les reproductions.

On entend par foyer d'un objectif le point, sur l'axe principal, où tous les rayons lumineux se rencontrent après réfraction. Il existe des objectifs qui ont deux foyers différents : le foyer principal et le foyer chimique. Les rayons qui doivent influencer la glace sensibilisée pour reproduire l'image ne coïncident pas avec les rayons lumineux, de telle sorte qu'une mise au point exacte sur l'écran en verre dépoli donne une reproduction vague, flou. De tels objectifs doivent être rejetés.

Les distances qui séparent de la lentille les points lumineux à reproduire d'un côté et l'écran ou la glace sensibilisée de l'autre, sont en relations étroites, qu'on peut énoncer par les lois suivantes : 1° Si le point lumineux est, par rapport à la lentille, au centre de celle-ci bien entendu, à une distance plus grande que le double de la distance focale principale, le foyer conjugué, c'est-à-dire le plan où l'image reproduite sur l'écran présentera son maximum de netteté, sera de l'autre côté de la lentille à une distance moindre que le double de la distance focale principale. — 2° Si le point lumineux se rapproche de la lentille, tout en restant à une distance plus grande que le double de la distance focale principale, le foyer conjugué s'éloigne de la lentille. — 3° Si le point lumineux est à une distance égale au double de la distance focale principale, le foyer conjugué est à la même distance de l'autre côté de la lentille. — 4° Si le point lumineux est au foyer principal, le foyer conjugué se trouve à l'infini, il n'y a pas de production possible d'image sur l'écran.

De ces lois, M. Secrétan a déduit les règles pratiques suivantes : Voulez-vous réduire au tiers? prenez quatre fois la distance focale de l'objectif; voulez-vous le quart? prenez-la cinq fois; le cinquième? prenez-la six fois, et ainsi de suite. Pour connaître à quelle réduction répond une grandeur donnée de l'image, il suffit de se souvenir que la taille moyenne de l'homme est de 1^{m}75, et la hauteur de sa tête de 0^{m}21. Ainsi voulez-vous que sur l'épreuve les personnages aient 0^{m}35 de hauteur? comme cette hauteur est le cinquantième de 1^{m}75, vous en conclurez que la réduction est au 1/50, et si votre objectif a 0^{m}40 de distance focale, en multipliant 40 par 50 + 1, vous aurez 20^{m}40 pour la distance à laquelle il faudra mettre votre chambre noire.

Lorsque, dans la chambre noire, on remplace le châssis portant l'écran en verre dépoli par un châssis dans lequel on a disposé une surface sensibilisée, glace, métal ou papier, de telle façon qu'elle occupe exactement la place qu'occupait la face dépolie de l'écran, les rayons lumineux qui formaient l'image sur cet écran agissent de la même façon sur cette surface sensibilisée, en modifiant, proportionnellement à l'intensité de la lumière concentrée sur chaque point de l'image, la nature de la couche sensibilisatrice. Si, aussitôt après l'exposition à la chambre noire de la surface sensibilisée, on la regarde à la lumière orangé rouge du laboratoire, on n'y trouve pas trace apparente de l'image : celle-ci y existe à l'état « latent. » Le développement a pour but de dégager cette surface de la mixture sensibilisatrice non transformée par les rayons lumineux, et de provoquer une réaction chimique qui modifie les parties transformées de la couche sensibilisatrice, en les colorant avec une intensité proportionnelle à l'action de la lumière. La conséquence de cette réaction est la traduction de l'image par une contre-partie. C'est cette contre-partie qu'on a désignée sous le nom de *négatif*, dans laquelle, non seulement l'image est renversée, mais dans laquelle encore sa transposition du blanc au noir est complète avec toutes les gradations de tons. Ce négatif est la planche-type de l'image photographique, celle qui sert à établir toutes les autres planches, par ce fait même du renversement des effets de la lumière accompagnant le renversement de l'image.

Pour obtenir le négatif, deux procédés sont principalement utilisés : l'un qui donne pour base, sur le support choisi, papier, pellicule ou glace, à la couche sensibilisatrice, le collodion normal; l'autre, la gélatine. (Voir ces mots à l'Index chimique.) Le premier est dit au collodion humide, le second au gélatino-bromure d'argent. Nous renvoyons, pour leur description, aux traités spéciaux de photographie.

Les glaces, pellicules ou papiers au gélatino-bromure d'argent sont livrés prêts à être mis en œuvre; l'expérience seule peut guider pour la marque à choisir. Les opérateurs bien au courant des manipulations photographiques leur préfèrent le collodion humide, dont la sensibilité est augmentée par une addition de différents iodures et bromures. Il y a presque autant de formules que de préparateurs; en voici cinq que nous choisissons parmi les plus vantées pour la régularité des résultats qu'elles donnent :

	1	2	3	4	5
Éther sulfurique..................	600^{gr}	500^{cc}	100^{cc}	600^{cc}	500^{cc}
Alcool à 40°......................	400	500	100	400	500
Coton azotique...................	7 à 8	11^{gr}	2^{gr}	15^{gr}	8 à 10^{gr}
Iodure de potassium...............	2	»	0,50	»	»
— d'ammonium.................	2	5	1	5	8,5
— de cadmium.................	4	6	0,75	10	»
Bromure d'ammonium...............	»	2	0,50	»	»
— de cadmium...............	2,5	»	0,50	3	»
Iode en paillettes	»	»	0,001	0,25	0,005
Bromure de potassium..............	»	»	»	»	4,5

La formule n° 1 est de M. Davanne; celle n° 2, de M. J. Rodrigue; celle n° 3, de M. Roux; la quatrième et la dernière sont américaines.

L'iodure et le bromure de potassium, qui figurent dans quelques-unes des formules que nous donnons, sont très peu solubles dans l'alcool à 40°; il faudra faciliter la dissolution en humectant les cristaux avec quelques gouttes d'eau distillée avant de verser sur eux l'alcool. Il est, en thèse générale, plus facile à incorporer les iodures et les bromures à l'état de solution dans une préparation quelconque en porphyrisant d'abord ces sels, en les humectant avec une très petite quantité d'eau distillée, et en versant sur eux l'alcool par petites portions qu'on décante et qu'on remplace jusqu'à dissolution complète.

Lorsqu'on a à mettre en œuvre des glaces de grandes dimensions, la finesse de la couche de collodion dépend beaucoup de sa fluidité. M. Liébert, dans son ouvrage sur les *Procédés photographiques en Amérique*, donne pour ce cas la formule suivante : Éther sulfurique à 62°, 100^{cc}; alcool à 40°, 100^{cc}; coton azotique, 3 grammes; iodure de lithium, 3 grammes; bromure de lithium, 1^{gr}5. Nous empruntons au même ouvrage trois formules intéressantes d'une solution alcoolique iodo-bromurée qu'on peut tenir en réserve pour sensibiliser le collodion normal. Le n° 1 s'applique au travail d'été; le n° 2 au travail de printemps et d'automne, et le n° 3 au travail d'hiver. Ces solutions s'ajoutent au collodion normal dans la proportion de 10 0/0, mais cette proportion n'a rien de strict, vingt-quatre heures environ avant son emploi.

	1° ÉTÉ	2° PRINTEMPS et AUTOMNE	3° HIVER
Iodure d'ammonium	35ᵍʳ	25ᵍʳ	33ᵍʳ
— double de potassium et de cadmium	40	»	»
— de cadmium	10	25	33
— de zinc	10	10	»
— de lithium	»	10	»
— de strontium	»	20	»
— de sodium cristallisé	»	»	35
Bromure d'ammonium	25	25	»
— de cadmium	25	25	45
Iode en paillettes	1	1	0,5
Alcool à 40°	1 lit	1 lit	1 lit

Pour la reproduction des tableaux ou des dessins en couleurs avec la valeur des nuances, on prépare des plaques au gélatino-bromure d'argent dites *isochromatiques* et *orthochromatiques*, dans lesquelles les fabricants font entrer de petites quantités d'éosine, d'azaline, de cyanine ou d'autres principes corrigeant la « neutralité » de certaines couleurs. M. Moock, pour les préparations au collodion humide, indique de remplacer 1 gramme d'iodure de cadmium par une égale quantité d'éosine, qui permet de détailler les verts et les jaunes entre autres nuances.

Nous avons dit que les plaques, glaces, pellicules ou papiers préparés au gélatino-bromure d'argent étaient, tels que les livre le commerce, prêts à être employés. Il n'en est pas de même des glaces collodionnées. Nous nous sommes servi du terme collodion sensibilisé, terme admis à tort, pour les différentes formules que nous venons d'indiquer; la glace collodionnée ne devient « photographiquement » sensible à la lumière qu'après avoir été immergée, comme les Traités l'indiquent du reste, dans une solution d'azotate d'argent, qui transforme les divers iodures ou bromures métalliques en iodures ou bromures d'argent de beaucoup plus sensibles que ne l'est l'azotate d'argent.

Les bains d'azotate d'argent doivent tenir en dissolution dans l'eau distillée une moyenne de 7 à 8 0/0 du sel d'argent; avec une teneur plus faible, l'image obtenue manquerait souvent de vigueur. On trouvera, dans la *Chimie photographique* de Davanne et dans les *Insuccès en Photographie* de Cordier (Gauthier-Villars et fils, éditeurs à Paris), les renseignements les plus précis sur l'emploi rationnel des bains sensibilisateurs; nous n'y ajouterons que quelques conseils donnés par Moock.

Si le bain a été fait avec de l'azotate d'argent fondu, y ajouter, avant de le filtrer, autant de gouttes d'acide azotique pur étendu de trois volumes d'eau qu'il y a de 100 grammes de liquide; s'il a été fait avec de l'azotate d'argent cristallisé, ajouter, toujours avant de filtrer, par 500 grammes de liquide, cinq ou six gouttes de teinture alcoolique d'iode. Se servir le moins possible de bains nouveaux. Quand un bain est fatigué, on y ajoute le quart' de son volume d'eau distillée, puis on le laisse reposer pendant quelques jours : l'iodure d'argent se dépose, on décante le bain, et on le ramène à la densité voulue par une addition d'azotate d'argent.

L'appréciation du temps de pose a une très grande importance en photographie, mais elle dépend de tant de causes, dont les principales sont la plus ou moins grande intensité de la lumière, la plus ou moins grande sensibilité des préparations, la nature du sujet à reproduire, qu'on ne saurait formuler de règles à cet égard. L'expérience est le meilleur guide. De tous les photomètres que l'on construit, le plus simple, celui de Decoudun, est le seul dont on puisse pratiquement mettre à profit les indications très approximatives.

L'usage du diaphragme est indispensable pour les reproductions. Son rôle est d'intercepter les rayons qui sont trop éloignés de l'axe, et dont l'effet est de rendre les images confuses sur les bords. Selon son ouverture, il réduit plus ou moins la lumière, la rend plus diffuse, et en régularise par conséquent les effets.

Si on ne veut s'exposer à obtenir une image déformée, le parallélisme le plus complet devra exister entre la chambre noire et l'objet à reproduire; de plus, afin d'éviter que l'objectif ne reçoive d'autres rayons lumineux que ceux reflétés par cet objet, et qui changeraient la valeur de ceux-ci, on couvrira soit cet objectif, soit la chambre noire elle-même, d'une sorte d'auvent en carton noirci mat à l'intérieur. Dans les ateliers agencés spécialement pour les reproductions, la chambre noire se trouve dans une pièce obscure; elle est portée sur un chariot mobile le long des deux rails qui se prolongent au delà de la cloison, dans l'atelier de pose, où est disposé, sur ces mêmes rails, le chevalet chargé de recevoir les objets à reproduire. Un volet ouvert dans la cloison, dans l'axe de l'objectif, ne laisse pénétrer que les rayons lumineux reflétés par le modèle. Avec cette disposition, le parallélisme est aussi parfait que possible, et les rayons lumineux incidents ne viennent pas changer la valeur des rayons reflétés.

M. Benecke a imaginé, pour vérifier le parallélisme, un instrument aussi simple qu'ingénieux auquel il a donné le nom d'*équerre photographique*. Voici la description qu'en a donnée le *Bulletin de la Société française de Photographie*, t. XX, p. 28 : Une planche carrée, bien dressée sur ses deux faces, et d'environ 0^m15 à 0^m20 de côté, est peinte en noir ou d'une couleur très sombre. Au point déterminé par l'entre-croisement des deux diagonales, c'est-à-dire au centre de la figure de la planche, est fixée bien perpendiculairement une tige cylindrique d'environ 0^m10 de long, qui, elle, sera peinte en blanc. C'est là tout l'instrument. A l'aide d'un fil attaché au milieu d'un de ses côtés, on le suspend de façon que son centre coïncide avec celui de l'objet à reproduire, contre lequel s'appuie la partie plane de l'instrument. Il est clair qu'alors la tige blanche est perpendiculaire à la surface dudit objet. Il n'y a plus qu'à manœuvrer la chambre noire ou le support de l'objet à reproduire, de façon que le bâton n'apparaisse plus, sur la glace dépolie, que comme une tache ronde et blanche se détachant sur fond noir. On sera sûr alors du parfait parallélisme entre le modèle et la glace sensible.

Au sortir de la chambre noire, la surface sensibilisée porte l'image latente que les rayons lumineux y ont formée, il faut la dégager, la développer, en continuant l'action de la lumière par des réactifs susceptibles de réduire les sels d'argent qui ont subi son influence. Les photographes ont donné à ces réactifs le nom de *révélateurs*. L'acide pyrogallique, l'hydroquinone, le bisulfite de soude et le sulfate de fer sont les bases des différents révélateurs employés.

M. Roux, qui jouit d'une autorité incontestable, recommande pour révéler l'image sur collodion l'emploi d'un réducteur très énergique, que l'on ait reproduit du trait ou de la demi-teinte. « Une solution de sulfate de fer à 10 0/0, additionnée de 5 0/0 d'acide pyroligneux, dit-il, remplit parfaitement le but en réduisant tout le sel d'argent dans la masse du véhicule. »

Pour l'image sur gélatino-bromure, le développement classique au sulfate de fer et à l'oxalate neutre de potasse nous semble préférable. Dans les deux cas, le fixage se fait à l'hyposulfite de soude, qui, tout en donnant au négatif toute la pureté voulue, n'attaque pas les demi-teintes comme le fait trop souvent la solution à 3 0/0 de cyanure de potassium.

Il faut chercher à obtenir des négatifs développés à fond, sans voile, aussi intenses que possible, pour qu'il ne soit pas nécessaire d'avoir recours au renforçage dont les demi-teintes ont toujours à souffrir. Dans certains cas, cependant, il est indispensable d'avoir des blancs (parties noires du négatif) d'une opacité absolue, quand on reproduit des planches au trait, par exemple, des cartes, des gravures en taille-douce, des autographes, etc., etc. On renforcera alors le cliché au bichlorure de mercure, après fixage et lavage. On prépare pour cela deux solutions :

1º Eau distillée.	100	grammes.
Bichlorure de mercure	5	—
2º Eau distillée.	100	—
Ammoniaque	5	—

On laisse le négatif pendant quelques minutes dans le premier bain, jusqu'à ce que les noirs soient remplacés par une teinte blanc jaunâtre ; on lave alors le cliché dans l'eau distillée ou dans de l'eau de pluie, puis on le plonge dans le second bain, où on le laisse jusqu'à ce que toute teinte blanche ait disparu; on le lave ensuite à grande eau. M. Liébert indique une pratique américaine, qui consiste à plonger le négatif, après lavage, dans une troisième solution composée de:

Eau ordinaire . . . . 1 litre.
Iodure ou bromure de potassium. . . . . 50 grammes.

à terminer l'opération par un dernier lavage, et à faire sécher le négatif à une douce chaleur. L'opacité complète serait ainsi obtenue dans les blancs.

Nous terminerons ici notre incursion dans le domaine de la photographie pure, pour aborder notre véritable sujet : la transformation des clichés ou négatifs photographiques en planches d'impression.

LE LABORATOIRE

Toutes les opérations, toutes les manipulations ayant pour but soit de produire une surface impressionnable à la lumière, soit de développer et de fixer l'image obtenue sur cette surface, ne peuvent se faire qu'à l'abri des influences de cet agent, d'où la nécessité d'agencer un laboratoire spécial où il ne puisse avoir accès que dans des conditions déterminées. Ces conditions sont de ne laisser pénétrer que les rayons lumineux sans action sur les produits qu'on emploie, et en quantité strictement nécessaire pour suivre le travail.

La lumière est d'autant plus active qu'elle est plus complète. Lorsqu'on la décompose, l'activité de ses éléments pris séparément n'est pas égale, et va diminuant en remontant l'échelle du spectre solaire, du violet au rouge, en parcourant toutes ses nuances, mais il n'en est pas qui soient totalement inactifs.

On choisit une pièce à une seule fenêtre, dont on borde les feuillures avec des boudins ou de la lisière de drap, afin qu'aucun filet de lumière blanche ne puisse pénétrer. On fait ensuite vitrer cette fenêtre avec des verres jaune orangé. A l'intérieur est disposé un volet plein, sauf une ouverture de 0^m25 au carré environ, correspondant avec une des vitres de la fenêtre; devant cette ouverture joue, dans une coulisse, un châssis garni d'un verre rouge. Un tel arrangement permet d'obtenir à volonté, dans le laboratoire, plus ou moins de cette lumière non actinique, c'est-à-dire douée du minimum d'action; mais nous insistons sur ce fait, qu'on doit rechercher le moins de lumière possible pour les sensibilisations et les développements.

Si on veut opérer le soir ou la nuit, on ménage dans la cloison de cette pièce, à la hauteur la plus convenable, un judas de 0^m25 au carré environ, vitré à l'intérieur avec un verre jaune orangé, et garni d'un double châssis vitré en verre rouge; on éclaire du dehors par un bec de gaz ou par une lampe. Il est prudent de laisser les lanternes en verres colorés aux amateurs.

Le laboratoire doit être abondamment pourvu d'eau, soit par une conduite directe, soit par un réservoir spécial, et d'une conduite de décharge pour rejeter au dehors les eaux non utilisées et les résidus liquides dont on ne peut tirer parti. Le mieux est d'avoir la conduite directe et le réservoir spécial, ce dernier étant alors alimenté à l'eau de pluie, qu'on peut substituer dans bien des cas à l'eau distillée. Les robinets sont agencés de telle sorte qu'on puisse facilement y adapter un caoutchouc terminé par une petite pomme d'arrosoir percée de trous assez fins, afin de diviser le jet liquide quand on veut laver ou plutôt rincer la surface d'une glace par exemple, ou toute autre surface. La meilleure disposition consiste à placer les robinets d'eau au-dessus d'un évier assez grand pour pouvoir y faire toutes les manipulations où l'eau est nécessaire. Cet évier peut être formé par une table à rebords saillants de 0^m08 à 0^m10, garnie d'une feuille de plomb.

Une étuve à plusieurs compartiments horizontaux et munie de vis calantes pour établir en même temps le niveau de tous ces compartiments, chauffée du dehors, autant que possible, par une circulation d'eau, afin d'obtenir plus facilement d'une part une température régulière et d'éviter d'autre part tout entraînement de poussière, une table à hauteur d'appui pour le travail, une autre table surmontée d'un cadre supporté par des vis calantes permettant de le mettre de niveau, et des rayons disposés pour recevoir les différents flacons, complètent le gros mobilier du laboratoire.

Pour étiqueter les flacons, on se sert d'encre de Chine additionnée de quelques gouttes d'une solution de bichromate de potasse. Les étiquettes écrites avec cette préparation, après avoir été exposées à la lumière, sont ineffaçables.

On peut disposer, à côté du laboratoire, une chambre éclairée à la lumière normale, pour toutes les opérations qui n'exigent pas l'obscurité ou tout au moins la lumière privée de ses rayons actifs.

Nous croyons inutile d'insister sur la propreté la plus absolue de tous les ustensiles dont on se sert, éprouvettes, verres, flacons, etc. La moindre négligence sous ce rapport se traduit par des insuccès.

LE NÉGATIF

Nous avons dit, en parlant de l'image, que le négatif était la planche type de l'image photographique. Cette image sera d'autant plus parfaite, que le négatif sera lui-même plus complet; or, un négatif n'est complet que s'il remplit trois conditions : il faut que les blancs soient purs, que les demi-teintes soient bien fondues et que l'ensemble soit vigoureux. Les clichés voilés doivent être rejetés; quant aux clichés gris, sans vigueur, on en obtient rarement de bons résultats. Nous ne saurions trop répéter que, si on veut transformer une image photographique en planche d'impression, le négatif doit être développé à fond; si l'image est une reproduction de trait : gravure, fac-similé, etc., il faut plutôt exagérer ce développement. On pèche toujours par le défaut contraire, surtout en débutant.

Si on écrivait et si on dessinait sur une pierre lithographique dans le même sens que sur le papier, à l'impression écriture et dessin seraient renversés. Or, le négatif photographique étant lui-même renversé par la chambre noire, ne peut donner directement qu'une planche redressée, laquelle, à son tour, ne peut produire que des épreuves renversées. Il est donc nécessaire de redresser le négatif. S'il a été obtenu sur pellicule ou sur papier mince, rien de plus facile; l'épaisseur du papier ou de la pellicule n'étant pas suffisante pour altérer l'image d'une façon sensible, on peut, du même cliché, tirer à volonté des images redressées ou des images renversées, ce qui n'est pas le cas des négatifs obtenus sur glace. Il faut, ou obtenir directement ces derniers dans le sens qu'ils devraient avoir, c'est-à-dire redressés, ou « pelliculariser » la couche sensible après que l'image y a été développée.

Pour obtenir directement des négatifs redressés, on a interposé, soit entre l'objet à reproduire et l'objectif, soit entre l'objectif et l'écran de la chambre noire, un miroir ou un prisme. Pour l'un et l'autre de ces modes de redressement, il faut des appareils spéciaux qui ne laissent pas que de compliquer les opérations; nous n'en parlons donc que pour mémoire. Un autre moyen, qui est à la portée de tous les opérateurs, c'est d'opérer le redressement en retournant la glace face pour face dans le châssis, de telle sorte que l'impression de la lumière, dans la chambre noire, n'ait pas lieu directement sur la surface sensibilisée, mais au travers de la glace-support de cette surface. Voici comment on procède :

Pour mettre au point, on retourne le verre de l'écran, de telle sorte que le côté dépoli soit en dehors. C'est sur cette face dépolie que l'image se forme. On choisit ensuite des glaces très pures, de l'épaisseur du verre de l'écran, et on se sert de châssis sans ressorts adaptés au volet. Les glaces qu'on y place, le côté sensibilisé en dedans, sont retenues par des pattes mobiles, de faibles dimensions, adaptées soit aux angles, soit sur les côtés. Ce modèle de châssis existe dans le commerce. La surface sensibilisée se trouvera, de cette façon, occuper dans la chambre noire le même plan que la surface dépolie de l'écran. Quand on procède ainsi, il faut augmenter d'un quart au moins le temps de pose, pour compenser la perte de lumière occasionnée par la réflexion d'une partie des rayons lumineux lorsqu'ils viennent frapper la glace polie qui les sépare de la surface sensibilisée. Si on utilise des glaces au gélatino-bromure d'argent, il faut choisir des extra-rapides, ce sont celles où la couche sensibilisée a le moins d'épaisseur.

14

Lorsqu'on veut « pelliculariser » la couche mince de collodion sur laquelle on a développé l'image, de façon que, séparée de la glace qui lui sert de support, elle soit facilement maniable, il faut la doubler d'une substance transparente, souple, et qui fasse corps avec elle, avant de la détacher de la glace, détachement que facilite une opération incidente, celle du talquage de la glace avant de la collodionner. Nous nous trouvons ici en présence de plusieurs procédés que nous allons décrire.

Méthode au collodion-cuir. — Ce procédé est de M. Jeanrenaud, qui en a donné l'explication suivante, il y a une dizaine d'années. On prépare, dans une capsule pouvant être chauffée au bain-marie, 20 grammes de belle gélatine blanche coupée en morceaux, et on verse dessus 100 grammes d'eau. La gélatine gonflée se dissout. On y ajoute, en remuant avec une baguette de verre, 3 à 4 centimètres cubes de glycérine pure; quand le mélange est bien intime, on y ajoute encore 40 centimètres cubes d'une solution à 2 0/0 d'alun, on chausse et on conserve dans la capsule.

Pour gélatiniser le cliché, on se sert d'un cadre en bois muni de vis calantes et dans lequel est ajustée une forte glace. Cette glace, mise de niveau, sert de support sur lequel sont placés les clichés pour laisser prendre la gélatine. Tout étant disposé, on chauffe légèrement le cliché sur de la vapeur d'eau, l'image en dessous. La condensation qui se fait sert de conducteur à la gélatine, qui coule alors facilement. La quantité de gélatine à verser dépend naturellement de l'épaisseur qu'on désire avoir. La couche doit être aussi mince que possible, si on doit se servir du cliché des deux côtés. Quand on a égalisé la gélatine, on place le cliché sur la glace mise de niveau, et après quelques instants on peut la dresser verticalement. Quand la gélatine est complètement sèche, on la recouvre de collodion contenant une faible proportion d'huile de ricin : collodion normal à 1,5 0/0 de coton azotique, 100 centimètres cubes; huile de ricin, 3 centimètres cubes. L'addition de cette dernière couche a pour but de protéger la gélatine contre l'humidité qu'elle pourrait absorber; il ne reste plus qu'à détacher la pellicule.

MM. Fortier, Vidal et Geymet ont modifié la formule du collodion-cuir. Voici les mélanges qu'ils indiquent pour sa composition :

	Fortier.	Vidal.	Geymet.
Alcool	100 cc.	500 cc.	500 cc.
Ether	100 —	500 —	500 —
Coton azotique	8 gr.	30 gr.	2 gr.
Huile de ricin.	8 cc.	15 cc.	5 cc.

On verse l'huile de ricin dans le mélange quand le coton est dissous, on agite le flacon à plusieurs reprises pour faciliter l'incorporation de l'huile, et on laisse reposer un jour ou deux au moins avant de l'employer. Ce collodion se conserve longtemps. L'huile de ricin intervient pour donner de la souplesse à la pellicule qu'il forme.

Pour séparer la pellicule de la glace, lorsqu'elle est complètement sèche, on la découpe à la pointe, à quelques millimètres du bord, et on la tire régulièrement en la prenant par un des angles. M. Geymet recommande, aussitôt que le collodion a fait prise sur le cliché, de laver celui-ci sous l'eau jusqu'à ce que le liquide coule librement à sa surface, sans laisser de larmes.

Méthode dite à la glycérine.— M. Vidal la décrit ainsi : « On fait une dissolution composée de .

Gélatine ordinaire.	35 grammes.
Sucre	6 —
Eau	500 —
Glycérine	5 —
Alcool ordinaire	100 —

» Il faut avoir soin de n'ajouter l'alcool que peu à peu, et en agitant toujours, afin d'éviter la coagulation de la gélatine que produirait l'introduction immédiate d'une trop grande quantité de ce liquide. Le cliché est posé bien horizontalement sur un pied à caler, et le liquide ci-dessus est versé à sa surface de façon à présenter une épaisseur de 0^m002 à 0^m003; dès que cette couche a fait prise, on la met à l'abri de toute poussière, soit dans une boîte à chlorure de calcium, soit dans un cabinet garanti contre tout courant d'air, où elle sèche spontanément. Dès que la dessiccation est complète, on procède à l'arrachement de la pellicule qui entraîne avec elle le négatif. »

M. Geymet recommande de procéder autrement. Il vernit les bords du négatif lavé et séché, puis le plonge pendant quelques instants dans une cuvette contenant de l'eau aiguisée à 3 0/0 d'acide chlorhydrique : quand la couche de collodion tend à quitter la glace, il retire celle-ci avec soin et la met dans une cuvette contenant de l'eau pure, l'y laisse quelques minutes, puis la fait sécher. Quand elle est bien sèche, il la recouvre d'une épaisseur convenable d'un collodion spécial dont voici la composition :

Alcool rectifié à 40°.	100 cc.
Ether rectifié	100 —
Glycérine pure	2 —
Coton azotique.	4 gr.

Lorsque cette couche est sèche, il colle sous la glace des bandes de papier, les relève et les relie ensemble de façon que le négatif se trouve former le fond d'une cuvette improvisée. Plaçant alors la glace sur une surface bien horizontale, il verse dessus le mélange suivant fait au bain-marie et passé à la chausse.

Eau	100 cc.
Glycérine	2 —
Gélatine.	10 gr.

Lorsque la gélatine est parfaitement sèche, il l'enlève et elle constitue alors une pellicule souple, flexible, qu'il conserve dans un livre pour éviter les enroulements, cette pellicule étant très sensible aux influences atmosphériques.

A ce propos, nous dirons que toutes les pellicules de gélatine ont une tendance à l'enroulement, parce qu'elles sont toujours plus ou moins hygrométriqués. On combat cette tendance en les plongeant, après les avoir ressuyées dans un cahier de papier buvard, dans le bain suivant :

Alcool . . . .   4 parties.
Glycérine   2   —
Eau.   1   —

en les ressuyant de nouveau au papier buvard et en les laissant sécher normalement.

Méthode au caoutchouc. — On prépare une solution à consistance d'huile d'olive dans de la benzine rectifiée, qu'on verse sur le négatif. Deux heures après, on couvre cette première couche d'une seconde de collodion normal; quand elle est sèche, on peut enlever la pellicule en ayant soin que le trait qu'on fait à la pointe coupante sur les bords de la glace soit net et sans bavures.

Cette pellicule a très peu d'épaisseur; aussi, le plus souvent, surtout lorsque les clichés ont une certaine dimension, la fixe-t-on retournée sur une nouvelle glace. Pour cela, lorsqu'on a détaché les bords, avant de l'enlever, on met la glace dans une cuvette pleine d'eau, et on y applique, sous l'eau, une feuille de papier de la dimension de cette glace. On soulève alors un angle en y faisant adhérer l'angle correspondant de la pellicule, une légère traction continue, exercée jusqu'à ce que le papier soit sorti de la cuvette, entraîne la pellicule qui se trouve alors portée par ce support provisoire qu'on place sur une glace, pellicule en dessus.

On mouille une seconde feuille de papier qu'on y applique en ayant soin qu'elle y adhère parfaitement. Soulevant un des coins de ce papier et le point correspondant de la pellicule, celle-ci se trouve retournée et fixée sur ce second support provisoire; il ne reste plus qu'à l'appliquer sur une glace couverte d'une légère solution de gomme arabique, 10 0/0 environ, et à retirer avec précaution la feuille de papier, en ayant soin, avant d'y procéder, de tamponner légèrement, afin de bien étendre la pellicule sur la glace et de chasser les petites bulles d'air qui pourraient se trouver interposées. Cette méthode n'a qu'un inconvénient, inhérent à la nature même du caoutchouc, c'est que les pellicules ainsi formées se détériorent à la longue.

Méthode à la gélatine. — Cette méthode, indiquée par M. Woodbury, a été simplifiée par M. Stebbing. M. Woodbury immerge dans une cuvette d'eau une feuille de papier gélatiné, glisse dessus le négatif qu'il veut retourner, retire le tout de la cuvette, facilite l'adhérence avec une raclette en caoutchouc, puis, quand cette adhérence est parfaite, avant que la gélatine soit entièrement sèche, il procède à l'enlèvement. La glace, nettoyée, est couverte d'une couche de la mixture suivante :

Gélatine	10 grammes.
Eau.	200 —
Alun de chrome.	0,02 —

et séchée. Plongeant alors dans l'eau froide le papier support du négatif, il glisse sur lui la glace ainsi préparée, retire le tout ensemble de l'eau, passe la raclette au dos du papier et laisse sécher. Le négatif retourné se trouve fixé sur la glace; il ne reste plus qu'à enlever la feuille de papier, ce qui se fait en plongeant la glace dans l'eau chaude qui ramollit la couche de gélatine non alunée.

M. Stebbing commence par couvrir le négatif d'une couche de collodion normal. Lorsque cette couche est sèche, il vernit les bords, détruit l'adhérence du négatif avec la glace, comme nous l'avons indiqué dans la méthode à la gélatine de M. Geymet, par un bain dans l'eau aiguisée à 5 0/0 d'acide chlorhydrique, lave à l'eau pure et laisse sécher. Il coule alors à sa surface une couche de gélatine très claire, y applique une feuille de gélatine collodionnée, la surface collodionnée en dessus, chasse l'excès du liquide et assure l'adhérence avec une raclette en caoutchouc, puis laisse sécher avant de procéder à l'enlèvement de la pellicule ainsi formée.

M. Chardon se sert d'une feuille de gélatine collodionnée au collodioncuir, la coupe de la dimension du négatif à redresser, plonge celui-ci dans l'eau, y applique la gélatine côté collodionné en dessus, retire la glace de l'eau, chasse avec la raclette en caoutchouc l'excès d'eau interposée entre le négatif et la feuille de gélatine, soumet à une légère pression pour assurer l'adhérence, et laisse sécher avant de procéder à l'enlèvement de la pellicule.

Telles sont les quatre méthodes suivies pour « pelliculariser » un négatif sur collodion, et, par conséquent, permettre d'en opérer le redressement. Nous ferons remarquer que l'opérateur ne doit, dans aucun cas, perdre de vue l'influence sur la gélatine, soit des acides très dilués (1 à 5 0/0 au plus), soit des alcalis ou de l'alcool. Les bains acidulés détruisent la gélatine, la désagrègent; ceux faiblement acidulés la distendent; les alcalis, et surtout l'alcool, la contractent. Mais on peut arriver au redressement par d'autres moyens que la pellicularisation et le retournement de l'image à la chambre noire, à l'aide du prisme ou du miroir, ou en retournant face pour face la glace sensibilisée. Ces moyens sont de deux natures : l'exécution d'un contre-cliché ou plutôt d'un cliché symétrique à la plombagine, ou bien en se servant d'un positif sur pellicule ou sur papier, et le report lithographique.

Le procédé à la plombagine a été communiqué en 1887, à la Société française de Photographie, par M. Geymet. Voici la description qu'il en donne dans son opuscule sur la *Photolithographie*, opuscule publié en 1878 chez MM. Gauthier-Villars et fils, éditeurs : « On prépare d'abord la liqueur sensible dont la formule suit :

Eau	100 cc.
Solution saturée de bichromate de potasse.	20 —
Gomme arabique.	5 gr.
Glucose	5 —

qu'on filtre au papier avec un soin minutieux, la poussière étant l'écueil du procédé. Ce mélange s'altère après cinq ou six jours de préparation, en été surtout. »

On verse la liqueur sensible sur une glace polie, et on laisse égoutter la glace en l'appuyant par une de ses arêtes sur une feuille de papier buvard qui absorbe l'excédent du liquide. La glace égouttée, on la sèche, sans attendre, sur la flamme d'une lampe à alcool, puis on l'expose, chaude encore, à l'insolation sous le cliché à reproduire Cette insolation, faite à l'ombre, peut durer de deux à quinze minutes suivant la lumière.

On développe après l'épreuve dans le cabinet noir en passant le graphite, c'est-à-dire la plombagine, sur le côté préparé du verre, en se servant d'un blaireau. L'image se montre souvent à peine au premier développement. Après une minute d'intervalle, on recommence à appliquer la plombagine à l'aide du blaireau, jusqu'à ce que l'image ait atteint l'intensité voulue. »

La durée du développement est en raison directe de la sécheresse de l'atmosphère; quelquefois il est même nécessaire d'opérer dans une pièce humide.

Lorsqu'on sensibilise la glace, si la liqueur sensible ne s'y étend pas régulièrement, l'accident peut être attribué à deux causes : ou la température est froide et humide, il faut alors chauffer légèrement le verre ; ou la glace a été mal nettoyée.

Rien n'est plus simple que d'obtenir un négatif redressé avec un cliché positif sur pellicule et des glaces au gélatino-bromure. A défaut de positif sur pellicule, on peut se servir d'un positif sur papier mince, et la finesse, la netteté de l'image sera proportionnelle au peu d'épaisseur de ce papier; elle sera toujours suffisante lorsque la reproduction sera faite en vue de servir de fond au travail du dessinateur lithographe.

L'obtention d'un nouveau négatif redressé par un de ces deux moyens, ne doit jamais être négligée quand on n'est pas assuré de pouvoir recommencer, en cas d'accident, le négatif type.

Une dernière méthode consiste à obtenir directement du négatif, sur du papier ou tout autre support, une épreuve susceptible de recevoir un encrage à l'encre de report, et d'être ensuite transportée sur pierre ou sur métal. Nous en entretiendrons nos lecteurs dans le chapitre spécial que nous consacrerons aux reports en photolithographie.

Nous n'ajouterons qu'une opinion toute personnelle à ce que nous yenons d'exposer, c'est que le collodion, comme résultat, est bien préférable au gélatino-bromure; ce dernier ne peut rendre de réels services que pour les reproductions de dimensions restreintes, et surtout pour faciliter les essais de début.

LE BITUME DE JUDÉE

Le bitume de Judée, en dissolution dans une essence et étendu en couche mince sur un support quelconque, devient, une fois sec et sous l'action de la lumière qui modifie sa constitution atomique, insoluble ou du moins presque insoluble dans ses dissolvants ordinaires, les hydrocarbures liquides. Cette propriété, mise à contribution par Nicéphore Niepce, puis par Niepce de Saint-Victor, dans leurs essais de gravure de l'image photographique, est encore aujourd'hui la base des procédés qui servent à établir les planches destinées à la gravure chimique. Les acides n'attaquent pas le bitume; il repousse l'eau comme les corps gras, et l'encre d'impression y adhère aussi facilement que sur les traits d'une planche lithographique ordinaire.

On ne peut demander au bitume que la reproduction des planches au trait ou au pointillé. Nous verrons plus loin par quel tour de main M. Walter Voodbury, puis M. Husnik, de Prague, ont tourné les difficultés que présentait la reproduction des demi-teintes.

Le bitume de Judée doit être presque entièrement soluble dans l'essence de pétrole ou dans la benzine rectifiée du commerce; il doit s'y dissoudre en laissant un résidu insignifiant. Les dissolvants qu'on utilise doivent être anhydres; on leur enlève toute trace d'eau en mettant un peu de chlorure de calcium fondu dans les flacons qui les renferment. La mixture sensible constitue un véritable vernis dont on recouvre le support d'une couche aussi régulière que possible. Voici trois formules moyennes de la composition de ce vernis :

	Niepce.	Fortier.	Rodrigue.
Benzine.	100 gr.	100 gr.	100 gr.
Bitume	3	3	8
Essence de citron	10	»	»
Essence de lavande.	»	»	3

L'essence de citron ou l'essence de lavande interviennent pour augmenter la sensibilité de la préparation, dit-on, mais elles agissent en réalité comme agents mécaniques, en retardant l'évaporation du dissolvant très volatil, et en permettant d'obtenir une couche plus régulière.

M. Davanne, dans sa *Chimie photographique* (Paris, Gauthier-Villars et fils, éditeurs), décrit ainsi les opérations de photolithographie sur pierre exécutées par M. Lemercier, avec sa collaboration et celle de MM. Barreswil et Lerebours :

« On prend une certaine quantité de bitume, que l'expérience seule peut déterminer, attendu que la solubilité de tous les bitumes diffère sensiblement; on le broie en poudre fine et on en fait une dissolution dans l'éther. Cette dissolution éthérée doit être faite de telle sorte que, répandue sur la pierre, elle y laisse une couche très mince, régulière et formant non pas un vernis, mais ce que les graveurs nomment un grain : en observant la pierre avec une loupe, on doit constater que cette couche présente sur toute sa surface une sorte de cassure régulière et des sillons où la pierre est mise à nu. La finesse de ce grain, que l'on obtient parfait avec un peu d'habitude, dépend beaucoup de l'état de sécheresse de la pierre, de la température, qui doit être assez élevée pour produire une volatilisation rapide, enfin de la concentration de la liqueur. On facilite la formation du grain en ajoutant à l'éther une faible proportion d'un dissolvant moins volatil que celui-ci.

» La dissolution de bitume ainsi préparée, on prend une pierre lithographique qu'on met parfaitement de niveau sur un pied à caler, on y passe un blaireau pour enlever la poussière, et on y verse la quantité de liquide nécessaire pour couvrir toute sa surface; l'excédent déborde et tombe de chaque côté. Pour empêcher le retour du liquide sur lui-même, ce qui formerait une double épaisseur, on passe sur les arêtes de la pierre une baguette de verre qui facilite l'écoulement. On doit éviter, pendant toute cette opération, la moindre agitation dans l'air, provoquée soit par l'haleine, soit par des mouvements trop brusques du corps : elle produirait des ondulations sur la surface du liquide, le bitume serait alors d'inégale épaisseur, et l'opération devrait être recommencée.

» Lorsque la couche est parfaitement sèche, on y applique un négatif obtenu par un procédé quelconque, et on expose à une vive lumière pendant un temps plus ou moins long que l'expérience peut seule indiquer. Quand on juge l'opération terminée, on enlève le négatif et on lave la pierre à l'éther. Partout où la lumière a pu traverser, le bitume devenu insoluble reste sur la pierre; il se dissout, au contraire, partout où il a été protégé par les noirs du négatif. Si le temps de pose a été trop court, l'image sur la pierre est trop légère et n'offre pas de demi-teintes; s'il a été trop prolongé, l'image est lourde et les finesses sont perdues. Le lavage à l'éther doit être fait largement, sans quoi il se formerait des taches qu'on ne pourrait plus enlever. L'épreuve bien réussie et sèche reçoit alors les mêmes préparations qu'une planche faite au crayon lithographique. »

Un pareil procédé ne peut réussir qu'entre les mains de praticiens habiles; aussi préférons-nous de beaucoup l'emploi, comme supports, des planches métalliques, faciles à manier, adhérant mieux au cliché, et utilisables, dans certaines conditions d'épaisseur, aux reports directs, ce qui évite le retournement des négatifs.

On verse à la surface d'une feuille de zinc préparée comme pour la lithographie, en choisissant le grain en rapport avec la reproduction qu'on doit faire, une des mixtures au bitume de Judée que nous avons indiquée, et, à l'aide du tourniquet ou plateau tournant, on assure l'égale distribution du vernis sur toute cette surface. Lorsque toute odeur d'essence de citron ou d'essence de lavande a disparu, on peut l'exposer à la lumière sous un cliché que l'on a eu soin de talquer au préalable. Il est même bon que le négatif soit verni, car la couche de bitume, échauffée par les rayons lumineux, a tendance à y adhérer, et le talquage est quelquefois insuffisant pour éviter un accident. Lorsqu'on suppose que le temps d'exposition a été suffisant, on laisse plaque et négatif refroidir avant de les séparer; au besoin, on hâte ce refroidissement en mouillant à l'éponge le dos du métal.

Pour développer l'image, on plonge, d'un seul coup, la plaque insolée dans une cuvette contenant de l'essence de térébenthine — Niepce de Saint-Victor employait un mélange de 4 parties d'huile de naphte pour 2 parties de benzine. — Cette cuvette a le fond légèrement concave, ou mieux cannelé, afin que les parties du bitume restées insolubles puissent s'y déposer sans souiller outre mesure le bain. Si l'image est à point, il suffit de quelques secondes pour la développer. On la sort de la cuvette et on la lave à grande eau, en projetant sur elle le jet d'une pomme d'arrosoir, puis on l'assèche entre des feuilles de papier buvard. Si on s'apercevait, avant d'encrer lithographiquement la planche ainsi obtenue, que le développement laissait à désirer, on pourrait la replonger pendant quelques secondes dans l'essence. On acidule, on gomme et on encre cette planche obtenue photographiquement comme une planche lithographique ordinaire. Elle n'en diffère du reste que par un seul point, c'est qu'entre le métal et l'encre est interposée une couche de bitume insoluble.

En se servant de plaques métalliques assez minces, aussi minces que le permettront les manipulations, on pourra, en encrant l'image développée à l'encre de report, en opérer directement le transport sur pierre. M. J. J. Rodrigue, dans son opuscule sur les *Impressions photographiques aux Encres grasses*, nous donne la marche à suivre dans l'application de ce moyen d'éviter la pellicularisation, tout en obtenant, sans demi-teintes bien entendu, les meilleurs résultats. L'étain employé a l'épaisseur d'une feuille de papier :

« La feuille d'étain est satinée d'abord avec une faible pression sur une pierre lithographique, qui ne doit pas être parfaitement polie, mais très finement grainée et presque pas poncée; une forte pression enlève la flexibilité du métal et fait qu'il se déchire facilement; une pierre trop polie affaiblit l'adhérence entre l'étain et la couche sensible dont on doit le recouvrir; finalement, une pierre trop rugueuse altère la finesse du dessin et peut donner des taches sous l'action du rouleau encreur.

» La feuille satinée doit être parfaitement nettoyée et mise sur une surface lisse et résistante; on se sert pour cela d'une plaque de zinc plané, semblable à celles utilisées pour la gravure chimique. On mouille la surface avec de l'eau et l'on applique l'étain dessus, en évitant les plis; s'il s'en forme, on soulève la feuille et, en la laissant retomber avec précaution, on les fait disparaître. On complète le lissage de l'étain au moyen d'un léger frottement avec un tampon mouillé, bien souple et bien lisse. Si la surface métallique semble propre, il suffit de la frotter légèrement avec un morceau de linge imbibé d'une solution de potasse ou de soude à 10 0/0. Lorsqu'il sera nécessaire d'avoir recours à des moyens plus énergiques, on ajoutera à la solution alcaline un peu de craie bien lévigée. On lave ensuite jusqu'à complète disparition de toute trace du liquide caustique, et on étend la couche sensibilisatrice. »

L'image développée comme nous l'avons indiqué pour la feuille de zinc, on l'encre au rouleau en se servant d'un mélange de 2 parties d'encre de report pour 1 partie d'encre d'impression; ces proportions n'ont rien d'absolu, l'imprimeur agira sous ce rapport en raison de la nature de la planche. Si l'encrage est difficile, il essaiera une encre un peu plus faible, et travaillera sur l'étain comme il le ferait sur le zinc.

Lorsqu'il aura donné à l'image la couleur voulue, il gommera la planche et la laissera reposer pendant quelques heures, après quoi il l'encrera de nouveau, la laissera sécher en l'enlevant de son support et en l'étendant sur une feuille de papier, et, lorsqu'elle sera sèche, procédera au report.

La malléabilité de l'étain fait que la feuille de métal se moule pour ainsi dire sur l'encre, qui se décalque sans s'étendre sous la pression, et par conséquent sans déformer les traits. Si on ajoute à cela cet autre avantage que la feuille de métal conserve les mêmes dimensions, que par conséquent le report est la reproduction mathématiquement exacte du négatif, on comprendra tout le parti qu'on peut tirer de ce procédé pour l'établissement des planches chromolithographiques en général. Un imprimeur habitué au travail sur zinc ne rencontrera aucune difficulté à opérer comme nous l'avons indiqué.

Malgré les beaux résultats qu'on obtient du bitume de Judée, la lenteur de son insolation, en hiver surtout, où la lumière est si souvent insuffisante, est l'écueil de ce procédé: tout le monde n'a pas à sa disposition la lumière électrique pour suppléer à celle du soleil. Le bitume cependant se prête à des tours de mains précieux, comme l'obtention directe, sans passer par l'objectif, de planches d'impression, en se servant d'un positif, d'un calque exécuté à l'encre de Chine mélangée d'une pointe de gomme-gutte, de dessins originaux et de gravures.

On choisit une feuille de zinc préparée comme pour la lithographie; après l'avoir immergée, pendant une ou deux secondes, dans un bain d'eau aiguisée à 3 0/0 d'acide azotique, on la rince, on l'essuie et on la couvre de la mixture dont on fait usage pour préparer les planches zincographiques. M. Davanne indique, pour cet usage, la formule suivante :

Eau	10 litres.
Noix de galle.	500 grammes.

Réduire au tiers par ébullition prolongée, puis ajouter :

Acide azotique	100 grammes.
Acide chlorhydrique. . . . . . , ...	6 —

Cinq minutes après, on lave et on assèche la plaque, puis on la couvre de la solution de bitume de Judée, et on l'insole sous un positif ou sous toute autre image, calque, dessin, gravure, écriture, etc., le côté du trait en contact avec le bitume. On développe à l'essence, et la planche apparaît dénudée partout où le trait a empêché le bitume d'être insolubilisé, reproduisant ainsi fidèlement l'image retournée du type choisi. On déprépare avec une solution à 5 0/0 d'acide acétique, qui n'agit que là où le métal est à nu ; s'il y a quelques retouches à faire, on les exécute par enlèvement, au burin ou à la pointe, puis, avec un tampon et de la benzine, on enlève tout le bitume insolé, on mouille et on encre. La planche ayant été entièrement préparée avant la sensibilisation et dépréparée seulement sur les traits de l'image, l'encre n'adhérera que sur ceux-ci.

Il nous reste à mentionner le procédé Walter Woodbury, breveté en 1873, et le procédé Husnik (Leymtypie), qui sont basés sur le même principe : celui de rendre les demi-teintes par un grisé très serré, un quadrillé ou un pointillé. Ces procédés, quoique se rapportant plutôt à l'obtention des planches typographiques que des planches lithographiques, ne doivent pas rester lettre morte pour nos lecteurs.

Dans une planche de gravure sur bois, en taille-douce ou au burin, dans un dessin à la plume, les effets sont obtenus par les oppositions de blanc et de noir, ces deux couleurs étant franchement séparées. Tous les tons de la gradation du blanc au noir sont rendus par le plus ou moins de valeur et le plus ou moins de rapprochement des tailles. Vues à distance, ces tailles disparaissent, mais l'effet persiste sur l'œil, qui perçoit alors la sensation de teintes graduées que produiraient les mélanges proportionnels de blanc et de noir, comme si la planche gravée était une aquatinte. C'est le résultat qu'ont obtenu MM. Walter Woodbury et Husnik, en créant cette opposition de blanc et de noir sur l'image photographique. Le principe de leurs procédés est l'interposition, entre le négatif et la surface sur laquelle doit agir la lumière au travers de celui-ci, d'une pellicule mince, transparente, sur laquelle est tracé ou imprimé un réseau fin et serré. L'impression photographique de ce réseau, qui se confond avec les grands noirs, permet d'obtenir les demi-teintes avec leur valeur et avec un grain régulier qui rend possible leur gravure par les procédés chimiques.

LES BICHROMATES

En 1797, le chimiste Vauquelin, qui venait de découvrir le chrome et en étudiait les diverses combinaisons, constata que certains de ses composés oxygénés, en présence de matières organiques, cédaient promptement à celles-ci, sous l'influence de la lumière surtout, une partie de l'oxygène combiné, se comportant vis-à-vis de ces matières organiques en agent comburant. Cette action des sels acides de chrome se manifeste plus particulièrement sur la gélatine, les gommes, l'albumine et les différentes substances colloïdes ou albuminoïdes. Si une de ces substances, dissoute dans l'eau, est additionnée d'une solution de bichromate et étendue en couche mince à la surface d'un corps qu'on expose ensuite à la lumière, elle ne tarde pas à changer de nature et à subir des modifications moléculaires qui se traduisent par une insolubilité plus ou moins complète dans l'eau. Cette propriété est la base des procédés dits au bichromate, dont M. Poitevin fut le créateur.

Ces procédés sont de diverses natures. Les uns ont trait à la reproduction de l'image par les moyens lithographiques, en se servant, comme planche d'impression, de la matière organique elle-même sur laquelle cette image a été chimiquement développée; les autres fixent cette image sur les supports lithographiques ordinaires, soit directement, soit au moyen du report. Les premiers ont reçu le nom de phototypie, les autres constituent plus spécialement la photolithographie.

Avant d'aborder la description des uns et des autres, ou du moins des principaux d'entre eux, nous allons consacrer quelques paragraphes à la composition et au mode de préparation des différentes couches sensibles employées. Elles sont à base de gélatine, d'albumine ou de gomme arabique, substances pour la description desquelles nous renvoyons à notre Index chimique.

LA GÉLATINE. — La gélatine est incolore ou très légèrement grisâtre lorsqu'elle est pure. L'eau froide la ramollit, la gonfle, mais ne la dissout pas sans l'intervention de la chaleur. Fondue, elle se présente sous la forme d'une liqueur sirupeuse qui se prend en gelée par le refroidissement vers 35°, si on ne lui a pas incorporé plus de six fois son poids d'eau ou si on n'a pas soumis sa solution à une ébullition prolongée. On en trouve dans le commerce une grande variété; quelque réclame qu'on ait voulu faire aux gélatines étrangères, nous croyons que mieux vaut s'en tenir à nos marques françaises connues, Coignet ou Grenet. Celles qui se dissolvent le moins facilement produisent, après insolubilisation, au développement, une sorte de grain dont la valeur est en raison du plus ou moins de solubilité, de telle sorte qu'on peut, suivant le produit qu'on emploie, créer sur la planche un grain plus ou moins fin. C'est une affaire d'expérience que le praticien peut promptement acquérir.

Afin d'éviter les aléas qui peuvent résulter de l'emploi d'une gélatine impure, nous empruntons à M. Stimde son mode de clarification, qui est à la portée de tous les manipulateurs. La gélatine, divisée en fragments, est mise à tremper dans de l'eau froide, qu'on renouvelle plusieurs fois. On la fait ensuite fondre au bain-marie, et on y ajoute, pour un litre par exemple, un mélange de 30^{cc} d'albumine (la valeur d'un blanc d'œuf), 60^{cc} d'eau et quelques gouttes d'ammoniaque. La gélatine ainsi additionnée est vigoureusement battue avec une fourchette en bois, puis on y verse goutte à goutte, en continuant à battre, de l'eau aiguisée à 0,5 pour cent d'acide acétique, jusqu'à ce qu'elle accuse une réaction acide au papier de tournesol. On la porte vivement à l'ébullition sans cesser d'agiter avec la fourchette, et sans laisser continuer cette ébullition plus de trois minutes. On la filtre alors au papier dans un entonnoir à double paroi, rempli d'eau chaude. Elle doit passer limpide et incolore. On la coule dans des cuvettes plates, qu'on couvre pour empêcher la poussière qui pourrait s'y déposer. Quand elle est complètement prise et sèche, on la coupe en morceaux qu'on lave à plusieurs eaux, en employant de l'eau distillée ou de l'eau de pluie, et on fait sécher ces morceaux à une douce chaleur, sans dépasser 20°. On conserve cette gélatine ainsi purifiée dans un flacon à large goulot ou dans un bocal.

On ne doit sensibiliser que peu de gélatine à la fois, car les sels de chrome agissent, même dans l'obscurité, sur les matières organiques, et après quelques jours, toute sensibilité serait perdue, la gélatine deviendrait insoluble.

Voici quelques formules de sensibilisation empruntées aux : n° 1, procédé Edwards; n° 2, procédé Roux; n° 3, procédé Roux, pour support métal; n° 4, procédé Rodrigue, pour support étain; n° 5, procédé Rodrigue, pour support zinc destiné à l'impression ; n° 6, procédé Rodrigue, pour support zinc destiné à fournir des épreuves de report; n° 7, procédé Moock; n° 8, procédé Geymet; n° 9, procédé Allishoffer. Nous les avons ramenées à une unité, celle de 500 grammes d'eau employée dans la solution, afin qu'on se rende mieux compte des différences notables qu'elles présentent; nous pouvons ajouter que, partant des mêmes principes, il n'y a pas deux opérateurs qui pratiquent de la même façon. La colle de poisson et la colle de peau, que nous voyons figurer aux formules 2, 3, 7 et 8, n'ont pas d'autre utilité que de donner plus de ténacité à la gélatine. Ce qu'il faut éviter, ce sont les cristallisations qui, avec la formule n° 1, doivent nécessairement se produire.

	1	2	3	4	5	6	7	8	9
Eau.	500	500	500	500	500	500	500	500	500
Gélatine. . . . . " . . .	125	12	»	20	15	40	30	40	30
Gélatine dure.	»	10	25	»	»	»	»	»	»
Colle de poisson.	»	6	»	»	»	»	8	20	12
Colle de peau.	»	»	20	»	»	»	»	»	»
Bichromate de potasse.	20	6	6	»	»	15	13	15	8
Bichromate d'ammoniaque.	»	6	5	10	5	»	»	»	5

Pour préparer ces différentes compositions, la marche à suivre est la même. On prélève sur les 500 grammes d'eau la quantité nécessaire pour faire dissoudre les bichromates, puis, les colles étant fondues au bain-marie avec le reste de l'eau, on y incorpore ces solutions, en ayant soin que leur diffusion dans la masse soit complète.

Lorsque la préparation sensible est prête, il reste à l'étendre le plus tôt possible sur la surface qui doit lui servir de support, et à la faire sécher promptement dans des conditions déterminées. Afin de faciliter les manipulations, on chauffera le laboratoire à 30° environ, et, d'autre part, l'étuve sera tenue entre 30° et 35°; on y laissera séjourner un peu les plaques ou glaces, puis, les disposant à plat sur le cadre à vis calantes, on établira le niveau et on les couvrira de la préparation sensible maintenue liquide par un chauffage au bain-marie. Cette préparation n'a qu'une fluidité relative; aussi faudra-t-il faire usage, pour l'étendre également, d'une baguette de verre ou d'un triangle de verre formé par un tube recourbé deux fois $\triangleright=$, en évitant qu'il reste des bulles d'air dans la masse; inclinant au besoin les plaques d'un côté, puis de l'autre, on peut faire écouler, dans le récipient qui contient la préparation, l'excédent, si on en a trop versé; on les abandonne ensuite quelques instants de niveau, afin que cette préparation fasse légèrement prise, assez cependant pour permettre de les transporter dans l'étuve, et de les y disposer sur les planchettes de niveau qui la garnissent. Il ne faut pas laisser moins de $0^m,001$ d'épaisseur, ni plus de $0^m,002$ à la préparation, afin que la couche sèche soit dans de bonnes conditions de travail. La dessiccation s'opère en deux ou trois heures au plus.

La cristallisation des sels de chrome, cristallisation qu'il faut éviter, se produit surtout si la dessiccation est trop lente. D'autre part, si l'étuve est trop chaude, les surfaces manquent de régularité; il se produit des zones qui marquent à l'impression, et quelquefois même la gélatine se fendille. La poussière est le grand ennemi de ces manipulations; chaque grain tombant sur la surface sensibilisée, avant que celle-ci ne soit complètement sèche, s'y fixe et fait tache; aussi ne saurait-on prendre trop de précautions pour l'éviter.

Les plaques sensibilisées sont bonnes à l'emploi le jour et le lendemain de leur préparation, moins bonnes le surlendemain ; passé ce délai, il ne faudra pas être surpris des insuccès. Pour les conserver, on les dispose sur champ dans une boîte à rainures contenant un peu de chlorure de calcium.

Lorsque la couche de gélatine sensibilisée doit avoir pour support une plaque de métal, un grainage très fin complété par la ponce en poudre, comme on le pratique sur les feuilles de zinc destinées aux travaux d'impression, suffit pour assurer l'adhérence. Il n'en est pas de même lorsque le support est une glace, comme pour les planches destinées à l'impression phototypique. On revêt alors, comme le dit M. Roux, ces glaces du « grappin » ; c'est une préparation préliminaire, destinée à protéger la couche de gélatine contre les effets de l'humidité qui pourrait, sans cela, s'infiltrer entre elle et la glace. Nous en parlerons dans la description des différents procédés connus.

Si on donne à la gélatine un support souple, comme le papier ou le parchemin végétal, par exemple, soit pour faire des reports directs, soit pour des tirages à l'autocopiste photographique, il est inutile de sensibiliser cette gélatine d'avance. La couche de gélatine ne doit être ni trop mince ni trop épaisse : trop mince, elle serait d'un encrage difficile; trop épaisse, elle gonflerait outre mesure au développement de l'image. Les gélatineurs de profession se servent d'un large pinceau, et réussissent fort bien, grâce à la pratique journalière de ce genre de travail. M. Fortier, dans son opuscule sur la photolithographie, indique le tour de main suivant pour suppléer à la pratique. Sur une glace épaisse, mise de niveau, on étend une feuille de papier humectée régulièrement, on l'entoure de quatre réglettes de verre posées à plat et formant cuvette, puis on coule la gélatine tiède, en évitant les bulles d'air. On peut aussi faire flotter le papier humide à la surface d'une cuvette plate dans laquelle la gélatine est maintenue à la température nécessaire pour qu'elle reste liquide.

Pour humecter le papier ou le parchemin végétal, nous recommandons de l'intercaler dans un cahier de papier sans colle mouillé avec de l'eau aiguisée d'un peu de glycérine. On prépare d'autre part la solution suivante :

Gélatine	100 gr.
Alun de chrome	1 gr.
Eau	200 cc.
Glycérine pure	3 cc.

Le papier gélatiné se conserve indéfiniment si on a soin de l'entreposer dans un endroit à l'abri de toute humidité; quand on veut l'employer, on le sensibilise en le plongeant entièrement, côté gélatiné en dessus, dans une cuvette plate contenant un bain de

Bichromate de potasse. . . . .   15 grammes.
Eau   500   —
Ammoniaque . . . .   qq. gouttes.

Avec un blaireau que l'on passe à sa surface pendant qu'il est ainsi immergé, on enlève avec soin toutes les bulles d'air, afin que le bichromate puisse agir partout. Après dix minutes d'immersion, on le retire et on l'étend, le côté gélatiné en dessous, sur une glace qu'on a préalablement nettoyée, talquée, puis essuyée. Quand il est complètement sec, — ce qu'on reconnaît lorsqu'en soulevant un des coins il se détache facilement, — on peut l'insoler sous un négatif. Toutes ces opérations peuvent se faire à la lumière ordinaire, sauf le séchage, qui nécessite l'obscurité ou tout au moins la lumière rouge du laboratoire, et une certaine température, afin qu'il ne se prolonge pas au delà de douze heures. Le papier et le parchemin gélatinés et sensibilisés ne conservent leur sensibilité que pendant quelques jours, cinq à six au plus.

Nous indiquerons plus loin d'autres procédés pour préparer, sans le secours de la couche de gélatine, le papier destiné aux reports directs.

M. J. J. Rodrigue recommande la substitution de la feuille d'étain mince au papier; nous en avons déjà parlé à propos du bitume de Judée; voici, en résumé, ce qu'il indique pour préparer ces feuilles à la gélatine bichromatée, d'après la formule n° 4 donnée plus haut. La feuille d'étain, placée, comme pour le procédé au bitume sur une feuille de métal, est nettoyée, puis couverte d'une couche aussi égale que possible de gélatine bichromatée. La préparation, étendue au pinceau, doit présenter une couche parfaitement homogène, d'une teinte ambrée, sans stries ni interruptions. On hâte la dessiccation à l'étuve (entre 40° et 45° au plus), afin d'éviter les différences d'épaisseur et la cristallisation du composé chromique.

Quand la surface gélatinée de l'étain est sèche, on sépare la feuille de la plaque de métal en la renversant sur une feuille de gros carton, qu'on chauffe doucement jusqu'à complète évaporation de l'eau qui établissait l'adhérence entre les deux métaux. On peut ensuite procéder à l'insolation sous un négatif, opération qui peut durer de cinq à douze minutes au soleil et au moins trois fois plus de temps à la lumière diffuse. Si le fond du cliché est opaque, l'exposition peut être prolongée sans inconvénients, ce qui n'arrive pas si les noirs de l'image négative sont un peu transparents, auquel cas il est difficile d'obtenir au soleil des épreuves satisfaisantes; il est alors préférable d'exposer à la lumière diffuse.

Pour développer l'épreuve, on plonge la feuille d'étain dans une cuvette d'eau froide, côté gélatiné en dessus, puis on la retire après quelques instants et on l'applique sur une surface bien plane, pierre ou métal. On lisse l'étain avec un cylindre en bois recouvert de flanelle, dont le passage chasse l'excédent d'eau, et on encre au rouleau lithographique, comme nous l'avons indiqué. Une couche trop épaisse de gélatine bichromatée se soulève et se déchire facilement sous l'action du rouleau encreur; une couche trop mince se voile pendant l'encrage; dans ce second cas, il faut nettoyer la planche à l'essence et mettre un peu de gomme dans l'eau de mouillage.

La gélatine du Japon, dont plusieurs praticiens font usage pour la confection des planches photographiques destinées aux impressions aux encres grasses, est une albumine végétale qu'on extrait de quelques espèces de fucus, entre autres le *fucus crispus*. Elles donnent des épreuves d'une grande finesse, mais sont assez difficiles à manipuler; il faut leur ajouter une petite quantité de glycérine, et souvent même ne les utiliser que mélangées à des gélatines faibles qu'elles servent à remonter.

L'ALBUMINE. — L'albumine d'œuf est celle qu'on emploie; il existe des différences sensibles entre elle et celles qu'on rencontre dans les différentes parties de l'économie animale. Pour l'obtenir pure, c'est-à-dire débarrassée de la fibrine et des autres corps étrangers qu'elle peut contenir, on commence par séparer le blanc de plusieurs œufs et par en enlever les germes, puis on y ajoute environ le quart de leur volume d'eau de pluie filtrée et 1 ou 2 grammes de chlorhydrate d'ammoniaque par 100 centimètres cubes de liquide. Versant le tout dans une bouteille d'une capacité au moins triple et dans laquelle on a mis, au préalable, du verre réduit en fragments, on bouche la bouteille et on agite jusqu'à ce que le tout soit en neige. On laisse alors reposer au frais pendant un jour au plus, et on verse le liquide sur un filtre en papier. Si, au moment de l'emploi, l'albumine n'est pas limpide, on filtre de nouveau.

M. Davanne, dans sa *Chimie photographique* (Paris, Gauthier-Villars et fils), donne la formule de ce qu'il désigne sous le nom d'albumine fermentée : dans une terrine en terre vernie, on met une assez forte proportion de blancs d'œufs, 20 par exemple, qui donneront environ 600^{cc}. On y ajoute, par 100^{cc} de liquide, 10 grammes de miel blanc et 2 à 3 grammes de levure de bière. Le tout étant battu, pour opérer un mélange intime, on abandonne la terrine, non couverte, mais autant que possible à l'abri de la poussière, à une température de 18° à 25° pendant quelques jours. Il s'établit bientôt une fermentation qui détruit les cellules et produit une mousse abondante. La masse dégage une odeur de bière caractéristique, puis la mousse tombe peu à peu. L'opération est terminée. On ajoute quelques centimètres cubes d'ammoniaque caustique, et on filtre. Cette albumine, mise dans une série de flacons de 50^{cc} par exemple, bien bouchés, se conserve fort longtemps. Elle est très fluide et s'étend facilement sur les surfaces, propriété qu'elle doit à la petite quantité d'acide acétique produite par la fermentation du miel.

On peut aussi dessécher l'albumine, pour la conserver plus facilement sous un petit volume. Il suffit de la verser dans des vases présentant beaucoup de surface et de laisser évaporer l'eau qu'elle renferme, à l'abri de la poussière et autant que possible à la chaleur de l'atmosphère. Si on désirait hâter cette dessiccation, on mettrait ces vases à l'étuve sans pousser la chaleur au delà de 25°.

L'albumine sèche qu'on trouve dans le commerce est souvent un mélange de différentes sortes d'albumines animales; or, il est utile de pouvoir se rendre compte si le produit vendu sous le nom d'albumine d'œuf n'est pas fraudé. On en pèse une petite quantité qu'on dissout dans l'eau froide. En ajoutant de l'éther à la dissolution, toute l'albumine d'œuf se coagule. On la recueille sur un filtre, on la sèche, et on la pèse. Comme l'éther est sans action sur les autres albumines animales, celles-ci, s'il y en a, restent en dissolution dans le liquide. La différence de poids entre la première et la seconde pesée indique et la fraude et la proportion dans laquelle elle a été faite.

Un œuf renferme en moyenne 30^{cc} d'albumine, quantité correspondant à 6 grammes d'albumine sèche. Connaissant la densité d'une préparation d'albumine fraîche, il sera toujours facile d'y ramener une solution d'albumine sèche. Lorsqu'on se servira d'albumine du commerce, il ne faudra jamais négliger de battre en neige les solutions et de les filtrer après que la mousse sera tombée. Nous avons indiqué plus haut le procédé au flacon garni de débris de verre, mais on peut tout aussi bien battre en neige avec un faisceau de verges, des fourchettes en bois, ou une tournette de cuisine en fils métalliques étamés; le procédé au flacon nous a semblé plus simple et plus expéditif pour obtenir de l'albumine pure, condition essentielle de la solidité et de la finesse de la couche qu'elle devra former.

Pour sensibiliser l'albumine, on en verse une certaine quantité dans un récipient évasé, en terre vernissée ou en porcelaine; d'autre part, dans un volume égal d'eau distillée ou d'eau de pluie filtrée, on fait une solution de 3 ou 4 0/0 de bichromate d'ammoniaque. On bat l'albumine en neige en y ajoutant goutte à goutte la solution de bichromate, on laisse tomber la mousse, puis on filtre. Cette manipulation doit se faire à l'abri de la lumière active; elle conserve sa sensibilité pendant quatre ou cinq jours, après lesquels elle serait hors d'emploi sans un tour de main trouvé par M. Geymet. Il suffit, d'après lui, « d'ajouter à l'albumine vieillie trois ou quatre gouttes d'eau saturée de bichromate d'ammoniaque pour lui restituer la sensibilité et la propriété qu'elle avait perdue d'être soluble dans l'eau. »

M. Altishoffer a publié, il y a deux ans environ, une autre formule de sensibilisation de l'albumine. Dans 100^{cc} d'eau distillée, il fait dissoudre 10 grammes de bichromate de potasse; d'autre part, il bat en neige, en y versant peu à peu cette solution, 200^{cc} d'albumine, puis y ajoute 10 grammes d'ammoniaque et laisse reposer une heure ou deux avant de filtrer. D'après lui, l'albumine ainsi solubilisée se conserverait indéfiniment à l'abri de la lumière, à condition de filtrer de temps en temps.

L'albumine donne des images d'une grande finesse, mais sans demi-teintes; elle est excellente pour le trait et le pointillé. On l'utilise surtout pour former la couche intermédiaire entre la glace et la gélatine, dans les procédés phototypiques.

Le papier fortement albuminé et de fabrication récente, sensibilisé comme nous l'avons indiqué pour le papier gélatiné, peut être utilisé pour le report direct de l'image photographique. Il conserve sa sensibilité pendant quelques jours; son seul défaut est d'adhérer moins bien aux surfaces que le papier gélatiné.

LA GOMME ARABIQUE. — L'AMIDON. — L'ARROW-ROOT. — Ces trois substances sont, en présence des bichromates, insolubilisées par la lumière. On a tiré parti de cette propriété pour préparer des papiers destinés au report direct de l'image photographique. Nous y reviendrons en décrivant les procédés Geymet et Asser.

DIVERS PROCÉDÉS PHOTOTYPIQUES

L'impression phototypique, à l'aide de l'appareil connu sous le nom d'autocopiste, n'est pas un procédé nouveau; c'est la simplification des procédés connus, par la substitution d'un support souple, le parchemin végétal, aux supports rigides, la glace ou le métal. Si nous débutons dans nos descriptions par l'autocopiste, c'est qu'il est, à notre avis, l'instrument des premiers essais, celui qui permet le mieux au lithographe de se familiariser à peu de frais avec les premières pratiques des nouveaux procédés.

L'autocopiste se compose d'un plateau en bois dur, sur lequel est monté par des charnières un cadre à double châssis; sur le côté opposé aux charnières est un verrou assujettissant le cadre au plateau. Les deux châssis du cadre sont fixés l'un à l'autre par des griffes en métal. Sur le plateau, on glisse entre deux coulisseaux un bloc de bois blanc de plus petites dimensions que l'intérieur du cadre, et qui, lorsque l'appareil est fermé, fait légèrement saillie. Les accessoires de l'autocopiste sont : une plaque métallique bien dressée, d'une dimension un peu moindre que celle du bloc; un ou deux blanchets aussi grands que ce bloc; deux planchettes portant chacune deux plaques métalliques pour la distribution de l'encre; deux rouleaux à main; un ou plusieurs tampons de linge souple non pelucheux; un couteau souple.

Nous avons expliqué, en parlant des bichromates, comment on préparait le parchemin végétal gélatiné et comment on le sensibilisait. Voici la marche à suivre pour en tirer parti :

On le dispose, dans un châssis-presse, sous le négatif de l'image à reproduire, et on expose ce châssis à la lumière diffuse; la lumière directe du soleil ne doit être employée que pour les reproductions de gravures au trait, où les blancs et les noirs sont nettement accusés. On suit la venue de l'image; lorsque les détails et demi-teintes correspondant aux parties noires du cliché commencent à paraître, l'image est à point. Le temps de l'exposition, dépendant de la nature du négatif et de l'intensité de la lumière, ne peut être déterminé d'avance, même d'une façon approximative. Un négatif d'une image au trait demandera de quatre à cinq minutes au soleil, tandis qu'un négatif à demi-teintes exigera souvent, pendant l'été, plus d'une heure d'exposition à l'ombre, et, pendant l'hiver, quatre ou cinq fois le même temps. L'expérience seule peut servir de guide.

Lorsque l'image apparaît dans tous ses détails sur la couche de gélatine bichromatée, on enlève le négatif du châssis-presse, on retourne la feuille de parchemin de façon à ce que ce soit le côté non préparé qui porte sur la glace du châssis, on referme celui-ci et on expose à la lumière pendant quelques minutes, dix à quinze au plus. Cette seconde insolation a pour but d'insolubiliser, au travers du parchemin, la surface de la couche sensible qui est en contact avec lui, et d'assurer son adhérence que les manipulations suivantes pourraient compromettre. Ceci fait, on retire le parchemin du châssis, et on le plonge dans une cuvette, dont on renouvelle l'eau à plusieurs reprises, pendant deux heures au moins, jusqu'à ce qu'en regardant l'image par transparence on ne distingue plus trace de nuance jaune dans les blancs. Tout le bichromate non insolubilisé est alors éliminé. La feuille de parchemin, piquée aux angles sur une planchette à l'aide d'épingles ou de punaises, est placée à l'abri de la poussière et sèche spontanément. On peut ainsi préparer toute une série de planches et les conserver, une fois sèches, dans un livre ou dans un carton.

Lorsqu'on veut imprimer avec une de ces planches, on commence par la faire tremper dans l'eau froide pendant une demi-heure environ, en ayant soin de chasser toutes les bulles d'air qui pourraient y adhérer et nuire à la régularité du mouillage. On enlève ensuite l'excès d'eau en la tamponnant entre deux feuilles de papier buvard. Le bloc qui occupe le milieu de l'autocopiste étant ôté, on enlève le châssis supérieur du cadre, et on dispose la feuille de parchemin, côté préparé en dessus, sur le châssis inférieur, de façon à ce que l'image occupe le centre de l'appareil; on replace le châssis supérieur et on ferme les griffes. Le parchemin se trouve pris par les marges entre les deux châssis. On ouvre le cadre et on replace le bloc, sur lequel on dispose un blanchet, puis la plaque de métal. On referme le cadre lentement, de façon à ce que la tension résultant de la saillie du bloc se fasse progressivement. Le verrou poussé, cette tension ayant de fait été régulière dans tous les sens, l'image se présente sur une surface plane reposant sur la plaque métallique à laquelle le blanchet, placé sur le bloc, donne une certaine élasticité.

On couvre la planche de la solution suivante, qu'on laisse agir pendant une demi-heure, qu'on enlève ensuite avec une éponge fine, sans frotter, et qu'on finit d'enlever avec un tampon de linge fin :

Eau.	300 gr.
Glycérine	700 —
Ammoniaque	30 cc.
Azotate de potasse	15 gr.

Lorsque toute trace d'humidité apparente a disparu, on peut procéder à l'encrage. Le premier rouleau, chargé d'encre de moyenne dureté, donne l'encrage de fond; on a souvent recours, pour compléter cet encrage et mieux faire ressortir les demi-teintes, au deuxième rouleau, chargé d'encre plus faible, de teinte en rapport avec l'effet qu'on veut obtenir.

La planche, encrée, est couverte d'une cache en papier paraffiné, qui couvre les marges; on dispose dessus la feuille de tirage, papier satiné ou couché, puis un feutre ou blanchet mince, une feuille de bristol ou de carton lisse, et on porte le tout sous une presse à copier. La pression étant maintenue pendant quelques secondes, toute l'encre qui couvrait la planche doit l'abandonner pour se fixer sur le papier.

Lorsque la planche a une tendance à se voiler, on lave à l'essence, sans frotter, on tamponne pour enlever le liquide, puis on mouille avec la préparation indiquée plus haut avant d'encrer à nouveau. La planche est généralement à point après sept ou huit épreuves.

Le tirage fini, on lave de nouveau la planche à l'essence, on la tamponne, on la retire du cadre de l'autocopiste, puis, après un rinçage de vingt à vingt-cinq minutes dans l'eau froide, on l'assèche entre deux feuilles de papier buvard avant de la remettre au carton. Quand on veut faire un nouveau tirage, il suffit de recommencer les mêmes manipulations.

ALBERTYPIE

Ce procédé, dû à M. Albert, de Munich, ne se distingue de celui de M. Poitevin, qui reste le procédé type, que par quelques perfectionnements ou tours de mains qui l'ont rendu industriellement pratique. Les données du brevet pris par M. Albert, brevet cédé pour la France à M. Lemercier, ont servi de base aux travaux de M. Thiel aîné, qui a reproduit, entre autres œuvres, plusieurs séries des fusains de M. Allongé.

Une glace épaisse, finement dépolie et nettoyée à l'alcool, est placée de niveau, le côté dépoli en dessus, sur le cadre à vis calantes du laboratoire. D'autre part, on prépare la solution suivante :

Gélatine.	6 grammes.
Eau	300 —
Bichromate d'ammoniaque	6 —

On y ajoute 100 cc. d'albumine, on bat le mélange en neige et on filtre en maintenant la température à 25°. Le liquide filtré, qui a une consistance légèrement sirupeuse, est étendu en couche plus ou moins épaisse sur la glace; lorsqu'il a fait prise, on porte celle-ci à l'étuve chauffée à 30° au plus pour terminer la dessiccation.

Lorsque la couche de gélatine est complètement sèche, on met la glace à plat sur une planchette garnie de drap noir, la gélatine portant sur le drap, et on expose, pendant dix minutes environ, le côté libre à la lumière. La surface de la couche de gélatine en contact avec la glace est insolubilisée, tandis que celle en contact avec le drap noir, qui absorbe les rayons lumineux, est en partie protégée contre l'action de la lumière. On lave ensuite la glace dans l'eau pendant une demi-heure; ce lavage entraîne le bichromate non isolé, et on la laisse sécher à l'abri de la poussière. Cette première couche est ce qui constitue le grappin, et peut être donnée à l'avance à un certain nombre de glaces.

Lorsqu'on veut utiliser une de ces glaces, on commence par l'immerger dans l'eau tiède (à 40° environ), qui agit sur la surface externe de la couche de gélatine incomplètement insolubilisée. Elle reste dans l'eau jusqu'à ce que cette surface soit également imprégnée, puis on la laisse sécher en l'appuyant contre un support quelconque, la face gélatinée en dessous. Avant qu'elle soit complètement sèche, ou plutôt lorsqu'elle est bien égouttée, on la met de niveau sur le cadre à vis calantes, et on y coule la couche de gélatine sensibilisée qui doit être le subjectile direct de l'image.

La formule de cette mixtion, telle que l'avait établie M. Albert, lors de sa prise de brevet, est assez compliquée. On prépare séparément les sept mélanges ou solutions suivantes :

A. 20 grammes de gélatine blanche sont gonflés dans 125 grammes d'eau distillée froide;

B. 4 grammes de colle de poisson sont gonflés dans 60 grammes d'eau distillée froide;

C. Albumine purifiée;

D. 10 grammes de bichromate de potasse sont dissous dans 60 grammes d'eau distillée;

E. 5 grammes de lupuline, 3 grammes de benjoin et 2 grammes de baume de Tolu sont mis à digérer pendant douze heures dans 100 grammes d'alcool à 80°;

F. Nitrate d'argent, 1 gramme; eau distillée, 30 grammes;

G. Bromure de cadmium, 2 grammes; iodure de cadmium, 2 grammes; eau, 30 grammes.

On fait fondre *A* et *B*, puis, quand le liquide fondu est à 35°, on y ajoute de *C*, environ 6 grammes; de *D*, 36 grammes; de *E*, 4 grammes; de *F*, 1 gr. 5, et de *G*, 45 grammes.

La glace est recouverte de cette seconde couche, qu'on tient mince s'il s'agit d'une planche au trait, et plus ou moins épaisse s'il s'agit d'une planche à demi-teintes. On la fait sécher à l'étuve chauffée à 30°, puis on l'insole sous le négatif choisi. Après l'insolation, la glace est plongée dans une cuvette d'eau tiède et rincée à l'eau jusqu'à disparition de toute trace de bichromate, puis dressée verticalement et abandonnée à une dessiccation normale.

M. Moock, auquel nous empruntons cette formule, fait remarquer qu'une solution de colle de poisson et de gélatine, additionnée de bichromate de potasse et d'albumine, peut avantageusement remplacer toute cette cuisine.

M. Vidal recommande à ceux qui veulent user du procédé Albert, de durcir la couche, après le développement de l'image, en la traitant soit à l'alun de chrome, soit à l'eau de chlore. D'après lui, la seconde couche employée par M. Albert se compose de : gélatine, 300 grammes ; eau, 180 grammes, et bichromate de potasse, 100 grammes. Nous verrons plus loin, au chapitre de l'impression phototypique, comment on tire parti des planches obtenues par les différents procédés.

Procédé Monckhoven

Le docteur van Monckhoven a publié, en 1871, un procédé dont le fond, dit-il, appartient à M. Poitevin et à M. Tessié du Mothay. Une glace, finement dépolie sur une de ses faces, et nettoyée à l'alcool, est recouverte, sur le côté dépoli, d'un mélange à volumes égaux d'eau et d'albumine, cette dernière purifiée, clarifiée comme nous l'avons indiqué, battue de nouveau en neige avec l'eau et filtrée. On laisse sécher la glace, relevée presque verticalement et posée sur une feuille de papier sans colle qui absorbe l'excès d'albumine en l'empêchant de faire bourrelet au bord inférieur.

La glace, lavée à l'eau de pluie, puis séchée, est ensuite trempée pendant une minute environ dans une solution d'acide chromique dans l'eau à 5 0/0. On la laisse bien égoutter, puis, à la lumière rouge du laboratoire, on la met de niveau sur le cadre à vis calantes et on y coule la couche sensible suivante :

Gélatine.	10 grammes.
Sucre candi.	5 —
Chromate neutre de potasse	5 —
Eau distillée	100 —

On peut verser cette solution sur la glace en tenant celle-ci à la main pour mieux la répartir sur la surface, puis mettre la glace sur le cadre de niveau jusqu'à ce que la couche ait assez fait prise pour permettre de la transporter dans l'étuve, où on la maintient à une température constante de 45 à 50°, jusqu'à ce qu'elle soit complètement sèche. Cette température indiquée par le docteur van Monckhoven nous paraît excessive. La glace est alors prête à être insolée sous un négatif. Le reste des manipulations est commun avec les autres procédés. Le docteur n'indique pas l'insolubilisation de l'envers de la seconde couche, qui caractérise en quelque sorte le procédé Albert.

Procédé Moock

M. Moock indique, comme première couche à étendre sur la glace, une solution de 5 grammes de silicate de potasse dans 100 grammes de bière, mélange qu'on ne doit préparer qu'au moment de s'en servir. La glace, couverte de cette préparation, est mise à l'étuve chauffée à 35° ; lorsqu'elle est complètement sèche, on y étend la couche sensible, qui est formée de :

Gélatine.	18 grammes.
Eau	225 —
Colle de poisson	6 —
Bichromate d'ammoniaque	6 —

Le séchage de cette seconde couche se fait, comme celui de la première couche, à l'étuve chauffée à 35°. Le point faible du procédé Moock est l'emploi, comme facteur de la première couche, d'un liquide à composition aussi peu stable que la bière.

PROCÉDÉ BORLINETTO

M. Borlinetto, professeur à l'Institut de Padoue, est l'auteur d'un procédé qu'il a présenté en ces termes : « Le procédé que je suggère est très sûr, et la résistance de la couche gélatinée sur la plaque de verre est tellement forte, qu'elle résiste à l'action du rouleau et de la presse sans qu'il se produise des entamures ou soulèvements. » On voit que M. Borlinetto a bonne opinion de son procédé.

Il se sert de glaces de 0ᵐ007 à 0ᵐ008 d'épaisseur, dépolies d'un côté. La première couche qu'il y applique est une mixtion de 2 grammes d'albumine pour 30 grammes d'eau ; puis, lorsque la glace est sèche, il la plonge, pendant une minute, dans une solution alcoolique d'azotate d'argent, la lave et la laisse sécher. Quand il veut recouvrir la glace ainsi préparée de la couche sensible composée de :

Bichromate d'ammoniaque.	0 gr. 5.
Gélatine blanche.	1 —
Eau distillée	20 —

il l'immerge dans l'eau bouillante, la face albuminée en dessous, pendant une minute, puis la couvre de la gélatine bichromatée pendant qu'elle est tiède. Cela fait, il place la glace gélatinée sur une plaque mise de niveau et chauffée au bain-marie, élève la température à 55° et laisse refroidir lentement.

Lorsque la glace est froide, la dessiccation est complète. Il insole cette glace sous un négatif ; quand l'image se détache, vigoureuse dans tous ses détails, il enlève le négatif, retourne la plaque dont il protège la couche sensible par un drap noir, et insole au travers du verre pendant quinze à vingt secondes au soleil, puis il la rentre au laboratoire pour la développer, à la lumière rouge, avec de l'eau bouillante renouvelée à plusieurs reprises. La nuance de l'image s'affaiblit et passe au vert clair ; un dernier bain d'eau bouillante légèrement alunée est suivi d'un rinçage à l'eau chaude, puis la glace développée est mise à sécher spontanément. Elle est alors prête pour les manipulations concernant l'impression.

En somme, M. Borlinetto substitue l'azotate d'argent au bichromate pour agir sur le « grappin » et développe à l'eau bouillante. Toute la nouveauté de son procédé réside dans ces deux points. La température de 55° et celle de l'eau bouillante dont il indique l'emploi sont probablement un peu exagérées.

PROCÉDÉ HUSNIK

Le support, dans le procédé de M. Husnik, est, comme dans les autres procédés que nous venons d'analyser, la glace épaisse de 0ᵐ007 à 0ᵐ008, finement dépolie d'un côté. Pour préparer la première couche qui doit assurer l'adhérence de la couche sensible, il mélange 25 parties d'albumine pure, 45 parties d'eau et 8 parties de silicate de soude, bat le tout en neige et laisse reposer plusieurs heures avant de procéder à un chaussage au travers d'un linge fin, puis à plusieurs filtrages successifs au papier. La première couche appliquée sur la glace, il redresse celle-ci contre la muraille et laisse sécher spontanément pendant un jour ou deux. Les glaces ainsi préparées peuvent se conserver pendant plusieurs mois.

Lorsqu'il veut les recouvrir de la couche sensible, après les avoir lavées sous un robinet en évitant le contact des doigts sur la surface albuminée, il les laisse sécher, puis les place pendant quelques instants dans l'étuve chauffée à 45° (centigrades). Il les recouvre ensuite de la mixture suivante, qu'il a au préalable filtrée à chaud :

Gélatine premier choix	7 gr. 5.
Eau	150 —
Bichromate d'ammoniaque	1 —
Chlorure de calcium	0 — 5.
Alcool	30 —

en ayant soin que la couche ne soit ni trop épaisse ni trop mince. Trop épaisse, elle résiste mal à l'action de la presse; trop mince, elle laisse ressortir le grain de la glace dépolie qui, alors, a une tendance à marquer à l'impression. La glace, recouverte de la mixtion sensible, est remise à l'étuve où elle sèche. Dans l'obscurité absolue, on peut la conserver ainsi, avant d'en faire usage, pendant plusieurs jours, huit en été, et au moins trois fois plus en hiver.

L'insolation sous un négatif dure environ trois quarts d'heure à la lumière diffuse, et un tiers de ce temps au soleil. Le développement se fait à l'eau froide, et, lorsque le bichromate, non influencé par la lumière, a été enlevé par les lavages, on laisse la glace sécher spontanément.

Le point qui différencie ce procédé des précédents est l'addition, à la mixture sensibilisatrice, d'une certaine proportion d'alcool, qui, tout en donnant plus de fluidité à cette mixture, hâte sa dessiccation.

PROCÉDÉ WATERHOUSE

M. Waterhouse ne met pas de première couche sur la glace dépolie. Après l'avoir mise de niveau, il la couvre à chaud de la mixture suivante :

Eau	750 gr.
Savon au miel	5 — 8.
Tanin	2 —
Gélatine	100 —

qu'il prépare en faisant dissoudre séparément la gélatine, le savon et le tanin, en mélangeant ensuite intimement ces trois solutions et en chauffant le mélange au travers d'un linge fin. Lorsque la couche a fait prise, il place la glace, face gélatinée en dessous, sur quatre petits supports d'angles et la laisse sécher. Il sensibilise ensuite cette couche en plongeant la glace pendant quelques minutes dans un bain à 4 0/0 de bichromate de potasse, et la fait sécher à l'étuve chauffée à 20° environ. Lorsque la couche est sèche, la glace peut être insolée sous un négatif.

Après un temps de pose suffisant, il retourne la glace, la face sensible portant sur un drap noir, pour l'insoler à l'envers pendant quelques minutes, puis procède au lavage dans l'eau froide pour entraîner tout le bichromate qui n'a pas été influencé par la lumière. La planche, débarrassée ensuite de l'eau en excès qui la couvre, est prête à subir l'encrage.

PROCÉDÉ DESPAQUIS

M. Despaquis a apporté aux procédés que nous venons d'exposer des perfectionnements qui portent sur deux points principaux. Voici la communication qu'il a faite à la Société française de Photographie :

« La couche de gélatine bichromatée, supportée soit par une feuille de verre, comme dans le procédé Albert, soit par une couche de collodion-cuir ou même de papier, en un mot par un corps translucide, voire même sans aucun support, est exposée sous le cliché à la façon ordinaire; cela fait, je l'insole de nouveau par le dos, de façon que cette seconde insolation arrive jusqu'aux demi-teintes de l'image. De la sorte, il ne se trouve plus sous l'image une couche perméable à l'eau : les deux insolations, s'étant rencontrées, forment comme les deux mailles d'une chaîne. On juge que la seconde insolation est arrivée au point voulu par le voile qui se produit sur l'épreuve, qui semble prête à disparaître.

» La couche de gélatine est ainsi rendue insoluble dans toute son épaisseur et devient imperméable à l'eau, sauf une partie extrêmement mince de sa surface, suffisante cependant pour prendre l'eau qui repoussera l'encre des points où doivent exister les blancs et les demi-teintes. L'eau ne peut donc plus s'insinuer entre le support et l'épreuve, ramollir la gélatine non insolée et faire perdre à la planche d'impression toute solidité. De plus, il n'y a plus de gonflement de la gélatine; par conséquent, on conserve toute la finesse et toute la pureté du dessin.

» En outre, au lieu de mouiller à l'éponge et d'être obligé d'essuyer au tampon sec, je mouille ma surface au moyen d'un rouleau dur en pierre poreuse ou recouvert d'une étoffe lisse imbibée d'eau. Le mouillage se fait ainsi régulièrement. Si la gélatine se gonfle un peu, l'eau ne s'accumulera pas dans les creux qui doivent prendre l'encre, avantage qui conserve aux épreuves toute leur pureté, quel que soit le nombre du tirage. Ce mode de mouillage a encore l'avantage de la rapidité. »

Procédé Roux

Nous terminons l'exposé des principaux procédés connus, en résumant les données que M. Roux, opérateur bien connu, développe dans son *Formulaire pratique de Phototypie*. (Paris, 1887. Gauthier-Villars et fils.)

La préparation de la couche sensible, dit-il, exige deux opérations : la première destinée à favoriser l'adhérence de la couche de gélatine à la surface de la glace, et par suite permettre de longs tirages; la seconde, l'application de la mixture sensible. L'albumine coagulée est la base de la première opération. On lui ajoute, pour favoriser cette coagulation, soit des bichromates alcalins, soit des silicates alcalins. M. Roux donne la préférence à l'albumine bichromatée; voici la formule qu'il indique :

Albumine.	200 cc.
Eau	400 —
Ammoniaque à 26°.	200 —
Bichromate d'ammoniaque	25 gr.

La glace, nettoyée avec le plus grand soin à l'ammoniaque, est essuyée avec un linge fin, mise de niveau, puis recouverte également de cette mixture. On relève légèrement, afin d'égoutter l'excédent par un des angles, puis on laisse sécher à l'air libre. Il n'y a aucun inconvénient à ce que cette dessiccation s'opère à la lumière. Une fois sèche, la glace est exposée pendant deux minutes au soleil ou huit minutes à la lumière diffuse, puis rentrée au laboratoire pour être sensibilisée. On la place à l'étuve chauffée à 45° environ; quand elle en a pris la température, on la recouvre de la mixture suivante, préparée d'avance et maintenue à la température de 60° :

Eau	500 grammes.
Gélatine grenitine	12 —
Gélatine dure.	10 —
Colle de poisson	6 —
Bichromate de potasse	6 —
Bichromate d'ammoniaque	6 —

La couche, au moment où elle vient d'être étendue, doit avoir une épaisseur de 0ᵐ003 à 0ᵐ004. La glace, recouverte de la mixture sensible, est placée à l'étuve dont on porte la température entre 50° et 60°. Après deux heures, on la laisse refroidir avant de l'insoler sous un négatif.

La solution d'albumine silicatée qu'indique M. Roux pour remplacer au besoin l'albumine bichromatée, se compose de :

Eau	100 cc.
Albumine	100 —
Silicate de soude liquide	15 —

La glace, recouverte, est abandonnée à une dessiccation spontanée, lavée pendant quelques minutes à l'eau courante, séchée de nouveau, puis recouverte de la mixture sensible.

« Suivant la nature des clichés employés, dit-il en parlant de l'insolation, on pourra modifier les formules générales. On se basera sur la loi chimique qui veut que plus le corps sensibilisateur est en excès, plus la sensibilité est grande. Donc, nous disons que, si l'opérateur a un cliché faible, il devra diminuer la dose des bichromates ; si, au contraire, il emploie un cliché fort ou voilé, il augmentera cette dose. »

Le cliché insolé à point sous un négatif, M. Roux le retourne pour insoler la couche support au travers de la glace, afin de favoriser l'adhérence des deux couches, albumine et gélatine, puis il développe l'image à l'eau froide, comme on le fait dans les autres procédés, et recommande de laisser toujours sécher spontanément après le développement de l'image.

Comme le font M. Quinsac, l'habile phototypeur, et M. Geymet, M. Roux emploie aussi comme support le métal, grainé, passé à la ponce et recouvert d'une seule couche dont il donne la composition suivante :

Eau.	500 grammes.
Gélatine dure.	25 —
Colle de peau.	20 —
Bichromate de potasse.	6 —
Bichromate d'ammoniaque.	5 —

lorsque le métal choisi est le plomb ou le zinc, et dans laquelle il remplace tout ou partie de la colle de peau par de la colle de poisson lorsque le support est une planche de cuivre.

DE L'IMPRESSION PHOTOTYPIQUE

Deux points principaux différencient l'impression phototypique de l'impression lithographique ordinaire. Ces deux points sont : — 1° la résistance limitée de la planche, que le moindre effort mal calculé peut déchirer sans qu'il y ait d'autre remède que d'en recommencer la confection. Il est vrai que le cliché type est toujours là pour servir de matrice; — 2° sa délicatesse, la facilité plus ou moins grande d'absorber l'humidité dans les blancs, humidité dont l'influence désagrégeante tend continuellement à compromettre sa solidité. De là, nécessité de soins spéciaux que nous allons énumérer, soins qui ne sont, en somme, que l'exagération de ceux que le lithographe doit avoir dans son travail ordinaire : propreté absolue et légèreté de main dans l'encrage aussi bien que dans le mouillage.

Sur le premier point : on peut imprimer une planche phototypique, mise de hauteur sur un support quelconque parfaitement de niveau, et sans trace de corps étranger interposé entre la glace ou la planche de métal, — la glace surtout — et ce support, à la presse lithographique ordinaire; mais,

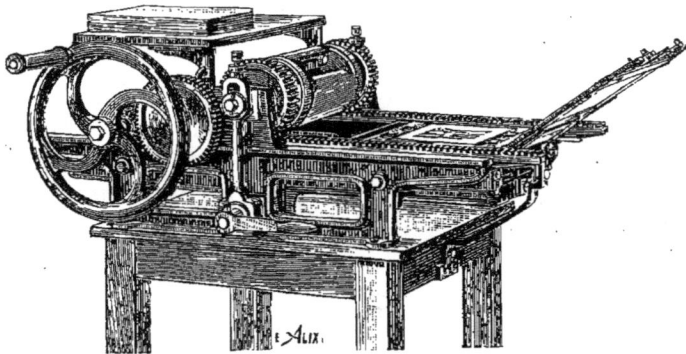

Petite presse phototypique d'amateur.

quelque précaution que l'on prenne, la planche ne donne qu'un tirage restreint, car la pression traînante du râteau, même avec un garde-main métallique, ne tarde pas à la compromettre. Le mode de tirage avec une pression générale sur toute la surface, adopté dans le procédé « autocopiste », ne saurait convenir à une production de quelque importance, à cause de sa lenteur, à moins d'avoir recours à une presse typographique à platine.

Différents modèles de presses spéciales pour la phototypie ont été combinés, modèles dans lesquels la pression est donnée par un cylindre autour duquel s'enroule la feuille à imprimer. La figure de la page 239 représente le type machine d'amateur construit par la maison Alauzet et Cⁱᵉ. Dans la dernière partie de ce Traité, consacrée aux moyens mécaniques, nous donnerons la description des presses et machines phototypiques industrielles.

On remarque dans cette planche une sorte de frisquette, c'est — ce que l'on désigne sous le nom de « cache » — un encadrement en papier paraffiné qui s'abat sur la glace et protège les marges du papier contre tout maculage. Cet encadrement doit être en papier mince, afin de ne pas faire épaisseur, sans cela on risquerait fort de couper la couche de gélatine qui adhère à la glace; on emploie aussi un autre tour de main pour éviter cette déchirure de la couche de gélatine : il consiste à ne faire porter la pression que sur l'image elle-même. Pour cela, une épreuve étant tirée sur une feuille de carton bristol, on la découpe d'équerre à la dimension que doit avoir l'image, on use les bords à la pierre ponce, et on la colle en place sur le cylindre en la recouvrant d'un blanchet de drap fin. On peut déterminer les marges de l'image sur le négatif même, en y collant des bandes d'étain mince avant l'insolation de la couche sensible; la cache, cependant, n'en est pas moins utile.

Sur le second point: la délicatesse de la planche et la juste mesure dans laquelle il faut la maintenir humide, une série de recommandations se rapportant à l'encrage et au mouillage sont à faire.

Une planche phototypique étant donnée, on commence par l'immerger dans une cuvette d'eau à la température ordinaire pour que la gélatine non insolubilisée reprenne un peu d'humidité, puis on la recouvre, comme nous l'avons indiqué à propos du parchemin-support de l'autocopiste, d'une mixtion dont l'effet est de maintenir cette humidité indispensable dans les parties où l'encre ne doit pas adhérer.

Cette mixture, d'après M. Roux, est un mélange en parties égales d'eau, d'ammoniaque à 26° et de glycérine; d'après M. Vidal, de parties égales d'eau et de glycérine, additionnées de 20 0/0 de sucre; mais sa composition peut nécessairement varier suivant la température et le degré d'hygrométricité de l'air dans l'atelier où on travaille. La maison Alauzet recommande à ses clients deux variantes de cette formule :

1º Eau. . . . . 200 grammes.
Glycérine.. . . . . 100 —
Ammoniaque.. 100 —

2º Eau. . . . . 300 —
Glycérine.. . . . . 700 —
Ammoniaque.. 30 —

Cette seconde variante correspond, moins l'azotate de potasse, à la formule que nous avons donnée pour l'impression à l'autocopiste. On laisse la mixture séjourner sur la plaque ou sur la glace pendant une heure environ, puis on assèche en tamponnant avec une éponge ou un linge doux non pelucheux. La glace ou la planche de métal étant mise de hauteur sur le marbre de la presse, on procède à l'encrage.

Le rouleau dont on se sert est un rouleau lithographique ordinaire, à grain, fait à point et pas trop dur; l'encre est du noir lithographique de première qualité, étendu d'un peu de vernis fort en été, de vernis moyen en hiver. Comme la distribution doit être parfaite, on se sert de deux tables à noir, la première pour étendre l'encre à la surface du rouleau lorsqu'on vient de le charger, la seconde pour compléter la distribution. On encre lentement et dans tous les sens, sans trop appuyer cependant, pour bien garnir les parties les plus chargées de l'image. C'est la première phase de l'encrage, celle qui établit le fond de vigueur; elle suffit lorsque la planche ne porte que du trait ou du pointillé; s'il y a des demi-teintes, un second encrage est indispensable.

Ce second encrage se fait avec de l'encre plus faible et un rouleau en cuir lisse, en matière comme les rouleaux de typographie, ou en caoutchouc comme les anciens rouleaux Lanham. On passe ce rouleau plus ou moins vite à la surface de la planche; il encre les demi-teintes, atténue les oppositions trop accentuées, et donne de la douceur à l'image sans rien lui faire perdre de sa vigueur.

Ce double encrage, prévu, comme nous le verrons plus loin, dans les machines phototypiques, permet d'obtenir avec la même planche des effets différents, selon la nuance de l'encre utilisée en dernier lieu.

M. Moock, ainsi que plusieurs autres photographes qui se sont adonnés aux impressions aux encres grasses, recommande, pour que les rouleaux encreurs adhèrent moins à la couche de gélatine et aient, par conséquent, moins de tendances à la soulever et à la déchirer, de mélanger à l'encre de l'huile d'olive et du talc en poudre. Nous ne sommes pas partisan de ces « sophistications », dont le moindre inconvénient est d'enlever aux épreuves toute fraîcheur, de produire des estampes ternes et sans vigueur. C'est le reproche qu'on fait trop souvent à la phototypie. Avec des produits de premier choix, des vernis à l'huile de lin pure comme ceux que fabrique la maison Ch. Lorilleux et Cie, un bon lithographe n'a pas besoin d'avoir recours à cet expédient d'amateur.

M. Vidal recommande de laver les rouleaux en matière, à base de gélatine, dans de l'eau chargée à saturation d'alun de chrome. Ce mode de lavage les durcit trop, ils ne retiennent plus assez l'encre, ce qui est un

16

défaut. Nous préférons la formule qu'a donnée M. Altishoffer pour leur fabrication :

Gélatine	500 grammes.
Glycérine	350 à 400 —
Tanin	4 —

On met le tanin, dissous dans l'alcool, en dernier lieu, lorsque le mélange des deux premières substances, opéré au bain-marie, est complet. Si ces rouleaux ont trop d'amour, on corrige cet inconvénient en les lavant avec la solution suivante :

Alun de chrome	10 grammes.
Eau	100 —
Acide gallique	1 —

Les planches phototypiques demandent une certaine mise en train d'encrage. Ce n'est qu'après plusieurs épreuves qu'elles se trouvent à point. Si l'encre ne prenait pas bien, même après des encrages répétés, il faudrait enlever à l'essence mélangée d'eau, tamponner soigneusement pour absorber l'excès d'humidité, et recommencer à encrer.

Pendant le tirage, il est inutile d'humecter après chaque épreuve ; on doit pouvoir en tirer au moins quatre sans mouiller à nouveau. Par cette expression « mouiller », nous n'entendons pas qu'il faille passer l'éponge gonflée d'eau sur la planche, il ne faut que l'humecter seulement et l'essuyer ensuite avec un linge doux. Ce qu'on doit avant tout éviter, c'est de fatiguer inutilement la couche de gélatine.

Lorsque la gélatine a trop absorbé d'humidité, les blancs s'accentuent, les demi-teintes, noyées, disparaissent. Dans ce cas, on suspend le tirage pour laisser à l'eau en excès le temps de s'évaporer. Si, au contraire, l'épreuve a une tendance à l'empâtement, ou l'encre n'est pas assez forte, ou la couche n'est pas assez humide. Dans le second cas, on enlève la planche à l'essence, puis on humecte avec de l'eau chargée de quelques gouttes d'ammoniaque ou de fiel de bœuf purifié, comme nous l'indiquons dans l'Index chimique. Lorsque l'empâtement persiste, il faut recourir à la première préparation de la planche, que M. Vidal recommande de faire suivre de ce qu'il nomme le bain vert, solution de 100 grammes d'alun de chrome dans un litre d'eau.

Les rouleaux se nettoient : le rouleau à grain, en le raclant au couteau ; les autres, en les lavant à l'essence. Il ne faut pas négliger ce nettoyage, car le moindre grain de poussière, le plus petit débris de corps dur porté sur la couche de gélatine, y pénètre et fait trou.

Lorsque le tirage d'une planche phototypique est fini, on l'enlève à l'essence, on l'essuie, puis on la couvre de la préparation initiale suivie du « bain vert ». Après l'avoir tamponnée pour l'assécher, on la couvre de la mixture suivante, qu'on essuie légèrement de façon à ce qu'elle en reste enduite sans excès :

Eau	1000 grammes.
Glycérine	300 —
Alcool à 40°.	45 centigrammes.
Alun.	2 grammes.

D'après M. Roux, cet enduit est suffisamment hygrométrique pour assurer la conservation de la planche, en casier fermé, pendant plus d'un an.

L'alun et l'alcool ont pour action d'empêcher la gélatine de se détacher de la glace par suite de la grande instabilité qu'elle présente en présence de la glycérine.

Lorsqu'on veut mettre une planche conservée sous presse, on la prépare comme une planche neuve.

On ne doit se servir, dans les manipulations phototypiques, que d'essence de térébenthine rectifiée, ou d'essence de pétrole, et de glycérine pure et neutre.

PROCÉDÉS PHOTOLITHOGRAPHIQUES

La photolithographie proprement dite est la reproduction, par l'impression, de l'image fixée sur la pierre, le métal ou tout autre support, sans l'interposition du subjectile qui caractérise la phototypie. La planche s'obtient directement ou par voie de report. Dans le premier cas le subjectile existe, tout au moins pendant les premières phases de l'opération photolithographique, sous les parties de l'image que l'encre d'impression doit recouvrir. Le second cas rentre dans la catégorie des reports lithographiques.

Dans toute transformation du cliché photographique en planche d'impression, on passe peu ou prou par quelques-unes des manipulations de la Lithographie. L'invention de Nicéphore Niepce n'est entrée réellement dans le cercle des arts graphiques que grâce à l'invention de Senefelder. De leur alliance sont nés une grande partie des progrès réalisés depuis une vingtaine d'années.

Avec la photolithographie, on n'a pu encore obtenir la finesse et la douceur des demi-teintes que donne la phototypie, mais les résultats sont complets en ce qui concerne les reproductions de planches au trait ou au pointillé; aussi est-ce surtout à ce genre de reproduction qu'elle est appliquée industriellement. Nous allons décrire quelques procédés avec toute la clarté possible, en commençant par ceux qui ont trait à l'obtention directe des planches à l'aide du négatif, prévenant nos lecteurs que, dans ces sortes de manipulations, il y a toujours une large part à faire à l'adresse de l'opérateur. Cette adresse, cette habileté, il faut chercher à l'acquérir sans se laisser décourager par les insuccès auxquels tout débutant est exposé.

PROCÉDÉ POITEVIN

Voici la description de ce procédé, telle que l'a donnée l'inventeur :
« La pierre lithographique de Munich dure et à grain fin doit être préférée.

La surface étant bien dressée et grainée très fin, je la mouille et j'enlève l'excès d'eau ; j'y applique au pinceau la mixtion bichromatée, composée d'un blanc d'œuf battu passé à travers un linge et additionné d'un volume égal de dissolution saturée de bichromate de potasse ou d'ammoniaque. Je nettoie à l'éponge les bords de la pierre ; avec un tampon de linge j'enlève sans frotter, mais en tamponnant, l'excès de la mixtion, et, avec un linge plus sec et de la même manière, j'enlève l'excédent du liquide, de sorte qu'en touchant la pierre elle ne mouille plus le doigt. En opérant ainsi, il n'a pénétré dans la pierre qu'une quantité très faible de mixtion bichromatée, qui y forme une couche intérieure très régulière sans en couvrir la surface.

» Sans attendre la dessiccation complète de cette couche, j'y applique le cliché photographique, s'il est en papier (ou pelliculaire) en l'y maintenant par une glace que je fixe par des boulettes de cire molle dite « cire à modeler » ; si le cliché est sur glace, je le fixe à la cire. Je me suis aussi servi d'un châssis spécial pour y placer les pierres recouvertes du cliché négatif, mais le moyen que je décris suffit ordinairement.

» J'expose la pierre préparée soit à la lumière directe du soleil en la faisant arriver perpendiculairement à sa surface, ou bien à la lumière diffuse, en posant la pierre horizontalement. Le temps d'exposition est très variable : en été, il est de dix à douze minutes au soleil, et en hiver de une heure et demie à deux heures ; à l'ombre, cette exposition serait de quatre à cinq fois plus longue ; toutefois, la latitude est grande, et il vaut toujours mieux poser plus que moins, parce que l'excès de pose peut être corrigé par l'opération de l'encrage de la pierre, par l'acidulation et par la mise en train du dessin, tandis que le manque de pose empêche l'encre grasse d'adhérer dans les demi-teintes, et l'on ne peut y remédier.

» Après l'exposition à la lumière, la pierre est portée dans l'atelier d'encrage, où on la laisse pendant quelque temps reprendre la température ambiante, soit qu'elle ne soit trop échauffée ou trop refroidie, selon la température de la saison. Je mouille avec une éponge imprégnée d'un tiers de glycérine et de deux tiers d'eau ordinaire, et après avoir enlevé l'excès du liquide, je passe en tous sens un rouleau chargé d'encre de report et de vernis ; l'image apparaît alors graduellement, les parties qui ont reçu l'action de la lumière retenant l'encre, tandis que les autres, correspondant aux blancs du dessin, ou parties opaques du cliché négatif, la repoussent. On mouille légèrement à l'eau ordinaire et l'on continue l'encrage, et cela jusqu'à ce que le dessin ait acquis la vigueur désirée. Si l'encrage avait été poussé trop loin, on enlèverait le tout à l'essence, on essuierait, on mouillerait la pierre et l'on recommencerait l'encrage que l'on ferait avec plus de soin, c'est-à-dire avec un rouleau moins chargé d'encre.

» La pierre est ensuite abandonnée au repos pendant environ douze heures, pour que l'encre grasse la pénètre et s'y fixe mieux ; elle est alors gommée. Après une heure, on lave et l'on enlève cette gomme, puis on encre la pierre avec un rouleau chargé d'encre d'impression lithographique ordinaire ; on prépare à l'eau acidulée et l'on fait des essais en tirant quelques

épreuves comme s'il s'agissait d'un dessin au crayon lithographique ordinaire.
» Si l'exposition à la lumière n'avait pas été assez prolongée, l'encre grasse prendrait difficilement et l'épreuve manquerait de demi-teintes ; au contraire, par trop d'exposition, l'image serait lourde et empâtée; mais, dans la majeure partie des cas, on obtient une bonne épreuve, car il y a une grande latitude dans les temps d'exposition, si le lithographe est adroit pour le développement. Toutefois, il sera préférable de recommencer plutôt que de livrer à l'impression une planche mal venue. »

M. Poitevin termine cette description en conseillant de se servir de deux rouleaux pour l'encrage, comme nous l'avons indiqué au sujet de l'impression phototypique.

PROCÉDÉ GEYMET

M. Geymet prépare la couche sensible qui doit être appliquée sur la surface de la pierre disposée comme pour un report, soit avec de l'albumine fraîche, soit avec de l'albumine sèche, en donnant la préférence à cette dernière, qui, dit-il, donne des résultats constants, des traits plus fins et moins susceptibles de s'étendre, et a plus d'adhérence, plus de solidité.

Pour l'albumine fraîche, il prend deux blancs d'œufs, auxquels il ajoute, sans aucune addition d'eau, 6 grammes de bichromate d'ammoniaque réduit en poudre; il bat en neige, et se sert du liquide qui se dépose lorsque l'émulsion tombe pour préparer la pierre. Comme l'albumine bichromatée s'insolubilise même dans l'obscurité la plus absolue en peu d'heures, cette préparation doit être faite au fur et à mesure des besoins.

Pour l'albumine sèche, voici la formule de la mixture sensible :

Albumine d'œuf.	6	grammes.
Bichromate d'ammoniaque.	2,5	—
Eau distillée.	100	—

L'albumine, réduite en poudre, est mise dans un vase avec 30 grammes d'eau et battue en neige. D'autre part on fait dissoudre le bichromate dans le complément des 100 grammes d'eau, et on l'ajoute goutte à goutte à l'albumine au fur et à mesure qu'on émulsionne celle-ci par le battage, ainsi que nous l'avons déjà indiqué dans le chapitre consacré aux préparations de bichromate.

On étend la préparation sensible sur la pierre sans s'occuper le moins du monde de la régularité de la couche; on essuie immédiatement la pierre avec un chiffon, et, par un frottement vigoureux, on tâche, en éliminant l'excédent, de faire pénétrer, pour ainsi dire, la mixture dans les pores. On continue l'opération avec un linge souple et non pelucheux, jusqu'au moment où la surface de la pierre se montre brillante et qu'elle soit pour ainsi dire sèche; il ne doit pas rester de mixture sur la surface, les pores seuls doivent être imprégnés. Lorsque, en vue du genre de travail à reproduire, on a choisi une pierre grainée, celle-ci ne prendra jamais, sous le frottement réitéré du chiffon, qu'un brillant relatif.

Lorsque la couche sensible a été étendue, comme nous venons de le dire, sur la pierre, on laisse celle-ci en repos, à l'abri de la lumière, pendant une demi-heure au plus, afin qu'elle sèche presque totalement, mais on peut hâter cette dessiccation par l'éventail : elle ne demande alors que quelques instants. Quand le doigt, passé sur les marges de la pierre, ne laisse aucune trace, c'est le signe qu'elle est à point pour l'insolation, qui s'opère sous un négatif redressé. M. Geymet indique, pour cette insolation, l'emploi d'un châssis spécial qui est tout au moins inutile si on suit les indications du procédé Poitevin. Cette insolation doit, dit-il, durer de quinze secondes au soleil à trois ou quatre minutes à l'ombre, mais ce point, comme nous l'avons plusieurs fois répété, ne peut être fixé que par l'expérience de l'opérateur : les facteurs qui le déterminent n'étant jamais les mêmes.

La pierre insolée, M. Geymet fait table noire au rouleau chargé d'un mélange d'encre à report et d'encre d'impression lithographique, puis il plonge vivement la pierre ainsi noircie dans un bac contenant de l'eau gommée à 2 0/0, et aiguisée de 2 0/0 d'acide nitrique, la retire aussitôt et la met sur la table, où il dégage l'image à l'aide d'un second rouleau de cuir, comme s'il s'agissait d'une planche de gravure sur pierre un peu délicate. Le reste du traitement rentre dans les manipulations lithographiques ordinaires. Si l'insolation n'a pas été assez prolongée, la planche manque de vigueur; c'est à l'imprimeur à apprécier s'il doit la recommencer ou tenter de la remonter. Si l'insolation a été trop prolongée, il peut sauver la planche en la dégageant au rouleau et en acidulant en conséquence. Lorsque la pierre est en couleur, bien nette dans les blancs, on la laisse reposer jusqu'au lendemain avant de continuer le travail.

Quelques praticiens, après avoir fait table noire de l'image insolée, ne plongent pas la pierre dans l'eau, et se contentent de la mouiller à l'éponge imbibée de la solution acide avant de la dégager au rouleau.

M. Geymet ne fait qu'indiquer, dans l'énoncé de son procédé, la substitution possible de la gomme arabique pure, en solution épaisse, à l'albumine, et recommande la planche de zinc recouverte d'albumine bichromatée comme préférable à la pierre préparée à la gomme arabique bichromatée.

PROCÉDÉ RODRIGUE

M. Rodrigue couvre une plaque de zinc, préparée comme pour recevoir un transport lithographique, d'une couche liquide composée de :

Gélatine......................	3 grammes.
Bichromate d'ammoniaque...........	1 —
Eau	100 —

Une fois sèche, elle est insolée sous un négatif. L'insolation varie de deux à cinq minutes au soleil et de six à quinze minutes à la lumière diffuse. On fait ensuite table noire au rouleau, puis on la plonge pendant deux ou trois heures dans l'eau froide. Après cette immersion, on dégage la planche au rouleau, et l'encre ne reste que sur les parties insolées. On la soumet alors à l'action de l'eau tiède pendant assez longtemps pour que la couche de gélatine bichromatée soit dissoute dans les parties non impressionnées; après quoi, on la laisse égoutter. La surface de la planche est ensuite mouillée avec la mixture suivante qu'on laisse sécher dessus :

Eau	1000 grammes.
Gomme arabique	40 —
Sulfate de cuivre	2 —
Acide gallique	5 —
Acide azotique	0,5 —

La planche, une fois sèche, est lavée à l'eau, puis encrée; elle est alors prête pour l'impression lithographique.

Procédé Motteroz

M. Th. Buffeteau, ancien inspecteur général des chemins de fer, dans son ouvrage sur l'*Origine du Graphique et ses applications à la marche des trains de Chemins de fer*, décrit le procédé de M. Motteroz, « à qui, dit-il, revient le mérite d'avoir rendu les reproductions graphiques économiques, rapides et exactes. » Ce procédé est basé sur l'emploi du bitume de Judée. Voici la partie « manipulations » de cette description :

« Le cuivre, l'étain et le zinc ont été employés pour l'héliographie. Le zinc, plus économique et aussi bon pour cet usage que les deux autres métaux, est seul utilisé. On le prend en feuilles n° 9 que l'on découpe à la grandeur des clichés photographiques à reproduire. L'oxyde est enlevé sur le côté le plus uni avec de la pierre ponce en poudre impalpable, puis avec des feuilles d'émeri n° 00. Aussitôt qu'une des faces du métal est parfaitement nettoyée, on la couvre avec le vernis suivant :

Benzine anhydre	90 grammes.
Essence de zeste de citron	2 —
Bitume de Judée pur	10 —

» Le bitume en poudre se dissout facilement dans la benzine; cependant, il est utile de filtrer.

» Il y a quelques difficultés à étendre ce vernis en une seule couche parfaitement égale; il faut le verser sur la plaque comme on verse le collodion sur les glaces photographiques. C'est un tour de main aussi difficile à expliquer que facile à acquérir, quand on a vu donner le coup du collodion par un photographe quelconque.

» La benzine étant très volatile, le vernis est rapidement sec si les proportions sont bonnes, et alors il doit avoir une belle couleur brun clair. Les benzines et les bitumes variant beaucoup, le vernis peut être trop fort ou trop faible; s'il est opaque, il faut ajouter de la benzine, et s'il est trop clair, on le concentre par l'évaporation, en laissant le flacon débouché pendant un temps plus ou moins long.

» On place le zinc bitumé sous le cliché photographique dans un châssis d'imprimeur photographe, et on soumet le tout à l'action de la lumière électrique ou de la lumière solaire qui, l'une et l'autre, modifient profondément le bitume. Les parties du bitume frappées par les rayons lumineux subissent une transformation qui diminue leur solubilité dans certaines essences, dans l'essence de térébentine particulièrement. Pour que cette modification se produise au degré convenable, il suffit quelquefois d'une heure ou deux, mais plus généralement il faut de six à douze heures. On a essayé plusieurs systèmes de photomètres, mais jusqu'à présent aucun n'a donné de mesures assez précises pour remplacer avantageusement l'expérience des opérateurs.

» La plaque de zinc bitumée est placée, après insolation suffisante, dans une cuvette, sous une nappe d'essence de térébenthine qu'on agite en berçant le tout. Les parties de bitume, qui ont été protégées par les noirs du cliché photographique, ont gardé la propriété de se dissoudre et disparaissent rapidement. Le contraire se produit là où les jours du cliché ont laissé passer les rayons lumineux: ces parties sont devenues beaucoup moins solubles et résistent à l'action de l'essence pendant quelques instants de plus que celles qui n'ont pas été insolées.

» Si on retire la plaque au moment précis où tout ce qui doit être blanc a été dissous, alors que les noirs résistent encore à l'action de l'essence, on a en positif la reproduction parfaite du négatif photographique sur glace. Ce point est un des plus délicats et dépend entièrement de l'expérience et de la vue de l'opérateur. La plaque retirée du bain doit être immédiatement lavée à grande eau pour arrêter complètement l'effet de l'essence qui reste à la surface. Lorsque l'image disparaît, c'est que l'insolation a été trop courte, et c'est le contraire si le vernis ne se dissout pas.

» L'image étant obtenue sur le zinc, on peut l'imprimer immédiatement par les procédés connus de la zincographie; mais la pierre lithographique donnant généralement de meilleures épreuves et en plus grand nombre, il est préférable de faire un report sur pierre, dont le tirage s'exécute par les machines ordinaires. »

Nous ferons remarquer, à propos de ce dernier paragraphe, qu'on peut obtenir d'excellents tirages et un grand rendement d'une planche sur zinc, mais il faut, pour cela, après avoir préparé la planche comme nous l'avons indiqué dans le chapitre de la zincographie, faire disparaître toute trace du bitume insolé, de façon à ce qu'il n'y ait plus rien d'interposé entre l'encre et le métal.

PROCÉDÉ CUTTING ET BRADFORD

Ce procédé a cela de particulier, qu'on insole sous un cliché positif, ce qui permet d'obtenir directement, par les procédés photolithographiques, une planche d'un calque ou d'un dessin quelconque. La mixture sensibilisatrice se compose de :

Eau	600	grammes.
Gomme arabique	60	—
Bichromate de potasse	5	—
Sucre	5	—

Dans le laboratoire et à la lumière rouge, on enduit la pierre de cette mixture comme si on procédait à un gommage; après avoir frotté dans tous les sens pour la faire pénétrer dans les pores, on essuie et on active le séchage à l'aide de l'éventail. On insole ensuite, sous l'image (positive) à reproduire, le côté préparé en contact avec cette image, qui se trouve ainsi retournée. La lumière insolubilise la gomme bichromatée partout où pénètrent ses rayons, c'est-à-dire dans toutes les parties blanches du dessin. On lave ensuite avec une solution de savon, qui enlève la gomme restée soluble et pénètre à sa place dans les pores de la pierre, on sèche et on acidule. La mixture acide réagit sur la gomme insoluble et prépare en même temps la pierre, tout en fixant les parties grasses déposées par l'eau de savon : il ne reste plus qu'à encrer la planche et à la nettoyer.

Ce procédé, dont l'application sur pierre exige une grande dextérité — toute la difficulté cependant ne réside que dans l'encrage et au besoin le « remontage » — est plus facile à réussir sur zinc. Le pourquoi se comprend : la moindre trace de corps gras sur ce métal laissant une empreinte beaucoup plus tenace que sur pierre.

PROCÉDÉ GOBERT

M. Gobert a mis en pratique un procédé qui ne diffère de ceux que nous venons d'exposer que par la latitude laissée dans le choix du subjectile de l'image. Ce subjectile peut indifféremment être du métal grainé, une pierre lithographique, une plaque de porcelaine dégourdie et dressée, une glace dépolie, toutes surfaces qui se mouillent facilement à l'eau. La mixture sensible est l'albumine bichromatée à raison de 3 0/0 de bichromate d'ammoniaque, préparée comme nous l'avons déjà plusieurs fois indiqué. On l'étend en couche très mince sur le support, puis on laisse sécher dans l'obscurité. Aussitôt que la couche est sèche, on l'insole sous le négatif choisi — négatif au trait — pendant une ou deux minutes en plein soleil et cinq ou six minutes à l'ombre. Les rayons lumineux insolubilisent et rendent imperméable à l'eau l'albumine bichromatée partout où elle n'est pas protégée contre leur action par les parties noires du négatif. Aussitôt après l'insolation, on fait table noire, au rouleau, sur la planche, puis on la plonge dans un bain d'eau simple. Presque immédiatement les parties non insolées se dissolvent, entraînant avec elles l'encre qui les couvre, et l'on voit se dégager une image nette, vigoureuse, fine, parfaitement adhérente au support, qu'on peut imprimer lithographiquement. Il faut éviter à la planche tout contact avec une substance acide, car l'adhérence de l'albumine serait immédiatement détruite.

En remplaçant, dans le procédé Cutting et Bradford, la gomme par l'albumine dans la mixture sensible, la manipulation serait quelque peu facilitée, et, avant l'acidulation, on pourrait donner de la solidité à l'image par l'emploi d'une huile grasse mélangée de savon, comme nous l'indiquerons plus loin en parlant des reports.

M. Poitevin avait, lui aussi, pensé à la possibilité de se servir d'une image positive pour en obtenir directement des planches photolithographiques, mais en utilisant pour cela la propriété que possède un mélange de perchlorure de fer et d'acide tartrique de devenir hygrométrique sous l'influence des rayons lumineux, tout en restant peu soluble dans les parties qui n'étaient pas soumises à leur action. M. Poitevin faisait dissoudre, d'une part, 22 grammes de perchlorure de fer dans 60^{cc} d'eau; d'autre part, 8 grammes d'acide tartrique dans 60^{cc} d'eau, filtrait ces deux solutions séparément, puis les réunissait et y ajoutait environ 80^{cc} d'eau : c'était la liqueur sensibilisatrice dont il recouvrait le support choisi, qu'il insolait après l'avoir abandonné dans l'obscurité à une dessiccation spontanée. Le *Paper Consumer's circular* a indiqué ce procédé il y a peu de temps comme suivi par quelques praticiens des États-Unis; ces praticiens additionnent la solution d'une petite quantité de gélatine.

PROCÉDÉ HALLEUR

Nous terminerons par l'indication sommaire du plus ancien procédé photolithographique qui ait été publié, celui de M. Halleur (1853). M. Halleur trempait une pierre finement grainée dans une solution faible et aussi neutre que possible d'oxalate de fer. La pierre, séchée à l'éventail dans l'obscurité, était insolée sous négatif. Sous l'action des rayons lumineux, l'image se colorait en brun peu accentué. Il la développait et la fixait dans une solution de carbonate d'ammoniaque, lavait à grande eau pour entraîner l'oxalate de fer non transformé, acidulait à l'acide oxalique, lavait de nouveau et procédait à l'encrage.

PROCÉDÉS PHOTOLITHOGRAPHIQUES

PAR REPORTS

L'intervention du report lithographique, pour transformer en planche d'impression l'image photographique obtenue à l'aide du négatif, a été indiquée, dès 1855, par M. Poitevin dans un des brevets qu'il prit à cette époque. Cette intervention peut se formuler ainsi : substituer, aux supports rigides des couches sensibles que nous avons indiquées, des subjectiles souples, pouvant supporter les manipulations de l'encrage aux encres de report utilisées en Lithographie. La finesse de la planche obtenue par report dépendra de l'expérience et de l'habileté de l'opérateur, la difficulté du procédé résidant surtout dans l'encrage de l'image sur le subjectile souple. La marche à suivre étant indiquée, le succès est, avant tout, une affaire de pratique.

Si par le report il y a toujours une tendance à l'élargissement des traits, tendance plus accentuée encore dans le cas qui nous occupe, où on n'est souvent pas entièrement maître de son encrage, on peut, d'autre part, éviter le retournement du négatif, multiplier le nombre des images photographiques sur une même planche, et combiner leur disposition de mille manières : ce qui constitue une série d'avantages précieux.

Nous avons indiqué, en parlant du bitume de Judée et des bichromates, comment on préparait les subjectiles souples, gélatinés, albuminés ou gommés, propres aux reports ; il nous reste à passer en revue quelques-uns des procédés les plus utilisés, procédés qui tous, du reste, découlent du même principe et ne sont constitués que par des tours de mains différents. En fait de reports, il n'est pas vraisemblable qu'un lithographe habile échoue où le photographe a réussi.

PROCÉDÉ JAMES

Ce procédé était appliqué dès 1860 par le colonel James, dans les ateliers du Comité d'artillerie de Londres, pour la reproduction des cartes et des épures. Le papier choisi comme support recevait la couche suivante :

Gomme arabique.	9 gr.
Eau distillée.	12 cc.
Solution saturée de bichromate de potasse. . .	6 —

La feuille, aussitôt sèche, était insolée jusqu'à ce que les détails du négatif fussent nettement accusés, ce qui demandait de deux à dix minutes. On la sortait alors du châssis à la lumière rouge du laboratoire, et on la couvrait entièrement de l'encre grasse suivante, qu'on étendait d'essence de térébenthine pour l'amener à la consistance de sirop :

Vernis à l'huile de lin.	4 gr. 5
Ciré.	4 — »
Suif.	0 — 50
Térébenthine de Venise	0 — 50
Gomme-mastic	0 — 25
Noir de fumée	3 — 25

Plus le sujet était chargé, plus il fallait tenir l'encre légère. (Voir la première Partie de ce Traité pour les manipulations à suivre dans la fabrication des encres grasses.) Lorsque l'encre était à peu près sèche, après une demi-heure environ, l'épreuve noircie était placée face en dessus dans un bain d'eau chaude, où on la laissait pendant quelques minutes. On la sortait ensuite de l'eau, et la posant à plat sur une pierre lisse ou tout autre support, on la frottait très légèrement avec une solution chaude de gomme. L'encre abandonnait les parties non insolées; un lavage à l'eau chaude, suivi d'un lavage à l'eau froide, terminait la préparation de l'épreuve qu'on laissait ensuite sécher avant de procéder au report.

PROCÉDÉ DE LA FOLLYE

Le procédé publié en 1864 par M. de La Follye diffère du précédent en ce qu'au lieu de couvrir toute l'image d'encre grasse, qu'on dégageait ensuite, la feuille sensibilisée était placée sur un bain d'eau, l'image en dessus. L'eau ne traversait que les parties restées solubles. Quand on jugeait le papier assez imbibé, on couchait, image en dessous, ce papier sur une pierre lithographique préparée comme pour un report, on donnait une pression et on enlevait immédiatement l'épreuve. La gomme soluble adhérait à la pierre qui restait nue dans toutes les parties où avait porté la gomme insoluble.

On laissait sécher cette couche de gomme, puis on margeait sur la pierre une feuille de papier couverte au rouleau d'encre à report, et on passait en pression. La pierre était ensuite dégagée au rouleau, encrée, acidulée, encrée de nouveau et mise sous gomme comme un report ordinaire.

PROCÉDÉ FORTIER

Le papier gélatiné et sensibilisé au bichromate (voir le chapitre *Bichromates*) est insolé sous un négatif jusqu'à ce que la teinte brune qu'il prend soit assez accentuée pour que tous les détails de l'image soient parfaitement visibles. Si le cliché est bien opaque dans ses parties noires, on peut exagérer sans inconvénients la pose, sinon il faut arrêter l'insolation avant que les blancs de l'image se teintent. On sort l'épreuve du châssis-presse dans le laboratoire éclairé à la lumière rouge, puis, la fixant sur une planchette, on l'encre avec un rouleau de gélatine chargé d'encre à report. Il faut que l'image soit légèrement visible sous la couche d'encre qui la couvre.

Pour obtenir plus de régularité dans l'encrage, on peut le faire à la presse. Pour cela, on cale une pierre bien poncée et de dimensions convenables, sur laquelle on fait table noire avec le rouleau. Le papier gélatiné et insolé est margé sur l'encre et on passe deux ou trois fois en pression.

Le papier encré à point est plongé dans une cuvette contenant de l'eau froide pendant un quart d'heure environ ; la gélatine bichromatée, qui n'a pas été insolubilisée par les rayons lumineux, se gonfle et tend à se dissoudre. Le retirant alors et le plaçant à plat sur une glace, on dégage l'image avec un tampon de coton, mais en procédant avec précaution pour ne pas dégarnir d'encre les noirs. Lorsque l'image est complètement dégagée, on la laisse sécher avant de procéder au report.

Si l'image, après dégagement, paraît empâtée, on l'essuie entre deux feuilles de papier buvard et on l'enlève à l'essence comme on le ferait d'une composition sur pierre, puis on recommence l'encrage. Si elle paraît faible, après l'avoir essuyée entre deux feuilles de papier buvard pour enlever l'eau en excès, on la recharge au rouleau, opération toujours délicate ; il est souvent préférable de tenter le report, quitte à le remonter par un des moyens connus en Lithographie. Lorsque le papier gélatiné a été insolé bien à point, un opérateur exercé peut cependant tirer plusieurs reports de la même épreuve. Pendant l'hiver, l'eau, à la température ambiante, serait trop froide pour le dégorgement après encrage ; il est utile, dans ce cas, de la faire légèrement tiédir.

Un peu avant de procéder au report, on intercale l'épreuve entre des feuilles de papier humide.

PROCÉDÉ ABNEY

Le capitaine Abney a fait breveter, il y a une douzaine d'années, un procédé qui rentre entièrement dans ce que nous avons dit au sujet de l'autocopiste. L'image obtenue sur papier gélatiné est encrée au rouleau, alunée, séchée, puis reportée sur pierre ou sur zinc.

PROCÉDÉ MOOCK-GEYMET

Ce procédé est basé sur les mêmes données que celui de M. de La Follye ; en voici les principales manipulations :

On prépare une solution de gomme arabique, 150 grammes d'eau pour 100 grammes de gomme. Quand elle est complète, ce qui demande généralement plusieurs heures, on mélange parties égales de cette solution et d'une solution de bichromate de potasse à saturation dans l'eau, puis on chausse au travers d'un linge, dans une cuvette en verre ou en porcelaine, en évitant qu'il se forme des bulles d'air dans le liquide sirupeux qui résulte du mélange. On fait flotter sur ce bain, côté albuminé en contact avec le liquide, du papier albuminé coagulé, qu'on trouve chez tous les fournisseurs de produits pour la photographie. Après un contact de trois à quatre minutes, on suspend la feuille, pour la faire sécher, dans l'obscurité. Comme la préparation de gomme bichromatée est très sensible, il ne faut pas attendre plus de vingt-quatre heures avant d'employer le papier. Deux minutes de pose au plus, même à l'ombre, suffisent, pour l'insoler. « L'épreuve, dit M. Geymet dans son *Traité pratique de Photolithographie*, doit être visible, mais à peine accusée. Il y a un excès de pose si on arrive au ton jaune d'or. Le report n'est pas possible dans ce cas. L'épreuve est bonne et belle et s'attachera régulièrement à la pierre lithographique si, à la lumière d'une bougie, le dessin, peu visible, se montre sous un aspect vert olive. »

L'image insolée est placée, à l'abri de la lumière, dans un endroit humide, dans une cave, par exemple. La gomme qui n'a pas été insolubilisée par l'action de la lumière absorbe peu à peu l'humidité ambiante, et l'épreuve est prête à être reportée lorsqu'une feuille de papier, appliquée avec pression sur un des angles, tend à y adhérer, ce qui a généralement lieu après quinze à vingt minutes de séjour à l'humidité. A défaut de local convenable pour obtenir spontanément ce résultat, M. Geymet indique le tour de main suivant : la feuille insolée est placée, côté gommé en dessus, sur une feuille de papier buvard humide et couverte d'une feuille de papier blanc portant sur la couche de gomme. Quand la feuille de papier blanc s'attache à l'épreuve, celle-ci a pris le degré d'humidité voulu.

La pierre préparée pour le report, on y marge l'épreuve, côté gommé portant sur elle, et on donne huit ou dix pressions lentes et régulières. La couche de gomme s'attache sur la pierre. Avec une éponge humide, on humecte à plusieurs reprises le dos du papier, qu'on enlève ensuite délicatement, sans forcer, de façon à ne pas entraîner la gomme. On porte la pierre au laboratoire éclairé à la lumière rouge, on l'assèche à l'éventail, puis on la barbouille au tampon avec de l'encre à report étendue d'essence de térébenthine rectifiée. On dégage alors l'image avec une éponge humide; l'encre ne reste qu'aux endroits où la pierre était en contact avec la gomme insolubilisée par l'insolation. On lave à l'éponge, mouillée cette fois, et non plus seulement humide, puis on laisse sécher la pierre avant de la gommer, comme on le pratique pour un report ordinaire. Après qu'elle s'est reposée quelques heures sous gomme, on l'acidule légèrement et on l'encre.

L'épreuve qui a servi au report, disposée à plat sur une glace, peut être encore encrée au rouleau et fournir un nouveau report; mais, comme nous l'avons déjà dit, l'encrage dans ces conditions est toujours une opération des plus délicates, qui, rarement, donne des résultats bien satisfaisants.

Procédé Rodrigue

M. José-Julio Rodrigue, chef de la section de photographie à la direction des travaux géographiques du Portugal, a substitué la feuille de métal mince, de préférence la feuille d'étain, au papier, comme subjectile souple. Nous avons indiqué la préparation, soit au bitume soit au bichromate, des feuilles de métal, qui, une fois insolées, se traitent pour l'encrage comme de véritables planches d'impression métallographique. Avec le papier comme subjectile, on est exposé à des dilatations, à des gondolements qui déforment l'image; ici rien de semblable à craindre; aussi la feuille d'étain est le support obligé chaque fois qu'on voudra, par les procédés photographiques, établir des planches de chromolithographie. (Voir les chapitres *Bitume de Judée* et *Bichromates*.)

Procédé E. F. Asser

M. Asser, d'Amsterdam, qui a souvent communiqué à la Société française de Photographie de très beaux spécimens de ses travaux, procède ainsi :

Il choisit feuille à feuille le papier sans colle qui doit lui servir de subjectile, et le fait satiner sans pousser jusqu'à l'écrasement du feutrage. Il prépare une colle d'amidon claire et bien cuite — elle a atteint le degré de cuisson voulu quand elle présente une teinte bleuâtre régulière, — puis il encolle les feuilles d'un côté seulement en les faisant passer sur une cuvette contenant cette colle, et les fait sécher. Une fois qu'elles sont sèches, il les sensibilise en les faisant flotter pendant quelques instants, le côté amidonné en dessous, à la surface d'une cuvette contenant une solution con-

17

centrée de bichromate de potasse. Les feuilles ainsi sensibilisées sont séchées, puis satinées à la presse dans l'obscurité.

Le papier sensibilisé sec et satiné s'insole sous le négatif; l'image est venue à point lorsqu'elle se montre d'une couleur brun foncé. On lave alors à plusieurs eaux, au besoin on emploie l'eau chaude, jusqu'à ce que les parties non impressionnées par les rayons lumineux soient parfaitement blanches, puis on fait sécher l'image à une chaleur douce. Pour éviter que le papier ne se recoquille trop, on commence à l'assécher en absorbant l'excès d'eau entre des feuilles de papier buvard. Quand l'épreuve est sèche, on l'humecte au dos, à l'éponge, puis, la plaçant sur un support rigide, pierre lithographique ou glace, on l'encre au rouleau en mélangeant un peu d'oléine pure à l'encre à report (nous disons oléine et non acide oléique). Pour faciliter l'encrage, on peut, au préalable, passer sur l'image, en tous sens, un tampon de coton imbibé d'une solution alcoolique de mastic jusqu'à ce que la surface paraisse sèche. L'encrage par impression, comme il est indiqué dans la description du procédé de La Follye, peut être avantageusement pratiqué.

PROCÉDÉ WATERHOUSE

Le colonel Waterhouse emploie l'arrow-root au lieu de gélatine, d'albumine ou d'amidon. Il couvre un papier de consistance convenable de deux couches de l'encollage suivant, appliquées à l'éponge ou au pinceau :

Arrow-root	140 gr.
Bichromate de potasse	70 —
Eau	3,500 —

L'arrow-root, délayé et cuit avec une partie de l'eau, est mélangé intimement avec le bichromate dissous dans le reste du liquide. Le papier, séché dans l'obscurité, puis satiné, est insolé sous négatif dans les vingt-quatre heures de sa préparation, développé à l'eau chaude, ramené au degré d'humidité voulu pour l'encrage au rouleau, et enfin encré à la manière ordinaire avec un mélange ainsi composé :

Encre à report ordinaire	100 gr.
Encre d'impression lithographique	100 —
Huile de palme	7 —

Ne décalquer l'épreuve sur pierre que quelques heures après l'encrage. Cette précaution, du reste, doit être prise avec tous les procédés, afin d'éviter que le report ne soit écrasé, et l'imprimeur doit employer l'encre aussi forte que le genre de travail le lui permettra.

Procédé dit Papyroteinte

Ce procédé, indiqué par M. Husband, est une modification du procédé Abney, et s'applique tout particulièrement à la reproduction des sujets à demi-teintes, une réticulation ou grain se formant sur toute la surface de la couche sensible pendant les manipulations.

On commence par gélatiner le papier en le faisant flotter à la surface d'un bain maintenu à 35° environ et composé de :

Gélatine en écailles	384	parties.
Glycérine pure	72	—
Chlorure de sodium	96	—
Eau	2,400	—

Il faut veiller à ce que la solution ne soit pas trop chaude, et qu'en y couchant le papier, il ne reste pas de bulles d'air interposées entre lui et la solution. On fait ensuite sécher le papier ainsi gélatiné à la température d'environ 15°, séchage qui dure une dizaine d'heures. Le papier gélatiné se conserve pendant des années à l'abri de l'humidité; on peut donc en préparer à l'avance une certaine quantité. Lorsqu'on veut l'employer, on le sensibilise, soit en l'immergeant, soit en le faisant flotter, gélatine en dessous, sur un bain composé de :

Bichromate de potasse	48	parties.
Chlorure de sodium	24	—
Ferricyanure de potassium	10	—
Eau	1,440	—

Cette solution étant peu sensible à la lumière, on peut procéder hors du laboratoire, à la condition d'y rentrer les feuilles sensibilisées, afin de les faire sécher dans l'obscurité à une température d'environ 20°. Le papier, une fois sec, est insolé à la façon ordinaire, sous un cliché à demi-teintes. Il est préférable d'opérer en plein soleil; alors, pour un négatif de densité moyenne, trois minutes de pose sont suffisantes. On peut juger de la venue de l'épreuve en l'examinant dans le châssis. Lorsque l'image se dessine en couleur fauve foncé sur fond jaune, l'exposition a été assez prolongée. On rentre alors au laboratoire, et on place l'épreuve pendant dix minutes dans une cuvette d'eau froide, afin que la gélatine non insolubilisée absorbe une certaine quantité d'eau. On retire alors l'épreuve, que l'on applique sur une pierre dressée, une glace ou une plaque de métal, puis on enlève l'excédent d'eau avec du papier buvard. La lumière a non seulement insolubilisé, mais encore grainé la couche sensible au travers du négatif, et cela en proportion de l'intensité des blancs. On couvre alors l'image, à l'aide d'un tampon doux, d'encre à report ramenée à consistance de crème par l'addition d'essence de térébenthine, puis, avec un rouleau de cuir, on égalise cet encrage en dégageant peu à peu les grands blancs et les demi-teintes; le grain se montre alors très visible.

L'image encrée est immergée pendant quelques minutes dans un bain faible de tanin et de bichromate de potasse, épongée au papier buvard, puis abandonnée dans l'obscurité à une dessiccation spontanée. Sèche, on l'expose de nouveau à la lumière pendant quelques minutes, puis on l'humecte, au dos, avec une éponge imbibée d'une solution d'acide oxalique à 1 0/0, en répétant plusieurs fois l'opération, afin que le papier soit bien également humide. Après avoir enlevé l'excédent d'humidité entre deux feuilles de papier buvard, on procède au décalque sur pierre par plusieurs pressions successives et modérées. On enlève le papier de dessus la pierre sans le mouiller, et on traite celle-ci comme pour un report ordinaire, mais sans enlever à la térébenthine au début, et en évitant l'encre trop faible.

Pour faire varier la grosseur du grain, il suffit de changer la proportion de ferricyanure de potassium dans la solution sensibilisatrice, de faire sécher le papier à une plus haute température ou de le chauffer pendant quelques instants avant de l'insoler, ou bien encore d'ajouter un peu d'eau chaude au bain d'eau froide dans lequel on immerge l'image après insolation. Plus haute sera la température du bain et plus gros sera le grain. On doit chercher à obtenir un grain fin lorsqu'on veut reproduire des clichés faits d'après nature et présentant des détails nombreux et délicats.

LES CLICHÉS FACTICES

D'après tout ce que nous venons d'exposer, on voit combien est vaste le champ ouvert aux lithographes et aux dessinateurs, sur le terrain lithographique seulement, par la photographie. Judicieusement appliquée, elle peut leur être d'un secours journalier, et faciliter leur tâche en l'abrégeant le plus souvent. Il nous reste, dans cet ordre d'idées, à aborder la question du « cliché factice ».

Tout dessin, tout calque à l'encre noire (encre de Chine), à l'encre rouge ou à l'encre jaune orangé, sur un support transparent ou même simplement translucide, tout document écrit ou imprimé sur un semblable support au recto seulement, constitue un véritable cliché « positif », dont le lithographe peut tirer parti pour en obtenir, suivant le cas, soit une planche d'impression, soit le canevas fidèle servant de fond au dessinateur, sans que le dessin, le calque, le document ou l'imprimé subissent la moindre détérioration. Si le support ne laisse pas suffisamment passer les rayons lumineux, une essence maigre volatile ou l'alcool pur, suivant le cas, peuvent, sans inconvénient, être employés pour augmenter sa transparence.

D'autre part, il est facile au dessinateur de créer des négatifs factices, soit sur verre, soit sur des membranes ayant assez de transparence pour qu'on puisse insoler au travers d'elles. Plusieurs procédés, que nous allons citer, ont été publiés à ce sujet.

PROCÉDÉ RODRIGUE

Sur un verre dépoli, dont on aura frotté légèrement la surface avec un morceau de linge et de la sandaraque en poudre, on tracera, après avoir enlevé au blaireau l'excès de résine, avec de l'encre de Chine additionnée d'une petite quantité de sucre et de glycérine, le dessin dont on veut obtenir la reproduction.

Le sucre et la glycérine empêchent l'encre de sécher complètement et lui conservent une certaine viscosité. Le dessin terminé, on saupoudre dessus de la plombagine porphyrisée qui s'attache sur les traits et dont on assure l'adhérence en frottant très légèrement avec un tampon de coton, comme si on bronzait une épreuve. Le dessin deviendra complètement opaque et fera l'office du cliché le mieux réussi, cliché positif, bien entendu, qu'on peut transformer en cliché négatif ou dont on peut obtenir des clichés négatifs très nets par les moyens usuels de la photographie.

AUTRE PROCÉDÉ

Sur une surface bien nettoyée d'une glace on applique une couche de la préparation suivante :

```
Gélatine . . . . . . . . . . . . . . . . . . . . . . . . .   8 gr.
Eau. . . . . . . . . . . . . . . . . . . . . . . . . . . . 100 —
Carbonate de plomb (quantité suffisante pour former une espèce
    de pâte).
```

Cette couche doit être assez mince, très régulière et opaque. Lorsqu'elle est sèche, on dessine ou on décalque à sa surface le dessin, que l'on grave ensuite au burin ou à la pointe.

Afin de mieux suivre le travail, on place la glace sur une feuille de papier noir. On expose ensuite la plaque à l'action de vapeurs d'acide sulfhydrique qui transforment le carbonate de plomb en sulfure noir, ne laissant transparentes que les parties enlevées au burin. On a ainsi un négatif au trait de la plus grande netteté. Le travail que nécessite ce procédé ne sort pas du mode de faire de la gravure lithographique; un lithographe est donc sûr de sa réussite.

PROCÉDÉ GEYMET

On étend, avec un rouleau de gélatine, sur une plaque de verre ou sur une glace, la préparation suivante :

```
Cire . . . . . . . . . . . . . . . . . . . . . . . . . . . .   5 gr.
Vernis lithographique . . . . . . . . . . . . . . . . . .  10 —
Benzol. . . . . . . . . . . . . . . . . . . . . . . . . . . 100 —
```

Puis on passe au blaireau une poudre colorante opaque, rouge ou jaune, de façon à former une couche assez mince et d'égale épaisseur. Grâce à la cire qui entre dans la composition de la préparation, le burin ou la pointe enlèvent net cette couche, sans cassure ni éraillure, ce qui permet d'y graver tous les dessins qu'on désire. L'opacité est suffisante pour protéger, dans les endroits non dégarnis par le burin, toute couche sensible qu'on soumettra à l'insolation sous ce négatif factice.

Négatif sur Celluloïd

On fait table noire au rouleau, avec de l'encre chargée en principes colorants rouges ou noirs, sur une des faces d'une feuille mince de celluloïd transparent, puis, avant que l'encre soit sèche, on y passe au blaireau de la céruse en poudre fine, en ayant soin d'enlever l'excès. Quand la couche est sèche, on peut y tracer ou y décalquer tel dessin qu'on désire, qu'on grave ensuite au burin ou à la pointe sans qu'il soit besoin d'entamer le celluloïd; il suffit de le dégarnir d'encre.

Autre Procédé

Sur une glace finement dépolie passée à la sandaraque, sur une feuille de fort papier calque (végétal) ou sur une feuille de celluloïd transparent passée sur une de ses faces à la poudre de ponce, on exécute la composition à reproduire à l'encre lithographique.

Lorsque le dessin est sec, on étend au pinceau, sur toute la surface, une solution d'encre de Chine d'un noir intense, additionnée d'un peu de gomme arabique et de quelques gouttes d'une solution à saturation de bichromate de potasse; on laisse sécher et on insole pendant quelques minutes en pleine lumière. On enlève ensuite le dessin à l'essence de térébenthine, qui est sans action sur l'encre de Chine insolubilisée. On peut remplacer l'encre de Chine par de la gomme-gutte additionnée de bichromate de potasse et d'un peu de carmin.

En satinant à chaud une feuille de celluloïd transparent sur une plaque métallique grainée à grain vif, ou en grainant à la molette avec de l'émeri une glace déjà dépolie, on obtient des surfaces sur lesquelles on peut dessiner au crayon lithographique; ce dessin se transforme en image négative de la même façon.

POSITIF POUR DESSIN A LA PLUME

Sous un négatif à effet : portrait, paysage, vue de monument, etc., on insole, au châssis-presse de photographe, une feuille de papier sensibilisée aux sels de fer (papier ferro-prussiate du commerce), puis on développe l'image dans l'eau. Après l'avoir fait sécher, on la fixe sur une planchette garnie d'une feuille de bristol satiné. Le dessinateur exécute, sur ce positif, un dessin à la plume, en se servant d'encre de Chine dans laquelle on a versé quelques gouttes d'une solution de bichromate de potasse à saturation. Lorsque le dessin est terminé, on l'expose quelques minutes en pleine lumière, cette insolation insolubilise l'encre de Chine. On enlève le dessin de la planchette et on le passe dans une cuvette contenant une solution faible d'oxalate de potasse. L'image bleue, qui faisait le fond du dessin, disparaît, le travail à la plume reste seul sur le papier. On passe le dessin dans une seconde cuvette contenant de l'eau pure, et on le suspend pour le faire sécher. Si le papier est trop opaque pour qu'on puisse facilement insoler au travers, on le cire au verso avec de la cire vierge, en ayant soin de le repasser ensuite au fer chaud, entre deux feuilles de papier buvard, pour enlever la cire en excès.

QUATRIÈME PARTIE

SOMMAIRE

porte-lame dans un plan strictement vertical. La justesse de la coupe. Le plateau et les mouvements qu'on peut lui faire exécuter. Le coupe-papier à pression automatique. L'indicateur de coupe.

INDEX CHIMIQUE. — Dans quel but il est écrit. Aperçu sur les différentes substances employées en Lithographie. Leur classification par ordre alphabétique. Leurs propriétés physiques et chimiques, ainsi que leur utilité en Lithographie et en Photographie. Différentes formules des composés dont ils sont la base. Dosages des différents liquides à l'aide de l'aréomètre Baumé. Description de cet aréomètre. Estimation en poids des gouttes de quelques liquides. Quelques mots sur la fermentation. La pulvérisation ; comment il faut procéder. Solubilité de quelques corps à différentes températures.

LES MACHINES LITHOGRAPHIQUES

Notre intention n'est pas d'aborder, dans ce chapitre, la description détaillée de tous les modèles de machines lithographiques offerts depuis quelques années au choix des imprimeurs. Un volume n'y suffirait pas, et un tel labeur ne présenterait qu'un intérêt restreint, plus commercial que technique; or, nous nous sommes fait une loi d'écarter de ce Traité tout côté commercial. Du reste, c'est plutôt dans les détails que dans l'ensemble qu'il faut chercher les dissemblances qui existent entre les divers types de machines. Dans la première Partie de notre ouvrage, nous avons détaillé les organes essentiels de la presse mécanique lithographique; ici, ce sont les détails des principaux types français sur lesquels nous allons attirer l'attention. Les planches au trait que nous publions en regard des planches à effet, réductions photographiques de véritables épures, permettront à nos lecteurs de suivre pas à pas nos explications.

MACHINES MARINONI

Les gravures que nous donnons ci-après représentent une machine à pointures du nouveau modèle construit par la maison Marinoni, machine sur laquelle on peut adapter la marge ou le pointage automatique. Ce modèle se distingue par sa très grande solidité, la facilité et la sûreté du calage et le parfait fonctionnement de la pointure.

Les bâtis de côté, très fortement nervés, sont fixés sur un bâti de fond qui porte les supports de l'arbre de commande et de la roue actionnant le chariot, ainsi que la chaise portant les poulies et le volant. Un frein, solidaire du débrayage, permet l'arrêt très rapide de la presse.

Abat-feuille et Pointures. — La machine est munie d'un abat-feuille commandé par une came montée sur l'arbre de la roue de commande. Le mouvement de l'abat-feuille et celui des pointures se règlent à volonté. Cela permet de ne faire sortir les pointures, pour la première impression, que lorsque la feuille est bien tenue par les pinces, condition indispensable pour obtenir des trous très nets, et permet aussi de ne les faire apparaître, pour les impressions suivantes, qu'après l'enlèvement de la feuille imprimée par le receveur, tout en ne les faisant disparaître que lorsque les pinces sont abaissées et empêchent tout déplacement de la feuille margée ou plutôt pointée.

On peut faire varier à volonté la saillie des pointures d'avant du cylindre ; elles sont actionnées chacune par une touche spéciale, ce qui permet de changer facilement les trous fatigués. Les pointures d'arrière se fixent par l'intérieur du cylindre.

Les pointures de la table sont fixées sur des règles se déplaçant parallèlement à elles-mêmes : la pointe, en quittant le papier, ne peut en aucune façon agrandir le trou de pointure, comme cela a lieu dans les systèmes où elle décrit un arc de cercle. Les règles portant les pointures et les pointures elles-mêmes sont placées sur des supports munis de vis micrométriques, à l'aide desquelles on peut déplacer et régler les pointures avec la plus grande facilité et sans aucun tâtonnement, en les faisant avancer dans les deux sens de quantités aussi petites que l'on veut, la règle se déplaçant suivant une direction parallèle à l'axe du cylindre, et les supports des pointures se déplaçant également suivant la longueur des règles qui les portent. Pour éviter les vibrations des règles de pointures, vibrations qui se produisent toujours et sont d'autant plus sensibles que les formats sont plus grands et que les pointures sont plus près des cylindres, des pièces indiquées E dans le dessin, ayant le même mouvement que ces règles, viennent les soutenir à leurs extrémités.

Ces différents perfectionnements ont une importance réelle, en ce qu'ils assurent un repérage parfait.

Encrage. — L'encrier, bien que commandé par des engrenages, est muni d'une disposition permettant : 1° de détourner la machine sans détourner l'encrier ; 2° de tourner l'encrier à la main sans faire manœuvrer la machine ; 3° d'arrêter à volonté non seulement la prise d'encre, mais le cylindre d'encrier lui-même sans avoir, pour cela, à arrêter la machine. Toutes ces opérations, de même que le réglage de la prise d'encre commandé par une came à éventail, se font sans arrêter pendant la marche.

Les peignes habituellement affectés aux distributeurs sont remplacés par des dents mobiles, D, dont la hauteur peut se régler très exactement à l'aide d'une vis spéciale ; on évite ainsi le choc des rouleaux distributeurs

sur la table à encre, et au fond des peignes lorsqu'ils quittent la table. De plus, cette mobilité des dents des peignes distributeurs autour de leur axe vertical permet de varier beaucoup l'inclinaison des rouleaux sans avoir besoin de donner du jeu. On diminue ainsi et l'usure des peignes et l'usure des fusées des rouleaux.

Les peignes des rouleaux toucheurs sont disposés pour rendre possible l'emploi de toucheurs de différents diamètres. Comme ils sont en plusieurs parties, et que le chemin placé sur le chariot a une largeur suffisante, on peut incliner les toucheurs sans que leurs galets quittent ce chemin.

Le soulèvement des rouleaux toucheurs — et aussi des mouilleurs — se fait par la manœuvre d'un levier agissant sur deux plans inclinés, S. Ces plans inclinés, venant agir successivement sur chacun des rouleaux, une seule personne peut lever tous les rouleaux, même sur les machines de très grand format, et cela sans avoir besoin de faire le tour de la machine.

Calage. — Le calage s'opère à l'aide de vis supportant la platine sur laquelle se posent les pierres. Ce système, le plus simple, le plus rapide et le plus sûr, inventé en 1865 par Marinoni, et fort critiqué à cette époque, est maintenant appliqué par tous nos constructeurs. Dans les machines Marinoni, toutes les vis de calage sont manœuvrées de l'un des bouts de la machine à l'aide de volants fixés à l'extrémité de tiges portant des roues d'angle ou des vis sans fin, ce qui évite de faire le tour des machines pour arriver à chacune d'elles.

Le seul inconvénient du calage par quatre vis agissant sur les angles de la platine est que, dans les machines à grand format que l'on construit beaucoup aujourd'hui, la platine n'étant soutenue que sur quatre points peut fléchir sous la pression considérable souvent nécessaire pour l'impression, et cette flexion, si minime qu'elle soit, occasionne la rupture des pierres, accident coûteux, les pierres de grand format étant d'un prix très élevé. Pour remédier à ce grave inconvénient, les machines de grand format sont munies d'une ou plusieurs vis intermédiaires qui servent, non plus à mettre la pierre de hauteur, mais seulement à augmenter le nombre des appuis de la platine sur le chariot. Quand la pierre a été mise de niveau à l'aide des vis d'angle, on agit sur les vis intermédiaires par des volants d'un plus petit diamètre, de façon à ce qu'elles touchent la platine sans la soulever.

Chariot. — Le chariot, au lieu d'être guidé, comme cela existe dans les autres machines, par sa partie inférieure et par les bandes, l'est au point de sa plus grande largeur et à sa partie supérieure, pendant toute sa course, par deux grands guides fixés aux bâtis et que l'on peut régler à volonté. On obtient ainsi un mouvement parfaitement rectiligne du chariot et de la pierre.

Une autre disposition toute nouvelle et très intéressante du chariot est l'addition de chemins avec partie mobile formant un plan incliné pour le soulèvement du cylindre à l'entrée et à la sortie de pression. On évite ainsi

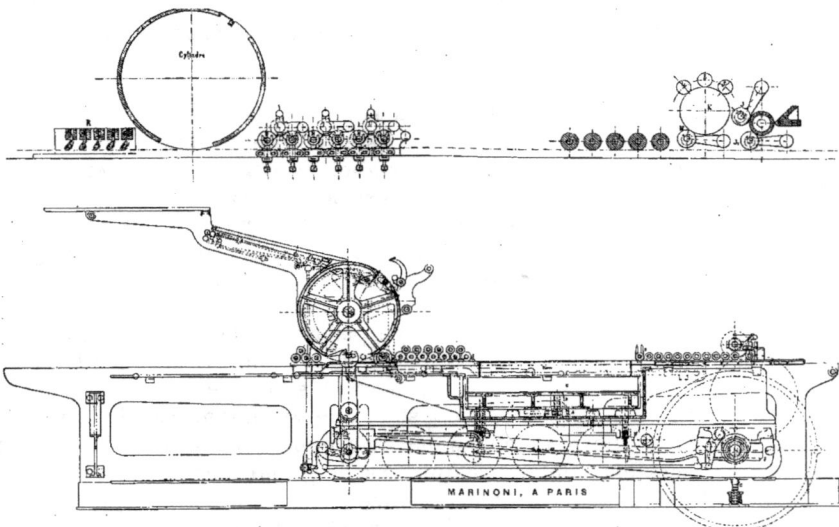

Cylindre

MARINONI, A PARIS

le choc qui se produit dans toutes les machines au moment où la pierre arrive en contact avec le cylindre à l'entrée ou le quitte à la sortie, choc qui tend à produire un déplacement de la pierre et par suite à compromettre le repérage. Cette addition, qui donne de très bons résultats avec les pierres, est indispensable lorsqu'on leur substitue le zinc.

Lorsqu'on imprime sur zinc à l'aide d'une machine lithographique ordinaire, au moment où la feuille de métal entre en pression, le choc produit un matage et la préparation ne tarde pas à disparaître à cet endroit; l'encre s'y attache et macule les marges de la feuille margée. Les plans inclinés, dans les nouvelles machines, soulèvent légèrement le cylindre, qui, au lieu de butter sur les bords de la planche de métal, descend sur celui-ci à l'endroit où doit commencer l'impression. La même disposition se représente à la sortie de pression. Ce perfectionnement a été réalisé de la façon la plus simple : les chemins du chariot qui servent au soulèvement sont disposés à côté de ceux recouverts de cuir où roulent les galets des toucheurs, et deux cercles en saillie sur le cylindre, de l'épaisseur de l'habillage, placés à ses extrémités, portent sur ces chemins spéciaux.

Cylindre. — Le cylindre qui, comme celui de toutes les machines similaires, s'arrête au retour du chariot, peut être immobilisé tout en laissant le chariot continuer son mouvement. Cette disposition permet, soit d'encrer plusieurs fois la pierre pour une même impression, soit de distribuer l'encre et d'encrer les toucheurs sans imprimer, soit enfin d'empêcher le départ du cylindre sans arrêter pour cela la machine lorsqu'une feuille est mal margée. Cette immobilisation s'obtient par la manœuvre d'une manivelle, V, qui se trouve à portée de la main du margeur. Celui-ci peut la faire mouvoir sans aucun effort, non seulement pendant l'arrêt résultant du retour du chariot, mais à un moment quelconque de la course de ce chariot. En manœuvrant cette manivelle V, on produit, lors de l'arrêt du cylindre qui en résulte, un calage de la fourche qui maintient ce cylindre arrêté et le relèvement de la grande bielle qui actionne cette fourche, de telle sorte qu'elle n'agit plus tant que la manivelle V n'a pas été ramenée dans sa position primitive.

La prise de feuille par les pinces est assurée non seulement par la tension des ressorts qui les font fermer, mais encore par un cercle sur lequel roule un galet qui empêche qu'elles ne s'ouvrent tant que le cylindre est en pression. De cette façon, sans exagérer la tension des ressorts, on n'a pas à craindre qu'elles ne lâchent la feuille, quelle que soit la force des encres et des vernis employés.

La figure 2 donne des dispositions nouvelles de distribution, d'encrage et de mouillage qui sont la propriété de la maison Marinoni. En voici la description :

Distribution. — La distribution est faite sur deux tables à encre, l'une cylindrique et l'autre plate. L'encre, prise par le rouleau *J* à l'encrier, est d'abord distribuée sur la table cylindrique K, qui possède un mouvement de va-et-vient et sur laquelle appuient les rouleaux L; ensuite elle est transmise à la table plate par un rouleau M, et les rouleaux distributeurs généralement employés complètent la distribution. Dans certains cas, il peut y avoir intérêt, soit pour ménager la couleur, soit pour l'emploi de teintes dont la distribution est facile, soit pour des travaux n'exigeant pas une distribution parfaite, à transmettre directement l'encre de l'encrier D à la table plate. Dans ces cas, le rouleau J se place en J' et l'encre vient directement sur la table plate sans avoir été préalablement distribuée sur la table cylindrique. Le rouleau M est alors immobilisé en bas de sa course et devient un distributeur de plus, ou est maintenu soulevé de façon à ne plus venir appuyer sur la table plate.

Touche. — Les rouleaux toucheurs H sont supportés par des peignes dont la hauteur et la position varient de façon à permettre de régler très exactement la pression du rouleau sur la planche et contre les chargeurs I qui se trouvent au-dessus. Ces chargeurs, qui ont un mouvement de va-et-vient doux, sont actionnés au moyen d'engrenages recevant leur mouvement d'une crémaillère fixée au chariot de la machine. Les rouleaux toucheurs, toujours entraînés par les chargeurs, ont, à leur entrée en contact avec la pierre, exactement la même vitesse que celle-ci, ce qui supprime complètement la buttée sur le bord des planches, avantage important surtout dans l'impression sur zinc. Le mouvement de va-et-vient des chargeurs sur les toucheurs permet d'obtenir, sans donner d'inclinaison à ceux-ci, un encrage parfait, qu'on obtient difficilement par d'autres moyens, surtout pour les teintes plates.

Mouillage. — Le mouilleur indiqué en R, sur la figure 2, est d'un système tout nouveau, inventé par un imprimeur lithographe, M. Genet. Il est formé de bandes de velours recouvrant une bande en caoutchouc et interposées entre des barres de fer plat vissées l'une sur l'autre. Trois de ces mouilleurs suffisent pour les machines de format moyen, quatre pour celles de grand format. Ils sont placés librement dans des peignes métalliques fixés sur les bâtis, à la même place que ceux des mouilleurs cylindriques.

Ces mouilleurs prennent l'eau sur une table à mouiller, aussi recouverte de velours. L'emploi de cette table est indispensable. Ils peuvent en outre recevoir automatiquement l'eau par un rouleau plongeant en partie dans un auget fixé sur le chariot et venant en contact avec eux à chaque passage de celui-ci.

Les avantages que les mouilleurs Genet présentent sur les mouilleurs cylindriques sont les suivants : ils mouillent plus uniformément; ils usent moins les traits que porte la planche et permettent, par conséquent, de plus longs tirages; ils sont plus économiques d'entretien, et peuvent être remis à neuf en quelques minutes; ils tiennent moins de place en tous sens que les mouilleurs cylindriques, ce qui permet, d'une part de mieux entretenir les bords de la pierre, et d'autre part de recevoir plus facilement les feuilles imprimées.

Voici l'énumération de quelques dispositions spéciales appliquées sur les machines de très grand format. Nous les avons relevées sur une machine construite par la maison Marinoni, en 1888, pour MM. Champenois et Cie, imprimeurs-éditeurs à Paris. Cette machine peut recevoir une pierre mesurant 1^{m}56 sur 1^{m}13, ce qui dépasse comme format le double grand aigle, (grand aigle, format de papeterie : 73 sur 108). Le dessin de machine au trait que nous donnons se rapporte à ce modèle.

Les tables de marge sont en deux parties, de façon à pouvoir se manœuvrer facilement, et sont soutenues par une traverse montée sur le bâti de façon à présenter la rigidité la plus complète. Trois jeux de pointures permettent de marcher à volonté à un ou à deux margeurs. Personnellement, nous ne comprenons l'impression des grands formats qu'avec la marge ou le pointage automatiques, qui permettent de simplifier et les machines et le travail.

Comme on n'a pas toujours à mettre sous presse des pierres double grand aigle, la machine est agencée pour recevoir au besoin deux pierres différentes, le chariot supportant deux platines accolées dont le réglage peut se faire séparément, à l'aide de vis placées aux quatre angles de chacune de ces platines, ou simultanément comme s'il y avait une platine unique. Pour cela, le chariot, qui porte quatre bandes marchant sur quatre séries de galets, afin d'éviter tout glissement, est agencé ainsi : dans l'intérieur du chariot A proprement dit est un cadre, B, très solidement nervé et parfaitement dressé, sur lequel reposent les deux marbres ou platines C, de même épaisseur. Lorsqu'il s'agit de caler sur la machine une grande pierre, c'est seulement à l'aide de vis agissant sur le cadre qu'elle est mise de niveau. Lorsqu'il y a lieu de caler deux pierres, chacune d'elles repose sur une des platines C, qu'on met alors de hauteur l'une après l'autre.

Toutes les vis agissant soit sur le cadre B, soit sur les platines C, ainsi que les vis intermédiaires de soutien, se manœuvrent de l'une des extrémités du chariot, et, afin d'éviter toute chance d'erreur, les volants qui les actionnent sont complètement différents de forme et de métal. Les vis intermédiaires de soutien sont indispensables et pour le grand cadre et pour les platines, car, lorsque le cylindre est au milieu des platines, la pression s'exerçant loin des points d'appui, il y aurait à craindre sans ces vis de soutien une flexion qui occasionnerait le bris des pierres.

L'emploi du zinc devant être très fréquent sur les machines grand format, à cause de la grande économie qu'on peut réaliser avec lui, elles sont munies d'un bloc en deux parties, de hauteur telle que, le cadre et les platines étant dans leur position la plus basse, c'est-à-dire le cadre portant au fond du chariot et les platines portant sur le cadre sans l'intermédiaire des vis, le bloc se trouve juste de hauteur pour l'impression sans avoir à chercher sa position. Des vis latérales permettent en outre de régler parfaitement le déplacement des blocs pour assurer, par exemple, le repérage d'une planche sur l'autre.

Sur les machines de dimensions moyennes, il est facile d'obtenir un arrêt régulier, précis, du cylindre; il n'en est pas de même sur les grandes machines, à cause de la dimension de tous les organes. La bielle qui produit le temps d'arrêt est lourde, et use rapidement les coussinets qui la réunissent à l'arbre de commande, surtout le coussinet du dessus. Or, l'usure de ce coussinet produit un déplacement qui, bien que très faible, se fait promptement sentir sur l'arrêt du cylindre. Pour obvier à cet inconvénient et éviter l'usure rapide des coussinets, la grande bielle marquée F sur le dessin est soutenue par un galet, G, monté à l'extrémité d'une tige qu'un ressort actionne pour faire appuyer le galet sur la bielle, quelle que soit sa position.

Un dernier mot sur les grandes machines. Les lithographes tiennent à faire leurs reports sur zinc ou sur pierre à la presse à bras, mais, comme ces presses ne se construisent pas en aussi grands formats que les machines, ils en sont quelquefois réduits à reporter à la machine même avec la pression du cylindre. Pour arriver à obtenir les reports sur la machine comme sur la presse à bras, la maison Marinoni construit des porte-râteaux s'adaptant aux bâtis des machines, disposition rendue possible et pratique par l'arrêt facultatif du cylindre que nous avons décrit plus haut.

MACHINES Vᵉ ALAUZET, TIQUET ET Cⁱᵉ

La maison Alauzet a commencé, en 1859, la construction des machines lithographiques. Son dernier modèle est représenté en élévation dans la gravure ci-après, accompagnée d'une planche au trait.

Cette machine se compose essentiellement d'un socle, A, sur lequel sont solidement fixés deux bâtis, B ; des entretoises ou jambes de force relient ces bâtis au socle et les maintiennent parallèlement l'un à l'autre d'une manière invariable.

Un marbre creux, C, destiné à recevoir la pierre, D, peut rouler sur un train de galets dont l'un des arbres porte une large roue, E, qui engrène d'une part avec une crémaillère fixée au socle, et, d'autre part, avec une seconde crémaillère fixée au-dessous de ce marbre. La bielle de commande est articulée, à l'une de ses extrémités F, au bouton de la roue de commande par une simple tête, et, à l'autre extrémité F', elle embrasse la roue E par une fourche oscillant autour de l'arbre de cette roue. Le mouvement de rotation est communiqué à la roue de commande par l'intermédiaire d'un pignon, G, dont l'arbre reçoit les poulies sur lesquelles passe la courroie.

Des couronnes partiellement dentées, portées par des galets de foulage H et H', engrènent avec de petites crémaillères fixées au socle, et produisent ainsi l'entraînement forcé de ces galets, ce qui empêche tout glissement du marbre sur eux, et évite ainsi les facettes qui se produisent généralement et sont si nuisibles autant à la bonne impression qu'à la durée de la machine.

Le cylindre est maintenu au-dessus du marbre, dans deux coussinets en bronze portés par les têtes des bâtis I ; il est actionné par le marbre au moyen d'une couronne dentée et d'une crémaillère correspondante dite *de côté*. Deux supports J, fixés aux têtes des bâtis, portent la table à marger et la table à papier supérieur.

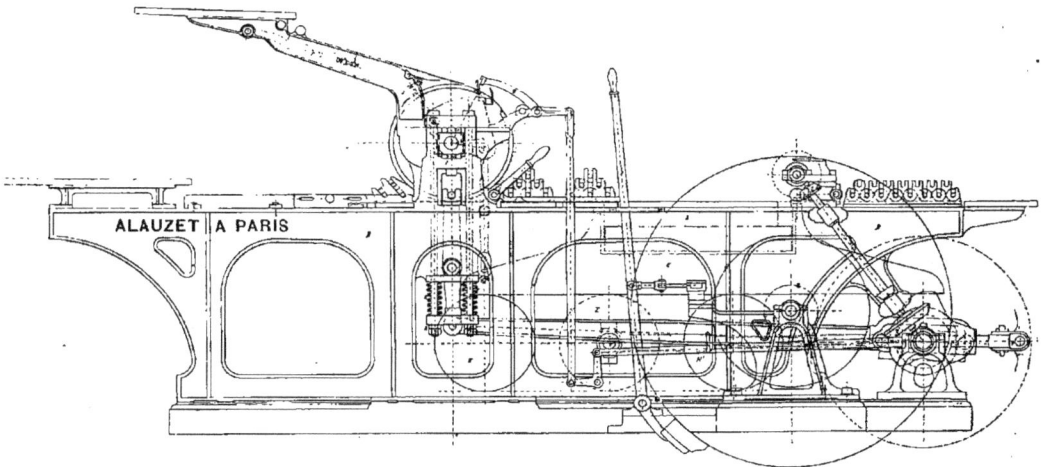

ALAUZET A PARIS

A l'avant de la presse se trouvent d'abord, près du cylindre, les rouleaux toucheurs et leurs chargeurs, qui ont pour mission d'encrer la pierre ; puis vient l'encrier, ensuite les rouleaux distributeurs qui sont appelés à distribuer l'encre sur la table à encrer ; une petite tablette à.outils limite l'extrémité de la machine. On remarque, d'après ce que nous venons de dire sur la position occupée par l'encrier, que, contrairement à ce qui existe généralement, il est placé avant les distributeurs, et non après. Cette disposition, spéciale à la maison Alauzet, détermine un broyage plus complet de l'encre et une excellente distribution, les distributeurs développant la table à encrer sur un plus grand parcours. Comme complément à cette ingénieuse disposition, on peut interrompre à volonté le mouvement de rotation du rouleau d'encrier, au moyen d'un petit manchon de débrayage porté par l'arbre de ce rouleau.

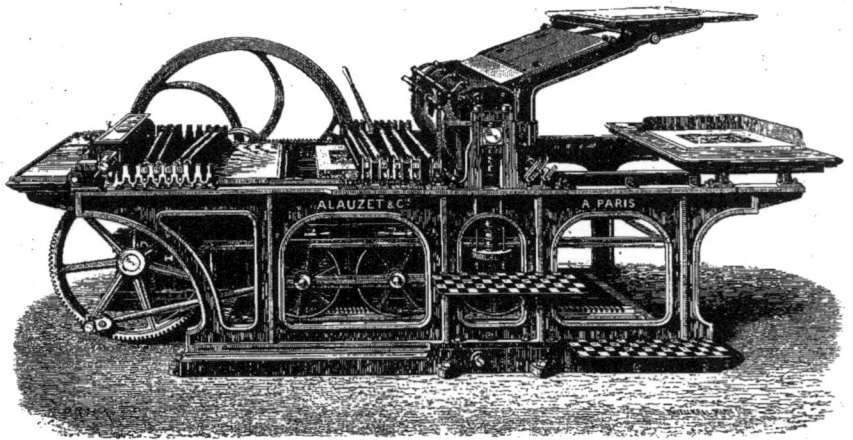

ALAUZET & C.   A PARIS

A l'arrière de la machine sont disposés, en premier lieu, les mouilleurs, et, presque à l'extrémité des bâtis, deux supports portent la table à recevoir sur laquelle on vient placer les feuilles imprimées.

La pression élastique du cylindre est obtenue au moyen de ressorts K, spéciaux, en acier; elle se règle avec la plus grande facilité par le serrage ou le desserrage des écrous et contre-écrous L et L'.

L'abat-feuille M, qui maintient les feuilles sur le bord de la gorge du cylindre un peu avant qu'elles soient prises par les pinces, assure le bon repérage en empêchant tout déplacement de ces feuilles pouvant résulter de l'abattage des pinces. Les règlettes de l'abat-feuille sont portées par des leviers, N, fixés sur une tringle, O, qui, au moyen de bielles et de manivelles, reçoivent leur mouvement spécial d'une came portée par l'arbre de la roue de commande. Par une disposition particulière, le pointage est extrêmement précis, et la feuille se détache au moment voulu de la pointure sans le moindre déchirement, point d'une grande importance, surtout pour les impressions chromolithographiques. On peut, du reste, facilement adapter à la machine un des systèmes connus de marge et de pointage automatiques.

Le levier de débrayage, mis à la portée du margeur, est solidaire d'un frein agissant sur le volant, ce qui permet d'arrêter instantanément la marche de la machine, et d'éviter ainsi tout accident.

Calage de la pierre. — Un des caractères distinctifs de cette machine réside dans le mode de soulèvement de la pierre, qui se trouve calée très rapidement et très facilement, sans qu'il soit nécessaire de passer sous la machine. Cette disposition du nouveau calage de la pierre est représentée par la planche ci-contre. La figure 1 est une coupe transversale du marbre; la figure 2 une vue en plan; les figures 3 et 4 montrent un arbre de soulèvement à une plus grande échelle; cet arbre porte des cames destinées à obtenir : soit un encrage et une pression, soit double encrage et une pression, soit double encrage et double pression, soit enfin l'arrêt du cylindre sans arrêter la marche de la machine, pour l'encrage des rouleaux par exemple; la figure 5 indique le volant de manœuvre ainsi qu'une tige verticale d'arrêt déterminant la position utile des arbres de soulèvement.

Le marbre creux RR, qui reçoit la platine A et la pierre B, est muni, près de ses quatre angles, de quatres fortes vis verticales, CC, C'C', dont les têtes en acier supportent la platine A, qui elle-même supporte la pierre B. Si cette pierre avait une épaisseur uniforme, il suffirait de faire manœuvrer les quatre vis en même temps, et de les faire tourner de la même quantité pour soulever, parallèlement à elle-même, cette pierre supposée placée horizontalement. Or, ce cas tout exceptionnel se présentant rarement, il faut pouvoir agir sur chaque vis, afin de soulever chacun des coins séparément et d'obtenir ainsi l'horizontalité parfaite. A cet effet, la partie inférieure des vis CC, C'C', porte des pignons (1) (2) (1') (2') et deux arbres horizontaux E et E' sur lesquels sont calées des vis sans fin actionnant ces pignons; deux volants V et V' sont ajustés sur chacun de ces arbres qui tournent dans des supports fixes.

Si nous imprimons à la main, et dans le sens voulu, un mouvement de rotation aux volants V et V', les vis sans fin, actionnées, feront mouvoir les pignons (1) (2) (1') (2') qui, eux, détermineront le mouvement vertical des vis C C, C' C', et, par suite, celui de la platine et de la pierre. Si l'un des côtés de la pierre, celui de gauche, par exemple, était trop bas, le mouvement de l'arbre E suffirait pour ramener l'horizontalité. On peut donc obtenir, soit le soulèvement simultané des quatre angles, soit le soulèvement d'un seul côté.

Il nous reste à faire connaître comment, pour le calage, on peut agir isolément sur chacun des angles. Si nous examinons les figures 3 et 4, nous voyons que chacune des vis sans fin porte un plateau cylindrique, P, à base circulaire, percé de trous dont les centres sont situés sur une même circonférence, et un autre plateau, P', semblable au premier, mais portant, au lieu de trous, deux goujons, rr, dans une position telle que, les deux plateaux se rapprochant, les goujons entrent dans les trous qui sont en regard et constituent un embrayage. On comprend, d'après cette disposition, que, suivant que les plateaux en regard seront éloignés ou rapprochés, les vis sans fin ne participeront pas ou participeront au mouvement de rotation des arbres. Or, ceux-ci peuvent occuper trois positions différentes correspondant :

1° à l'embrayage unique des plateaux d'avant (fig. 3) ; 2° à l'embrayage simultané des deux plateaux correspondant à un même arbre (fig. 2) ; et, 3°, à l'embrayage unique des plateaux d'arrière, les plateaux d'avant étant désembrayés. Ces trois positions sont fournies par le déplacement longitudinal des arbres sur lesquels sont calés les plateaux à goujons et des arrêts ou crans indiquant ces trois positions.

Ainsi, et sans se déplacer, on peut, soit soulever en même temps les quatre coins du marbre, soit les soulever deux à deux ou séparément, et ces fonctions sont résolues par des organes simples et robustes qui permettent d'obtenir un calage parfait. Le déplacement longitudinal des vis sans fin est empêché par des étriers, Z, embrassant une gorge pratiquée dans le moyeu de chacune de ces vis.

Afin d'assurer la complète immobilité de la pierre lorsque la mise de hauteur est obtenue, il faut d'abord ramener les deux arbres E et E' dans

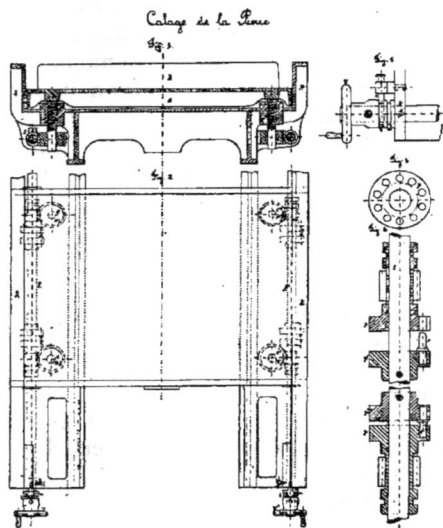

leur position moyenne correspondant à l'embrayage des quatre vis sans fin (fig. 2), c'est-à-dire lorsque les tiges O sont dans la première gorge *b*, et ensuite serrer fortement les vis de pression *k* et *k'*.

Toutes les fois que l'on met sous presse une pierre, que, par conséquent, on doit procéder à un calage, il faut descendre complètement la platine, afin d'avoir toujours le même point de départ pour lever d'abord la pierre parallèlement avant de régler les angles. La hauteur de la pierre est indiquée par deux règles en fer que l'on pose sur les supports de côté du chariot.

MACHINES C. BARRE

La machine combinée par M. Janiot, puis perfectionnée par M. C. Barre, son successeur, est d'un type analogue à ceux que nous venons de décrire; nous n'avons donc qu'à signaler certains points de détail, secondaires en apparence, mais dont les praticiens apprécient la valeur.

MM. Janiot et C. Barre sont partis de ce principe : nous voulons construire une machine essentiellement pratique; pour cela, il faut : 1° qu'elle soit très résistante; 2° qu'elle offre de grandes facilités de travail à l'imprimeur; 3° qu'elle soit bonne aussi bien pour les travaux les plus soignés que pour les travaux courants.

Pour obtenir le maximum de résistance à la fatigue, M. C. Barre a forcé les poids de la partie morte de la machine, le socle ou bâti de fond, les bâtis de côté, afin que la masse de ces pièces offre toujours une inertie suffisante pour combattre la force vive des organes en mouvement. Il a évité autant que possible les assemblages, à l'aide de vis ou de boulons, des chaises, paliers ou autres pièces destinées à soutenir ou à maintenir les arbres et les roues qui subissent les efforts de la machine. Pour cela, le bâti de fond, par une disposition analogue à celles que nous avons déjà indiquées, se relève en tête en forme de double chaise portant les deux arbres principaux : l'arbre de commande et l'arbre des cames. D'autre part, le chariot repose sur un train de galets trapus et se composant, suivant les formats, de huit, dix ou douze galets; il est ainsi toujours parfaitement soutenu. De plus, il est guidé, en outre des joues des galets, par de larges chemins en fer que soutiennent les jambes de force reliant les bâtis de côté au bâti de fond.

Voici maintenant, sur les facilités d'emploi de la machine, les dispositions qui répondent aux principales difficultés que rencontre le conducteur : le calage et le réglage de l'encrier.

Le marbre repose, dans le chariot, sur quatre grosses vis. Ces vis sont

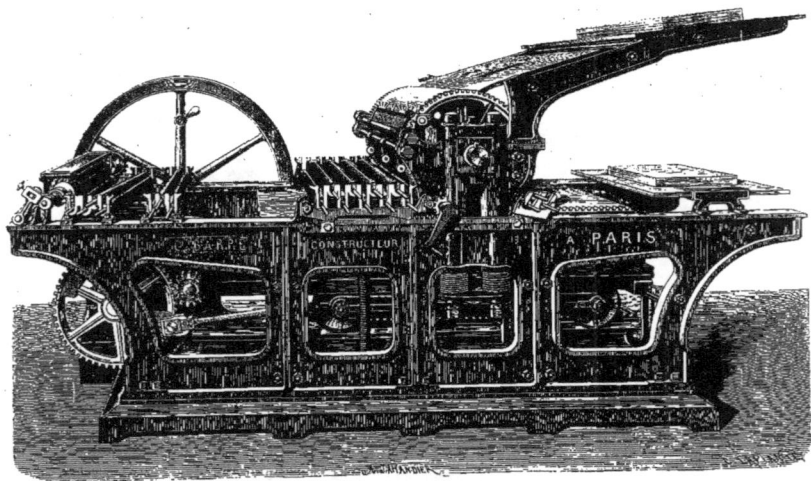

mises en mouvement par le moyen d'une roue héliçoïdale et d'une vis sans fin. La vis sans fin est montée sur une tige qui se termine, en dehors et à l'arrière du chariot, par une petite manivelle. En manœuvrant les quatre manivelles qui sont sous sa main, le conducteur peut, en un instant, mettre la pierre absolument de niveau et à la hauteur nécessaire pour obtenir une bonne pression. En plaçant sur sa pierre une règle spéciale se terminant par deux ergots, dite règle de calage, il est assuré, si les ergots viennent toucher sur les chemins rabotés du marbre, qu'elle est bien calée.

Pour l'encrier, le couteau se règle, comme d'habitude, à l'aide de vis. L'extrémité du cylindre d'encrier porte une came longue sur laquelle vient rouler un galet. Ce galet, par l'intermédiaire d'un levier, fait monter le rouleau preneur contre le cylindre d'encrier au contact duquel il se charge de couleur. Le conducteur peut, au moyen d'une disposition très simple, faire voyager le galet sur la came longue, et obtenir ainsi un contact plus ou moins prolongé du preneur sur le cylindre encreur. Si le galet est fixé sur la partie la plus étroite de la came, le preneur épousera le mouvement du cylindre encreur pendant les $\frac{2}{20}$ de sa circonférence par exemple; si le conducteur trouve le ton de l'impression trop pâle, il agira sur le galet et le fera avancer sur une partie plus large de la came; aussitôt le preneur épousera le mouvement du cylindre encreur, selon la quantité dont le galet aura été avancé, pendant $\frac{3}{20}$, $\frac{4}{20}$, etc., de sa circonférence, et déposera d'autant plus de couleur sur la table.

Le cylindre imprimeur est entraîné par le chariot au moyen d'une double crémaillère, et le chariot est lui-même mis en mouvement par deux galets d'engrenage roulant chacun entre deux crémaillères. Sur ce cylindre imprimeur, un abat-feuille oblige la feuille à se faire bien prendre par de fortes pinces pleines en bronze. La touche est assurée par un grand nombre de rouleaux de gros diamètre portés dans des peignes en bronze. Un système dit de « double touche », adapté à la machine pour certains travaux spéciaux, permet d'encrer deux fois la pierre pour une impression; on peut même l'encrer indéfiniment, le cylindre étant rendu fixe et indépendant du chariot.

Le mouillage de la pierre est obtenu à l'aide de trois rouleaux mouilleurs qui entretiennent leur humidité sur une table en tôle galvanisée garnie de velours.

Telles sont les principales dispositions de la machine lithographique C. Barre. Nous citerons encore les machines françaises de la maison Voirin, qui a commencé en 1860 la construction des machines lithographiques, de la maison Dubois, Harrissart et Collet (ancienne maison Coisne), des maisons Hachée (ancienne maison Poirier), Morane et Ravasse.

MACHINES ZINCOGRAPHIQUES CYLINDRIQUES

La maison Marinoni construit ces machines soit avec temps d'arrêt du cylindre sur lequel on marge les feuilles, soit sans temps d'arrêt de ce cylindre. Les seules différences qui existent entre ces deux systèmes résident dans le mécanisme produisant le temps d'arrêt et dans celui produi-

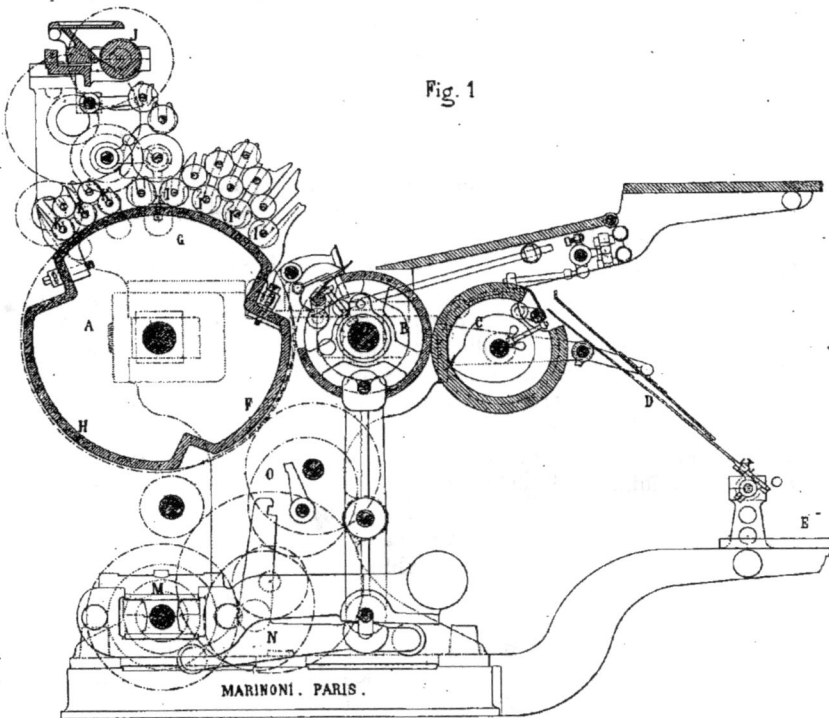

Fig. 1

MARINONI. PARIS.

sant le mouvement des pointures; il ne peut plus y avoir, en effet, dans le second système, que des pointures de table. Nous allons décrire la machine avec temps d'arrêt, dont le dessin est ci-dessus (fig. 1); la suppression des pièces de l'arrêt et la modification du mouvement des pointures suffisant pour la transformer en machine cylindrique à mouvement continu.

Le cylindre A portant le zinc a un diamètre double de celui du cylindre B, sur lequel on marge les feuilles. Comme le chariot des machines lithographiques, ce cylindre est divisé en trois parties : une première, F, servant de table à mouiller; la deuxième, G, portant le zinc, et la troisième, H, servant de table à distribuer l'encre. Un troisième cylindre, C, sert de cylindre de sortie de feuilles quand la machine doit fonctionner avec un receveur mécanique; ce cylindre C prend alors, à l'aide de pinces, les feuilles sur le cylindre de marge B, et les conduit, ou plutôt les abandonne sur la raquette D, qui les dépose sur la table à recevoir E. On peut supprimer le receveur mécanique; dans certains cas, les feuilles imprimées sont enlevées à la

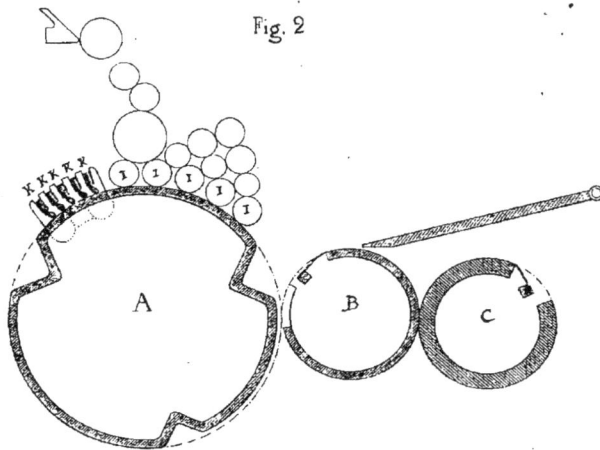

Fig. 2

main du cylindre de marge B, et déposées sur une table à recevoir placée à la main du receveur.

Les rouleaux toucheurs ou encreurs I I I sont encrés par l'encrier J; les mouilleurs K K K sont humectés par la table à mouiller F qui peut être alimentée soit à la main, soit automatiquement, comme l'indique la figure 3. Les mouilleurs K K K peuvent être remplacés par les nouveaux mouilleurs Genet, comme l'indique la figure 2. Le zinc est fixé sur le cylindre A à l'aide de règles et de vis qui permettent non seulement de le tendre, mais aussi de le déplacer suivant les nécessités du travail.

Dans le mouvement du cylindre A, la table à mouiller F vient au contact des rouleaux mouilleurs K K K, puis passe en dessous des toucheurs I I I, qui sont à ce moment soulevés automatiquement. La partie G, qui porte le zinc, passe en les touchant sous les mouilleurs K K K, puis sous les encriers I I I. Quand la table à encre H arrive contre les mouilleurs K K K, ceux-ci sont à leur tour soulevés automatiquement de façon à ne pas porter sur cette table, alors que les toucheurs y portent en plein. On comprend, d'après cet exposé, comment se font le mouillage et l'encrage des planches.

Le cylindre B, qui a un diamètre moitié de celui du cylindre A, fait une révolution entière pendant que celui-ci opère la moitié de la sienne, et reste immobile pendant le temps correspondant à l'autre moitié de cette révolution. Cela permet de marger, sur ce cylindre B, soit au taquet soit en pointures, exactement comme sur une machine plate. L'abat-feuille, les pinces et les pointures comportent les perfectionnements que nous avons décrits en parlant de la nouvelle machine lithographique Marinoni; nous n'y reviendrons

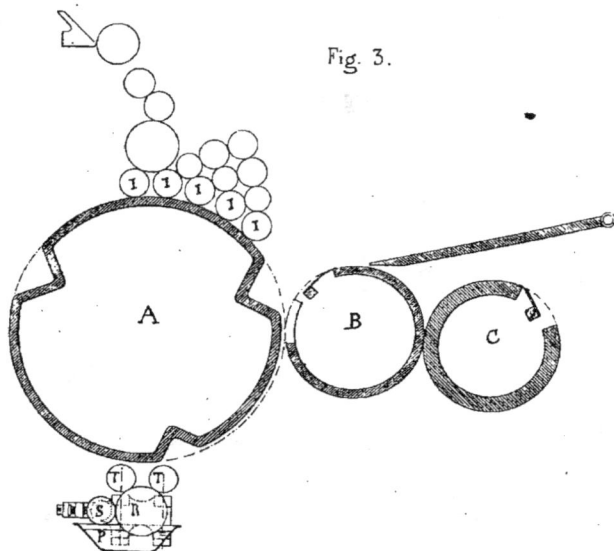

Fig. 3.

donc pas. Le cylindre B ne vient en contact avec le cylindre A que dans la partie qui correspond au zinc; la table à mouiller F et la table à encrer H, étant plus basses que la planche de métal, ne sont jamais en contact avec lui. Des ressorts agissant sur les coussinets du cylindre A permettent de régler facilement la pression; d'autre part, des supports placés à l'entrée et à la sortie de pression protègent les bords de la planche.

La machine dont nous donnons le dessin est, comme nous l'avons dit, avec temps d'arrêt du cylindre B. Ce temps d'arrêt est obtenu par des dispositions nouvelles très intéressantes. Dans les machines plates, une manivelle actionnant une bielle donne le mouvement au chariot; il y a par conséquent, à chaque extrémité de la course, un ralentissement de vitesse et un point mort. Le cylindre étant commandé par une ou deux crémaillères fixées sur le chariot a également, au commencemeut de son mouvement de rotation et à la fin de ce mouvement, un ralentissement de vitesse et un point mort qui facilitent l'arrêt et la mise en marche de ce cylindre. Dans la machine cylindrique, le cylindre A qui commande le cylindre B a un mouvement circulaire continu; il a donc fallu chercher une disposition nouvelle produisant un ralentissement de vitesse, pour obtenir sans choc l'arrêt et le départ du cylindre B.

Pour produire ce ralentissement de vitesse, on a interposé, entre l'arbre M des cames donnant l'arrêt du cylindre B et le cylindre A, un jeu de roues elliptiques N et O, roues qui sont réglées de façon à obtenir deux ralentissements de vitesse du cylindre A aux points correspondant à l'arrêt et au départ du cylindre B. Les rayons de ces roues elliptiques sont calculés de façon à produire, au moment de l'arrêt et à celui du départ, une vitesse représentant seulement le tiers de ce qu'elle serait si le cylindre A conservait une vitesse uniforme, réduction considérable qui évite tout choc, et rend possible, par conséquent, un repérage aussi exact sur cette machine que sur les meilleures machines plates.

Le cylindre de marge B peut être immobilisé sans arrêter le cylindre A, ce qui fait que l'on peut, soit encrer plusieurs fois la planche pour une même impression, soit distribuer l'encre et encrer les toucheurs sans avoir à passer de feuilles. Une disposition de came permet aussi, dans ce second cas, d'encrer les rouleaux et la table à encre sans encrer le zinc: cette came fait soulever toucheurs et mouilleurs au passage de la planche, qui ne reçoit alors ni eau ni encre; les mouilleurs, maintenus soulevés, ne peuvent pas se surcharger d'eau sur la table de mouillage.

L'encrier, commandé par des engrenages, peut cependant être manœuvré à la main sans avoir à faire tourner la machine. Il ne détourne pas quand on fait détourner la presse, et le mouvement du cylindre d'encrier peut être arrêté complètement sans interrompre la marche. D'autre part, le jeu d'une manivelle très douce à manœuvrer permet de soulever tous les rouleaux encreurs et mouilleurs, la machine continuant à tourner sans que la planche soit encrée ou mouillée.

Un des côtés de cette presse est complètement dégagé; on peut donc, sans enlever les rouleaux, retirer le zinc, le remplacer par un autre, régler celui-ci dans la position qu'il doit occuper, et humecter à la main la table de mouillage, quand on le juge nécessaire. Cette disposition facilite les nettoyages et en général toutes les fonctions.

La figure 3 représente un nouveau système de mouillage automatique qui peut, à volonté, soit remplacer complètement les mouilleurs ordinaires, soit servir seulement au mouillage de la table. Il consiste en une bâche, P, dans laquelle tourne un rouleau métallique, R, plongeant en partie dans l'eau que contient cette bâche. Un rouleau en caoutchouc, S, monté sur des coussinets mobiles, peut à volonté s'approcher ou s'écarter du rouleau R, réglant ainsi la quantité d'eau qui doit rester à sa surface, où viennent se mouiller les rouleaux mouilleurs TT. Ceux-ci se baissent au moment du passage de la table à encrer, et touchent au contraire la table à mouiller, puis le zinc. On peut éviter de leur faire toucher le zinc si on conserve pour le mouillage les dispositions indiquées figure 1 et figure 2.

PRESSES ET MACHINES PHOTOTYPIQUES

Les résultats obtenus à l'aide des procédés phototypiques ont donné à ces procédés une importance telle, dans les industries graphiques, que les constructeurs mécaniciens de la France et de l'étranger n'ont pas hésité à combiner des machines spéciales répondant au nouveau mode d'impression. Les premières presses furent construites en Allemagne, sur les données de M. Albert, de Munich, et introduites en France par M. Thiel aîné. Nous les voyons encore, lourdes, d'une mise en marche peu facile et mal combinées, sous le rapport de l'encrage surtout; elles n'étaient certainement pas faites pour développer chez nous l'industrie des impressions photographiques aux encres grasses.

Après une étude approfondie de l'impression phototypique, la maison Vᵉ Alauzet, Tiquet et Cⁱᵉ a heureusement modifié tout cela et créé des types complets réalisant, comme travail, tout ce que peuvent demander et l'art et l'industrie. Nous allons décrire la presse-phototypique à bras imprimant des planches de 30 × 40, et la machine phototypique marchant à vapeur que cette maison construit en tous formats, depuis l'écu ouvert qui porte 40 × 52.

PRESSE PHOTOTYPIQUE ALAUZET

La presse phototypique à bras diffère essentiellement de la presse lithographique ordinaire. Les planches reposent sur un marbre mobile, agencé dans un chariot avec vis calantes pour la mise de hauteur, similaire à celui des machines lithographiques. Le cylindre est substitué au râteau pour la pression; une certaine élasticité ménagée à ce cylindre dans le sens de la verticale, protège la planche phototypique, toujours délicate, et évite le bris des glaces qui lui servent de support. Le chariot est porté sur trois glissières en fer rendues solidaires des bâtis par les entretoises. Son entraînement est commandé par des crémaillères latérales actionnées par les couronnes du cylindre, sur lesquelles un volant agit à l'aide d'engrenages intermédiaires. Enfin le châssis de la presse lithographique, rendu inutile par le mode de pression cylindrique, est remplacé par la « cache », sorte de frisquette découpée pour protéger les marges de l'impression. Tous les organes de la presse sont portés par deux solides bâtis en fonte que relient trois entretoises.

Mise sous presse. — La glace phototypique étant préparée comme nous l'avons indiqué ailleurs, on s'assure que le dessous est complètement propre, qu'il n'y reste aucune trace de gélatine, car la plus petite parcelle entraînerait fatalement la rupture. Afin d'en être assuré, on frotte le dessous de la glace avec une pierre ponce, puis on l'essuie avec un linge doux et sec. On la place ensuite sur le marbre du chariot, en interposant une feuille de papier blanc bien lisse découpée exactement de sa grandeur. Cette feuille de papier rend le contact du verre et du métal moins sec, et facilite en même temps la vue de l'image quand on l'encre; on peut ainsi mieux se rendre compte de l'intensité du ton auquel on la monte. Lorsque la glace est à la place qu'elle doit occuper, on la fixe à l'aide de griffes disposées à cet effet, et on procède à la mise de hauteur.

On entend par mise de hauteur la fixation du point ou plutôt du plan que doit occuper la surface supérieure de la glace par rapport aux crémaillères du chariot. On place pour cela une règle à talon spéciale sur les crémaillères, et, à l'aide des vis de calage, on monte le marbre jusqu'à ce que la surface de la glace vienne affleurer régulièrement cette règle à sa partie inférieure. La glace se trouve alors exactement de hauteur.

La Hausse. — Le but de la hausse est de ne faire porter la pression que sur les parties de la planche qui ont été impressionnées par la lumière, en évitant ainsi de fatiguer inutilement toute la surface. Pour la préparer, on prend une feuille de carton bristol de un millimètre au moins d'épaisseur, bien lisse et sans défaut, que l'on coupe de la dimension de l'image. Cette feuille ainsi coupée est collée sur une feuille plus grande, et leur assemblage est satiné à la presse, afin de corriger les différences d'épaisseur que la colle pourrait occasionner. On dispose cette espèce de mise en train sur le cylindre, où on la fixe à l'aide de la pince spéciale placée dans la gorge, puis on la recouvre avec une feuille de caoutchouc que l'on tend régulièrement à l'aide d'une tringle à rochet semblable aux tringles de serrage des blanchets des machines à imprimer.

La Cache. — Les fonctions de la cache, véritable frisquette, sont de protéger les marges de la feuille qu'on imprime contre les maculages. Pour la préparer, on prend une feuille de fort papier de la grandeur du cadre en fer plat destiné à la recevoir, et on la fixe sur ce cadre à l'aide de petites griffes. Le cadre de la cache est mobile, suivant l'épaisseur de la glace, et s'ouvre sur deux charnières. On encre la planche, on abat le cadre et on passe en pression; cela fait, on ramène le chariot à son point de départ; l'image se trouve imprimée sur la feuille que porte le cadre de cache, on y découpe l'image à un centimètre en dehors des traits, puis on limite l'ouverture ainsi découpée par des bandes de papier végétal que l'on colle sur la cache et dont on découpe au besoin les contours.

Sur les presses à bras, l'encrage se fait à la main, comme nous l'avons indiqué en parlant de l'impression phototypique. La marge des feuilles peut se faire de différentes manières, soit par les pinces placées dans la gorge du cylindre, en appuyant, pour qu'elles se lèvent, sur la pédale disposée sur le devant de la machine, soit en margeant sur la glace, comme on le fait à la presse lithographique, soit en margeant sur la cache. Le cadre de la cache porte même de petites pointures pour assurer le repérage en cas de tirages chromographiques.

MACHINE PHOTOTYPIQUE ALAUZET

L'aspect d'une machine phototypique, comme on le voit par les planches ci-après, diffère peu de celui des machines lithographiques. L'ensemble de son mécanisme est, en effet, le même, à certaines additions près, qui sont :

des rouleaux toucheurs et des rouleaux distributeurs disposés de chaque
côté du cylindre pour obtenir le double encrage ; les mécanismes relatifs à la
double pression et à la cache, et enfin différents organes de détail dont nous
allons donner la description.

Pour le double encrage, on dispose deux encriers, l'un à l'avant et
l'autre à l'arrière de la machine, mais l'encrier d'arrière n'est pas indispensable ; on se contente souvent de mettre le noir ou la couleur, avec une spatule,
sur les rouleaux distributeurs.

Cette machine, telle qu'elle est combinée, peut servir non seulement à
l'impression phototypique, mais encore à l'impression lithographique sur
pierre ou sur zinc, et même à l'impression typographique ; il suffit de mettre

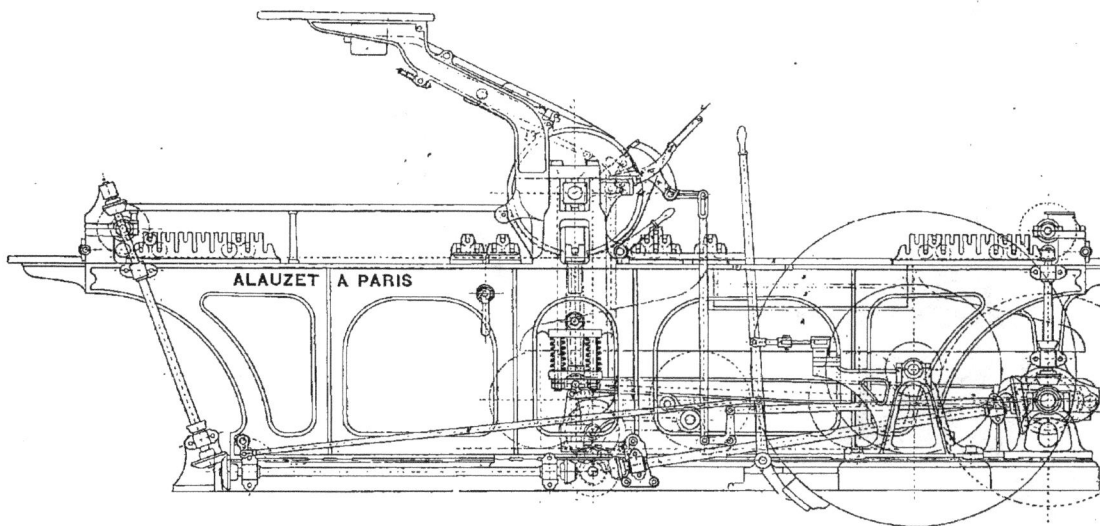

ALAUZET A PARIS

dans le chariot une platine donnant la hauteur voulue pour l'impression, et
d'adapter au cylindre l'abat-feuille ordinaire, dont l'axe O est porté par deux
supports en bronze p, qui viennent se fixer à l'aide de vis sur les supports p′
de devant du cylindre, ceux-là mêmes dont la tringle O′ reçoit une série de
lames R sur lesquelles la cache vient se rabattre lorsqu'elle est projetée par
le mécanisme ad hoc. La plaque qu'on met sur la platine B, pour donner la
hauteur, est en deux parties munies de supports et de cornières, exactement
semblables au dessus d'un marbre typographique. Cette plaque vient se fixer
par des vis sur la platine B qui sert à la phototypie ; c'est sur elle qu'on
dispose la forme lorsqu'on veut imprimer en typographie à l'aide de
la machine. La typographie ne demandant pas un étoffage du cylindre
aussi épais que la phototypie ou la lithographie, on enroule autour
du cylindre, avant de l'habiller, une feuille de carton laminé, bien lisse ;
l'épaisseur supplémentaire que ce carton donne au cylindre permet alors

C. ALIX

l'emploi de blanchets moyens ou de blanchets minces. Nous sommes peu partisan des machines protée, cependant nous devons reconnaître que les machines photötypiques de la maison Alauzet, grâce à leur excellente construction, se prêtent fort bien à ces sortes de transformations.

Voyons maintenant les dispositions spéciales aux impressions phototypiques, en commençant par les plus importantes, celles qui ont trait au calage de la glace. Le chariot et ses accessoires sont identiques à ceux de la machine lithographique que nous avons décrite, sauf l'adjonction d'une platine sur laquelle on place la glace. On s'assure qu'elle est bien mise de hauteur à l'aide de deux règles posées sur les supports de côté du chariot; lorsque ce résultat est obtenu, on ramène les deux arbres horizontaux E et E′ dans leur position moyenne correspondant à l'embrayage des quatre vis sans fin, c'est-à-dire lorsque les tiges O sont dans la première gorge a, puis on serre fortement les vis de pression k et k'. Après s'être assuré que la glace est bien à sa place sur la platine, on la fixe à l'aide de griffes. Une série de trous percés dans cette platine permet de déplacer les griffes selon les dimensions de la glace.

L'arbre des cames, par son jeu, permet d'obtenir soit un encrage et une pression, soit double encrage et une pression, soit double encrage et double pression, soit enfin l'immobilisation du cylindre sans arrêt de la machine. De plus, disposition particulière et intéressante, si l'on veut modérer la vitesse de la machine au moment de l'entrée en pression, on agit avec le pied sur une pédale r placée à l'arrière et du côté opposé à la commande. Celle-ci, par l'intermédiaire d'un arbre transversal t, actionne une manivelle s reliée à une biellé U, dont l'extrémité reçoit une manivelle χ calée sur l'arbre portant le sabot du frein.

La hausse se place sur le cylindre, comme nous l'avons indiqué pour la presse phototypique à bras. Dans cette presse, le margeur doit relever la cache qui sert à garantir les marges des épreuves; c'est une perte de temps compliquée d'une difficulté. Ici, dans la machine phototypique, la cache se relève automatiquement : son fonctionnement a par conséquent toujours lieu exactement au moment voulu. Pour cela, l'une des extrémités de la cache est fixée sur une tringle carrée, c, par une pince plate. La tringle porte un pignon engrenant avec un secteur denté, d, dont l'axe reçoit une manivelle e actionnée par une came spéciale. A l'instant où le cylindre s'arrête, la cache se trouve vivement relevée et projetée ou plutôt chassée par deux paillettes qui viennent l'appliquer contre des réglettes R, disposées pour la recevoir.

Lorsque la machine est en marche, la table à marger h, pour laisser un libre passage à la cache, est soulevée automatiquement au moyen d'un galet f, qui, se développant dans une gorge pratiquée dans le cylindre, produit le déclenchement de cette table, et, par suite, d'un levier g, qui dégage un arrêt qui y est fixé. La table est aidée dans son mouvement de soulèvement par un contrepoids, i. Pour éviter qu'après le passage de la cache la table ne s'abaisse trop brusquement, on a disposé, près du contrepoids i, de chaque côté des supports de table, des tiges k à ressort.

LA MACHINE A GRAVER

Le pantographe et la règle à parallèles, inventés en 1611, par le R. P.
jésuite Christophe Schreiner, et décrits par lui dans un Traité du Dessin qu'il
publia à Rome, en 1623, ont conduit, deux siècles plus tard, une de nos célé-
brités scientifiques, le savant Conté, à l'invention de la première machine à
graver connue. Construite entièrement par lui en 1803, elle fut utilisée pour
la gravure des planches du grand ouvrage de la Commission d'Egypte, et
permit de les terminer en quelques mois, avec une économie considérable
sur les frais de gravure.

Tout d'abord, Conté ne pouvait tracer avec sa machine que des lignes
droites, qui suffisaient pour la gravure des ciels, des fonds, des planches
d'architecture. Le mécanicien Gallet, qui collaborait à ses travaux de gravure, lui suggéra l'idée de substituer, à la règle droite, des règles ondulées
ou présentant des courbes de divers rayons. Au moment de sa mort, en
novembre 1805, Conté travaillait à une machine à graver en pointillé dont
l'idée n'a pas été reprise.

La machine à graver de Conté est encore celle dont on se sert aujour-
d'hui pour tracer des lignes strictement parallèles, droites ou ondulées. La
forme en a été diversement modifiée par les constructeurs, sans rien changer au principe, mais en y ajoutant des complications d'une utilité souvent
contestable.

Elle se compose d'un plateau parfaitement dressé, sur la surface duquel
avance parallèlement une forte règle en fer, mue d'une façon intermittente
par une vis sans fin, d'un pas très fin et très régulier, adaptée sur un des
côtés. L'extrémité de la règle est fixée sur une pièce formant écrou dans laquelle la vis sans fin est engagée. La vis sans fin est maintenue, à ses deux
extrémités, par des pièces métalliques formant collier; la pièce d'avant est
munie d'un cadran divisé en secteurs de différentes valeurs par des crans
découpés sur sa circonférence. Une petite roue à rochets est fixée à l'extré-

mité de la vis de ce côté. Une manette, munie d'un curseur qui porte sur la tranche du cadran et peut s'engager dans les encoches qui y sont découpées, actionne la vis lorsqu'on la meut de droite à gauche, et est sans action sur elle quand on la ramène à son point de départ. Les encoches du cadran sont calculées, d'après le filetage de la vis, de façon à ce que le premier cran corresponde à un avancement minimum de la règle, qui est de $\frac{1}{10}$ de millimètre par exemple, le second, à $\frac{2}{10}$, et ainsi de suite.

Le long de la règle glisse à frottements doux, mais ajusté avec une grande précision, un petit chariot, auquel est adapté un fléau ou levier portant un burin, une pointe, ou un éclat de diamant monté sur une tige métallique. Le levier supporte, du côté du burin, de la pointe ou du diamant, un petit godet qu'on peut charger plus ou moins avec de la grenaille de plomb, afin de faire plus ou moins appuyer l'outil sur la surface à graver.

Pour faire fonctionner la machine, on commence par relever la règle, puis on dispose sur le plateau la planche que l'on veut graver, préparée comme nous l'avons indiqué dans la première partie de ce Traité, au chapitre de la gravure sur pierre, et dans la seconde partie au chapitre de la gravure sur zinc. Cela fait, la règle étant abaissée et l'outil soulevé, en appuyant sur l'extrémité du levier opposée à celle qui le porte, on fait agir la manette, en relevant le curseur, pour l'amener, à l'aide de la vis, au point voulu. On laisse alors appuyer l'outil et on fait glisser le chariot le long de la règle selon la longueur du trait à graver. On ramène ensuite le chariot au point de départ en appuyant sur la tête du levier pour soulever l'outil, pendant qu'avec la manette on fait décrire à la vis une révolution déterminée par le cran dans lequel on laisse tomber ou fixer le curseur, révolution qui fait avancer la règle d'autant et permet, en renouvelant la manœuvre du chariot, de graver un trait mathématiquement parallèle au premier. La manœuvre est la même si on substitue une règle ondulée à la règle droite.

Lorsque la planche est gravée dans un sens, on peut, en l'obliquant plus ou moins et en recommençant l'opération, obtenir depuis le losange le plus allongé jusqu'au quadrillé à carrés égaux, en un mot toutes les combinaisons qu'on peut demander à la superposition de lignes parallèles.

Dans quelques machines à graver, la règle est mue par deux vis accouplées, placées l'une à droite, l'autre à gauche du plateau. Sa rigidité est ainsi mieux assurée et permet des travaux plus fins. Dans d'autres, le plateau est lui-même remplacé par un cadre en fer qui porte tout le mécanisme. La disposition de la règle mue par deux vis accouplées au lieu d'une, n'est guère indispensable que pour des travaux de gravure en taille-douce qui ne sont pas du ressort de la Lithographie, lorsqu'il s'agit par exemple de reproduire en gravure sur cuivre, par des tailles parallèles ayant plus ou moins de valeur, une planche photoglyptique ou une image photographique sur pellicule préparée pour la photoglyptie. Dans ce cas, la règle porte deux chariots accouplés, l'un muni d'un style qui suit les sinuosités de la planche photographique, l'autre d'un burin qui les reproduit dans le métal. C'est une application de la gravure genre Collas. Il ne faut pas perdre de vue que, dans le genre de travail que l'on désigne sous le nom de gravure lithographique, qu'il soit exécuté sur pierre ou sur métal, le burin, la pointe ou le diamant ne doivent pour ainsi dire que mettre à nu la surface à graver, en enlevant la préparation qui la couvre.

En 1816, un graveur français, M. Achille Collas, eut l'idée d'appliquer les principes du tour à copier et du tour à guillocher à la construction d'une

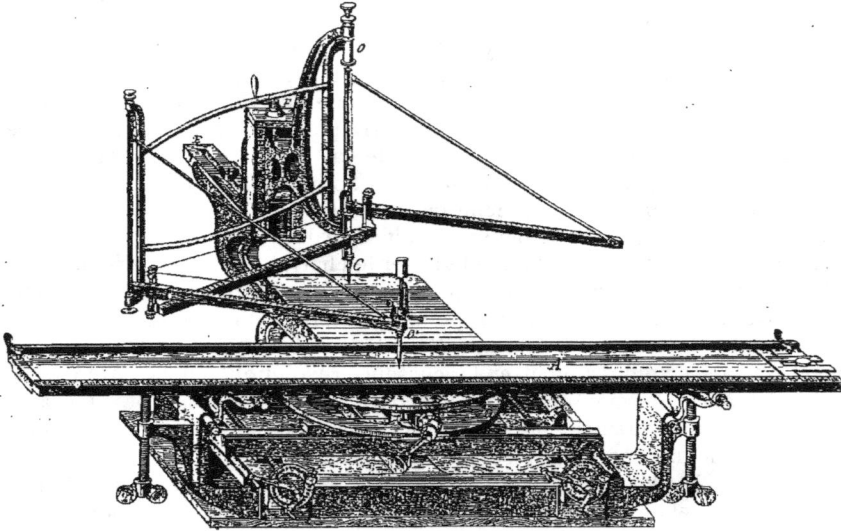

Machine à graver de J. Landa.

machine à graver les métaux. Ses procédés restèrent secrets jusqu'en 1837, époque à laquelle ayant appris qu'un opticien allemand, M. F. G. Wagner, les avait en partie reconstitués, il s'empressa de prendre un brevet de quinze ans pour couvrir la priorité de son invention.

Ce genre de gravure a donné lieu, en Allemagne, à la construction de plusieurs systèmes de machines pour la plupart fort compliquées, et dont l'usage s'est peu répandu en France. Les machines françaises de J. Landa, infiniment plus simples et moins délicates, leur sont, tout au moins sous ce double rapport, de beaucoup supérieures. Avec la machine la plus complète, celle qui remplace au besoin les graveurs d'écritures, on peut produire des fonds de toute nature, depuis les plus simples jusqu'aux plus compliqués pour papiers-valeurs, faire des vignettes et graver des médailles et d'autres sujets.

Elle se compose d'un solide bâti en fonte sur lequel glissent à angle droit deux chariots, le premier marchant d'avant en arrière, et le second en travers; ils sont actionnés par deux vis placées à droite et à gauche du bâti et munies de compteurs automatiques permettant de les faire mouvoir de quantités déterminées. Le second chariot porte une plate-forme ou plateau tournant, dont la vis tangente a un cadran divisant le cercle en 1440 parties. Un grand composteur, sorte de tablette allongée avec des rebords, disposé au devant du bâti et plus haut que les chariots, reçoit les caractères ou types à reproduire. Ce composteur droit est remplacé par un autre lorsqu'on a à exécuter des lignes cintrées. Enfin un pantographe pris dans la griffe d'un col de cygne s'allongeant et se raccourcissant à volonté, est à l'arrière du bâti dont il domine toutes les pièces. A l'aide de ce pantographe, monté sur pivots d'acier trempé, on peut reproduire les caractères, types, ornements, etc., gravés, qui servent de modèle, et cela en six cents grandeurs différentes. Le calquoir ou traçoir du pantographe est en acier, et la pointe qui grave en diamant tourné. Le pantographe et le composteur peuvent être abaissés ou élevés à volonté, suivant l'épaisseur de la planche à graver, pierre ou feuille de métal. Les types servant de modèles sont généralement des plaques de métal mince gravées en creux. Mais on comprend tout le parti que peut tirer de cette machine, avec un dessin quelconque comme type à suivre, une personne exercée au maniement du pantographe.

LA MACHINE A ROGNER

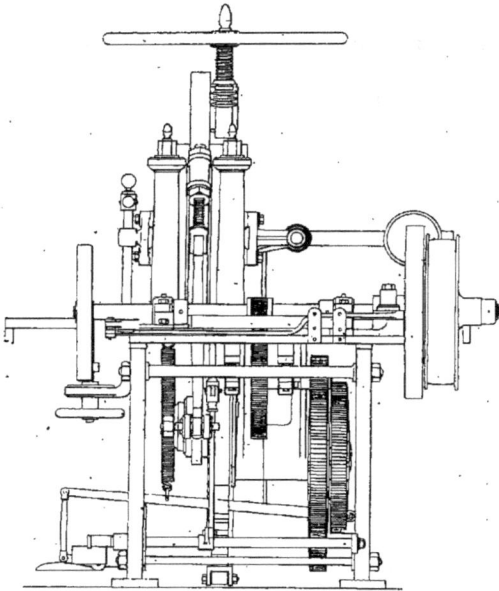

Machine à rogner C. Barre.

Un des accessoires les plus importants de toute imprimerie est la machine à couper et à rogner les papiers, dont le type primitif a été créé, il y a quelque vingt ans, par le constructeur mécanicien Massiquot. Dans ce premier type, destiné tout d'abord à remplacer le rognage au fût, le papier était disposé sur un plateau mobile, qu'un jeu d'engrenages actionnant une crémaillère soulevait obliquement à la rencontre d'une lame fixe portée sur des montants en fonte. On rognait plus ou moins bien, non sans fatigue, et souvent le porte-lame ou les engrenages cédaient sous l'effort.

Le premier perfectionnement qu'on a apporté aux massiquots a été de renverser les données de leur construction, perfectionnement réalisé par M. Coisne (Dubois, Harissart et Cottet, successeurs), en rendant le plateau fixe et la lame mobile. Nous donnons ci-contre le dessin du type de coupe-papier le plus répandu dans les imprimeries.

La première des conditions que doit remplir un coupe-papier, c'est une grande douceur de marche ; on doit le faire fonctionner à bras sans fatigue. Pour cela, dans celui-ci, la plupart des pièces ont été articulées ou équilibrées entre elles. Le porte-lame glisse sur des galets, et est tiré de chaque côté, dans la direction oblique de la coupe, par deux bielles. Ces bielles sont elles-mêmes fixées, à leur extrémité inférieure, à une pièce horizontale dite balancier, qui, avec les bielles et le porte-lame, forme un parallélogramme articulé. Le centre du balancier est traversé par un fort axe en fer ou en acier doux, monté sur la grande roue du coupe-papier en un point distant du centre et correspondant à la course du porte-lame. La grande roue est actionnée par une série d'engrenages, et elle entraîne dans son

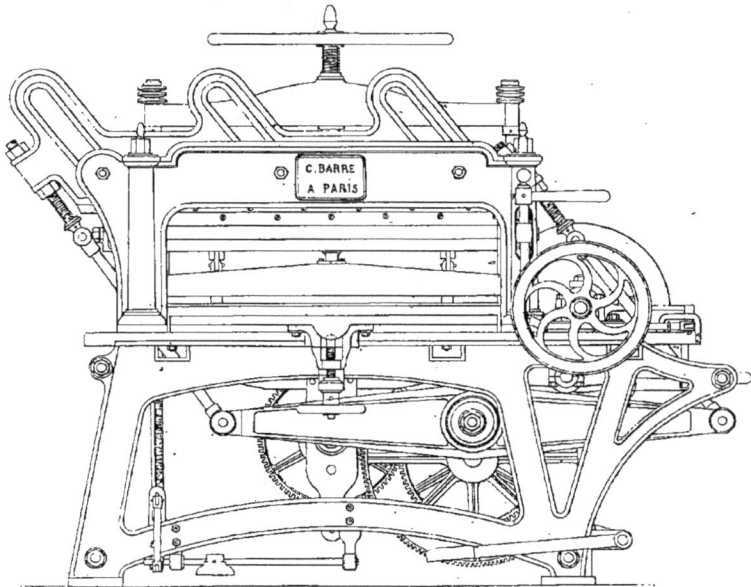

mouvement le parallélogramme articulé. De cette façon, toutes les pertes de force dues aux frottements ou à une traction d'organes, sous un grand angle, dans la direction de la course desdits organes, sont évitées. On a évité, aussi, la trop grande multiplication des engrenages ; il faut environ trente tours de manivelle pour une montée et une descente de la lame. On a pu obtenir, par l'application de ce principe, des coupe-papier de grandes dimensions, 1ᵐ30 par exemple, pouvant se manœuvrer facilement à bras.

La seconde des conditions que doit remplir une machine à rogner et à couper le papier est la justesse. Cette justesse dépend de deux choses : 1° Il faut que le régulateur ou équerre soit bien parallèle à la lame, et qu'il conserve ce parallélisme sur tous les points du plateau, même après un long usage de la machine, ce qui ne peut s'obtenir qu'avec une machine à fonctionnement doux ; 2° il faut que la lame entre bien perpendiculairement dans le papier, de façon à ce que la feuille supérieure de la rame coupée soit rigoureusement égale à la feuille inférieure.

Pour le premier point, le plateau de la machine est dressé avec toute la perfection possible, et le régulateur est guidé des deux côtés par des guides larges et forts qui ne lui laissent prendre aucun jeu. Pour le second point, il y a eu à tenir compte de ce fait que, suivant la nature du papier que l'on coupe, la lame a une tendance à plonger plus ou moins. Pour obvier à cet inconvénient, le plateau est disposé de telle sorte qu'on peut l'incliner en avant ou en arrière, ce qui permet de corriger à l'avance la tendance de la lame, et d'obtenir, par conséquent, une coupe parfaite.

Les galets sur lesquels glisse le porte-lame sont montés sur des axes excentrés; en faisant tourner ces axes, on modifie la position des galets, et, par suite, du porte-lame, qui ne peut que descendre exactement dans le plan vertical.

Dans le coupe-papier que nous décrivons, la pression est automatique, c'est-à-dire que le presse-papier se serre seul. Avant d'embrayer pour mettre la machine en fonctions, on peut, à l'aide d'une pédale, faire descendre l'indicateur de coupe, petite plaque qui vient indiquer exactement sur le papier la ligne de coupe de la lame. Enfin, un système d'embrayage à friction permet d'arrêter automatiquement la lame à fin de course ou à un point quelconque de cette course.

Nous sommes loin, comme on en peut juger par cette courte description, du massiquot d'il y a quarante ans.

INDEX CHIMIQUE

Nous n'avons pas d'autre prétention, en mettant sous les yeux de nos lecteurs les documents réunis et classés dans cette partie de notre Traité, que de leur présenter un mémorandum aussi succinct que possible des différentes substances employées dans toutes les branches de la Lithographie. Notre Index n'évitera pas au praticien de recourir parfois à des ouvrages spéciaux, mais il le fixera sur les principales propriétés et sur la composition des corps qu'il est appelé à manipuler. Nous avons écarté de ce travail toutes les formules chimiques, les considérant comme « lettre morte » hors du laboratoire du savant et des ouvrages scientifiques.

A

ACÉTATES. — Les acétates, sels à base d'acide acétique, sont, à l'exception de l'acétate d'argent, dont la solubilité est faible, très solubles dans l'eau et facilement décomposables par la chaleur. Les acétates dont le lithographe ou le photographe peuvent avoir à faire usage dans leurs manipulations sont : l'acétate d'ammoniaque (esprit de Mindererus), l'acétate d'argent, l'acétate de chaux, l'acétate de plomb (sel de Saturne), l'acétate de potasse, l'acétate d'alumine, l'acétate de soude.

ACIDES. — On dit de tout corps dont la saveur est aigre, piquante, qu'il est acide, par rapprochement de cette saveur avec celle du vinaigre (*acetum*). En chimie, le mot acide sert à désigner les combinaisons de certains corps entre eux, combinaisons qui ont la propriété de rougir la teinture extraite d'un lichen, le tournesol, ou le sirop de violettes.

ACIDE ACÉTIQUE. — C'est un acide d'une très grande énergie, qu'on trouve à l'état pur dans le commerce sous le nom d'acide acétique cristallisable glacial. Au-dessous de 170°, il se présente sous la forme de beaux cristaux; fondu, c'est un liquide incolore, caustique, d'une saveur très acide, et présentant au plus haut degré l'odeur et la saveur piquante du vinaigre, qui n'est autre chose que de l'acide acétique impur étendu d'eau. Il dissout l'alcool, l'éther, les résines, et se dissout en toutes proportions dans l'eau. Au contact d'un calcaire, l'acide acétique se combine avec la chaux pour former l'acétate de chaux, sel soluble dans l'eau et facilement décomposable par le sulfate de soude : le résultat de la réaction est la formation de sulfate de chaux, sel insoluble, et d'acétate de soude, sel soluble.

Dans les laboratoires, on obtient l'acide acétique en oxydant de l'alcool; industriellement on le produit par la distillation en grand de matières organiques végétales, principalement du bois. Ce qu'on vend dans le commerce sous le nom d'acide pyroligneux est de l'acide acétique très impur et peu concentré. En Lithographie, l'acide acétique sert à la « dépréparation » des planches; on l'emploie aussi en photographie, soit à l'état d'acide, soit à l'état de combinaisons : acétate d'ammoniaque; acétate d'argent; acétate de plomb; acétate de chaux; acétate de soude, etc., etc.

Dosage approximatif de l'acide acétique à l'aide de l'aréomètre Baumé.

Densité réelle.	Degrés Baumé.	Quantum d'eau p. 100 d'acide monohydraté.
1.0630	9	0
1.0742	10.5	10
1.0770	11	22
1.0791	11.4	32.5
1.0763	11	43
1.0742	10.5	55
1.0630	9	112.2

On remarque que l'acide acétique présente un maximum de densité à 11°4. A l'aréomètre, l'acide monohydraté et l'acide contenant 112.2 d'eau 0/0 d'acide monohydraté donnent les mêmes indications.

ACIDE AZOTIQUE. — L'acide azotique, connu aussi sous le nom d'acide nitrique, est un liquide incolore lorsqu'il est pur; il jaunit sous l'action de la lumière et dégage à l'air d'abondantes vapeurs colorées. L'acide azotique du commerce est toujours impur : il contient ordinairement de l'acide sulfurique et de l'acide chlorhydrique.

On le fabrique industriellement en faisant agir de l'acide sulfurique concentré sur de l'azotate de soude. C'est un des agents de préparation des planches en Lithographie; les graveurs s'en servent (eau-forte) pour attaquer le métal; combiné à la cellulose, il donne naissance au pyroxile ou fulmicoton (coton azotique) avec lequel on fabrique le collodion. L'azotate d'ammoniaque, l'azotate d'argent, l'azotate de baryte, l'azotate de potasse, l'azotate de zinc et diverses autres combinaisons de l'acide azotique sont employés dans les manipulations photographiques.

Dosage approximatif de l'acide azotique, à l'aide de l'aréomètre Baumé.

10°	. . . .	10.3 0/0 d'acide pur.	38°	45.4 0/0 d'acide pur.
15°	. . . .	15.2 —	41°	51.9 —
20°	. . . .	21.5 —	45°	61.9. —
30°	. . . .	33.4 —	46°	62.9 —
32°	. . . .	35.8 —	49°	72.9 —
36°	. . . .	42.2 —	51°	84.2 —

ACIDE BORIQUE. — L'acide borique est un acide faible qu'on trouve dans le commerce sous forme de lamelles incolores renfermant 43,6 0/0 d'eau, plus solubles à chaud qu'à froid. Il entre dans la composition des émaux très fusibles. Combiné à la soude, il donne naissance au borate de soude, qu'on peut utiliser pour retarder la fermentation des colles d'amidon ou de gélatine. C'est le borax du commerce.

ACIDE CHLORHYDRIQUE. — Cet acide, qu'on désigne aussi sous les noms d'acide muriatique, d'acide marin et d'esprit de sel, est un gaz incolore dégageant à l'air d'abondantes fumées, très énergiques et très corrosives en raison de leur acidité. Ce gaz, résultant de la combinaison du chlore avec l'hydrogène, est excessivement avide d'eau : l'eau, à 0°, en dissout quatre cent quatre-vingts fois son volume. L'acide chlorhydrique du commerce est une solution plus ou moins concentrée de ce gaz; on l'obtient en quantités considérables dans l'attaque du sel marin (chlorure de sodium) par l'acide sulfurique pour fabriquer le sulfate de soude.

L'acide chlorhydrique en nature est quelquefois employé en Lithographie. En photographie, ses composés sont d'un emploi fréquent : chlorure d'argent, chlorures de barium et de strontium, chlorure de brome, chlorure de sodium, chlorures d'or, chlorures et perchlorure de fer, etc., etc. Le perchlorure de fer est aussi utilisé par les graveurs pour mordre le métal; on l'emploie à 45° Baumé, pur ou étendu d'eau. Il agit en quelques minutes seulement et grave avec beaucoup de netteté, ce qui est apprécié pour les planches devant présenter une grande finesse, comme les héliogravures, par exemple.

Dosage approximatif de l'acide chlorhydrique, à l'aide de l'aréomètre Baumé.

2°	2.2 0/0 d'acide pur.		14°	20.20 0/0 d'acide pur.	
4°	4.4	—	16°	24.24	—
6°	8.8	—	18°	28.28	—
8°	12.12	—	20°	32.32	—
10°	14.14	—	22°	36.36	—
12°	18.18	—			

ACIDE CHROMIQUE. — Ce corps solide, cristallisé en prisme, d'un très beau rouge, déliquescent et doué d'un pouvoir colorant considérable, intéresse surtout par quelques-uns de ses composés alcalins. Les chromates sont neutres et jaunes, les bichromates sont rouges. Le bichromate de potasse, beau sel orangé, qui sert à fabriquer le jaune de chrome, a une propriété qui est appelée à rendre de grands services aux arts graphiques et qui a servi de base à tous les procédés d'impression des photographies aux encres grasses. Mélangé en faibles proportions aux solutions gommeuses, albumineuses ou gélatineuse, il les insolubilise totalement sous l'influence de la lumière.

ACIDE CITRIQUE. — L'acide citrique existe dans un grand nombre de fruits, et surtout dans le citron. On clarifie le jus de citron par du blanc d'œuf battu en neige, et on fait bouillir le liquide filtré avec du carbonate de chaux. Il se forme du citrate de chaux qu'on décompose par l'acide sulfurique ; on sépare le sulfate de chaux et on évapore le liquide pour faire cristalliser l'acide. Les cristaux sont incolores, doués d'une saveur acide agréable, transparents et solubles dans l'eau et dans l'alcool. Il est bon de ne préparer les solutions qu'au fur et à mesure des besoins, car elles ne se conservent que si on les alcoolise.

L'acide citrique remplace avantageusement, dans les préparations lithographiques et photographiques, l'acide acétique.

ACIDE GALLIQUE. — L'acide gallique pur est un corps blanc, d'une saveur faiblement acide et sucrée tout à la fois, soluble dans vingt parties d'eau froide, plus soluble dans l'alcool et dans l'éther. Il se présente à l'état solide sous forme d'aiguilles soyeuses, qui prennent à l'air une teinte brune. Chauffé à 210°, l'acide gallique se décompose en acide pyrogallique et en acide carbonique.

L'acide gallique est surtout employé en Lithographie quand on substitue le métal à la pierre. Il forme, avec les sels de fer, des gallates de fer qui sont la base d'une partie des encres à écrire. L'acide pyrogallique est utilisé en photographie comme réducteur. L'acide gallique pur, chauffé sur une lame de platine, doit brûler sans laisser de résidu.

ACIDE OXALIQUE. — L'acide oxalique est très répandu dans le règne végétal. L'oseille et les rumex contiennent en abondance le bioxalate de potasse mêlé au quadroxalate (sel d'oseille), et nombre de plantes marines et de lichens sont riches en oxalate de soude et en oxalate de chaux. L'acide oxalique est un corps blanc, cristallisé, d'une saveur piquante, soluble dans l'alcool, dans son poids d'eau bouillante et dans huit fois son poids d'eau froide.

On utilise quelquefois, en Lithographie, sa propriété de former avec le calcaire un carbonate insoluble. La photographie l'emploie sous forme d'oxalate de potasse, d'oxalate de soude et d'oxalate d'ammoniaque.

ACIDE PHOSPHORIQUE. — C'est un corps solide se présentant sous la forme de flocons blancs, très avides d'eau. Sec, il attire l'humidité de l'air et prend l'aspect d'un liquide oléagineux. Si on évapore, en le chauffant dans un creuset de platine, l'eau qu'il a absorbée, de floconneux qu'il était avant, il devient vitreux et ressemble alors à du cristal blanc. C'est un acide énergique, qui attaque, même dilué dans une grande quantité d'eau, les couleurs végétales.

Les lithographes l'utilisent dans quelques préparations, soit à l'état d'acide phosphorique dilué, soit à l'état de solution aqueuse d'acide hypophosphorique.

ACIDE PYROGALLIQUE. — L'acide pyrogallique qui n'a pas, à proprement dire, les propriétés d'un acide, puisqu'il agit dans ses combinaisons en agent réducteur, s'obtient par la sublimation, à 210° de l'acide gallique, du tanin et même de la noix de galle réduite en poudre. L'acide gallique en produit environ 30 0/0 de son poids. Cet acide est très soluble dans l'eau, mais sa dissolution s'altère assez promptement. A l'état pur, l'acide pyrogallique est blanc, en paillettes cristallines.

C'est un excellent développateur pour les clichés photographiques, moins rapide que le sulfate de protoxyde de fer, mais donnant plus de finesses.

ACIDE SULFURIQUE. — L'acide sulfurique pur est un liquide blanc, de consistance sirupeuse, dont le poids spécifique, à 66°, est 1,842; sa pesanteur et son aspect le font facilement reconnaître. Il charbonne les matières végétales et les matières animales en les désorganisant. C'est l'acide dont on use les quantités les plus considérables dans l'industrie. Quelques-uns des sels auxquels le soufre donne naissance sont des plus utilisés en photographie : hyposulfite de soude, sulfite de soude, sulfate de peroxyde de fer, sulfate de protoxyde de fer, etc., etc.

Dosage approximatif de l'acide sulfurique, à l'aide de l'aréomètre Baumé, à la température de 15°.

10°	8.9 0/0 d'acide pur.		40°	39.9 0/0 d'acide pur.	
15°	13.8	—	45°	45.6	—
20°	18.7	—	50°	52.0	—
25°	23.6	—	55°	57.8	—
30°	29.3	—	60°	65.2	—
35°	35.0	—			

ACIDE TANNIQUE. — On désigne sous le nom d'acide tannique ou tanin différents corps doués d'une saveur astringente très prononcée, qui forment avec les sels de fer des composés verts, bleu foncé ou noirs, et, avec l'albumine, la gélatine et la peau, des matières imputrescibles. Le seul tanin qui soit bien connu est celui du chêne ou celui de la noix de galle. Une solution de tanin abandonnée à elle-même fermente, et l'acide tannique se transforme en acide gallique. Le tanin est un corps pulvérulent, blanc jaunâtre, très soluble dans l'eau, l'alcool et l'éther.

ACIDE TARTRIQUE. — Cet acide existe dans un grand nombre de fruits. Lors de la fermentation alcoolique du jus de raisin, il se dépose sur les parois des vases où ce jus est renfermé une croûte cristalline, souillée de matières colorantes (le tartre). On purifie ce tartre et on obtient un bitartrate de potasse (crème de tartre), dont on extrait l'acide tartrique par l'action successive du carbonate de chaux et de l'acide sulfurique.

ACIER. — Dans la fabrication du fer, le minerai en fusion se combine avec une certaine quantité de carbone, et le premier produit obtenu est ce que l'on désigne sous le nom de fonte. Pour transformer cette fonte en fer, il faut lui enlever tout le carbone qu'elle contient. Si on arrête l'opération avant l'élimination totale du carbone, on a ce que l'on désigne sous le nom d'acier. La dureté de l'acier est d'autant plus grande qu'il se rapproche plus de la fonte, c'est-à-dire que sa teneur en carbone est plus considérable : il contient de 7 à 19 pour mille de carbone. Par extension, on a donné le nom d'aciers à différents alliages où le carbone est en partie remplacé par le silicium, le phosphore, le tungstène, le cobalt, etc. La caractéristique de l'acier est la modification qu'éprouve sa dureté quand on le trempe; il devient très dur et souvent cassant comme du verre, ce qui présenterait, si on ne pouvait y remédier, de graves inconvénients pour l'outillage dont l'acier est la base.

Voici la formule d'un mélange qui sert au trempage des petits outils : ciseaux, grattoirs, burins, compas, pointes, etc. :

Arcanson.	500 grammes.
Huile de poisson	250 —
Suif épuré.	125 —

On mélange à froid l'huile et la résine en poudre, puis on laisse fondre à une douce chaleur. Quand la combinaison est complète, on y ajoute le suif qu'on a fait fondre à part. Pour tremper des petits outils, on les chauffe au rouge sombre et on les enfonce dans le mélange, puis on les chauffe une seconde fois au rouge sombre et on les plonge dans l'eau douce.

ALBUMINE. — L'albumine est une substance qui appartient au règne végétal et au règne animal. On la trouve dans la graine des céréales, dans le blanc d'œuf, dans le sang, qui en contiennent des quantités considérables. Obtenu à froid, c'est un corps solide, légèrement jaunâtre, dépourvu d'odeur et de saveur, se dissolvant dans l'eau, surtout en présence d'un peu de sel. Sa propriété la plus remarquable, lorsqu'elle est en solution, est de se coaguler, c'est-à-dire de devenir insoluble dans l'eau sans cesser cependant d'être perméable à ce liquide. Vers 60°, une solution d'albumine commence à se troubler; à 75°, elle se coagule complètement. La chaleur ne possède pas seule cette propriété de faire passer l'albumine de l'état soluble à l'état insoluble : l'alcool, les acides, à l'exception de l'acide acétique et d'une forme de l'acide phosphorique, et nombre de sels minéraux, la coagulent aussi.

Pour les usages photographiques et lithographiques, on a rarement recours à l'albumine desséchée que l'on trouve dans le commerce; on l'extrait directement des blancs d'œufs, que l'on bat en neige et qu'on filtre à plusieurs reprises pour en séparer la fibrine, qui reste avec les mousses sur les filtres.

ALCOOL. — C'est un liquide incolore, très mobile, plus léger que l'eau, d'une saveur brûlante et d'une odeur aromatique assez faible. Il est combustible et s'enflamme à l'air avec la plus grande facilité. On l'obtient par la distillation du produit de la fermentation des substances sucrées : fruits, jus de canne, de betterave, etc., glucose provenant de la transformation chimique des matières amylacées et de la cellulose. On donne le nom générique d'eaux-de-vie aux mélanges d'eau et d'alcool où il entre plus d'eau que d'alcool, et d'esprits aux mélanges renfermant plus d'alcool. Les trois-six sont des esprits à 33°; l'esprit de vin rectifié, qu'on trouve dans le commerce, est généralement à 90°. L'alcool dissout l'éther, les alcalis, une quantité de corps organiques, et notamment les corps gras, les résines, et se mélange en toutes proportions avec l'eau. Après ce liquide, c'est le dissolvant le plus employé. Il coagule l'albumine et insolubilise les gélatines.

ALUMINE. — Seul oxyde connu de l'aluminium. L'alumine est blanche, légère, sans odeur, insoluble dans l'eau, difficilement soluble dans les acides; elle happe à la langue et est infusible à la flamme de nos fourneaux. L'alumine hydratée forme une gelée qui retient énergiquement l'eau; cette gelée a une grande affinité pour les matières colorantes, propriété qu'on a utilisée dans la fabrication des couleurs. Le mélange d'alumine et de matières colorantes constitue les laques.

ALUN. — On désigne sous le nom d'aluns une série de sels solubles dus à l'union du sulfate d'alumine avec les autres sulfates alcalins, certains sels de fer, de manganèse et de chrome. Ces sels ont une saveur astringente et acide et sont peu solubles à froid dans l'eau, qui n'en dissout que 3,3 0/0 à 0°, tandis qu'à 100° elle en dissout plus de 300 parties. L'alun de potasse est le plus généralement employé. A l'état pur, ses cristaux doivent présenter la forme d'un cube ou d'un octaèdre; il sert surtout à fixer l'encollage dans les papiers, à purifier les eaux, à la préparation des peaux, au mordançage des étoffes destinées à la teinture. On fait usage, en photographie, de l'alun de chrome pour solidifier les pellicules de gélatine.

AMIANTE. — L'amiante, qu'on désigne aussi sous le nom d'asbeste, est un silicate de magnésie renfermant un peu de chaux et d'alumine. C'est une substance fibreuse ayant quelque ressemblance avec les fibres végétales; elle est tantôt blanche, tantôt grise, tantôt verte, tantôt noire. Il en existe des gisements en Savoie, en Corse, dans les Pyrénées. L'amiante est incombustible et les acides ne l'attaquent pas. On en a fabriqué des étoffes et du carton.

AMIDON. — L'amidon est une substance qu'on trouve en abondance dans les tubercules et les racines de certains végétaux, ainsi que dans les graines des céréales. On lui donne le nom de fécule lorsqu'il provient de tubercules ou de racines, et d'amidon dans les autres cas. L'amidon est insoluble. Lorsqu'on délaie de la fécule dans l'eau et qu'on porte le mélange à l'ébullition, elle semble s'y dissoudre, mais cette dissolution n'est qu'apparente; la masse se prend en une sorte de gelée, qui est l'empois. Une température de 200° rend l'amidon soluble en le transformant en une substance isomère qui est la dextrine. Sous l'action des acides minéraux, l'amidon se transforme rapidement en dextrine, puis en glucose. Les matières albuminoïdes ont sur lui la même influence.

La Lithographie utilise l'amidon, principalement pour l'encollage, et, soit seul, soit mélangé à des matières colorantes, pour poudrer les imprimés. Qu'il soit extrait du blé, du riz ou du maïs, peu importe, mais il faut de préférence employer l'amidon en « aiguilles », car en cet état seulement on peut être certain de sa pureté.

AMMONIAQUE. — Le gaz ammoniac, qui résulte d'une combinaison de l'azote avec l'hydrogène, est très soluble dans l'eau. Un volume d'eau en dissout mille à 0°. C'est la dissolution plus ou moins concentrée de ce gaz qu'on désigne sous le nom d'ammoniaque liquide ou alcali volatil. L'ammoniaque a une odeur très pénétrante; c'est une base très énergique qui se combine aux acides pour former plusieurs sels utilisés dans l'industrie. Ceux qui nous intéressent sont : le carbonate d'ammoniaque (sel d'Angleterre) et le chlorhydrate d'ammoniaque (sel ammoniacal).

Dosage approximatif, à l'aide de l'aréomètre Baumé, de la quantité de gaz ammoniac dissous dans l'eau.

31°	32.5 0/0	17°	12.40 0/0
23°	22.07 0/0	16°	10.82 0/0
20°	15.88 0/0		

ANILINE. — L'aniline a été découverte en 1826 par le chimiste Unverdorben, qui l'a extraite des produits de la distillation sèche de l'indigo, d'où lui vient son nom « anil » signifiant en espagnol indigo. Les chimistes Runge et Zinin sont les premiers qui l'aient extraite des goudrons de houille en modifiant les benzines. L'aniline est un liquide incolore, mobile, doué d'une odeur peu agréable et d'une saveur très âcre. Elle est presque insoluble dans l'eau et se mélange en toutes proportions à l'alcool, à l'éther, aux huiles. Elle forme avec les acides des sels bien définis et cristallisables qui fournissent à l'industrie une série de matières colorantes d'un éclat et d'une pureté incomparables. (Voir *Rosaniline*.)

ARCANSON. (Voir *Colophane, Résine, Térébenthine*.)

ARÉOMÈTRES. — On désigne sous ce nom des instruments qui permettent de reconnaître la densité des corps solides ou des corps liquides, et, par extension, de se rendre compte, dans une opération industrielle, si un liquide a atteint une densité voulue. Les aréomètres de Baumé sont ceux qu'on emploie le plus fréquemment; il y en a de deux sortes : ceux destinés à des liquides plus lourds que l'eau, — pèse-acides, pèse-sels, — et ceux destinés à des liquides plus légers, — pèse-liqueurs. Le pèse-acide Baumé marque 0° dans l'eau pure, et le pèse-liqueur, 10°. Les indications des aréomètres n'ont jamais qu'une exactitude relative.

ARGILES. — Les argiles sont constituées par des silicates hydratés d'alumine de composition variable; leur teneur en silice varie de 50 à 65 0/0, et, en alumine, de 24 à 35 0/0. Les argiles sont diversement colorées, depuis le blanc, couleur de l'argile très pure ou kaolin, jusqu'au gris foncé; elles sont attaquables à chaud par les acides, et résistent aux plus fortes températures. Les ocres sont des substances argileuses contenant une certaine proportion de fer qui les colore en jaune, rouge ou brun.

AZOTATES. — Au nombre des azotates dont la Lithographie et la photographie tirent parti, l'*azotate d'argent* ou nitrate d'argent tient la première place. Ce sel se trouve dans le commerce cristallisé en belles lames blanches semi-transparentes, ou fondu en plaques opaques ou en crayons (pierre infernale); il est très soluble dans l'eau qui, à saturation, en dissout son poids, et trois fois moins soluble dans l'alcool. Le nitrate d'argent reste incolore à la lumière, mais il noircit en présence des matières organiques par la réduction d'une certaine quantité du métal qui le constitue. On le conserve dans des flacons en verre jaune. C'est cette propriété d'être réduit par la lumière en présence des matières organiques, qui est utilisée en photographie.

L'*azotate de potasse*, nitrate de potasse, nitre ou salpêtre, est un sel blanc, d'une saveur fraîche et amère, beaucoup plus soluble à chaud qu'à froid. L'azotate de potasse est très répandu dans la nature, où il se reforme sans cesse autour de nous.

L'*azotate de zinc*, qu'on prépare en attaquant des rognures de zinc métallique avec de l'acide azotique étendu de quatre fois son poids d'eau (20° à l'aréomètre), est employé dans quelques préparations photographiques.

Azote. — L'azote est un gaz incolore, inodore, impropre à la combustion, qui forme environ les 4/5ᵉˢ de l'air atmosphérique, où il atténue les propriétés comburantes du gaz oxygène. Combiné à l'oxygène, il donne l'acide azotique et les azotates; à l'hydrogène, l'ammoniaque; au carbone, le cyanogène, radical de tous les composés cyanurés.

B

Baryte.	Benzine.	Bitume.	Blanc de zinc.
Bases.	Bichlorure de mercure.	Blanc de baleine.	Borax.
Benjoin.	Bichromate de potasse.	Blanc d'Espagne.	Bromures.

Baryte. — La baryte est un corps analogue à la chaux, qui résulte de la combinaison d'un métal très oxydable, le barium, avec l'oxygène. La baryte se trouve presque toujours dans la nature combinée au soufre; c'est le sulfate de baryte, corps blanc, pesant et à peu près insoluble dans l'eau. Le sulfate de baryte naturel a une certaine transparence; celui qu'on fabrique est au contraire très opaque.

Bases. — On désigne, en chimie, sous le nom de bases, les combinaisons qui, lorsqu'elles sont solubles, ne rougissent ni la teinture de tournesol ni le sirop de violettes, et ramènent au contraire à leur nuance primitive ces liqueurs rougies au préalable par des acides. Les acides, combinés aux bases, constituent les sels.

Benjoin. — Le benjoin est un baume solide produit par le *Styrax benzoin*, arbre de la famille des ébénacées, qui croît principalement à Java et à Sumatra. Le benjoin le plus estimé est celui qu'on désigne sous le nom de benjoin amygdaloïde, parce qu'il se compose de larmes ovoïdes, blanchâtres, ayant la forme d'amandes cassées prises dans une masse brunâtre. Il est entièrement soluble dans l'alcool et dans l'éther, et l'eau le précipite en blanc de ses solutions alcooliques.

Benzine. — La benzine pure est un liquide incolore, d'une saveur douce et d'une odeur agréable, volatil sans résidu, très inflammable et se solidifiant vers 0°. On la retire des sous-produits de la distillation de la houille pour la fabrication du gaz d'éclairage. C'est un excellent dissolvant des résines et des corps gras, qui, en Lithographie, remplace avantageusement l'essence de térébenthine. La benzine qu'on trouve dans le commerce est rarement pure, on la fraude en l'additionnant d'essence de pétrole.

BICHLORURE DE MERCURE. — Le bichlorure de mercure (sublimé corrosif) est un poison violent. C'est un corps blanc, cristallisé en aiguilles brillantes, soluble dans l'eau et se sublimant, lorsqu'il est pur, sans laisser de résidu. Il coagule beaucoup de matières organiques, l'albumine entre autres. Le bichlorure de mercure sert, en photographie, à donner de l'intensité aux clichés et pour certains virages.

BICHROMATE DE POTASSE. (Voir *Chrome* et *Acide chromique*.)

BITUME. — On attribue la formation des bitumes à la décomposition des amas de végétaux enfouis dans le sol depuis les temps les plus reculés. Celui qui nous intéresse, le bitume de Judée ou asphalte d'Asie, est un corps brun foncé, à cassure brillante, se ramollissant facilement à une douce chaleur, soluble dans les hydrocarbures et surtout dans l'éther. Il a la propriété de devenir plus ou moins insoluble dans ces dissolvants lorsqu'on le soumet, en solution éthérée, à l'action de la lumière. C'est lui qui a servi à Niepce, l'inventeur de la photographie, à l'origine de cette invention, pour fixer l'impression de la lumière. La photolithographie, et surtout la photogravure, ont mis à profit cette propriété. Le bitume entre dans la composition de quelques vernis protecteurs pour la gravure.

BLANC DE BALEINE. — Le blanc de baleine ou cétine, connu aussi sous les noms de spermaceti et adipocire, est une substance blanche, grasse, qui tient en quelque sorte le milieu entre le suif et la cire. On le trouve dans la boîte crânienne d'une espèce de cachalot, où il est sous forme liquide; aussitôt à l'air, une partie de ce liquide se concrète et est recueillie en une masse solide, nacrée, onctueuse au toucher, à texture cristalline. Il fond à 44° et est soluble dans l'alcool et dans l'éther.

BLANC D'ESPAGNE, BLANC DE MEUDON, BLANC DE TROYES. — Variétés de carbonates de chaux amorphes, désignées aussi sous le nom générique de craie. La craie a été formée par l'accumulation des débris d'une immense quantité d'animaux microscopiques à coquille. Quelques auteurs ont établi à tort une différence entre le blanc d'Espagne et les autres blancs, qu'ils désignaient sous le nom de blancs de craie; pour eux le blanc d'Espagne était constitué par une argile blanche.

BLANC DE ZINC. — En chimie, protoxyde de zinc, c'est-à-dire l'oxyde de zinc le moins riche en oxygène. On le désigne aussi sous le nom de blanc léger, fleur de zinc, lana philosophica, nihil album, pompholix. C'est un corps d'un très beau blanc qui prend une teinte jaune lorsqu'on le chauffe et redevient blanc par le refroidissement.

BORAX. — Le borax, chimiquement biborate de soude, désigné jadis sous les noms de chrysocolle, sel de Perse, tinkal, est un sel blanc, à demi transparent, de saveur fade et d'odeur nulle; il s'effrite un peu à l'air en se desséchant, et se couvre d'une poussière blanche. Il est soluble dans l'eau bouillante dans la proportion de 50 0/0 ; l'eau froide n'en dissout que 1/600 de son poids. On s'en sert pour remplacer le savon dans certains cas, comme antiseptique et pour composer certaines colles. Il dissout les corps gras et certaines résines, la gomme-laque entre autres.

BROMURES. — Le brome, corps liquide, rouge foncé, très volatil et d'une odeur fétide, est extrait des eaux-mères des marais salants et des plantes marines. Il forme, avec l'oxygène, des acides qui, combinés aux bases, donnent les brumures, sels employés en photographie : le bromure d'argent est blanc, insoluble dans l'eau, soluble dans l'ammoniaque, les hyposulfites alcalins, les cyanures, facilement attaquable par la lumière, et noircissant rapidement sous l'influence de l'acide gallique et d'autres réducteurs de l'argent : ce bromure est la base de la fabrication des plaques sèches sensibles dites au gélatino-bromure ; — le bromure de chaux ou bromure de calcium, le bromure de potassium, le bromure d'iode, le bromure de cadmium, etc., etc.

C

Caoutchouc.	Cellulose.	Chrome.	Collodion.
Carbonate de chaux.	Celluloïd.	Cire.	Colophane.
Carbonate de soude.	Céruse.	Cobalt.	Copal.
Carbone.	Chaux.	Colle forte.	Coton. — Coton-poudre.
Carmin.	Chlore.	Colle de poisson.	Cyanures.
Caséine.	Chlorures.		

CAOUTCHOUC. — Le caoutchouc est formé par la concrétion d'un suc laiteux qui découle d'un grand nombre de plantes de la famille des euphorbiacées et de celle des urticées. Celui qu'on trouve dans le commerce provient d'un arbre qui croît dans la Guyane, au Brésil, en Colombie et dans l'île de Java. Le suc laiteux s'épaissit à l'air et forme une masse élastique. Le caoutchouc, peu soluble dans l'éther et les huiles, est insoluble dans l'eau et dans l'alcool. Les alcalis caustiques et certains acides organiques l'attaquent légèrement. Combiné au soufre, il constitue le caoutchouc vulcanisé qui a reçu des applications industrielles si nombreuses.

CARBONATE DE CHAUX. — La pierre lithographique est un carbonate de chaux presque pur. (Voir *Blanc d'Espagne* et *Chaux*.)

CARBONATE DE SOUDE. — C'est un sel obtenu en décomposant le sulfate de soude qu'on trouve dans les eaux-mères des marais salants et des salines, par l'action d'un mélange de charbon et de carbonate de chaux. Les cristaux de soude du commerce sont de gros prismes rhomboïdaux qu'on prépare en dissolvant le sel de soude à saturation dans l'eau bouillante, en clarifiant le liquide, puis en le laissant cristalliser lentement. Ils renferment 63 0/0 d'eau, s'effleurissent à l'air en perdant les 9/10 de cette eau, et se dissolvent à saturation dans l'eau à 35°.

CARBONE. — Corps solide, infusible, fixe, insoluble, qui existe dans la nature sous diverses formes, telles que le diamant et le graphite. Chaque fois qu'on calcine une matière organique en présence d'une quantité d'air insuffisante, on obtient le charbon, qui est un carbone plus ou moins pur. Le noir de fumée, le charbon de bois, la houille, le coke, le noir animal sont autant de variétés de carbone impur, qui, brûlées en présence d'un excès d'air, se consument en produisant de l'acide carbonique et en laissant un résidu qu'on nomme cendres, représentant les matières minérales associées au carbone. On trouve le graphite dans les terrains primitifs; il y en a des gisements en Angleterre, en France, en Bavière, en Russie, en Italie; le plus réputé actuellement est le graphite de l'Oural. Le graphite sert à la fabrication des crayons, et le noir de fumée ou carbone obtenu par la combustion incomplète des huiles, résines, etc., à la fabrication des encres d'imprimerie.

CARMIN. — Le carmin est une matière colorante d'un beau rouge, qu'on obtient en versant du bitartrate de potasse (crème de tartre), ou de l'alun dans une solution sodique de cochenille. La cochenille (*coccus cacti*) est un insecte qui vit sur diverses espèces de cactus.

CASÉINE. — Lorsqu'on verse dans du lait une liqueur acide, il se forme au sein du liquide une quantité de grumeaux d'un blanc jaunâtre : c'est le caséum, mélange de caséine et de beurre. On isole la caséine en lavant le caséum à l'eau pour entraîner l'acide, puis à l'alcool, à l'éther pour dissoudre les matières grasses. On obtient la caséine à un degré de pureté suffisant pour les besoins industriels, en faisant bouillir le caséum dans plusieurs eaux et en décantant chaque fois avant de laver le dépôt ou précipité à l'eau pure. La caséine est soluble dans les alcalis, mais à peine soluble dans l'eau. Lorsque le lait se caille naturellement, c'est en raison de l'acide lactique qui s'y est développé. La caséine coagulée a sensiblement les mêmes propriétés que l'albumine.

CELLULOSE. — La cellulose est la substance qui constitue le tissu des plantes, où ses molécules sont agglutinées ensemble, par une matière incrustante, sous forme de cellules, de fibres ou de vaisseaux. La pâte à papier, préparée sans addition de matières étrangères avec des vieux chiffons de chanvre, de lin ou de coton, est de la cellulose à peu près pure. La cellulose pure est une substance incolore, diaphane, insoluble dans tous les réactifs ordinaires; la liqueur cupro-ammoniacale (dissolution de cuivre pur dans l'ammoniaque) dissout facilement le papier, et forme alors une liqueur sirupeuse dont on peut précipiter la cellulose par l'addition de solutions concentrées de sels alcalins. Le chlore et ses composés attaquent aussi la cellulose, mais en déterminant une véritable combustion.

La cellulose, traitée à l'état de papier par l'acide sulfurique, donne le parchemin végétal; traitée par l'acide azotique, elle se transforme en une substance qu'on a désignée sous le nom de pyroxyline ou coton-poudre. Celle-ci, dissoute dans l'alcool ou dans l'éther, forme le collodion. Dans l'industrie, le collodion se prépare en plongeant, pendant quinze minutes environ, du coton blanc, cardé, dans un mélange d'azotate de potasse (nitre), 4 parties; acide sulfurique, 3 parties, et acide azotique concentré, 3 parties. Lavé ensuite à grande eau et parfaitement séché, on le dissout dans un mélange d'éther, 4 parties, et d'alcool, 1 partie.

CELLULOÏD. — Lorsqu'on triture du coton azotique (coton-poudre) humecté d'alcool avec une certaine quantité de camphre en poudre, et qu'on comprime ensuite la pâte pour l'agglomérer sous forme de pains, on obtient une masse homogène facile à travailler à chaud et s'étirant, par le laminage, en feuilles minces, souples, douées d'une certaine résistance et peu sensibles aux influences atmosphériques. Cette nouvelle matière, qui a reçu de nombreuses applications industrielles, est le celluloïd; elle s'enflamme facilement au contact d'un corps en ignition et brûle en fusant. Le celluloïd a la transparence de la corne moulée en feuillets; on lui donne de l'opacité en mélangeant à sa pâte des poudres inertes ou des matières colorantes diverses.

On a tenté, avec quelques résultats, la substitution des feuilles minces de celluloïd aux glaces, comme support de l'image photographique, afin d'éviter l'opération de l'isolement de la pellicule, lorsqu'il est besoin de retourner l'image. En Lithographie, les feuilles minces de cette substance offriront de sérieux avantages sur les calques qu'on fait sur papier-glace, le celluloïd ne présentant pas les nombreux et sérieux inconvénients de la gélatine.

CÉRUSE. — La céruse, autrement dite blanc de plomb, est un sous-carbonate de plomb insoluble dans l'eau, un peu soluble lorsque cette eau est chargée d'acide carbonique et soluble avec effervescence dans les acides. A la température de 400°, la céruse se décompose et laisse comme résidu un oxyde de plomb, le massicot. Le blanc de plomb présente le grand inconvénient de noircir sous l'influence de l'hydrogène sulfuré.

CHAUX.— La chaux est un corps blanc, amorphe, infusible, résultant de l'oxydation du calcium. La chaux pure s'obtient en calcinant du marbre blanc, qui est un carbonate de chaux, la calcination mettant en liberté l'acide carbonique combiné. Plongée dans l'eau, elle l'absorbe énergiquement, s'échauffe, se brise et se réduit en poudre en augmentant de volume et en dégageant une grande quantité de vapeurs. Sa température atteint à ce moment 300°. C'est ce qu'on désigne sous le nom de chaux grasse. En délayant la chaux grasse avec l'eau, on obtient le lait de chaux, et, si on emploie de grandes quantités d'eau, l'eau de chaux. Il faut 800 litres d'eau à 15° pour dissoudre un kilogramme de chaux. A l'air, la chaux se combine à l'acide carbonique contenu dans l'atmosphère et forme le carbonate de chaux, qui est la base de la pierre dite calcaire. La pierre lithographique calcinée et hydratée donne de la chaux grasse.

CHLORE. — Le chlore est un corps gazeux, jaune verdâtre, d'une odeur désagréable; il désorganise les matières organiques et agit sur les métaux avec une grande énergie. L'eau en dissout un peu plus de trois fois son volume à la température de 8°; à celle de 15°, elle n'en dissout plus que deux fois et demi son volume environ. Le chlore est très lourd, sa densité est 2,45. L'industrie utilise le chlore gazeux et les solutions de chlore pour le blanchiment, mais elle a surtout recours, dans ce cas, aux combinaisons du chlore avec la soude, hypochlorite de soude (liqueur Labarraque), et avec la potasse, hypochlorite de potasse (liqueur dite eau de Javelle), ainsi qu'au chlorure de chaux.

CHLORURES. — Le chlore forme avec les métaux des chlorures dont plusieurs sont utilisés, soit par la Lithographie, soit par la photographie. Les principaux sont : le chlorure de chaux, agent de blanchiment très énergique; — le chlorure d'argent, insoluble dans l'eau et dans les acides, soluble dans l'ammoniaque, les cyanures et l'hyposulfite de soude; — le chlorure de sodium : le sel de cuisine est du chlorure de sodium plus ou moins pur; — le chlorure d'or et les chlorures doubles d'or et de potassium ou de sodium; — le chlorure de platine; — le bichlorure de mercure (voir ce mot); — le chlorure de brome, etc.

CHROME. — Le chrome est un métal très brillant, d'une dureté très grande, qui n'est attaquable que par l'acide chlorhydrique. Ses oxydes fournissent de brillantes couleurs à la palette du chromographe, les jaunes et les verts entre autres, et l'un de ses sels, le bichromate de potasse (voir *Acide chromique*), est un produit indispensable jusqu'à présent en phototypie.

Cire. — La cire est la matière dont sont composées les cellules qui servent aux abeilles pour déposer leur miel. Elle appartient à la série des corps gras. Jaune à l'état brut, on la blanchit, lorsqu'on l'épure, en l'exposant au soleil en rubans minces. Elle doit être blanche, solide, peu odorante et peu sapide, un peu plus légère que l'eau (densité : 0,966), molle et ductile entre 30° et 40°, fusible à 70°, coulante. Lorsqu'on pétrit la cire entre les doigts, elle doit rester liée et ne pas se diviser en grumeaux. Mâchée, elle ne doit pas laisser un arrière-goût de suif. On rencontre les éléments constitutifs de la cire : acide cérotique et myricine, dans différents végétaux.

La cire entre dans la composition de quelques encres lithographiques.

Cobalt. — Le cobalt est un métal blanc gris, d'une grande ténacité, se forgeant à chaud comme le fer, dont il possède les propriétés chimiques. Le bleu de cobalt est un oxyde de ce métal.

Colle forte. — La colle forte n'est autre chose que de la gélatine impure, extraite des os, qui en renferment environ 36/100 de leur poids, mais dont on ne tire industriellement que 22 à 23 0/0, — des rognures de cuir, de peaux vertes, des nerfs, des tendons, des rognures de parchemin, etc., qui rendent en moyenne 42 0/0. Elle doit être transparente, de couleur ambrée peu foncée, tenace, à cassure vitreuse et franche; elle doit se gonfler sans se désagréger dans l'eau froide et être inaltérable à l'air. On la dissout en chauffant le vase qui la renferme au bain-marie. Les différents types commerciaux sont : la colle de Flandre, celle de Givet, celle de Lyon, celle de Cologne, la grènetine de Rouen; plus ou moins hydratées, les colles fortes constituent les collettes légères. La colle à bouche se fabrique en mélangeant parties égales de colle forte et de sucre. La colle liquide est une colle forte à laquelle on a ajouté une quantité convenable d'acide pour empêcher sa solidification, sa prise en gelée.

Deux ou plusieurs échantillons de colle étant donnés, voici un procédé fort simple pour les classer selon leur qualité. Après avoir pesé un morceau de chaque échantillon, on les met, dans des vases séparés, tremper dans l'eau de pluie pendant vingt-quatre heures. Après ce temps, on les sort de l'eau, on les essuie et on les pèse à nouveau. La quantité d'eau absorbée sera proportionnelle à leur qualité.

Colle de poisson. — Elle se prépare avec la vessie du grand esturgeon de la province d'Astrakan, en Russie. On la trouvait jadis dans le commerce sous plusieurs formes, maintenant elle n'existe plus qu'en feuilles très minces, presque incolores, translucides, sèches, tenaces, fibreuses, d'une saveur fade et insipide. Macérée dans l'eau froide, elle se ramollit ; dans l'eau bouillante, elle se dissout presque sans résidu, et donne, en se refroidissant, une gelée transparente et solide. La colle de poisson véritable vaut de 40 à 45 francs le kilogramme. Les colles dites de poisson, mais préparées avec des rognures de cuir et de parchemin, ne se vendent que 5 à 6 francs. La fausse colle de poisson a généralement une saveur salée; quand on la déchire, elle se divise en tous sens, tandis que la vraie ne se divise jamais que dans le sens des fibres. Dans l'eau froide, la fausse colle de poisson, au lieu de se renfler et de conserver sa forme, se divise en grumeaux; fondue dans l'eau bouillante, elle laisse un résidu appréciable et ne se prend pas en gelée en se refroidissant. La colle de poisson est souvent blanchie à l'acide sulfureux; quand on craint l'action de ce mode de blanchiment, comme en phototypie, par exemple, il faut choisir celle dont l'aspect est légèrement grisâtre.

COLLODION. — Le collodion est une solution de coton azotique (poudre-coton, fulmi-coton, pyroxyline) dans un mélange d'éther et d'alcool. Nous avons indiqué, à l'article cellulose, la formule du collodion industriel; en voici d'autres qui n'en diffèrent que par les proportions :

	ALCOOL A 40°	ÉTHER RECTIFIÉ	COTON-POUDRE
Formule Liébert	250	300	5
Formule Liesgang	150	150	9
Formule Moock	100	100	2
Formule Roux	400	600	15
Formule Davanne	33	66	1
Formule Bayard	400	600	8
Formule Aguado	200	300	5
Formule Jouët	40	160	2.25
Formule Jeanrenaud	250	750	9

COLOPHANE. — Se dit aussi arcanson, brai sec. (Voir *Térébenthine*.)

COPAL. — Le copal est une résine qu'on importe en Europe des côtes orientales de l'Afrique et des Indes. Il y en a de plusieurs qualités : le Sandarusi, ou copal animé, résine demi-fossile dont l'Europe consomme pour plus de 1,500,000 francs par an; le Chakazzi, ou copal demi-dur, qu'on récolte en terre sur les racines du trachylobium, et le Sandarusi-M'ti, ou copal tendre, qui exsude du tronc et des principales branches de l'arbre à copal.

COTON. — Le coton est la bourre qui entoure les graines d'une plante de la famille des malvacées. De nombreuses variétés de cotonniers sont cultivées dans les pays chauds et sur le littoral africain de la Méditerranée. Le coton, nettoyé mécaniquement des impuretés qui peuvent être mêlées à ses fibrilles, est de la cellulose presque pure. En photographie, il est surtout utilisé pour la fabrication du collodion, après qu'une préparation préliminaire l'a transformé en cellulose soluble (coton azotique, coton-poudre, fulmi-coton, pyroxyline). Voici plusieurs formules de préparation du coton azotique.

La formule n° 1 est celle de M. Hardwich; le n° 2, de M. Van Monckho-ven; le n° 3, de M. Gaudin; le n° 4, de M. Laporte; le n° 5, de M. Maxwel Lyte (*Chimie photographique* de M. Davanne, éditée par la maison Gauthier-Villars et fils); le n° 6, de M. Liesgang, et le n° 7, de M. Liébert.

	1	2	3	4	5	6	7
Acide nitrique à 45°	170 gr.	50 c. c.	—	—	—	1000 c. c.	—
Acide nitrique à 40°.	—	—	—	100 gr.	200 c. c.	—	—
Acide sulfurique à 66°. . . .	518 gr.	—	400 gr.	310 gr.	500 c. c.	1000 c. c.	450 c. c.
Acide sulfurique à 55°. . . .	—	100 c. c.	—	—	—	—	—
Azotate de potasse en poudre	—	—	200 gr.	100 gr.	15 gr. 5	—	225 gr.
Eau.	130 gr.	—	—	—	—	—	—
Coton cardé.	25 gr.	7 gr.	10 gr.	15 gr.	—	—	—
Papier de soie . . . :	—	—	—	—	30 gr.	60 gr.	30 gr.

Le coton cardé ou le papier de soie sont immergés pendant un temps variable dans ces solutions, de telle sorte que tout l'air adhérent aux fibres soit bien chassé; on lave ensuite à grande eau jusqu'à ce qu'il ne donne plus de réaction acide au contact du papier de tournesol, puis on fait sécher. Le pyroxyle bien préparé doit brûler sans laisser de résidu appréciable.

CYANURES. — L'azote, en se combinant avec le carbone, donne naissance à un gaz incolore, brûlant avec une flamme verte et doué d'une odeur carac-téristique, celle des amandes amères. C'est le cyanogène, qui forme avec l'hydrogène un acide, l'acide cyanhydrique (acide prussique), liquide très volatil et des plus toxiques. Une dose de quelques centigrammes amène la mort en peu d'instants. Plusieurs composés de cet acide sont employés en photographie : le cyanure de potassium, qu'on substitue quelquefois à l'hyposulfite de soude pour dissoudre les sels d'argent; le cyanure d'argent et le cyanure d'iode. Les papiers sensibles aux sels de fer sont préparés avec un cyanure double de fer et de potassium. Le bleu de Prusse, le bleu de France et le bleu de Turnbull sont des cyanures. L'acide cyanhydrique existe tout formé dans le laurier-cerise, les feuilles et les fleurs du pêcher, les amandes amères des fruits, etc., etc.

D

Dextrine. — Diamant.

DEXTRINE. — L'amidon torréfié ou dextrine, qu'on désigne encore sous le nom de léiocomme, est un corps amorphe, jaunâtre — la dextrine chimiquement pure est blanche, — insoluble dans l'alcool pur, soluble en toute proportion dans l'eau, et douée d'une saveur fade et d'une odeur typique. On la préparait jadis en portant une certaine quantité de fécule à 200° dans un appareil rotatif; aujourd'hui, c'est à l'action des acides qu'on a recours. La méthode de Payen consiste à chauffer à 120° la fécule additionnée de son tiers d'eau aiguisée à 1 0/0 d'acide azotique. La dextrine a été souvent essayée par les lithographes pour remplacer la gomme arabique; mais si elle est excellente lorsqu'il s'agit de donner plus de force adhésive à la colle de pâte, et si elle peut rendre quelques services, mélangée à la gomme pour le gommage des étiquettes ou des enveloppes, elle ne saurait, en aucun cas, convenir au gommage des pierres. Son moindre inconvénient est de trop se contracter en se desséchant, de se fendiller et d'abîmer ainsi la surface des planches sur lesquelles on l'a étendue. (Voir *Amidon*.)

DIAMANT. — Le diamant est un carbone pur, cristallisé, ne renfermant que des traces de matières minérales. Ce sont les éclats que l'on recueille lors de la taille du diamant, qui, montés dans un ciment résineux très dur, servent aux lithographes pour la gravure sur pierre.

E

Eau.	Emulsion.	Estimation en poids des
Eau régale.	Éponge.	gouttes de quelques
Émeri.	Essences.	liquides.
Émail.		Éthers.

EAU. — La combinaison de deux volumes d'hydrogène et d'un volume d'oxygène donne naissance à deux volumes d'eau. L'eau est solide à une température au-dessous de 0°, liquide lorsque la température est modérée, et gazeuse à une température supérieure à 100°. L'eau est un corps fade, sans odeur, élastique et compressible. Son maximum de densité est à 4°. Le gramme, notre unité pondérale, est le poids d'un centimètre cube d'eau à cette température de 4°, correspondant au poids de 770 centimètres cubes d'air à la pression atmosphérique moyenne. Le poids d'un centimètre cube de glace est 0 gr. 916. Le point d'ébullition de l'eau, à la pression barométrique de 76ᶜᶜ, a servi à fixer le point 100 du thermomètre. L'eau est un puissant dissolvant; aussi, dans la nature, la rencontre-t-on toujours plus ou moins chargée de sels divers; pour obtenir de l'eau pure, on la soumet à la distillation. L'eau de pluie peut, dans bien des cas, remplacer l'eau distillée. On dit que l'eau est séléniteuse lorsqu'elle contient en dissolution de la chaux à l'état de sulfate, et calcaire lorsqu'elle contient de la chaux à l'état de carbonate.

EAU RÉGALE. — L'eau régale est un mélange des deux acides chlorhydrique et azotique, qu'on fait ordinairement dans la proportion de trois parties du premier contre une du second. C'est un oxydant des plus puissants, qui attaque et dissout les deux métaux les plus réfractaires à l'action des acides, l'or et le platine.

ÉMERI. — L'émeri est un mélange d'alumine et d'oxyde de fer dont on utilise la dureté pour user le verre et polir les métaux. On le trouve en Saxe, dans les îles de Jersey et de Guernesey, dans les îles de l'archipel grec (émeri de Naxos). On falsifie souvent cette matière en la mélangeant avec des laitiers de haut fourneau; mais cette fraude est facile à constater, ces laitiers étant plus ou moins solubles dans l'acide chlorhydrique, qui n'attaque pas l'émeri.

ÉMAIL. — On donne le nom d'émail à une composition vitreuse plus ou moins fusible qu'on colore en y mélangeant des oxydes métalliques.

ÉMULSION. — Les émulsions sont des liquides opaques, comme laiteux, dans lesquels les molécules des corps émulsionnés sont en suspension dans l'eau. L'alcool et les acides détruisent cet état physique et font, comme on dit, tomber les émulsions.

ÉPONGE. — L'éponge est un tissu fibreux, flexible, à cellules plus ou moins denses, d'origine animale. On trouve l'éponge au fond de certaines mers, attachée au rocher. L'éponge est un polypier. Pour les usages de la Lithographie, il faut choisir des éponges de moyenne finesse, assez volumineuses et souples sans mollesse. Le tissu de l'éponge est garni d'une quantité d'éléments étrangers : sable quartzeux fin, débris de coraux et de coquillages, etc., etc., dont le contact ne serait pas sans quelques inconvénients pour les planches lithographiques. On les nettoie en les battant avec un morceau de bois arrondi : ce battage fait tomber le sable et les débris de coquilles. On les laisse ensuite tremper pendant vingt-quatre heures dans de l'eau aiguisée d'acide chlorhydrique, qui attaque les morceaux de coraux, et on termine le nettoyage par un rinçage prolongé.

ESSENCES. — On donne le nom d'essences ou huiles volatiles à des corps volatils contenus dans les végétaux, qui tachent le papier comme les huiles, mais dont les taches disparaissent par l'évaporation. Les essences sont solubles dans l'alcool, l'éther et les huiles. Pures, elles sont généralement incolores lorsqu'on vient de les extraire, mais ne tardent pas à jaunir et même à brunir sous l'influence de l'air et de la lumière. Les essences, en s'oxydant, s'épaississent et donnent naissance à des résines. (Voir *Térében-thine.*)

ESTIMATION EN POIDS DES GOUTTES DE QUELQUES LIQUIDES.

	Poids de la goutte.	Nombre de gouttes au gramme.
Eau	0.05	20
Acide azotique	0.037	27
— chlorhydrique	0.05	20
— sulfurique	0.095	11
Éther sulfurique	0.012	83
— acétique	0.027	38
Alcool à 86°	0.016	62
Essence de térébenthine	0.0181	55
Huile de ricin	0.0225	44
Huile d'olives	0.0212	47

ÉTHERS. — Les réactions des acides sur les alcools donnent naissance à une série de corps qu'on a désignés sous le nom d'éthers. L'éther, en thèse générale, est un composé liquide, très fluide, se vaporisant avec la plus grande facilité et très inflammable. Avec l'air, ses vapeurs forment un mélange détonant. L'éther sulfurique est celui qu'on emploie en photo-graphie; il contient souvent une proportion assez forte d'alcool et d'eau, fraude dont on peut facilement se rendre compte. Si, dans un flacon bien bouché, on met l'éther en présence d'un peu de chlorure de calcium des-séché, celui-ci s'y dissoudra en proportion de la quantité d'eau contenue. D'autre part, en ajoutant à l'éther une quantité d'eau déterminée et en agitant le flacon où les deux liquides ont été versés, l'augmentation du volume de l'eau sera proportionnelle à la quantité d'alcool non combiné que contenait l'éther.

F

FARINE. — Lorsqu'on moud du blé, après avoir déchiré l'enveloppe du grain, on écrase le contenu de cette enveloppe qui est la farine. Une farine de bonne qualité doit être d'un blanc jaunâtre, à éclat vif, sans mouchetures rouges, grises ou noires. Sa composition moyenne est :

Amidon	64.80	Albumine	1 »
Gluten sec	12 »	Cendres	0.70
Dextrine	3.50	Eau	16.50
Matières grasses	1.50		

La farine, délayée dans l'eau et cuite au premier bouillon, constitue la colle de pâte. La colle faite avec la farine de seigle, plus riche que la farine de blé en gluten, est plus adhésive.

FÉCULE. (Voir le mot *Amidon*.)

FERMENTATION. — Tous les corps organiques, sous l'influence de corpuscules désignés sous le nom de ferments, tendent continuellement à changer de nature, en formant de nouvelles combinaisons avec l'oxygène de l'air. Le papier fermente et se pique, les matières organiques contenues dans l'eau fermentent et la corrompent, la gomme arabique fermente et s'acidifie, les colles, les gélatines, l'albumine fermentent et se corrompent, etc., etc. Il faut veiller à soustraire à cette influence les substances qu'on utilise en Lithographie, si on ne veut s'exposer à de fréquents mécomptes.

FIEL DE BŒUF. — Le fiel de bœuf est un liquide jaune verdâtre, filant, d'une odeur fade et d'une saveur amère des plus prononcées. Son odeur, même lorsqu'il est frais, est repoussante. Il est sécrété par le foie de cet animal et remplit une poche logée dans cet organe, la vésicule biliaire. Le fiel de bœuf est soluble dans l'eau et dans l'alcool; les alcalis faibles augmentent sa fluidité et sa transparence, les acides le décomposent. Il mousse quand on l'agite et dissout les corps gras. Sa composition chimique n'est pas fixe: on y trouve de l'eau, diverses matières organiques en dissolution ou en suspension, de l'albumine, une résine spéciale, de la soude et des phosphates. On vend dans le commerce du fiel de bœuf concentré, mais il est préférable de préparer soi-même un produit peu odorant et se conservant bien. Dans un vase en terre vernissée ou en porcelaine, on fait bouillir le fiel frais et on le filtre à plusieurs reprises sur du papier gris, qui retient les mousses et les impuretés. Cela fait, on le remet sur le feu et on y ajoute peu à peu de la craie en poudre en remuant à la spatule. On laisse ensuite refroidir, on filtre et on conserve dans des flacons bien bouchés. Le fiel ainsi préparé doit être incolore.

G

Garance.	Gomme adragante.	Graine d'Avignon.	Gluten.
Gélatine.	Gomme arabique.	Guimauve.	Goudron.
Glucose.	Gomme-gutte.	Gutta-percha.	Grès.
Glycérine.	Gomme laque.	Graphite.	

GARANCE. — La garance est la poudre de la racine d'une plante qui a été cultivée en grand aux Indes, dans le midi de la France et en Alsace. On en extrait l'alizarine, qui est le principe colorant de la garance. L'alizarine fournit, avec les alcalis, des solutions pourpre qui, traitées par l'alun, donnent un beau précipité rouge, la laque de garance. Les rouges de garance ont une grande solidité. On fabrique aujourd'hui de l'alizarine artificielle en traitant l'anthracène, sous-produit de la distillation de la houille.

GÉLATINE. — On désigne sous le nom de gélatine des colles fortes purifiées, qu'on trouve dans le commerce sous forme de feuillets minces, transparents, incolores, tenaces, et ayant une certaine élasticité à l'état sec. On peut préparer la gélatine en faisant digérer de la colle forte pendant deux jours avec trois fois son poids de vinaigre, en décantant le liquide qui s'est chargé d'impuretés, lavant à l'eau froide et fondant au bain-marie. On coule ensuite sur des glaces frottées d'huile fine ou de fiel de bœuf. La gélatine peut être rendue insoluble par le tanin, une solution de noix de galle, l'alun, le bichromate de potasse, ce dernier avec exposition à la lumière; ce sont ces propriétés qu'on a utilisées en photographie, phototypie, photolithographie, etc. Elle sert aux moulages fins et délicats, au collage de certains papiers, à l' « émaillage » des imprimés, etc. Plongée dans l'alcool, elle se contracte régulièrement; on a utilisé cette particularité pour obtenir des réductions.

La gélatine qu'on emploie dans les opérations phototypiques doit être de première qualité, exempte de chlorure de calcium, de carbonate de chaux, d'alumine, de fer. La gélatine de bonne qualité happe légèrement au contact de la langue, mais la sensation n'est que passagère; en séchant, elle doit conserver un aspect brillant. Lorsqu'elle se dissout trop vite dans l'eau, c'est qu'elle manque de force adhésive; celle qui s'y dissout trop lentement a des tendances à s'écailler en séchant, deux défauts contre lesquels il faut se tenir en garde.

GLUCOSE. — La glucose ou glycose est un sucre d'une nature spéciale, obtenu par la transformation des matières féculentes et amylacées et de la cellulose. La glucose est une fois et demie moins soluble dans l'eau que le sucre ordinaire. L'acide azotique étendu la transforme en acide saccharique, puis en acide oxalique; l'acide nitrique fumant la change en un produit explosible. La glucose qu'on fabrique pour les usages industriels se prépare par l'action de l'acide sulfurique très étendu sur la fécule; on la vend sous forme de sirop, dit sirop de fécule, de glucose granulé et de glucose en pains compacts.

GLUTEN. — Le gluten est une substance d'un blanc grisâtre, molle, élastique, insipide, d'une odeur fade et douée d'un grand pouvoir adhésif. On le trouve mêlé intimement avec l'amidon dans les graines des céréales. Si on malaxe sous un filet d'eau un pâton de farine, l'amidon est entraîné peu à peu, et il arrive un moment où on n'a plus entre les mains que du gluten. C'est lui qui donne à la farine la propriété de faire pâte avec l'eau, et, en présence du levain, il active la fermentation de cette pâte.

GLYCÉRINE. — Liquide sirupeux à saveur franchement sucrée, soluble en toutes proportions dans l'eau et dans l'alcool, très peu soluble dans l'éther et complètement insoluble dans les huiles et essences minérales. La glycérine, qu'on a surnommée principe doux des huiles, est, pure, sans odeur et incolore. On l'extrait des eaux résiduaires de la saponification calcaire des corps gras. Les glycérines du commerce peuvent être falsifiées par de l'eau, du sucre ou de la glucose, du miel et de la dextrine. La glycérine ne sèche pas; c'est cette propriété qu'on a utilisée soit en Lithographie, soit en photographie.

GOMME ADRAGANTE. — Cette gomme exsude spontanément à travers l'écorce de divers arbustes de la famille des astralagus, qui croissent dans les contrées orientales du bassin de la Méditerranée, principalement en Syrie et dans l'île de Crète. Selon que l'exsudation est plus ou moins abondante, cette gomme coule en filaments ou lanières qui se contournent en séchant, ou en larmes; elle est blanchâtre, presque transparente, peu soluble dans l'eau, mais s'y gonflant considérablement en formant un mucilage tenace et épais, gélatiniforme et trouble. La gomme adragante est très difficile à pulvériser; il faut, au préalable, lui faire subir une forte dessiccation et la broyer soit dans un mortier chauffé, soit à une température au-dessous de zéro. La portion soluble dans l'eau est constituée par une matière similaire à la gomme arabique; elle ne représente environ que 50 0/0 du poids total. La gomme adragante sert à l'apprêt des cuirs, des étoffes, et même de certains papiers pour faciliter leur lissage; on utilise son mucilage pour donner de la cohésion aux pâtes manquant de liant.

GOMME ARABIQUE. — La gomme arabique est un produit d'une nécessité absolue pour la Lithographie; tous les essais tentés jusqu'à ce jour pour lui substituer d'autres corps n'ont donné que de mauvais résultats.

Elle est produite par plusieurs espèces de mimosas qui croissent en Égypte et en Arabie. Elle a été longtemps seule employée; mais, depuis quelques années, on lui a substitué, dans tous les usages, la gomme du Sénégal, produite par une variété d'acacias qui croît sur les côtes d'Afrique. L'acacia gommifère, que les Arabes désignent sous le nom de T'hala, occupe, dans la plaine du même nom, en Tunisie, une étendue de 30 kilomètres sur 12 environ. Cet arbre, dont la hauteur ne dépasse pas 8 mètres, a une tête large et très rameuse, plus large que haute, et la gomme découle des cicatrices du tronc et des grosses branches. On en compte dans cet endroit environ trente mille pieds. Leur nombre a dû être beaucoup plus considérable, mais l'incurie et l'ignorance des Arabes, qui n'emploient guère la gomme qu'à la fabrication de l'encre à écrire — et combien en usent-ils? — les ont amenés à couper les plus beaux pieds pour en utiliser le bois.

La gomme arabique et la gomme du Sénégal offrent les mêmes caractères et jouissent des mêmes propriétés. Comme la véritable gomme arabique est toujours plus rare, et, par conséquent, plus chère que celle du Sénégal, messieurs les droguistes choisissent dans cette dernière les morceaux d'un petit volume, peu colorés, secs, friables, fendillés, qu'ils vendent sous le nom d'arabique. La gomme du Sénégal est en morceaux de grosseur variable, arrondis, rugueux à la surface, très durs; leur cassure est vitreuse, quelquefois opaque, mais le plus souvent transparente. Sa couleur varie du blanc au rouge. Telle qu'elle est livrée au commerce, elle est toujours mélangée de gommes-résines que l'on peut parfaitement reconnaître : la gomme-résine est en larmes beaucoup moins transparentes que la gomme; sa couleur est gris verdâtre; elle est recouverte d'une poussière blanche; sa cassure est terne et cireuse et sa saveur est âcre et amère. La gomme arabique et la gomme du Sénégal sont entièrement solubles dans l'eau; leur dissolution a la propriété de mousser beaucoup par l'agitation.

Mode d'emploi : Faire dissoudre la gomme dans l'eau froide. Pour le gommage des planches lithographiques, cette dissolution doit avoir la consistance de l'huile, mais il faut qu'elle soit beaucoup plus épaisse si on veut la mélanger à l'encre pour le tirage de certaines gravures.

Altérations. Si on conserve une dissolution de gomme à la chaleur, elle entre en fermentation après quelques jours. Elle n'est plus bonne alors qu'à être mélangée à l'acide azotique pour l'acidulation des pierres. On peut retarder et même éviter la fermentation de la gomme en laissant épaissir la dissolution, qu'on éclaircit ensuite avec un peu d'eau de chaux — ne pas confondre avec lait de chaux : l'eau de chaux doit être incolore, limpide.

Falsifications. On trouve souvent dans la gomme des morceaux irréguliers de formes, très colorés et peu friables, qui se tuméfient pour ainsi dire dans l'eau et s'y divisent sans s'y dissoudre, mais en produisant un mucilage fort épais. Dans ce cas, on peut affirmer que le droguiste, peu scrupuleux, y aura mélangé la gomme qui découle, dans nos pays, des pruniers et des cerisiers.

GOMME-GUTTE. — C'est une matière résineuse solide, d'un jaune fauve, qui se dissout dans l'eau en y formant une sorte d'émulsion d'une belle couleur jaune d'or. Elle n'a aucune odeur et sa saveur est âcre. Les meilleures qualités se trouvent dans le commerce sous la forme de petits cylindres. La gomme-gutte découle des incisions qu'on fait dans le tronc d'un arbre indigène du royaume de Siam, le cambodgia-gutta; elle est recueillie dans des tuyaux en bambou où on la laisse sécher: de là vient la forme cylindrique sous laquelle on la vend.

GOMME LAQUE. — La gomme laque est une résine qui exsude de plusieurs végétaux de l'Inde, par suite des piqûres d'un insecte hémiptère, le *coccus lacca*. Parmi ces végétaux, ceux qui en fournissent le plus sont deux espèces de figuiers, le *ficus religiosa* et le *ficus indica*, puis une plante de la famille des euphorbiacées, le *croton lacciferum*. On trouve dans le commerce la gomme laque sous trois aspects : la laque en bâtons, ainsi désignée parce qu'elle est encore adhérente aux branches de la plante; la gomme-laque en grains, qui est celle qu'on a détachée et brisée en petits fragments, et enfin la laque en écailles, qui n'est autre chose que la résine fondue et débarrassée, par un chauffage, des corps étrangers. La laque en écailles a un aspect vitreux et est plus ou moins colorée suivant que, par une ébullition plus ou moins prolongée dans une eau légèrement alcaline, lors de sa fusion, elle a cédé à cette eau une plus grande partie de ses principes colorants : elle est blonde, rouge ou brune. Voici la composition moyenne de la gomme laque :

Résine	90.9
Matière colorante	0.5
Cire	4.»
Gluten	2.8
Pertes	1.8

Elle est entièrement soluble dans l'alcool absolu, les acides chlorhydrique et acétique et les lessives alcalines. La gomme-laque blanche s'obtient en traitant cette résine par le chlorure de chaux ou le chlorure de soude additionnés d'un peu d'acide chlorhydrique. La gomme-laque entre dans la composition de divers produits lithographiques, des vernis à couvrir, des mastics, etc., etc.

GRAINE D'AVIGNON. — La graine d'Avignon, désignée aussi sous les noms de graine d'Espagne, graine de Perse, est le fruit du nerprun, baie sèche, verdâtre, de la grosseur d'un très petit pois, renfermant deux, trois ou quelquefois quatre coques jaunes, d'une saveur amère et d'une odeur désagréable. La couleur qu'on en extrait est d'un jaune assez vif. Le stil de grain est une laque de nerprun.

GUIMAUVE. — Plante de la famille des malvacées, dont la racine, charnue, blanche à l'intérieur, produit un abondant mucilage.

GUTTA-PERCHA. — La gutta-percha est une substance analogue au caoutchouc, ayant à peu près les mêmes propriétés chimiques, mais en différant physiquement par une élasticité beaucoup moindre et la propriété de se ramollir beaucoup à la chaleur. Elle est exsudée par un arbre qui croît dans l'extrême Orient, l'isonandra, et dont on prétend qu'il existe de nombreux échantillons en Cochinchine et au Tonkin. La gutta-percha est inattaquable à froid par la plupart des agents chimiques ; les acides, sauf quelques acides organiques, sont à peu près sans action sur elle ; mais elle est soluble dans les huiles essentielles (essences) et les huiles de houille et de pétrole. Au sec, la gutta-percha devient cassante avec le temps ; dans l'humidité, elle se conserve indéfiniment.

GRAPHITE. — Le graphite, carbone presque pur, est une matière d'un gris bleu, d'une dureté moyenne, douce au toucher et cristallisée en paillettes. (Voir le mot *Carbone*.)

GRÈS. — Le grès est une variété de silice cristallisée, qui est utilisée en Lithographie pour dresser et donner le grain aux surfaces destinées à recevoir la planche. Le grès, comme tous les quartz, est insoluble dans les acides, l'acide fluorhydrique excepté.

GOUDRONS. — Lorsqu'on distille en vase clos des substances organiques contenant un grand excès de carbone par rapport à l'hydrogène, comme les végétaux, les résines, les houilles, les schistes, une partie des produits de la distillation se condense sous forme d'un liquide visqueux, noir, doué d'une odeur pénétrante, c'est le goudron. Le goudron est un mélange de toute une série de corps dits hydrocarburés qu'on peut isoler par des distillations fractionnées. Voici la nomenclature de ces corps :

à 80° Benzine.
à 110° Toluène.
à 140° Xylène.   Huiles intermédiaires.
à 166° Cumène.
à 195° Cymène.

Cymène.
Phénols.   Huiles lourdes.
à 220° Naphtaline.

à 270° Acémaphtène. | Solide.

Anthracène.
Pyrène.
Chrysène.

} Huiles anthracéniques.

Les multiples combinaisons de ces hydrocarbures donnent naissance à cette riche collection de principes colorants connus sous les noms de couleurs d'aniline, de phénol, de naphtaline, d'anthracène, etc.

H

| Hématine. | Huiles. | Hypochlorites. |
| Hématite. | Hydrogène. | Hyposulfites. |

HÉMATINE. — L'hématine est la substance colorante du bois de campêche. Une décoction de ce bois est évaporée à siccité et le résidu traité par l'alcool; il se dépose, dans la solution alcoolique, des cristaux jaunâtres qui sont des cristaux d'hématine. Sous l'action simultanée de l'air et de l'ammoniaque, ces cristaux prennent rapidement une teinte rouge violacée. Les bois du Brésil, de Fernambouc, etc., donnent un produit analogue nommé brésiline, qui se colore en rouge sous les mêmes influences.

HÉMATITE. — La sanguine, le colcotar ou rouge d'Angleterre, le minium de fer, l'ocre rouge, la limonite, l'hématite rouge, l'hématite brune, sont des oxydes de fer de même nature plus ou moins mélangés d'argile.

HUILES. — Les corps gras sont des substances onctueuses au toucher, laissant sur le papier ou sur les tissus des traces qui persistent et tendent à s'étendre sous l'influence de la chaleur. Les corps gras liquides sont désignés sous le nom générique d'huiles. Les huiles peuvent être classées en trois familles: les huiles végétales, les huiles animales et les huiles minérales.

Les huiles végétales sont extraites par expression des graines ou des parties charnues des fruits qui les renferment, comme cela se présente dans l'olive. Sous l'influence de l'air, elles absorbent peu à peu de l'oxygène et s'altèrent, soit en restant liquides, comme les huiles d'olive, d'amande douce, de colza, de navette, de faîne, de noisette: ce sont les huiles grasses ou non siccatives; soit en s'épaississant peu à peu jusqu'à leur transformation en une masse transparente, jaune et quelque peu élastique, comme celles de lin, de noix, de chènevis, d'œillette, de ricin, de croton, de belladone, de sapin, de pin, de madi, de raisin, d'hélianthe, d'épurge, de courge, etc., sont les huiles dites siccatives. On les rend plus siccatives en les chauffant pendant quelques heures avec certains sels métalliques, comme ceux de manganèse et la litharge (fabrication des vernis).

Les huiles de pied de bœuf, de suif (acide oléique), de baleine, de cachalot, de foie de morue, de foie de raie, de poisson, sont les huiles animales les plus utilisées, et, parmi elles, seule l'huile de poisson peut être considérée comme siccative.

Les huiles minérales sont celles qu'on extrait par distillation des bitumes naturels, tels que le naphte ou pétrole, des houilles, des schistes bitumineux, des tourbes. (Voir le mot *Goudron.*) Les pétroles et les schistes bitumineux donnent à la distillation, de 40° à 70°, des huiles légères, très inflammables et par conséquent très dangereuses, dites essences ou huiles à frauder ; de 70° à 200°, distillent les huiles à brûler du commerce, et, au-dessus, les huiles grasses de paraffine.

Voici le poids du litre de quelques huiles à la température de 15°: colza d'hiver, 915 gr. ; colza d'été, 916^{gr}7; arachide, 917 gr. ; olive, 917 gr. ; navette d'hiver, 915^{gr}4; navette d'été, 915^{gr}7; amandes douces, 918 gr. ; faîne, 920^{gr}7; sésame, 923^{gr}5; œillette, 925^{gr}3; chènevis, 927 gr.; coton, 930^{gr}6; cachalot, 884 gr.; baleine, 924 gr.; foie de morue, 927 gr.; foie de raie, 927 gr.; suif, 900 gr.; pied de bœuf, 916 gr.

HYDROGÈNE. — L'hydrogène est un gaz inodore, incolore, combustible et brûlant à l'air avec une flamme peu colorée. C'est le plus léger des gaz connus: un litre d'hydrogène pèse 0^{gr}089, soit environ 14 fois 1/2 moins que l'air. Combiné avec l'oxygène, l'hydrogène forme l'eau. (Voir ce mot.) Combiné au chlore, il produit l'acide chlorhydrique; au cyanogène, l'acide cyanhydrique. (Voir *Chlorures et Cyanures.*) La chaleur produite dans la combustion de l'hydrogène est une des plus élevées que nous puissions produire : elle varie, suivant diverses évaluations, entre 1,700 et 2,800 degrés.

HYPOCHLORITES de chaux, de potasse, de soude. (Voir le mot *Chlore.*)

HYPOSULFITE DE SOUDE. — Sel qui résulte de l'action de l'acide hyposulfureux sur la soude. Il se trouve pur, dans le commerce, en gros cristaux incolores et transparents, qui, dissous dans l'eau distillée, ne doivent laisser aucun résidu. Un gramme d'hyposulfite chimiquement pur dissous dans l'eau distillée doit décolorer 0^{gr}50 d'iode en solution dans l'alcool. L'hyposulfite de soude est employé en photographie comme fixatif, à cause de la double propriété qu'il a de dissoudre les sels d'argent même insolubles dans l'eau et de sulfurer l'argent réduit par la lumière.

Dosage approximatif, à l'aide de l'aréomètre Baumé, et à la température de 15°, de l'hyposulfite de soude contenu dans une solution donnée.

1°	19.4	0/00 d'hyposulfite.	11°	213.9	0/00 d'hyposulfite.
2°	38.8	—	12°	233.3	—
3°	58.3	—	13°	252.8	—
4°	77.7	—	14°	272.2	—
5°	97.2	—	15°	291.7	—
6°	116.6	—	16°	311.1	—
7°	136.1	—	20°	388.9	—
8°	155.5	—	25°	486.1	—
9°	175.0	—	30°	583.4	—
10°	194.4	—			

I

Ichtyocolle. — Indigo. — Iode.

ICHTYOCOLLE. (Voir le mot *Colle de poisson*.)

INDIGO. — L'indigo est un principe colorant extrait par la macération des feuilles et des parties vertes de différentes plantes. Les arbustes cultivés pour cette production ont reçu le nom d'indigotiers. Le pastel et le nérion tinctorial donnent des produits analogues à ceux des indigotiers. La matière colorante n'existe pas dans les plantes à indigo, mais elle se développe dans l'extrait aqueux par un phénomène de fermentation. Par la distillation, ou par la sublimation, on en tire l'indigotine qui est le produit pur sous forme cristalline. Le bleu dit de Saxe est un sulfate d'indigo.

IODE. — L'iode est un corps solide, cristallisé en paillettes gris d'acier foncé d'un éclat métallique. On le reconnaît facilement à son odeur pénétrante et persistante, qui rappelle celle du chlore et celle du brome, ainsi qu'à la coloration de ses vapeurs qui sont d'un beau violet. Il est très volatil, peu soluble dans l'eau ordinaire, qui, à la température de 15°, n'en dissout que 1/7000, soluble dans l'alcool et dans l'éther qu'il colore en rouge brun, assez soluble dans le sulfure de carbone et dans le chloroforme qu'il colore en violet. L'empois d'amidon ou de fécule, mis en contact avec la plus petite parcelle d'iode, prend immédiatement une coloration bleu foncé. L'iode se trouve dans la nature en dissolution, en très petites quantités dans les eaux de la mer et dans quelques eaux minérales ; en fait de minéraux en renfermant des traces, on ne connaît que l'argent ioduré ; on l'extrait ordinairement des eaux-mères qui ont servi à l'épuisement des cendres de varechs. L'iode est employé en quantités relativement considérables par la photographie, mais surtout à l'état de combinaisons, pour augmenter la sensibilité des couches préparées (gélatine, collodion, etc.). Nous citerons l'iodure d'ammonium, l'iodure d'argent, l'iodure de cadmium, l'iodure de fer, l'iodure de potassium.

K

Kaolin.

KAOLIN. — Le kaolin ou matière à porcelaine est une argile pure, blanche, douce au toucher, à peine fusible, plastique assez pour se laisser pétrir et façonner, mais se fendillant par la dessiccation. Le kaolin le plus estimé de France est celui de Saint-Yrieix, près de Limoges. (Voir le mot *Argile*.)

L

Lait. — Lanoline. — Litharge. — Léiocomme. — Laque. — Lessive.

LAIT. — Le lait est un liquide très complexe, dont les principaux éléments sont : le sérum, ou petit-lait, liquide tenant en dissolution du sucre de lait et des matières albuminoïdes ; sa proportion est généralement de 92 0/0 ; le beurre, composite de matières grasses, dont la quantité moyenne est de 4,5 0/0, et enfin une matière azotée, le caséum, qui y entre pour 3,5 0/0. (Voir le mot *caséine*.) Le sérum est employé en photographie comme dissolvant des iodures solubles. Les matières albuminoïdes et le sucre de lait qu'il contient en font un excellent encollage pour le papier.

LANOLINE. — L'huile d'os est en quelque sorte une émulsion de gélatine, de savon calcaire et d'eau. En agitant 100 parties d'huile d'os avec une demi-partie d'acide sulfurique étendue de son poids d'eau, puis laissant reposer pendant dix ou douze heures, et chauffant ensuite à 100° pendant une heure et demie, lorsque la masse est refroidie on recueille à sa surface une substance grasse plus ou moins colorée, de la consistance du beurre. Cette substance est la lanoline, dont on termine l'épuration par des fusions successives dans de l'eau très faiblement alcalinisée qu'on remplace à chaque opération.

LITHARGE. — L'oxyde de plomb préparé par voie sèche est une poudre jaune très lourde, qu'on désigne sous le nom de massicot. Si on fait fondre à la chaleur rouge ce massicot, il se solidifie, par le refroidissement, en écailles, et prend alors le nom de litharge. La litharge est tantôt jaune, tantôt rouge; sa coloration dépend des conditions dans lesquelles le refroidissement du massicot fondu s'est opéré. Les litharges pures, finement broyées, sont entièrement solubles dans l'acide acétique étendu. La litharge entre comme fondant dans les couleurs vitrifiables employées pour la peinture sur verre ou pour l'impression sur verre, porcelaine ou faïence.

LÉIOCOMME. (Voir *Dextrine*.)

LAQUE. — Lorsque, dans une solution aqueuse chaude de cochenille, de campêche, ou de toute autre matière colorante, on ajoute de l'alumine hydratée artificielle en gelée, et qu'on agite le mélange, quand on le laisse reposer, l'alumine se précipite colorée, et la liqueur après le dépôt se trouve décolorée. Ce mélange d'alumine et de matières colorantes est désigné sous le nom de laques. Pour préparer l'alumine en gelée, on verse de l'ammoniaque ou plutôt un carbonate alcalin dans une dissolution d'un sel d'alumine; il se forme un précipité gélatineux qu'on lave jusqu'à ce que toute trace d'alcalinité ait disparu.

LESSIVES. — On donne ce nom à des liquides qui tiennent en dissolution des sels alcalins, potasse, soude, etc. On donne de la causticité aux lessives en y ajoutant de la chaux et en décantant le liquide après qu'il s'est clarifié par le repos.

M

Magnésie. — Massicot. — Mastic. — Mercure. — Minium.

MAGNÉSIE. — La magnésie, oxyde de magnésium, est une substance blanche, insipide, inodore, presque insoluble dans l'eau et infusible. On l'obtient en calcinant en vase clos du carbonate de magnésie.

MASSICOT. — Oxyde jaune de plomb utilisé à la fabrication du minium. (Voir *Litharge* et *Minium*.)

MASTIC. — Résine produite par le *pistacia lentiscus*, arbrisseau fort commun dans tout l'Orient et sur les côtes africaines et européennes de la Méditerranée. Le mastic en larmes est d'un jaune pâle, couvert d'une poussière blanchâtre, d'une odeur suave et d'une saveur aromatique térébenthinacée. Sa cassure est vitreuse et opaline; il se ramollit sous la dent. Le mastic n'est pas entièrement soluble dans l'alcool; il se dissout dans les solutions alcalines, les huiles grasses et les huiles volatiles.

MERCURE. — Le mercure est un métal liquide à la température ordinaire, blanc, brillant, d'une grande mobilité et fort lourd ; son poids est plus de treize fois et demi celui de l'eau. Le mercure se solidifie à — 40°, et entre en ébullition à + 360°. Le mercure a une grande affinité pour les autres métaux, le fer excepté, et s'allie à eux à froid pour former des amalgames. Quelques-uns de ses sels sont utilisés en photographie. (Voir le mot *Bichlorure de mercure*.) Sa combinaison avec le soufre (sulfure de mercure) produit un des plus beaux rouges que nous ayions, le vermillon.

MINIUM. — Le minium est un oxyde de plomb d'un rouge vif, tirant sur l'orangé. Après avoir soumis le massicot à une lévigation complète, en le broyant dans un courant d'eau, on le chauffe, dans des caisses en tôle, à une température d'environ 300°; il subit alors un complément d'oxydation et constitue le minium. Le minium du commerce est souvent fraudé par de l'ocre, de la brique pilée ou d'autres matières à coloration rouge. On reconnaît que le minium est impur au résidu qu'il laisse si on en verse une petite quantité, en agitant, dans une solution aqueuse chaude d'acide nitrique à laquelle on a ajouté un morceau de sucre. On peut encore dissoudre 2 grammes de minium dans de l'acide chlorhydrique étendu et porté à l'ébullition pour dissoudre le chlorure de plomb. S'il reste une partie insoluble, en vérifier la nature pour établir la fraude.

N

Naphtaline.	Nitre.	Noir de fumée.	Noir de pêche.
Naphte.	Noix de galle.	Noir d'ivoire.	

NAPHTALINE. — La naphtaline est une belle matière cristalline, blanche, à l'aspect nacré, brillant, d'une odeur agréable et pénétrante, insoluble dans l'eau, soluble dans l'alcool bouillant et dans l'éther, qui existe en assez grandes proportions dans les goudrons de houille. (Voir ce mot.) La naphtaline est le radical d'une série de matières colorantes analogues à celles produites par les diverses réactions de l'aniline; parmi elles, le jaune de Martius est remarquable par son pouvoir colorant.

NAPHTE. (Voyez le mot *Huile* et le mot *Pétrole*.)

NITRE. (Voyez le mot *Azotate de potasse.*)

NOIR DE FUMÉE. — Le noir de fumée se fabrique avec les résines, les goudrons, les huiles minérales et autres substances très carburées. On les brûle en présence d'une quantité d'air insuffisante pour leur combustion complète, et les fumées, dirigées dans de vastes chambres, s'y condensent en flocons qui s'attachent aux parois. Le noir de fumée ordinaire renferme environ $\frac{1}{5}$ de son poids de matières résineuses et salines, dont on le débarrasse par une calcination en vases clos. Le produit est alors désigné sous le nom de noir de fumée calciné. (Voir le mot *Carbone.*)

NOIR D'IVOIRE. — Le noir d'ivoire est le charbon qu'on obtient par la calcination en vase clos de l'ivoire. Comme ce produit obtenu avec l'ivoire serait d'un prix souvent trop élevé, on lui substitue le noir d'os obtenu de la même façon.

NOIR DE PÊCHE. — On désigne ainsi le charbon obtenu par la calcination de la partie ligneuse des noyaux de pêche. Ces noyaux, concassés et débarrassés de leurs amandes, sont mis dans un creuset et recouverts de sable. On chauffe ce creuset tant qu'il y a dégagement de vapeurs ou de gaz au travers du sable, puis on le retire du feu et on laisse complètement refroidir avant de sortir les menus morceaux de noyaux calcinés.

NOIX DE GALLE. — Excroissance qui se forme sur les feuilles de diverses espèces de chênes, à la suite de la piqûre d'un insecte (*cynips, gallæ tinctoriæ*). Les chênes de nos contrées produisent une quantité de noix de galle peu utilisées à cause de leur qualité inférieure, de leur peu de richesse en tanin. Les plus estimées sont les galles noires ou galles vertes d'Alep, et la galle de Chine ; cette dernière est la plus riche en tanin, elle en contient jusqu'à 69 0/0. (Voir *Acide gallique.*)

O

| Ocre. | Orseille. | Oxalates. | Oxygène. |
| Oléine. | Outremer. | Oxydes de plomb. | |

OCRES. — Les ocres sont des argiles colorées par des oxydes métalliques. Les oxydes de fer leur donnent des colorations qui vont du jaune au rouge brun. L'oxyde de manganèse colore en brun l'argile désignée sous le nom de terre d'ombre.

Oléine. — L'oléine est le principe liquide des graisses, qui domine dans les huiles non siccatives.

Orseille. — L'orseille est une matière colorante qu'on obtient en traitant divers lichens, particulièrement ceux appartenant au genre *Rocella*. On pulvérise grossièrement ces lichens et on les fait macérer pendant un mois environ dans un liquide ammoniacal. Il en résulte une pâte d'un rouge violet très foncé, d'une odeur forte et désagréable, qu'on trouve dans le commerce sous le nom d'orseille en pâte. On a fabriqué, avec l'orseille, une couleur qu'on nommait pourpre française.

Outremer. — L'outremer est un magnifique bleu d'azur qui nous venait jadis de l'extrême Orient et revenait à un prix élevé. Aujourd'hui on le fabrique artificiellement (bleu Guimet), en chauffant au four à réverbère un mélange de kaolin, de carbonate de soude, de carbone et de soufre (kaolin, 100; carbonate de soude, 100; carbone, 12; soufre, 60).

Oxalates. (Voir *Acide oxalique*.)

Oxydes de plomb. — Le plomb forme, en se combinant avec l'oxygène, divers oxydes utilisés dans l'industrie, soit comme principes colorants, soit comme principes oxydants des huiles dans la fabrication de certains vernis, ou encore comme flux dans la fabrication du verre, des émaux ou couleurs vitrifiables et la couverte des produits céramiques, ou pour composer des mastics d'une grande puissance de cohésion. Ces oxydes, dont la coloration va du jaune au brun en passant par le rouge, sont le massicot, la litharge, le minium, la mine orange et l'oxyde puce.

Oxygène. — L'oxygène est un gaz incolore et inodore, qui entre pour $\frac{1}{5}$ dans la composition de l'air atmosphérique. A 0° et à 0,76 de pression atmosphérique, il pèse 1 gr. 43 au litre. Ce gaz est le corps comburant par excellence; on le trouve partout combiné dans la nature, et on peut dire qu'à lui seul il entre pour un tiers dans la composition du globe.

P

Panne.	Pétrole.	Plombagine.	Prussiates.
Papier.	Phosphore.	Poix-résine.	Pulvérisation.
Paraffine.	Pierre ponce.	Potasse.	Pyroxyle.
Perchlorure de fer.	Plâtre.		

Panne. — La panne est la graisse de porc ou axonge qui est encore enfermée dans ses cellules et qui, par conséquent, n'a pas été fondue. Elle se présente en morceaux plus ou moins volumineux, en forme de planches à l'aspect rosé. C'est avec la panne qu'on graisse les châssis et les cuirs de râteaux.

PAPIER. — Le papier est un feutrage de cellulose plus ou moins pure. Jadis le chiffon seul était employé à sa fabrication; aujourd'hui on y utilise les substances végétales les plus différentes, telles que la paille et le bois. On a souvent demandé s'il existait des procédés chimiques sûrs pour reconnaître facilement dans le papier les corps autres que le chiffon entrant dans sa composition. Les matières minérales ou charge, telles que kaolin, sulfate de baryte et sulfate de chaux, etc., etc., n'étant pas détruites par l'incinération, c'est un moyen d'en déterminer la présence; les réactifs chimiques fixent alors sur leur nature. Pour la cellulose, c'est autre chose : quelle que soit sa provenance, chanvre, lin, coton, paille, alfa ou bois, elle a une composition chimique constante; il est donc impossible, par l'analyse chimique, d'être fixé sur sa provenance. L'étude, l'examen microscopique seul, fait par une personne exercée, permet d'arriver à ce résultat, car les fibres végétales diffèrent les unes des autres par leur structure.

On ne peut reconnaître, par les procédés chimiques, que la présence dans le papier du bois mécaniquement réduit en pâte, n'ayant pas subi l'action de la soude ou d'un autre corps oxydant, et renfermant, par conséquent, toutes ses substances incrustantes. Comme cette pâte mécanique, ce bois râpé, tend continuellement à se transformer, à se modifier sous l'influence de la lumière et des agents atmosphériques, nuisant par cela même à la solidité du papier dans la composition duquel il entre, c'est d'elle dont il importe le plus de constater la présence. On a préconisé l'emploi d'une solution de sulfate d'aniline, composée d'une partie d'aniline pure (liquide incolore dit huile d'aniline) avec une demi-partie d'acide sulfurique concentré et trois parties d'eau. Quelques gouttes de cette solution étendues sur le papier le colorent immédiatement en jaune, et l'intensité de la coloration est proportionnelle à la quantité de bois râpé employée; mais cette réaction se produit dans les mêmes conditions si le papier, quoique ne contenant pas de bois râpé, renferme des fibres brutes de jute ou d'autres plantes. Un moyen plus simple et surtout plus sûr consiste à mélanger trois parties d'acide azotique fumant avec une partie d'acide sulfurique concentré. Ce liquide colore de suite le papier dont la pâte renferme du bois râpé, en jaune brun si la quantité est faible, et en brun plus foncé si cette quantité dépasse 20 0/0. Le papier sans bois râpé se colore à peine en jaune sous l'influence de ce réactif, et, en séchant, la tache se montre légèrement teintée de gris.

PARAFFINE. — Lorsqu'on distille les pétroles et qu'on arrive à la fin de l'opération, les huiles qui passent à la distillation deviennent filantes; elles sont chargées d'une matière qui, isolée chimiquement, est un corps solide, incolore, à texture cristalline lamelleuse, fusible entre 45° et 65°, translucide et offrant quelque analogie comme aspect avec le blanc de baleine. Cette substance, inattaquable par les acides et par les alcalis, insoluble dans l'eau, soluble dans 3 parties environ d'alcool bouillant, constitue la paraffine. On la rencontre aussi dans les différents goudrons, et on la trouve toute formée en masses assez considérables, mais souillée de corps étrangers (*ozokérites*).

PERCHLORURE DE FER. (Voir *Acide chlorhydrique*.)

PÉTROLE. — On donne le nom de pétrole, bitume, naphte, asphalte, à des matières organiques composées en grande partie de carbone et d'hydrogène qui semblent résulter de la décomposition, à l'abri de l'air, de végétaux enfouis dans le sol depuis des temps très reculés. Dans certains pays, le pétrole se trouve à l'état liquide (huiles de pétrole plus ou moins chargées de matières étrangères ou plus ou moins épaissies par une action de l'oxygène similaire à la résinification des huiles végétales); il forme alors soit des nappes souterraines d'une certaine étendue, soit des amas de moindre importance, des poches. Dans d'autres pays, le pétrole imprègne certains terrains, des schistes, des argiles, etc., etc. (Voir le mot *Huiles* et le mot *Bitume*.)
Les pétroles sont d'excellents dissolvants pour les corps gras et pour les résines.

PHOSPHORE. — Le phosphore est un corps solide, légèrement coloré en jaune, sans saveur, répandant une légère odeur d'ail, due sans doute à la formation d'ozone qui se produit lorsqu'on l'expose à l'air. Il est mou, l'ongle le raye facilement, et quand il est pur il est assez flexible pour qu'on puisse replier des baguettes de phosphore sur elles-mêmes. Le centimètre cube de phosphore pèse 1 gr. 83. Ce corps est fusible à 44° environ; lorsqu'il y a quelque temps qu'il a été préparé, de translucide qu'il était il devient peu à peu opaque, l'opacité s'étendant de la surface au centre par suite de la cristallisation de ses molécules. Le phosphore pur est insoluble dans l'eau, très peu soluble dans l'alcool et dans l'éther, soluble dans les huiles essentielles et très soluble dans le sulfure de carbone. Lorsqu'il a été maintenu pendant quelques jours à une température d'environ 230° à l'abri de l'air et de tout mélange comburant, c'est-à-dire renfermant de l'oxygène, il prend une coloration rouge et devient complètement insoluble dans tous les dissolvants. Le phosphore est un corps éminemment combustible, et qui émet, au contact de l'air, des vapeurs qui paraissent lumineuses dans l'obscurité. (Voir *Acide phosphorique*.)

PIERRE PONCE. — La pierre ponce est une scorie volcanique formée en grande partie de silice. Les abords du Vésuve et de l'Etna, les îles Lipari et Vulcano, ainsi que quelques autres îles volcaniques de l'archipel grec, Ténériffe et l'Islande, fournissent la majeure partie de la pierre ponce utilisée dans l'industrie. En France, on en trouve, dans les montagnes de l'Auvergne, dans les tufs volcaniques du Mont-Dore, au puy de Cherzou et dans quelques autres localités. La pierre ponce se présente tantôt en masses fibreuses à reflets soyeux, tantôt en masses plus ou moins vitrifiées; les premières sont plus légères et mieux appréciées. On fabrique, à Bietigheim, en Allemagne, et à Pilsen, en Autriche, des pierres ponces artificielles de différents grains. Le sablon blanc et le feldspath, liés avec un peu de terre réfractaire et portés au moufle à une haute température, composent ces nouveaux produits.

PLATRE. — Le gypse, ou sulfate de calcium hydraté, chauffé à une certaine température, perd son eau d'hydratation et donne ce que l'on désigne sous le nom de plâtre. Le plâtre a la propriété de reprendre, lorsqu'on le gâche avec de l'eau, les deux molécules d'eau que la cuisson lui avait fait perdre, et se solidifie alors en cristaux enchevêtrés. Le plâtre est très peu soluble dans l'eau; il faut, à la température de 15°, 445 parties d'eau pour dissoudre une partie de plâtre. Les eaux chargées de plâtre (eaux séléniteuses) forment, dans les chaudières à vapeur, des dépôts d'une grande dureté.

PLOMBAGINE. (Voir *Graphite* et *Carbone*.)

POIX-RÉSINE. — Cette substance s'obtient en brassant avec de l'eau la colophane, résidu de la distillation des résines dans l'extraction des huiles de résine et de l'essence de térébenthine. C'est un corps jaune, opaque, fragile, d'une cassure vitreuse et d'une odeur faible.

POTASSE. — Chimiquement, la potasse est un hydrate de protoxyde de potassium, c'est-à-dire une combinaison hydratée d'oxygène avec le potassium, métal tellement oxydable qu'il prend feu spontanément dans l'air humide. La potasse est un corps solide, blanc, fusible au-dessous du rouge, très soluble dans l'eau, et qui se présente en plaques nullement cristallines. C'est un sel très répandu dans la nature : on le trouve comme partie constituante d'un grand nombre de roches, et presque tous les végétaux en renferment. La potasse est un alcali très énergique, qui attaque à froid les matières organiques, et à chaud les matières minérales les plus récalcitrantes. Sous le nom de potasse, le commerce vend des carbonates de potasse plus ou moins riches en eau; la potasse caustique se trouve chez les fabricants de produits chimiques sous les noms de potasse à l'alcool ou de potasse à la chaux, suivant le mode employé pour la préparer. La potasse caustique est très avide d'eau, aussi doit-on la conserver dans des flacons hermétiquement bouchés. Quand on a besoin d'une solution de potasse, le plus simple est de mettre un peu de chaux grasse dans une solution de carbonate de potasse (potasse du commerce). On agite pendant quelque temps, il se forme un dépôt de carbonate de chaux; on décante lorsque le liquide est clair, et on conserve dans des flacons bouchés. La potasse est la base des savons mous.

PRUSSIATES. (Voir le mot *Cyanure*.)

PULVÉRISATION. — La pulvérisation est l'opération par laquelle on réduit les corps solides à un état de division plus ou moins grand, selon l'usage auquel on les destine. Pour pulvériser un corps, il faut avoir égard à ses propriétés physiques et à ses propriétés chimiques; ce n'est donc pas, comme on est tenté de le croire, une opération purement mécanique.

Les différents modes de pulvérisation sont : la contusion, qui consiste à faire tomber perpendiculairement, et à coups redoublés, le pilon sur les substances à pulvériser; on l'emploie pour les corps qui offrent beaucoup de résistance, les bois, les racines sèches, les écorces. — La trituration, qui se fait en comprimant la substance, avec un effort proportionné à la résistance qu'elle oppose, entre le mortier et le pilon qu'on promène circulairement contre ses parois; on s'en sert pour les résines, les gommes et toutes les substances qui, par la percussion, s'échaufferaient et s'aggloméreraient au lieu de se réduire en poudre. — La porphyrisation, qui consiste à faire passer entre la molette et le porphyre un corps déjà grossièrement pulvérisé, afin de l'amener à son plus grand état de division; elle s'opère, suivant la nature des matières, à sec ou en présence de l'eau. — Le frottement, qui consiste à passer les matières à pulvériser sur un tamis. — Le lavage ou lévigation, qui n'est autre chose qu'un « criblage » par l'eau. — Et enfin, l'emploi d'intermédiaires, lorsque les corps à pulvériser ne peuvent être amenés à un état de division assez grand sans interposer un corps inerte entre ses molécules, comme cela se présente pour certaines résines et gommes-résines.

PYROXYLE, PYROXYLINE. (Voir *Coton, Coton-poudre, Collodion.*)

Q

Quartz. — Quinones.

QUARTZ. — Le quartz est de la silice cristallisée; il est à l'état de pureté dans le cristal de roche; le grès, l'agate et le silex sont des quartz.

QUINONE, HYDROQUINONE. — Les quinones sont des substances dérivées des phénols. L'hydroquinone, corps cristallisé, transparent, incolore, sans odeur, d'une saveur douceâtre, très soluble dans l'alcool et l'éther, beaucoup moins dans l'eau, est employé comme révélateur des images photographiques.

R

RÉALGAR. — On désigne ainsi le sulfure d'arsenic, ou arsenic sulfuré rouge. (Voir *Sulfures*.)

RÉSINES. — Les résines sont des substances organiques, d'origine végétale, qui sont solides à froid, fusibles, mais moins que la cire, inflammables et produisant en brûlant d'abondantes fumées fortement chargées de carbone, plus ou moins odorantes lorsqu'on les échauffe par un frottement, insolubles dans l'eau, solubles dans l'alcool, l'éther et les huiles volatiles, susceptibles de se combiner avec les alcalis pour former des savons. Les résines sont le résultat de l'oxydation des essences ou huiles essentielles. On divise ces substances en deux classes : les résines proprement dites, qui ne renferment ni essences, ni acides aromatiques, ni gommes, et les gommes-résines, qui sont des résines à l'état de division dans un suc gommeux; à cette dernière classe se rattachent les baumes.

Voici la liste des principales substances comprises dans ces trois catégories :

Baumes. — Résine acaroïde, produite par une plante de la famille des liliacées; Benjoin; Liquidambar, désigné aussi sous le nom de Copalme; Baume du Pérou; Storax ou Styrax, et Baume de Tolu.

Gommes-résines. — Asa fœtida; Aloès; Gomme ammoniaque; Euphorbe; Galbanum; Gomme-Gutte; Myrrhe; Encens ou Oliban; Sagapenum ou Gomme séraphique, et Scammonée.

Résines. — Alouchi ou résine de Madagascar; Résine Antiar; Résine de l'arbre à brai; Résine du bouleau, ou Bétuline; Résine de Céradie ou faux encens; Colophane; Copahu; Copal; Résine Dammar; Résine Élémi; Résine de Gayac; Résine de Gomart ou térébenthine des Antilles; Résine Icica; Résine Jalap; Labdanum; Laque; Mastic; Résine de Maynas; Baume de la Mecque; Résine d'olivier; Sandaraque; Sang-dragon; Succin et Térébenthine.

ROSANILINE. — La rosaniline pure est un sel d'aniline incolore, peu soluble dans l'eau, plus soluble dans l'alcool et insoluble dans l'éther. Au contact de l'air, elle prend rapidement une belle coloration rouge. Les sels de rosaniline présentent des cristaux à reflets vert doré, et donnent une solution d'un beau rouge. Le chlorhydrate de rosaniline est désigné dans le commerce sous les noms de fuchsine, rouge d'aniline, rouge Magenta, rouge Solférino. Le violet Hofmann est aussi un sel de rosaniline.

ROUGE D'ANGLETERRE. — Oxyde rouge de fer cristallisé désigné aussi sous le nom de colcotar. La cristallisation est la seule différence qui existe entre le colcotar et la sanguine ou hématite. Le rouge d'Angleterre réduit en poudre et lévigé est employé en photographie pour donner le dernier poli aux glaces.

S

Sables.	Sèche.	Spermaceti.	Sulfates.
Salpêtre.	Sel d'oseille.	Soude.	Sulfites.
Sandaraque.	Silicates.	Stéarine.	Sulfures.
Sang-dragon.	Solubilité de quelques	Styrax.	Sulfure de carbone.
Sanguine.	corps.	Sucre.	Suif.
Savon.	Soufre.		

SABLES. — Les débris des roches plus ou moins déformés par les eaux constituent le sable. Suivant que la silice ou la chaux dominent dans sa composition, on dit que le sable est siliceux ou qu'il est calcaire. Les sables dont on fait usage pour grainer les surfaces destinées à la Lithographie doivent être franchement siliceux et tamisés de façon à présenter diverses catégories de grains de grosseur régulière.

SALPÊTRE. (Voir *Azotates*.)

SANDARAQUE. — La sandaraque est une résine qui exsude d'un petit arbre de la famille des conifères, genre thuya, croissant sur les côtes d'Afrique. Elle se trouve dans le commerce en larmes plus ou moins allongées, d'un blanc légèrement jaunâtre, brillantes, transparentes, cassantes et brûlant en dégageant une odeur balsamique agréable. La sandaraque, presque entièrement soluble dans l'alcool, l'est un peu moins dans l'essence de térébenthine.

SANG-DRAGON. — Le sang-dragon est une substance colorante résineuse, d'une nuance rouge vif, produite par diverses espèces de végétaux qui croissent dans les pays chauds. La meilleure qualité est extraite des fruits du *Calamus rotans*, petit palmier des Indes orientales, d'où lui vient la désignation de sang-dragon en roseau. Le sang-dragon est presque entièrement soluble dans l'alcool et dans les huiles essentielles.

SANGUINE.— La sanguine du commerce est une argile colorée par l'hématite, ou oxyde amorphe de fer.

SAVON. — Les sels des acides gras portent le nom de savons. Les matières grasses neutres, traitées par les alcalis ou les oxydes métalliques, mettent la glycérine en liberté et se transforment en savons solubles si la base est alcaline, en savons insolubles si la base est terreuse ou métallique. Telle est la définition donnée par Würtz dans son *Dictionnaire de Chimie appliquée*. Les savons du commerce sont le résultat de la saponification des graisses ou des huiles par la potasse ou par la soude; les premiers sont mous et les seconds solides.

Le savon de soude est plus pesant que l'eau; sa saveur est légèrement alcaline. Exposé à l'action de la chaleur, il entre promptement en fusion, se boursoufle, puis se décompose. L'air le dessèche peu à peu et presque entièrement. Il est soluble dans l'eau froide, plus soluble dans l'eau chaude; cette dissolution est troublée par les acides, qui se combinent avec la soude et précipitent les acides gras en donnant à la liqueur une apparence laiteuse. L'alcool les dissout mieux à chaud qu'à froid, et la solution faite à chaud se prend, par le refroidissement, en une masse jaune qui reste transparente, même en se desséchant, si le savon ne contient que de la soude et du suif. Un savon de bonne qualité doit se dissoudre dans l'alcool en ne laissant qu'un résidu inférieur à 1 0/0. Les savons du commerce sont souvent falsifiés par des additions de sulfate de soude, de sel marin, de verre soluble (silicate de soude), de craie, de sulfate de baryte, de kaolin, de silice, de résine, de fécule, de gélatine. L'essai à l'alcool que nous indiquons permettra, le plus souvent, de constater ces falsifications.

SÈCHE. — Se dit aussi seiche : c'est un corps solide, très friable, composé en grande partie de carbonate de chaux, et qui sert de « couverte dorsale » à un poisson de mer, la sèche commune.

SEL D'OSEILLE. (Voir *Acide oxalique*.)

SILICATES. —On donne le nom de silicates aux combinaisons de l'acide silicique avec les bases. Le verre est un silicate de soude ou de potasse combiné avec un ou plusieurs autres silicates : de chaux, de magnésie, de baryte, etc. Lorsqu'on chauffe jusqu'à la fusion un mélange de soude ou de potasse avec du quartz en poudre additionné d'un peu de charbon de bois, la masse se prend en refroidissant en une matière vitreuse soluble en certaines proportions dans l'eau bouillante. C'est ce que l'on désigne sous le nom de verre soluble.

Solubilité de quelques corps.

	Température.	Quantité dissoute dans 100 parties d'eau.
Acétate d'ammoniaque.		Toutes proportions.
Acétate de chaux.	15°	33.3
—	100°	Toutes proportions.
Acétate neutre de plomb.	15°	59
— au-dessus de	75°	Toutes proportions.
Acide citrique.	15°	133
—	100°	200
Acide gallique.	15°	1
—	100°	33.3
Acide pyrogallique.	15°	44.4
Azotate d'argent.	15°	100
—	100°	Toutes proportions.
Azotate de zinc.		Toutes proportions.
Bromure de potassium.	12°	63.4
—	100°	120.3
Chlorhydrate d'ammoniaque.	15°	37.02
—	100°	80.27
Chlorure de barium.	15°	43.5
—	104°	70.36
Bichlorure de mercure.	15°	7.39
—	100°	53.96
Chlorure de sodium.	15°	35.84
—	110°	40.38
Chlorure d'or.		Toutes proportions.
Bichromate de potasse.	19°	10
Cyanoferrure de potassium.	20°	37.17
—	100°	104.79
Cyanure de potassium.		Toutes proportions.
Hyposulfite de soude.	12°	81.4
—	50°	Toutes proportions.
Iode.	15°	0.007
Iodure d'ammonium.		Toutes proportions.
Iodure de cadmium.	15°	54.9
Iodure de potassium.	20°	143.62
—	117°	223.50
Phosphate de soude.	20°	37.17
—	100°	108.20
Protosulfate de fer.	15°	76.9
—	100°	333

Soufre. — Le soufre, corps solide à la température ordinaire, et d'une couleur jaune citron, insoluble dans l'eau, est soluble dans l'alcool, l'éther, les essences, la benzine, le sulfure de carbone. Il fond entre 110° et 120°. Lorsqu'on coule dans l'eau froide du soufre maintenu en fusion à cette température, il se prend, en refroidissant, en une masse jaune, opaque, cassante. Si, au contraire, le liquide de fusion a été porté à 220°, il fournit, en se refroidissant, une masse légèrement transparente, élastique comme le caoutchouc, et qui ne reprend qu'après quelque temps son aspect et sa dureté ordinaires; on dit alors que c'est du soufre « trempé ». Le soufre se trouve dans le sol à l'état natif ou en combinaison dans une grande partie des minéraux et dans quelques eaux minérales. Le soufre, en brûlant dans l'air humide, produit de l'acide sulfureux, oxydant énergique utilisé dans les blanchiments.

SPERMACETI. (Voir *Blanc de baleine.*)

SOUDE. — La combinaison du sodium et de l'oxygène donne naissance à la soude, corps analogue à la potasse, dont il a toutes les propriétés. La soude caustique du commerce ne renferme guère que 60 à 70 0/0 de soude pure, et la soude ordinaire est un carbonate de soude plus ou moins riche en eau. La soude pure, comme la potasse pure, du reste (voir le mot *Potasse*), se vend en droguerie sous les noms de soude à la chaux ou de soude à l'alcool. On peut causticifier une solution de carbonate de soude, comme nous l'avons indiqué pour une solution de carbonate de potasse, à l'aide de la chaux. On a longtemps extrait la soude de certaines plantes, de plantes marines surtout, qu'on incinérait et dont on épuisait les cendres par lexiviation; aujourd'hui, c'est en partie aux eaux-mères des salines qu'on s'adresse. La soude est la base des savons durs.

STÉARINE. — Ce qu'on désigne dans le commerce sous le nom de stéarine n'est autre chose que l'acide stéarique, corps solide, blanc, cristallisable en aiguilles, fusible à 70°, insoluble dans l'eau, très soluble dans l'alcool et dans l'éther chauds; on trouve la stéarine dans toutes les graisses animales. (Voir *Suif.*)

STYRAX. — Le styrax ou storax est une substance résineuse importée d'Asie Mineure, qu'on suppose sécrétée par une variété d'ébénier. On en connaît trois sortes : le styrax blanc, larmes blanches ou jaunâtres, opaques, molles, d'une odeur forte et agréable, d'une saveur douce devenant amère; le styrax amygdaloïde, masses sèches, cassantes, à odeur de vanille, et le styrax calamite, qui n'est qu'un mélange de styrax blanc avec toutes sortes de matières étrangères. Son odeur est celle du baume de Tolu. L'Amérique fournit une substance analogue au styrax, c'est le liquidambar ou baume copalme, encore désigné sous le nom de succin liquide. Les lithographes ont souvent employé le styrax dans la composition des encres de report et des encres de conserve.

SUCRE. — On désigne sous le nom de sucre un corps d'une saveur particulière fort répandu dans le règne végétal, qui, mis en contact avec un ferment, se transforme en acide carbonique et en alcool. C'est de la betterave, en Europe, et de la canne à sucre, dans les pays chauds, que l'industrie extrait le sucre. La canne à sucre en contient plus de 20 0/0; la betterave, de 7 à 14 0/0; les tiges de sorgho, environ 9 0/0; les tiges de maïs, de 7 à 9 0/0.

SULFATES. — Au nombre des sulfates dont la Lithographie et la photographie font usage, nous citerons les sulfates de fer; — le sulfate de protoxyde de fer, vitriol vert ou couperose verte du commerce, sel cristallisé en prismes d'un vert émeraude, soluble dans le double de son poids d'eau froide; et le sulfate double de fer et d'ammoniaque; — le sulfate de chaux ou plâtre (voir ce mot), — et le sulfate de cuivre, ou couperose bleue, soluble dans quatre parties d'eau froide.

SULFITES. — Les sulfites sont produits par l'action de l'acide sulfureux sur les bases. Le sulfite de chaux est utilisé pour le blanchiment de la lignose (cellulose du bois) employée en papeterie. Le sulfite de soude est employé en photographie comme développateur.

SULFURES. — Les sulfures, combinaisons directes du soufre avec les métaux, fournissent aux arts de l'impression un certain nombre de couleurs estimées, parmi lesquelles nous citerons le vermillon (sulfure de mercure), les jaunes d'antimoine et de cadmium, l'or mussif (sulfure d'étain) et le réalgar ou rouge d'arsenic (bisulfure).

SULFURE DE CARBONE. — Lorsqu'on distille du soufre, et qu'on fait passer les vapeurs dans un récipient contenant de la braise incandescente, on recueille, en condensant les vapeurs, un liquide incolore, très mobile, d'une saveur âcre et d'une odeur de chou pourri caractéristique. Ce liquide, plus lourd que l'eau (à la température de 0° un litre de sulfure de carbone pèse $1^k,293$ gr.), est le sulfure de carbone ou acide sulfocarbonique. Il est très volatil, très inflammable, presque insoluble dans l'eau, soluble dans l'alcool et dans l'éther. C'est un puissant dissolvant des résines et des corps gras, en même temps qu'un agent de sulfuration énergique.

SUIF. — Le suif est la graisse des herbivores. Le suif de mouton, le seul spécialement utilisé dans les préparations lithographiques, renferme moins de principes liquides (oléine) et plus de principes solides (margarine et stéarine) que les autres. On le purifie par des fusions successives au bain-marie, fusions suivies de chaussages à la chausse de feutre.

T

Talc. — Tanin. — Térébenthine. — Tripoli. — Tournesol.

TALC. — Le talc, silicate hydraté de magnésie renfermant un peu d'alumine et une petite proportion de fer, est aussi désigné dans le commerce sous les noms de craie de Briançon, pierre Allaire, poudre de savon. C'est une substance blanche, douce au toucher, à l'aspect luisant.

TANIN. (Voir *Acide tannique* et *Noix de galle.*)

TÉRÉBENTHINE. — C'est une substance résineuse, molle, de composition complexe, qui découle, sous forme d'un liquide visqueux, lorsqu'on fait des incisions dans l'écorce des pins, des sapins, des mélèzes et d'autres végétaux appartenant à la famille des conifères. On emploie, en France, la térébenthine de Bordeaux, qu'on extrait, soit dans les Landes, soit en Sologne, du pin maritime; la térébenthine de Strasbourg, d'Alsace ou des Vosges, qui découle de l'*Abies pectinata;* les térébenthines de Suisse, d'Illyrie ou de Venise, produites par le mélèze; la poix de Bourgogne (poix jaune, poix blanche), qui est la térébenthine du faux sapin (*Abies excelsa*).

Les principaux éléments de la térébenthine sont : une essence, dite essence de térébenthine, et une résine concrète, la colophane, qu'on isole l'une de l'autre par la distillation. La distillation de la colophane en isole ensuite des hydrocarbures liquides dits huiles de résine. L'essence de térébenthine est un liquide incolore, très mobile, d'une odeur forte, s'enflammant facilement et brûlant avec une flamme rouge fuligineuse. Elle dissout les corps gras et les résines. La colophane est solide, jaunâtre, fusible, inflammable, sa cassure est vitreuse; elle se dissout dans les alcalis pour former ce qu'on désigne sous le nom de savons de résine. La colophane est classée parmi les corps acides. Si, après l'extraction de l'essence de térébenthine, on continue la distillation, la colophane se décompose et produit: 1° un gaz inflammable; 2° une certaine quantité d'eau acide; 3° de l'essence dite de brai; 4° de l'huile claire, dite huile de résine, que nous avons signalée plus haut; 5° de l'huile de résine noire, et 6° enfin un résidu solide, du coke.

TRIPOLI. — Le tripoli, qu'on désigne aussi sous le nom de terre pourrie, est une variété de terre schisteuse et siliceuse, en particules fort divisées, qui sert à polir les métaux. On tirait jadis cette terre des environs de Tripoli; aujourd'hui, les schistes de Menat (Puy-de-Dôme), calcinés et broyés, fournissent la plus grande partie du tripoli qu'on emploie en France.

TOURNESOL. — La teinture de tournesol, dont on fait usage en chimie comme réactif, s'extrait de diverses espèces de lichens tinctoriaux que l'on trouve en abondance en Auvergne, en Provence, en Languedoc, dans le Roussillon.

V

VERMILLON. — Le vermillon est une poudre colorante d'un rouge vif, très stable, résultant de la combinaison du soufre et du mercure. On le trouve dans la nature sous forme cristalline; c'est le cinabre, ou sulfure simple de mercure, qui constitue les gisements d'Almaden, en Espagne, d'Ydria, dans le Frioul, et de Dialicetto, en Toscane. On l'obtient artificiellement par différents procédés. Voici celui mis en œuvre par les Chinois, dont le vermillon est renommé. Dans un vase en fer chauffé entre 50° et 60°, on mélange du mercure (300 gr.), du soufre (114 gr.), de la potasse (75 gr.) et de l'eau (400 gr.) en remuant continuellement jusqu'à ce que la coloration ait atteint le ton voulu. Le vermillon du commerce est souvent falsifié par d'autres matières colorées en rouge : oxyde de fer, minium, réalgar, etc. Un échantillon de vermillon pur, calciné dans un tube en verre, ne doit pas laisser de résidu fixe. Cependant, la falsification opérée à l'aide du réalgar (bisulfure d'arsenic) ne pourrait être révélée par ce moyen.

VERNIS. — Les vernis sont des dissolutions de résines dans l'alcool, les essences ou les huiles grasses, qui, étendues en couches minces, laissent en séchant un dépôt adhérent et brillant. On vend dans le commerce un grand nombre de vernis composés en vue de l'usage auquel on les destine. Les uns sont transparents, les autres semi-opaques, les uns sont incolores, les autres diversement colorés.

Les vernis lithographiques sortent de cette définition, en ce sens qu'ils ne sont formés que par de l'huile de lin cuite, à l'exclusion de tout mélange résineux.

VINAIGRE. (Voir *Acide acétique*.)

APPENDICE

Il nous a paru intéressant de rechercher quelles étaient les publications parues en France et les brevets d'invention délivrés depuis le commencement du siècle et se rapportant à la Lithographie. Ce sont autant de jalons plantés sur le chemin parcouru chez nous par cet art industriel, jalons qui permettent de suivre pas à pas son histoire et de remonter à la source des progrès réalisés.

Chose curieuse, le premier opuscule qui a paru sur la Lithographie n'a pas vu le jour à Paris. Il a été élaboré et imprimé en province, un an avant la publication de *L'Art de la Lithographie*, de Senefelder. Son auteur, un lithographe de la première heure, ne l'a même pas signé; ce n'est que lors de l'impression d'une seconde édition, en 1825, qu'il y a mis son nom. Avant la publication de cet opuscule, il n'avait été question de la Lithographie que dans les *Comptes rendus* des travaux de la Société d'Encouragement pour l'Industrie nationale, et dans l'*Esprit des Journaux français et étrangers*, qui avaient reproduit, en 1807 et en 1808, des articles de journaux allemands et de journaux anglais.

BIBLIOGRAPHIE

1818. — *Notice sur la Lithographie*, ou l'art d'imprimer sur pierre, par M...; in-12 de deux feuilles un tiers. Imp. de Carion, à Dijon.

1819. — *L'Art de la Lithographie*, ou: Instruction pratique contenant la description claire et succincte des différents procédés à suivre pour dessiner, graver et imprimer sur pierre; précédée d'une *Histoire de la Lithographie et de ses divers progrès*, par M. Aloys Senefelder, inventeur de l'art lithographique. Un volume in-4° de 34 feuilles avec le portrait de l'auteur, plus un cahier in-4° de 20 planches, offrant un modèle des différents genres auxquels la Lithographie est applicable. Imp. de Heran, à Paris. A Paris, Strasbourg et Londres, chez Treuttel et Würtz. Prix : 36 francs; sur grand papier.— *Essai historique sur la Lithographie*, renfermant : 1° l'histoire de cette découverte; 2° une notice bibliographique des ouvrages qui ont paru sur la Lithographie; 3° une notice chronologique des différents genres de gravure qui ont plus ou moins de rapport avec la Lithographie, par G. P. (Gabriel Peignot); in-8° de 3 feuilles 7/8, plus une planche représentant quatre genres de gravure lithographique. Imp. de Frantin, à Dijon. Prix : 1 fr. 50 (1). — *Mémoire sur les expériences lithographiques faites à l'École royale des Ponts et Chaussées de France*, ou *Manuel théorique du dessinateur et de l'Imprimeur lithographe*, publié par Raucourt de Charleville, ancien élève de l'École polytechnique. In-8 de 14 feuilles, plus 2 planches. Imp. de Aug. Aurel, à Toulon.

1821. — *La Lithographie appliquée à l'enseignement;* in-folio, une feuille. Imp. de Selves fils, lithographe à Paris.

1822. — *Cahiers d'écriture lithographiés*, par Selves fils, lithographe, rue de l'Université.

(1) Dans cet opuscule, Gabriel Peignot cite les ouvrages suivants, parus sur la Lithographie, antérieurement à 1818 :

1° Gotthelf Fischer, ancien bibliothécaire de la ville de Mayence, est, sinon le premier, du moins l'un des premiers qui aient décrit l'art de la lithographie. Le morceau qu'il a publié en allemand à ce sujet, en 1804, est intitulé : *Ueber Poliantographie und Steindruckerei.* Il figure dans un recueil littéraire de Leipzig, novembre 1804, sous ce titre: *Notice sur la Polyantographie* ou *l'Art d'imprimer d'après la pierre*, par B. Ker. Cette notice a été reproduite dans le *Philosophical Magazine de Londres*, du docteur Tilloch, en 1807.

2° *L'Esprit des Journaux français et étrangers*, publié à Bruxelles en 1807, donne, dans son tome IX, paru en septembre, p. 121-123, un extrait du *Philosophical Magazine.*

3° *Le Journal*, de M. Nicholson, Londres, février 1807, fait mention de la Lithographie.

4° *L'Esprit des Journaux*, t. XV, avril 1808, p. 129-133, publie un article sur l'art de la gravure sur pierre. Les détails qu'on y trouve sont tirés du *Morgenblatt.* On y parle de trois manières de procéder: la première consiste à tracer le dessin sur la pierre avec une encre composée à cet effet; la seconde a trait aux dessins faits à l'aide de crayons chimiques inventés par M. Mitterer, professeur à Munich; la troisième, qui est une véritable gravure, consiste dans la taille en creux de la pierre à l'aide de la pointe et du burin.

5° Les *Annales encyclopédiques*, février 1808, annoncent que M. Rudolph Ackermann vient d'achever ses premiers essais de lithographie, la reproduction de quarante-cinq dessins du livre de prières d'Albert Dürer, livre conservé à la Bibliothèque de Munich.

6° Les *Annales de Chimie*, t. 72, p. 202-215, donnent une notice sur l'imprimerie lithographique, et principalement sur les progrès que cet art a faits en Allemagne. Cette notice a été écrite à Vienne en octobre 1809.

7° Il est question de la Lithographie dans l'*Essai sur les Arts et Manufactures de l'empire d'Autriche*, par Marcel de Serres. Paris, 1814, 3 vol. in-8, dont le dépôt n'a été effectué qu'en 1817.

8° *Archives des Découvertes et des Inventions nouvelles faites dans les Sciences, les Arts et les Manufactures*, tant en France que dans les pays étrangers, pendant les années 1808, 1809 et 1810. Paris, chez Treuttel et Würtz, 3 vol. in-8. Le tome I, p. 287-290, contient un article sur la *Polyantographie* ou *l'Art d'imprimer sur pierre*. Le rédacteur parle de trois manières de gravure sur la pierre préparée et attribue l'invention des crayons chimiques à M. Mitterer, et à M. Charles Strohofer l'art de la gravure sur pierre, art qu'il aurait apporté à Stuttgard en 1807. — Le tome II, p. 240-244, publie une analyse de la notice de M. Marcel de Serres. — Le tome III, pages 229-233, donne une analyse des nouveaux procédés peu connus pour l'impression lithographique sur papier, sur toile ou sur étoffes, par Marcel de Serres.

9° *Das Geheimnis der Steindruchs :* le secret de l'imprimerie lithographique développé dans toutes ses parties et décrit d'après l'expérience. Tubingen, Cotta, 1810, grand in-4° de 11 feuilles avec 12 planches.

10° *Essai sur l'Art de graver sur pierre*, par C. B. Frye. Londres, Callow, 1811, in-4°.

11° *L'Annuaire de l'Industrie française*, recueil par ordre alphabétique des inventions, découvertes, etc., etc., par M. Thiébaud, Paris, 1811, in-12, dit que la Lithographie fut introduite à Paris en 1802, par M. F. André.

12° Rapport fait à l'Académie des Beaux-Arts par MM. Heurtier, Regnault, Desnoyers et Castela, sur la Lithographie, et particulièrement sur un recueil de dessins lithographiés par M. G. Engelmann. Janvier 1817, in-4° de 28 pages. Ce rapport n'ayant sans doute pas été déposé ne figure pas dans la *Bibliographie de France.* Les *Annales encyclopédiques*, janvier 1817, p. 91-113, le publient en extrait.

1823. — *Nouvelle invention lithographique de M. Aloys Senefelder* : Portefeuille lithographique ou recueil de sujets de divers genres, dessinés et imprimés sur planches lithographiques nouvellement inventées pour la multiplication de tous dessins, écritures, cartes et plans topographiques, œuvres de musique, etc., etc. In-folio d'une feuille imprimée servant de couverture, plus 12 planches lithographiées. Imp. d'Heran. A Paris, chez Senefelder, rue Servandoni, nº 13, et chez Treuttel et Würtz (1). — *Manuel du dessinateur lithographe*, ou description des meilleurs moyens pour faire des dessins sur pierre, dans tous les genres connus, suivie d'une instruction sur le nouveau procédé du lavis lithographique, par G. Engelmann, directeur de la Société lithographique de Mulhouse. In-8º de 5 feuilles 3/4 et 15 planches. Imp. de Gœstchy. A Paris, chez l'auteur, rue Louis-le-Grand, nº 27. Prix : 6 francs.— *Précis des procédés de Lithographie*, par A. Pierron, architecte; in-12 d'une feuille. Imp. de Constant Chantepie, à Paris.

1824. — *Des Presses lithographiques portatives*, à cylindres et à râcle. In-12 d'une feuille. Imp. de Carpentier-Méricourt, à Paris.

1825. — *Théorie Lithographique*, ou manière facile d'apprendre à imprimer soi-même, contenant 6 planches avec 11 sujets; par Houbloup, imprimeur lithographe. In-8º de 6 feuilles 1/2 plus 6 planches. Imp. de Tastu. A Paris, chez Aug. Imbert et chez l'inventeur, 11, rue des Marais-Saint-Germain. Prix : 2 fr. 50.— *Notice sur la Lithographie*, suivie d'un essai sur la reliure, et le blanchiment des livres et gravures, par F. Mairet, relieur et imprimeur lithographe. In-12 de 9 feuilles 1/2. Imp. de Cornillac, à Châtillon-sur-Seine (2).

1826. — *Instruction sur les Presses lithographiques et autographiques portatives*. In-12 de 2/3 de feuille. Imp. de Carpentier-Méricourt. A Paris, chez Pierron, rue Croix-des-Petits-Champs. — *Aperçu chimique sur la Lithographie*, par H. Houzeau, pharmacien, interne des hôpitaux civils de Paris. In-8º de 3/4 de feuille. Imp. Fain, à Paris. Extrait du *Journal de Pharmacie*.

1827. — *Manière de dessiner sur la pierre lithographique*. In-8º d'une demi-feuille. Imp. lithogr. Mellinet-Malassis, à Nantes. — *Manuel de l'Autographie* ou *Impression de l'écriture sur métal*. In-12 d'une feuille. Imp. Carpentier-Méricourt, à Paris. Chez Pierron, architecte, 123, rue Saint-Honoré. — *Manuel complet théorique et pratique du dessinateur et de l'imprimeur lithographe*, seconde édition (3), revue, corrigée, augmentée et ornée de douze lithographies; par R. L. Brégeaut, lithographe breveté de S. A. R. Mgr le Dauphin. In-18 de 5 feuilles 3/4, plus 5 planches. Imp. de Crapelet, Paris. Chez Roret, libraire, rue Hautefeuille, au coin de la rue du Battoir.

1828. — *Théorie Lithographique*, par L. Houbloup. 2e édition (la première parue en 1825).

1830. — *Supplément à l'Instruction sur la presse autographique*, par Pierron, 123, rue Saint-Honoré.

---

(1) A propos de cette publication, la *Bibliographie de France*, journal général de l'Imprimerie et de la Librairie, faisait paraître dans son numéro du samedi 1er février 1823, les lignes suivantes, sous la rubrique *Variétés* : « M. Aloys Senefelder, inventeur de la Lithographie, et qui a formé un établissement à Paris, rue Servandoni, nº 13, aux pierres qui sont volumineuses, pesantes et conséquemment difficiles à manier ou transporter, d'ailleurs sujettes à se casser, soit par l'action de la presse, soit par celle du froid ou du chaud, a imaginé de substituer des « planches lithographiques » composées d'une lame de métal revêtue d'un enduit pierreux. Ces planches sont non seulement plus minces et plus légères, mais coûtent cinq fois moins que les pierres. Une nouvelle presse portative, appropriée à l'usage des planches, en met encore l'invention à la portée d'un plus grand nombre de personnes. »
(2) Cette notice est la seconde édition du premier opuscule paru en France sur la Lithographie (1818). F. Mairet était imprimeur lithographe et relieur à Dijon.
(3) La première édition, dont aucun dépôt n'a été effectué, a dû paraître en 1823.

1832. — *Traité de Lithographie*, par MM. Knecht et de Roissy. — Le dépôt de cet ouvrage fort rare n'a pas été effectué.

1833. — *Description de tous les moyens de dessiner sur pierre*, avec l'étude des causes qui peuvent empêcher la réussite de l'impression des dessins, par E. Tudot. In-18 de 6 feuilles 1/2. Impr. de Renouard. A Paris, chez Arthur Bertrand. Prix : 2 francs. — *Instruction sur l'autographie*, ou exposé d'un moyen encore peu connu de faire soi-même, à la plume, très promptement, à peu de frais, la composition ou le tracé de toutes sortes d'ouvrages dépendant de la plume, tels que manuscrits, plans, dessins topographiques, morceaux de musique, etc., dont on peut à l'instant même obtenir des copies par la presse lithographique; par A. C. Pillon, écrivain lithographe. In-8° oblong d'une feuille. Imp. Chassaignon, Paris. Chez l'auteur, rue Notre-Dame-des-Petits-Champs, n° 41. — *Traité de Lithographie*, ou description de tous les moyens de dessiner sur pierre, avec l'étude des causes qui peuvent empêcher la réussite de l'impression des dessins; par P. Tudot. 2e édition. In-18 de 2 feuilles 2/3. Imp. de Fain, Paris. Chez Carilian-Cœury, 47, quai des Grands-Augustins.

1834. — *Manuel complet, théorique et pratique, du dessinateur et de l'imprimeur lithographe;* 3e édition, revue, corrigée et augmentée, par L. R. Brégeaut. In-8° de 9 feuilles 1/2, plus 5 planches. Imp. de Cardon, à Troyes. A Paris, chez Roret, rue Hautefeuille, 10 bis. Prix : 3 francs. — *Manuel autographique,* ou manière d'imprimer sur métal; composition de Lequin, pour le service journalier des savants. In-18 d'une feuille. Imp. Beaudouin, Paris. Chez Lequien, mécanicien, cour de la Sainte-Chapelle, n° 11. — *Manuel pratique du Lithographe*, par M. Jules Desportes. In-8° de 17 feuilles plus 4 planches. Imp. lith. de Desportes, Paris, place du Pont-Neuf, n° 15. Prix : 6 francs.

1835. — *L'Imprimeur Lithographe*, nouveau manuel par Auguste Bry. In-8° de 3 feuilles, plus une lithographie. Imp. de Lacrampe, à Paris. Chez l'auteur, rue du Croissant, n° 20, et rue Neuve-Saint-Marc, n° 10. Prix : 2 francs.

1836. — Il est question, dans différents ouvrages, d'un *Traité de Lithographie* qui aurait été publié en 1836 par Thénot.

1837. — *Notice sur l'art de la Lithographie et sur A. Senefelder*, in-plano d'une feuille. Imp. lith. d'Adrien. Paris, chez Levrault, rue de la Harpe, 81. — *Le Lithographe*, journal des artistes et des imprimeurs, paraissant du 1er au 10 de chaque mois, en un cahier de 32 à 40 pages, avec des dessins lithographiés, publiant tous les procédés connus de la Lithographie, avec leurs différentes modifications, signalant les découvertes nouvelles de cet art, et rendant un compte impartial de ses productions; rédigé par des lithographes sous les auspices et avec le concours d'hommes de lettres. N° 1, juin 1837, in-8° de 2 feuilles, plus une lithographie. Imp. de Bailly. Paris, bureaux rue de la Tournelle, n° 7. Prix de l'abonnement : 10 fr.

1838. — *Manuel d'Autographie*, à l'usage des presses de M... In-8° de 2 feuilles 3/4. Imp. de Jacquin, à Fontainebleau. — *Sur les premiers essais de la typo-lithographie et de la chalco-lithographie*, par Berger de Xivry, in-4° de 2 feuilles. Rouen, imp. de Berdalle-Lapommeraye. — *Traité complet de la Lithographie*, ou manuel du Lithographe, par MM. Chevallier et Langlumé, avec des notes de MM. Mantoux et Jomard, ouvrage qui a obtenu, en 1830, le prix de la Société d'Encouragement. In-8° de 18 feuilles, plus 7 planches. Paris, imp. de Mme Huzard, et chez les auteurs, 1, rue du Paon. Prix : 6 francs, — *Pour faire l'autographie*, in-8° d'une demi-feuille. Imp. d'Heran, à Paris.

1839. — *Mémoire sur la Litho-Typographie*, présenté par M. Paul Dupont à MM. les membres de la Commission des produits de l'industrie du département de la Seine. In-4° de 2 feuilles 1/2. Paris, imp. Dupont. — *Traité théorique et pratique de Lithographie*, par J. Engelmann, livraisons I et II. In-4° de 26 feuilles 1/4, plus 25 planches, sans nom d'imprimeur. A Mulhouse, chez l'auteur, et à Paris, cité Bergère, n° 1. Prix de chaque livraison : 5 francs. — *Réclamation adressée à MM. les membres du Jury* concernant le procédé typo-lithographique de MM. Dupont frères; suivie de la réclamation des principaux lithographes de Paris, par Th. Delarue. In-4° de 2 feuilles. Paris, imp. d'Appert. — *Note de MM. Dupont frères*, en réponse à une réclamation de plusieurs lithographes sur le procédé typo-lithographique. In-folio d'une feuille. Imp. Dupont, Paris. — *Réponse à la note de MM. Dupont frères*, concernant la réclamation des 46 lithographes de Paris, adressée à MM. les membres du Jury central, par Th. Delarue. In-4° d'une demi-feuille. Paris, imp. d'Appert. — *Réponse à la prétendue réfutation de MM. Dupont frères*, concernant la réclamation des 46 imprimeurs lithographes, par M. Bobeuf. Dédiée à M. Léon Delaborde. In-8° d'une feuille 1/2. Paris, imp. Lacrampe. Chez l'auteur, 12, rue Cadet. Prix : 1 franc. — *Transport des vieilles impressions*. In-folio d'une demi-feuille. Imp. et lith. P. Dupont, Paris.

1840. — *Traité théorique et pratique de Lithographie*, par G. Engelmann, 5° livraison. In-4° de 9 feuilles 1/2, plus un frontispice et un portrait (sans nom d'imprimeur). A Mulhouse, chez Engelmann père et fils, et à Paris, chez L. Engelmann, cité Bergère. Prix de la livraison : 5 francs (1).

1841. — *Application des Presses mécaniques à la Lithographie* (report imprimé en Lithographie sur presse mécanique). In-8° d'une demi-feuille. Paris, lith. de B. Bineteau, 3, rue des Maçons-Sorbonne.

1842. — *Instruction pour l'emploi de la Presse auto-zincographique*. In-8° d'une demi-feuille. Paris, imp. Belin-Leprieur.

1844. — *Note sur l'imprimerie lithographique mécanique de D. Duponchel*, invention de F. Kocher, breveté, rue Mauconseil, 24. In-4° d'une demi-feuille. Paris, imp. de Hauquelin.

1845. — *Statuts de la Chambre syndicale des Imprimeurs lithographes de Paris, fondée le 19 décembre 1844*. In-8° d'une feuille. Paris, imp. de Bailly.

1846. — *Note sur un châssis servant à la Lithographie en diverses couleurs et à mettre en retiration*, inventé pendant l'année 1844, par Verronnais, de Metz. In-8° d'un quart de feuille, plus une planche. Metz, imp. de Verronnais.

1849. — *Impressions typo-lithographiques et impressions administratives*. Note de M. Paul Dupont à MM. les membres du Jury central de l'Exposition de 1849. In-4° d'une demi-feuille. Paris, imp. P. Dupont.

1850. — *Lithographie appliquée sur porcelaine, terre cuite, etc*. Rapport de M. d'Olincourt à l'Institut de l'industrie sur l'invention de M. Bertrand Provencher. In-8° de trois quarts de feuille. Paris, imp. de Bénard. — *Nouveau Manuel complet de l'imprimeur lithographe*, par

---

(1) Le dépôt des livraisons 3 et 4 ne se trouve mentionné nulle part; elles ont cependant paru au commencement de l'année 1840, peu après la mort de G. Engelmann. Les volumes mis en vente par la suite portent, comme nom d'imprimeur, Barret, à Mulhouse.

L. R. Brégeaut; nouvelle édition, par MM. Knecht et Jules Desportes. In-8° de 12 feuilles. Troyes, imp. de Cardon. A Paris, chez Roret. Prix, avec atlas de 14 planches : 5 francs. — *Description d'une Presse lithographique à cylindre*, par Perrot, ingénieur-mécanicien, à Vaugirard. In-4° d'une demi-feuille, plus 2 planches. Paris, imp. veuve Bouchard-Huzard. — *Nouvelle Presse lithographique* d'un poids d'environ 100 kilog., invention de Théodore Thuvien. In-4° de un quart de feuille. Paris, imp. de Remquet. — *Description d'une Presse lithographique à cylindre*, par Perrot, ingénieur-mécanicien, à Vaugirard. In-4° d'une demi-feuille, plus 2 planches. Paris, imp. veuve Bouchard-Huzard.

1851. — *Annales de l'Imprimerie*, journal spécial de la typographie, de la Lithographie, de la taille-douce, de la photographie et de tous les arts qui se rattachent à l'imprimerie, paraissant le 1er de chaque mois, en un cahier d'au moins 32 pages, avec planches, rédigé par des praticiens, sous la direction de M. Jules Desportes. Première année, n° 1, avril 1851; in-8° de deux feuilles. Paris, imp. de Bailly, à Paris, rue de l'École-de-Médecine, n° 2. Prix annuel pour Paris : 10 francs; pour les départements : 12 francs. — *Observations de l'Administration de l'Imprimerie nationale*, au sujet d'une note remise à MM. les représentants par les délégués de la Lithographie et de la Typographie. In-4° de 2 feuilles. Imp. nationale.

1852. — *Cahiers d'écriture à l'endroit et au rebours*, à l'usage des écrivains lithographes, des graveurs, etc., lithographiés par Carles, écrivain dessinateur. A Paris, chez l'auteur, rue Jean-Jacques-Rousseau, 12. Prix : 3 fr. 75.

1862. — *Traité de l'Autographie*. Instructions relatives aux dessinateurs, écrivains et imprimeurs, par Auguste Bry. In-12, 2° édition. Paris. Prix : 2 francs.

1866. — *La Bible en estampes*, recueil de lithographies d'après les tableaux de M. Leloir. In-4° oblong de 52 pages et 24 planches. Paris, lith. A. Bédelet.

1867. — *Nouveau Manuel complet du dessinateur et de l'imprimeur lithographe*. Nouvelle édition, in-12, avec atlas, par Knecht. Paris. Prix : 5 francs. — *L'Album autographique*, l'Art à Paris en 1867. In-folio oblong de 8 pages. Paris, imp. Vallée.

1868. — *Nouveau Procédé d'impression autographique et photolithographique*, par Lallemand. Paris, in-18 jésus de 68 pages. Paris, chez Liéber. Prix : 1 fr. 50.

1869. — *L'Ornement polychrome*. In-4° publié par Firmin-Didot, sous la direction de Racinet. Ouvrage paraissant en fascicules.

1873. — *Traité pratique de Photolithographie*. Traits et demi-teintes, par Geymet. In-18 jésus. Paris, imp. de Seringe frères.

1874. — *L'Art de peindre la parole*. Études sur l'imprimerie, la librairie, les cartes et globes, la fonderie en caractères, la stéréotypie, la polytypie, la lithographie, la gravure, etc., par H. Gobin, A. Jeunesse, D. Kaeppelin et Pierraggi. In-4°, Paris. Prix : 6 francs. — *Traité complet d'impressions photographiques aux encres grasses*, par L. Moock. Paris, in-18. Prix : 3 francs.

1875. — *La Lithographie pour tous*, par Guérin-Nicolot. Introduction théorico-pratique pour imprimer soi-même sur pierre et sur métal. In-12 de 52 pages. Paris, imp Guérin-Nicolot.

1877. — *La Photolithographie, son origine, ses procédés et ses applications,* par G. Fortier. Paris, in-8°. Prix : 3 fr. 50.

1878. — *La Lithographie à Rouen*, par Jules Hédon. Rouen, in-8°.

1879. — *Guide de l'imprimeur lithographe*, par Benderitter. Paris, in-32. Prix : 1 franc. — *Traité pratique de Phototypie*, par Léon Vidal. Paris, in-18. Prix : 8 francs.

1883. — *Étude sur les impressions en couleurs*, par Albert Achaintre. Paris, in-12. Prix : 1 franc. — *Traité des impressions photographiques*, par A. Poitevin. 2ᵉ édition. Paris, in-12. Prix : 5 francs.

1885. — *Manuel pratique de Lithographie sur zinc*, par Léon Monrocq. Paris, in-16. Prix : 3 francs. — *Traité pratique de zincographie, photogravure, autogravure, reports, etc.*, par V. Roux. Paris, in-12. Prix : 1 fr. 25.

1887. — *La Gravure sur pierre*, Traité pratique à l'usage des écrivains et des imprimeurs lithographes. In-12 de 82 pages. Limoges, imp. de veuve Ducourtieux.

LES BREVETS D'INVENTION

1802

FRÉDÉRIC ANDRÉ, 11 février. — Nouvelle méthode de graver et d'imprimer.

1810

DUPLAT, 27 avril. — Procédé de gravure en relief sur pierre calcaire.

1818

LEGROS D'ANIZY, 30 mars. — Procédé d'impression sur faïence, cristaux, bois, à l'aide de pierres lithographiques.

1819

SENEFELDER, 22 février. — Procédé de fabrication et emploi de pierres artificielles propres à imprimer, dit *papyrographie*.

G. ENGELMANN, 27 octobre. — Procédés de lavis lithographique.

1820

PAULMIER, 22 juin. — Nouveau genre de Lithographie par le procédé du grattoir.

SEIB, 2 novembre. — Procédé d'impression lithographique sur toile ou percale cirée.

1825

DECOMBEROUSSE, 20 octobre. — Procédé de Lithographie au moyen d'une encre grasse transportée d'une planche gravée sur une pierre lithographique ordinaire.

1826

AIGUEBELLE, 3 mars. — Procédé propre à reproduire en Lithographie tous végétaux, feuilles et fleurs.

CLOUÉ, 26 avril. — Perfectionnements apportés aux presses.

1827

PIERRON, 31 avril. — Presse portative multipliant une écriture faite sur papier.

FIRMIN-DIDOT et MOTTE, 10 novembre. — Procédé dit *lithotypographie*, propre à imprimer sur la presse typographique les dessins ou les écritures exécutés par l'encre ou le crayon lithographiques.

1828

FRANÇOIS jeune et BENOIT, 11 mars. — Nouvelle presse à cylindre.

1832

LACHEVARDIÈRE, 28 mai. — Application de l'impression continue à la Lithographie.

1833

BRISSET, 7 septembre. — Nouvelle presse lithographique.

VILLEROI, 20 septembre. — Presse dénommée typolithographique, dont l'objet est d'opérer le tirage accéléré, avec encrage mécanique, simultanément en plusieurs couleurs, des papiers, toiles, cuir, etc.

1834

BREUGNOT, 4 juin. — Moyen de remplacer la pierre par le zinc.

BENARD, 30 juin. — Presse perfectionnée.

TARDY et MONTRAVEL, 18 septembre. — Nouvelle presse à ressort de pression.

1835

QUINET, 14 juillet. — Nouvelle presse à pression fixe.

1837

ENGELMANN père et fils, 31 juillet. — Procédé d'impression lithographique en couleurs dit *chromolithographie*.

1838

GUDIN, 27 mars. — Fabrication de clichés chimiques au moyen de la Lithographie.
ROUSSIN, 27 décembre. — Presse perfectionnée.

1839

LEGER et PRAUX, 22 janvier. — Transport des imprimés sur poterie.
COURSIER, 6 avril. — Pressé à imprimer la Lithographie et la taille-douce.
BEHREND, 7 juin. – Pierre artificielle pour remplacer la pierre lithographique.
DUPONT frères, 24 décembre. — Nouveau procédé de réimpression des anciennes gravures, dit *lithotypographie*.

1840

PERROT, 28 janvier. — Machine propre à l'impression de la Lithographie.
THUVIEN, 7 mai. — Presse à cylindre mobile.
GRENETIER, 11 mai. — Presse accélérée ne nécessitant à l'imprimeur qu'un seul mouvement.
BRISFET, 4 août. — Nouveau rouleau à encrer.
MOSÈS POOLE, 14 novembre. — Machine propre à copier et à graver les dessins, applicable à la Lithographie.

1841

HULLMANDEL, 6 février. — Perfectionnements apportés à la Lithographie.
KOCHER, 21 février. — Presse lithographique mécanique.
DUNAND-NARAT, 11 mai. — Nouveau procédé de gravure sur pierre.

1842

LEMERCIER, 4 mars. — Presse mécanique à râteau fixe et à excentrique.

1846

LACROIX, 28 avril. — Machine lithographique à triple effet.
SCHOLEFIELD, 31 juillet. — Presse lithographique à impression continue.
DU TEMPLE DE BEAUJEU, 21 octobre. — Presse lithographique à cylindre pouvant imprimer simultanément une ou plusieurs couleurs.
SALOMON, 28 novembre. — Presse lithographique mécanique.

1847

HUDER et KŒHLER, 6 février. — Procédé d'impression lithographique dit *polyzincographique*.
LABARRUSSIAS, 9 février. — Presse mécanique lithographique.
FÉDIX, 26 juin. — Presse mécanique lithographique.
GRIMAUD, 12 juillet. — Presse mécanique lithographique.
RAULIN, 31 juillet. — Presse lithographique à levier et à manivelle.
THEZ, 4 septembre. — Presse lithographique.
LEDOUX, 26 octobre. — Presse à double effet.
QUINET, 25 novembre. — Presse lithographique à simple ou à double effet imprimant deux couleurs ou en retiration.
RICHARD et THIERRY, 31 décembre. — Presse lithographique à râteau cylindrique et à impression continue.

1848

Lacroix fils, 5 février. — Machine lithographique.

Bertrand Provencher, 26 septembre. — Procédé d'application de la Lithographie sur faïence et sur porcelaine.

1849

Poirier, 16 mai. — Nouveau type de presses lithographiques.

Simon, 8 octobre. — Procédé dit *Lavis aquatinte lithographique.*

1850

Brisset, 21 juin. — Nouveaux perfectionnements aux presses lithographiques.

Chanon, 2 août. — Application de la Lithographie à la céramique et à la verrerie.

Piette et Ruiz, 8 août. — Presse lithographique à pression instantanée et à chariot roulant.

Daste frères, 24 septembre. — Application de la Lithographie à la céramique.

1851

Busser, 7 août. — Presse lithographique.

Simon, 14 août. — Procédé dit *Lavis-aquarelle lithographique.*

Dejean, 20 septembre. — Application de la Lithographie à la confection des peintures sur toile.

Horner, 30 septembre. — Papier ou tissus de transport autographique grainé, pour tous les genres de dessins et particulièrement le crayon.

Sigl, 15 novembre. — Nouvelle presse lithographique.

1852

Clément Saint-Just, 10 avril. — Presse lithographique.

Dupuy, 28 mai. — Nouveau système d'impression chromolithographique.

Lacombe, 18 juin. — Presse lithographique.

Briol, 7 juillet. — Perfectionnements aux presses lithographiques.

Ferry, 11 août. — Presse lithographique marchant par engrenages.

Thuvien, 12 août. — Presse lithographique.

Masson, 28 août. — Perfectionnements aux presses lithographiques.

Dupont, 20 septembre. — Mécanisme composant des presses lithographiques.

Becquet frères, 22 septembre. — Procédé d'impression de dessins à teintes graduées.

Devouthon et Courtin, 29 septembre. — Procédé de chromolithographie sur bois et autres matières.

1853

Dopter, 3 janvier. — Peintures chromolithographiques sur diverses matières.

Daux, 5 février. — Tampon et frottoir propres à l'impression de la gravure sur pierre.

Villain, 12 avril. — Nouveau système d'impression lithographique.

Huguet et Vaté, 26 avril. — Presses lithographiques et lithochromiques.

Bourgerie, 1er juillet. — Peinture sur verre par les moyens lithographiques.

Touzé, 13 juillet. — Système de rappel applicable au porte-râteau des presses litho-graphiques.

Massiquot, 30 juillet. — Nouvelle presse lithographique

Besnard, 6 août. — Moyen de transporter et de fixer la Lithographie sur toile.

Dupont, 16 août. — Presse lithographique et lithochromique.

Villain et Martin, 14 septembre. — Machine typolithographique.

1854

Becquet frères, 14 janvier. — Imitation du dessin à la sanguine avec blancs à la gouache pour l'impression lithographique.

Ravinet, 30 mai. — Perfectionnements aux presses lithographiques.

Dumont, 8 juillet. — Nouveau procédé de lithographie sur métal dit *zincographie*.

Chauvin, 29 août. — Application de l'impression chromolithographique à la verrerie et à la cristallerie.

Glassord, d'Edimbourg, 7 septembre. — Perfectionnements dans les procédés zincographiques et lithographiques.

Watebled, 27 octobre. — Machine à imprimer lithographiquement.

1855

Bilordeau, 19 janvier. — Procédé dit *Elyolithographie*.

Vallon, 3 mars. — Perfectionnements apportés aux empreintes tirées de pierres ou de planches lithographiques.

Jacomme et Dufat, 2 avril. — Nouveau système d'impression zincolithographique.

Loire, 25 juillet. — Moyen de tracer mécaniquement des écritures sur la pierre lithographique.

Poitevin, 27 août. — Procédé d'impressions photographiques aux encres grasses.

1856

Brisset, 26 janvier. — Perfectionnements aux presses lithographiques.

Martinier, 11 mars. — Nouvelle presse lithographique.

Collas, 11 mars. — Presse à mouvement continu applicable à la Lithographie.

Delas, 27 juin. — Nouveau système d'impression lithographique.

1857

Knab, 9 mai. — Rouleau pour Lithographie.

Houpiart, 3 juin. — Procédé pour donner aux chromos l'aspect de la peinture à l'huile.

Alary, 18 juillet. — Machine lithographique.

Vaté, 22 août. — Nouvelle presse chromolithographique.

Muller, 16 octobre. — Aquatinte chromographique.

1858

Cutting et Bradfort, 26 mars. — Perfectionnements dans la photolithographie.

Tampier, 12 mai. — Application de la Lithographie sur dorure et sur bois vernis.

1859

Chamouton, 8 mars. — Perfectionnements aux presses lithographiques.

Porte, 21 mars. — Impression lithographique sur étoffe.

Ducau, 28 mars. — Rouleau lithographique.

Brisset, 19 avril. — Cadre à repérer pour la chromolithographie.

Wilkinson, 10 juin. — Presse perfectionnée.

Appietto, 15 juin. — Presse lithographique accélérée.

Appietto, 12 juillet. — Machine destinée à multiplier les transports lithographiques.

Alauzet, 30 décembre. — Presse chromolithographique.

1860

Houssiaux, 2 janvier. — Presse circulaire.

Verney, 12 janvier. — Nouveau système d'impression sur zinc.

Kocher, 9 février. — Perfectionnements aux presses lithographiques.

Voirin et Dupont, 22 mars. — Mouilleur capillaire et dispositions applicables aux machines lithographiques.

Barbier et Chevallot, 18 mai. — Presse mécanique lithographique à mouvement continu.

Barbier et Chevallot, 18 mai. — Système de mouillage à pression uniforme.

Thouvenin, 28 août. — Genre de Lithographie dit *piquographie*.

1861

Galli, 13 février. — Nouveau genre de gravure lithographique.

Dupuy, 27 juin. — Presse lithochromique.

Joy, 17 juillet. — Perfectionnements aux presses lithographiques.

Petit, 26 juillet. — Procédé lithographique dit *colorographie*.

Mallet, 21 septembre. — Impressions lithographiques inimitables.

Gillet, 28 septembre. — Perfectionnements apportés aux presses lithographiques.

Ramon de Mendiri, 4 octobre. — Machine lithographique pour impressions multicolores.

Bognard, 11 octobre. — Procédé de transport d'impressions chromolithographiques sur différentes substances, principalement le cuir.

Ducret, 23 octobre. — Perfectionnements aux presses lithographiques.

Tessié du Motay et Maréchal, 19 novembre. — Impression lithographique sur verre.

Ducan, 19 novembre. — Marqueur-receveur mécanique.

Tessié du Motay et Maréchal, 31 décembre. — Pâtes et encres propres à l'impression lithographique sur verre.

1862

Sigur et Cremer, 6 février. — Système d'impression et de décalque auto-chromographique.

Génu et Flegenheimer, 6 juin. — Procédé de décalque de toute gravure ou impression en couleur.

Ginoux, 7 juin. — Nouveau procédé d'impression dit *polychromographie*.

Marquier, 18 juin. — Procédé d'impression photolithographique.

Vidal, 7 juillet. — Appareil dit *autopolygraphe*.

Nagel, 17 juillet. — Perfectionnements aux presses lithographiques.

Clouet et Montaland, 2 août. — Procédé d'impression continue sur pierre lithographique ou sur planche de métal.

Théodore, 11 novembre. — Nouveau système de presses lithographiques.

Maillet, 13 novembre. — Impressions en couleurs et en noir, soit de dessins, soit de caractères, sur feuille de métal.

1863

Dardoize, 3 janvier. — Procédé d'impression lithographique dit *Dioramie*.

Blancard, 17 janvier. — Perfectionnement aux presses lithographiques.

Lehugueur, 19 février. — Presse mécanique.

Lacoudre et Martin, 20 juin. — Machine à broyer pour la Lithographie.

Hicks, 3 juillet. — Perfectionnements dans la fabrication des encriers pour machines lithographiques.

Mays frères, 4 juillet. — Presse à imprimer la Lithographie et la taille-douce.

Toovey, 11 août. — Perfectionnements apportés aux procédés photolithographiques.

Delangre, 30 septembre. — Procédé d'impression directe sur fer-blanc.

Hermand, 24 décembre. — Machine à broyer les encres pour la Lithographie.

1864

Cabanel-Cruveillié, 23 janvier. — Nouvelle presse lithographique.

Verney, 16 février. — Perfectionnements aux presses lithographiques.

Schieble, 7 mars. — Machine à graver utilisable en Lithographie.

Boireau et Verney, 14 avril. — Application de la Lithographie à l'impression des étoffes, en fixant l'impression à l'aide de l'albumine.

Trouillet, 19 mai. — Machine à graver.

Coustet fils, à Lyon, 7 juin. — Presse lithographique mécanique.

Dulud, 29 juin. — Perfectionnements aux machines lithographiques.

Huguet et Pavard, 21 octobre. — Nouveau système de mouillage appliqué aux presses mécaniques lithographiques et lithochromographiques.

Hangard et Gruder, 27 octobre. — Composition typolithophotographique.

Betbeder, 3 décembre. — Procédés de reproduction photolithographique.

1865

Josse, 20 fevrier. — Application de la chromolithographie et de la lithographie en général à l'industrie de la dorure au balancier ou au cylindre sur les papiers peints.

Loire, 27 février. — Machine servant à faire les compositions en écriture sur les pierres lithographiques.

Remusat, 1er mars. — Impressions lithographiques en couleur sur toutes espèces de peaux.

Josse, 7 mars. — Application de la lithographie et de la chromolithographie à l'industrie du papier peint.

Epouville, 29 mars. — Machine à imprimer en Lithographie.

Lapeyre, à Aurillac, 18 avril. — Procédé de collage et de doublage des pierres lithographiques.

Pigache, 3 mai. — Mode d'impression continue des étiquettes, enveloppes, etc.

Marinoni et Chaudré, 6 juin. — Machine lithotypographique.

Vandenarsse, 20 juin. — Procédé d'impression lithographique dite *brillante*.

Landa, à Chalon-sur-Saône, 23 juin. — Perfectionnements aux organes des machines à imprimer en Lithographie.

Chaléat, à Valence, 5 août. — Machine à marger.

Nouzillet, 12 août. — Machine à dresser les pierres lithographiques, à les grainer et à effacer les compositions.

Poitevin, 18 décembre. — Mode d'impression photographique et papier spécial pour cette impression.

1866

Landa, à Chalon-sur-Saône, 7 février. — Machine à poudrer les couleurs et à dorer.

Mandroux, 27 février. — Application de la Lithographie à l'impression de toutes espèces de plumes.

Ve Josse et fils, 5 mars. — Moyen d'appliquer la Lithographie sur les papiers de tenture, les cuirs et les étoffes frappés au balancier.

Dutartre, 20 juillet. — Perfectionnements aux machines lithographiques.

Colle, 3 août. — Perfectionnements aux presses lithographiques.

Gonin, 17 septembre. — Impression de la lithographie et de la chromolithographie sur tissus et papiers apprêtés.

Dupuy, 27 octobre. — Appareil propre à transformer instantanément un dessin quelconque, exécuté sur pierre ou sur métal, pour la Lithographie, en un autre dessin réduit ou amplifié dans des proportions régulières.

Fléchelle, 3 novembre. — Système spécial de photolithographie.

Ollion, 17 novembre. — Exécution et impression de gravures, dessins, etc., aux encres grasses.

1867

Appel, 14 janvier. — Margeur pneumo-mécanique.

Morvan, 18 janvier. — Perfectionnements dans les transferts photolithographiques.

Bazin, 9 février. — Impression avec fonds coloriés en tous genres sur soie blanche.

Vignols, 20 mars. — Mécanisme dit *margeur* s'appliquant aux presses lithographiques.

Briard, 23 mars. — Perfectionnements aux machines lithographiques.

Dupont, 6 avril. — Perfectionnements aux procédés d'impression sur faïence.

Kœrtling, 16 septembre. — Clichés gravés propres aux transports lithographiques.

Gardner et Bickerton, 10 octobre. — Perfectionnements aux machines lithographiques.

Voisin, 29 novembre. — Perfectionnements aux machines lithographiques.

Langlois, 2 décembre. — Nouvelle garniture pour rouleaux lithographiques.

1868

Alauzet, 11 janvier. — Divers perfectionnements apportés aux presses lithographiques mécaniques.

Maulde et Wibart, 4 février. — Perfectionnements aux presses lithographiques mécaniques.

Vadot, 11 avril. — Presse lithographique mécanique pour travaux soignés, à repérages.

Croix, 8 mai. — Système de mouilleur destiné à remplacer les éponges en Lithographie.

Moulton, 16 juin. — Rouleaux en caoutchouc et en composition à base de caoutchouc pour Lithographie.

Argamakoff, 31 août. — Perfectionnements dans la production des surfaces pour l'impression lithographique des photographies.

Briet, 9 novembre. — Reproducteur autographique dit *système Briet*.

Landa, 1er décembre. — Système de gravure mécanique sur pierres lithographiques et sur métaux des écritures, ornements, médailles, etc.

Gimas, 7 décembre. — Impression lithographique et chromo-lithographique sur verre et sur glace par transports.

1869

Mielle, 8 janvier. — Procédé de reproduction des peintures à l'aide de la Lithographie.

Mary, 4 février. — Nouvelle presse lithographique dite *Maryotype*.

Massiquot, 8 mars. — Presse lithographique à grands tirages.

Loire, 24 mars. — Procédés mécaniques pour obtenir des compositions lithographiques au moyen de types mobiles.

Missier, 1er mai. — Procédé indirect d'impression sur fer-blanc.

Politzer et Kaub, 10 mai. — Système de presse lithographique mécanique à mouvement alternatif différentiel.

Goyer et Hermet, 9 juin. — Machine à épousseter les impressions poudrées ou bronzées.

Jacob frères, 15 juillet. — Application de la chromolithographie à la décoration des étoffes et du cuir pour l'ameublement.

Mac-Lean, 15 juillet. — Perfectionnements aux procédés d'impression sur zinc.

Josz, 23 juillet. — Nouveau procédé de reports, dit *reports rapides*, pour Lithographie.

Delacroix, à Marseille, 20 septembre. — Système de pointures mobiles pour chromolithographie.

Lancaster, 21 décembre. — Mode d'impression sur fer-blanc et feuilles de métal.

1870

Robers, 25 mars. — Chromolithographie.

Cador, à Lille, 27 avril. — Machine spéciale pour l'impression de la gravure sur pierre.

Poggi, 10 juin. — Petite presse autographique.

Berringer, 10 juin. — Perfectionnements aux presses portatives.

Parker, à Londres, 1er juillet. — Perfectionnements aux presses lithographiques.

Prudon, 1er juillet. — Machine pour l'impression chromolithographique.

Permesel, 29 juillet. — Application de la Lithographie à l'impression des tissus.

1871

Vaddic, à Londres, 5 octobre. — Presse automotrice servant à l'impression lithographique.

Goubert et Monrocq, 9 décembre. — Machine lithographique à vapeur.

Thierry et Brandus, 30 décembre. — Emploi de planches de zinc en remplacement de la pierre dans la Lithographie.

1872

Drivet, 22 février. — Procédé d'impression et de repérage du dessin sur les cartes et globes terrestres en relief.

Montalti, 14 juin. — Procédé d'impression photolithographique dit *sténophotolithographie*.

Poly, 14 juin. — Composition pour doubler les pierres lithographiques.

Parker, 15 juin. — Perfectionnements dans les appareils propres à dresser, poncer et grainer les pierres lithographiques.

Jullien, 3 juillet. — Machine servant au ponçage des pierres lithographiques.

Hachette, 4 septembre. — Emploi à l'impression lithographique de pierres minces et de presses spéciales.

Lenief, 23 septembre. — Nouveau système de doublage des pierres lithographiques.

Dumont, à Lyon, 15 octobre. — Procédé d'impression lithographique pour la réglure.

Averti et Mullot, 23 octobre. — Nouvelle presse cylindrique lithographique.

Palyart, 24 octobre. — Épousseteur pour impressions bronzées ou poudrées.

Mante, 4 novembre — Système d'autographie pouvant être transportée sans temps limité.

Marinoni, 30 novembre. — Perfectionnements aux machines lithographiques.

1873

Chetou, 4 février. — Perfectionnements aux procédés métallographiques.

Burc, 17 mai. — Appareil servant à l'impression sur peau des dessins et vignettes.

Marion, 19 juillet. — Phototypie encrée aux réactifs colorants dite *Mariontypie*.

Buguet, 21 juillet. — Procédé de reproductions lithographiques.

Alauzet, 23 juillet. — Machine à broyer les couleurs pour la Lithographie.

Goubert et Monrocq, 3 septembre. — Système de presse continue pour Lithographie.

Leray, 9 septembre. — Nouveau procédé de chromolithographie.

Rohaut et Hutinet, 2 octobre. — Application de motifs en chromolithographie aux diverses cartes imprimées : visites, adresses, etc.

Desvernay, 22 octobre. — Nouveau genre de crayon lithographique.

Roze et Cie, 26 décembre. — Application à la Lithographie du procédé au bitume de Judée.

1874

Michel et Maubert, 7 avril. — Procédé dit *polylithographie*, pour obtenir des compositions lithographiques à l'aide de types mobiles.

Lebrun, 17 avril. — Application de la chromolithographie, dite *diaphanie*, aux verres et aux porcelaines.

Mayoux, 23 avril. — Pierres lithographiques cimentées.

Girard, 10 juin. — Nouvelle presse autographique.

Marie, 30 juillet. — Mouilleur automatique pour presses mécaniques lithographiques.

Janiot, 22 août. — Presses rotatives imprimant simultanément, en lithographie, plusieurs couleurs.

Monrocq, 2 septembre. — Procédé rapide d'exécution de tout croquis ou dessin sur pierre, zinc, cuivre, papier, etc., pour l'impression lithographique.

Guillot, 19 octobre. — Machine et procédé nouveau pour imprimer sur zinc, dit *zincographie nouvelle*.

VOIRIN, 20 novembre. — Machine typolithographique.

GUÉRIN, 28 novembre. — Système d'appareil servant à la réduction et à l'agrandissement des épreuves lithographiques.

1875

DUPUY, 10 mars. — Nouveau système de calage des pierres sur presses et machines lithographiques.

BRIET, à Montpellier, 20 mai. — Reproduction lithographique dit *système Briet*.

JANIOT, 25 septembre. — Perfectionnements aux machines lithographiques.

BRIET et DELMAS, à Montpellier, 2 octobre. — Presse métallographique et autolithographique.

1876

VANHERZEECKE, à Lille, 5 janvier. — Machine à dessiner.

PIEUX, 17 janvier. — Perfectionnements au tirage des épreuves photolithographiques.

GUESNU, 5 février. — Procédé d'impression sur pierres lithographiques.

THIEL aîné, 15 février. — Transformation et appropriation de la presse lithographique pour le tirage des photographies aux encres grasses.

MORANE, 6 avril. — Presse lithographique à pédale.

SMITH, 7 avril. — Perfectionnements dans l'impression du métal.

AMIEUX frères, 12 avril. — Impressions chromolithographiques sur feuilles de métal minces.

ÉDISON, 6 mai. — Perfectionnements dans l'impression autographique.

DUBOURG, 10 mai. — Préparation pour le couchage des papiers, cartes, cuirs destinés à l'impression lithographique.

MARIE, 30 juin. — Perfectionnements aux presses lithographiques.

GRETH, 27 juillet. — Mode d'impression en couleurs dite *sténochromie universelle*.

JULLIEN, 3 août. — Système de repérage appliqué aux presses lithographiques dit *pointographe Jullien*.

APPEL et MONMON, 14 août. — Perfectionnements aux machines à imprimer en couleur.

DELMAS, à Montpellier, 5 septembre. — Presse portative autolithographique.

JULLIEN, DEPLAYE et Cᵒ, 5 septembre. — Perfectionnements aux machines lithographiques.

BENARD, 23 septembre. — Pointures mobiles pouvant s'appliquer aux machines lithographiques.

GUESNU, 23 septembre. — Procédé d'impression sur verre dit *lithoglyptie*.

GUERRANT, 27 septembre. — Perfectionnements dans les machines à graver.

JANIOT, 10 octobre. — Appareil mouilleur automatique applicable aux machines lithographiques.

KOHRN, 17 octobre. — Perfectionnements aux machines lithographiques et chromolithographiques.

WILHELMI, 11 novembre. — Méthode et appareils pour le nettoyage des pierres lithographiques.

SAINT-ALBIN, 17 novembre. — Applications nouvelles de la chromolithographie.

MERCIER, 23 novembre. — Procédé de grainage des pierres lithographiques facilitant le report et l'emploi du crayon pour toutes sortes de travaux.

DUPONT, 1ᵉʳ décembre. — Obtention de fonds de sûreté au moyen du décalque sur pierre de végétaux quelconques.

ALAUZET, 7 décembre. — Machine à coucher les surfaces (papier ou métal) destinées à recevoir une impression lithographique.

SYRE, 20 décembre. — Appareil servant à faire les tracés linéaires, hachures, grisés, etc.

1877

DESPAQUIS, 11 janvier. — Système de lithochromie.

CARRÉ, à Nantes, 1ᵉʳ mars. — Impression photolithographique sur métaux.

DESPAQUIS, 30 mars. — Système d'impression phototypique.

FOUGEADOIRE, 3 avril. — Nouveau pantographe.

LOIRE, 24 avril. — Procédé permettant de graver en creux à l'aide d'épreuves à report lithographiques.

PUMPHREY, 8 juin. — Perfectionnement aux impressions autographiques.

DE MERITENS, 13 septembre. — Nouveau procédé d'impressions aux encres grasses.

NEWSUM, 3 octobre. — Perfectionnements dans les machines servant à imprimer la Lithographie.

LAURONCE, 6 octobre. — Réduction du nombre de couleurs dans la chromo obtenue par la Lithographie.

DOPTER, 11 octobre. — Procédé de décalque d'impression sans préparation préalable du papier.

JANIN, 9 novembre. — Application du caoutchouc durci en remplacement de la pierre lithographique; composition dite *ébonite blanche*.

MARIE, 1er décembre. — Système de calage instantané des pierres lithographiques par l'emploi de cales spéciales dites *cales algébriques J. Marie*.

COLOMB, 19 décembre. — Cadre d'agrandissement et de réduction à l'usage des lithographes.

1878

LANHAM, 30 janvier. — Perfectionnements dans la fabrication des rouleaux d'encrage lithographiques.

CHOQUET, 1er février. — Impression décorative du mica.

MENDL et LŒVY, 21 février. — Machine ou instrument à faire les hachures.

KAISER et DUPLESSIS, au Havre, 12 mars. — Procédé dit *kaisertypie* pour la gravure lithographique au moyen de la photographie.

HAMELIN, 13 mars. — Application de l'impression chromolithographique à la chaussure.

KLEIN, FORST et BOHN, 17 avril. — Perfectionnements aux presses lithographiques.

GUILLAUME frères, 26 avril. — Plaque à dessiner formant négatif photographique pour tous genres de reproductions.

MICHAUD, 2 mai. — Plaques photochimiques pour l'impression.

ASTEL, 17 mai. — Perfectionnements aux pantographes.

DEBES, 27 mai. — Mode de conservation des épreuves devant servir à faire des reports.

DUPUY et fils, 31 mai. — Machine lithographique à râteau.

RENAUD, à Lyon, 5 juin. — Appareil dit *mouilleur automatique* à l'usage de la Lithographie.

HUTINET, 25 juin. — Perfectionnements aux machines à imprimer en Lithographie.

DELAMARE et LEROY, 9 juillet. — Composition s'appliquant au couchage des papiers spéciaux pour reports et décalques d'imprimerie, dit *papier cristal*.

LLOYD, 12 juillet. — Moyens perfectionnés et procédés pour produire des impressions sur fer-blanc et autres métaux.

MICHEL et GALABRU, 5 août. — Application, sur pierres lithographiques sensibilisées, de caractères mobiles transparents.

JEHENNE, 7 août. — Chromolithographie sur toile.

DUPUY et fils, 2 octobre. — Disposition mécanique dite « à touche », applicable aux machines lithographiques et lithotypographiques.

ALAUZET, 3 octobre. — Perfectionnements aux presses lithographiques.

SCHUMANN et ZELLE, 27 octobre. — Presse perfectionnée pour l'impression polychrome.

TROTTIER et MISSIER, 28 octobre. — Impression sur bois, sur métal, etc.

LAVILLE, 27 novembre. — Appareil pour réduire ou agrandir les compositions lithographiques.

LAPORTE, 30 novembre. — Presse autolithographique à mouillage et à encrage automatiques.

MARIE, 18 décembre. — Système d'appareil margeur automatique de précision pour la Lithographie.

LAVA, LAFOY et COTTAIS, 31 décembre. — Procédé de report de chromolithographie dit litho-peinture.

1879

DAVALLET, 24 janvier. — Fabrication d'une pierre lithographique artificielle.

BRIET, à Montpellier, 30 janvier. — Presse lithographique à râteau mobile et à table fixe, avec pression élastique par pédale.

DESPAQUIS, 1er mars. — Système de retouche des planches en gélatine servant à l'impression phototypique.

AMILHAU, à Albi, 22 mars. — Perfectionnement au receveur mécanique de la presse lithographique Marinoni.

FELDER et MATHIEU, 25 mars. — Appareil lithographique dit *humectographe Felder*.

HARLAND, LANGDALE et GALTIFF, 3 avril. — Perfectionnements aux presses lithographiques.

BRIET, 19 avril. — Système de rouleau encreur lithographique dit *rouleau régénérateur*.

BOUTET, 16 juin. — Système de machine à graver.

WOODSIDE, GUMPERT et WOLF, 19 juin. — Perfectionnements aux machines à imprimer en couleur.

JANIOT, 2 juillet. — Système de calage des pierres lithographiques sur machines mues par la vapeur.

GRIPEKOVEN, 12 août. — Procédé de fabrication d'un cuir artificiel pour rouleaux lithographiques.

GRANGEON, 17 septembre. — Rouleau autographique.

DARIES, 2 octobre. — Procédé perfectionné de phototypie.

HAUFLER, 6 octobre. — Machine pour bronzage et poudrage.

DEPOUILLE, 20 novembre. — Perfectionnements aux presses mécaniques lithographiques.

1880

JEFFERIES, 21 février. — Perfectionnements dans les procédés de reproductions d'écritures, dessins, etc.

DUTAY, 24 février. — Presse lithographique.

TOURNIER, à Lyon, 2 mars. — Nouveau pantographe à l'usage des graveurs, lithographes, dessinateurs, etc.

CHARBONNEL et ANSELME, 10 avril. — Machine à épousseter les impressions poudrées.

LORILLEUX, 20 avril. — Application de rouleaux à grain, en gélatine, à l'impression lithographique.

KRAUSS, STŒFFER et BACKÉ, 4 mai. — Machine à bronzer.

UMBACH, 12 mai. — Machine à faire les hachures pour les lithographes et les graveurs.

VIEILLEMARD fils, 18 mai. — Appareil destiné à marger les feuilles sur les machines à imprimer.

SUSSE frères, 19 mai. — Nouveau papier autographique.

LUCAS et LAMBERT, 2 juillet. — Fabrication d'étiquettes métalliques imprimées en couleurs.

FLAGLER, 7 juillet. — Perfectionnements dans les procédés de transport pour produire des dessins, des peintures ou des figures sur surfaces métalliques.

HOPE, 22 juillet. — Perfectionnement aux machines à graver pantographes.

PRÉCHER, 22 juillet. — Appareil dit *Mouilleur alimentateur lithographique*.

LELM, 20 août. — Mode d'impression dit l'*Autocopiste noir*.

BENDERITTER, à Rouen, 23 septembre. — Appareil à agrandir et à réduire les dessins.

DAVIN, 2 octobre. — Procédé pour faire, sur la pierre lithographique, un fond de dessins kaléidoscopiques.

DESPAQUIS, 13 décembre. — Procédé d'imprimerie photographique sur métal ou sur pierre.

TROTTIER frères, 22 décembre. — Système perfectionné de machines à imprimer par voie de report.

1881

PETIT, 29 janvier. — Procédé de transformation d'un cliché photographique en demi-teinte, en cliché au trait.

GARNIER, 5 février. — Système d'impression chimique.

MARTINI, 16 février. — Perfectionnements dans les appareils à faire les hachures, tracer les lignes et dessiner sur pierre.

NORMAND et SOCIÉTÉ DE MONTATAIRE, 19 février. — Système mécanique pour l'imprimerie sur métaux au moyen de presses lithographiques.

FORBES, 30 mai. — Perfectionnements dans les procédés d'obtention d'impressions chromographiques et appareils à cet effet.

GAST, 7 juin. — Perfectionnements dans les tampons ou dispositifs à pointiller pour la lithographie.

VAN DIEREN, 22 juin. — Perfectionnements aux margeurs mécaniques pour presses lithographiques.

ZABEL, 24 juin. — Procédé de reproduction multiple en Lithographie dit *Lithographie positive.*

RAHON, 27 juillet. — Nouveau système de machine typo-lithographique.

DAY, 1er août. — Perfectionnements apportés aux surfaces servant aux reports d'impressions.

MAGNE, 23 août. — Procédé autographique.

CHATENET fils aîné, 26 septembre. — Machine à bronzer et à épousseter les impressions.

PELLERIN et NERBONNEAU, 30 septembre. — Nouveau procédé d'impression sur métaux.

VIEUXMAIRE, 4 octobre. — Presse chromographique avec double table d'encrage.

CZEIGER, 22 novembre. — Nouveau procédé de production des impressions lithographiques en couleurs.

CHAFFAUT, 28 novembre. — Procédé de reproduction d'imprimés lithographiques.

CHATENET fils aîné, 29 novembre. — Abat-feuille pointeur s'adaptant aux machines lithographiques.

VANTILLARD et LAMY, 14 décembre. — Procédé de remplacement de la pierre lithographique.

VANTILLARD et LAMY, 14 décembre. — Procédé d'impression à l'aide d'un report perpétuel.

CHATENET fils aîné, 17 décembre. — Système de pointure non automatique s'adaptant aux presses lithographiques.

1882

DON FRANCISCO LAPORTA-VALOR, 3 février. — Procédé photo-lithographique.

PINCHON, à Elbeuf, 17 février. — Application de la Lithographie à la fabrication, sur membranes ou supports légers, de dessins et figures.

DAY, 23 février. — Cliché flexible perfectionné à l'usage des lithographes.

KOPTKINS et HATTON, 23 février. — Perfectionnement dans l'impression sur feuilles de métal.

MATHIESSON, 6 mars. — Perfectionnements dans les moyens de transférer, sur les feuilles métalliques, des dessins quelconques imprimés.

MATHIESSON, 8 mars. — Séchage à froid de l'impression sur feuilles métalliques.

SOCIÉTÉ DE LA VALLÉE DE SAINT-GERMAIN DE JOUY, 9 mars. — Fabrication de cylindres en pierre lithographique.

ROOSWELT, 1er avril. — Nouveau procédé d'obtention directe, par la photographie, de planches sur zinc.

MAGNE, 11 avril. — Procédé autographique de reproductions aux encres grasses, produisant la transformation des originaux en matrice.

ROEDER, 13 mai. — Machine à dresser, poncer et grainer les pierres.

SCHNEIDER, 25 mai. — Perfectionnement dans la préparation des papiers lithographiques pour report.

Parent, 28 juin. — Appareil à faire les hachures et les lignes parallèles.

Lapeyre, à Aurillac, 1er juillet. — Presse lithographique à pression perpendiculaire et à mouilleur, dite La Rapide.

Teillet, 1er août. — Perfectionnements dans les procédés pour obtenir des clichés sur pierre lithographique.

Brouillet-Plet, 4 août. — Nouvelle imprimeuse typo-lithographique à encrage automatique.

Marie, 14 août. — Perfectionnement dans les organes de repérage des presses mécaniques lithographiques.

Taesch, 21 septembre. — Nouveau taquet automatique servant à pointer les feuilles lithographiques.

Sizes, à Toulouse, 21 novembre. — Pierre lithographique composée.

Chedin, 22 novembre. — Décoration des toiles cirées au moyen de reports sur zinc.

Conte, 4 décembre. — Système de pantographe perfectionné.

Champenois, 7 décembre. — Mode perfectionné d'impression sur zinc.

1883

Barre, 15 janvier. — Margeur automatique pour machines à imprimer.

Boutrais, 23 janvier. — Emploi du papier buvard dans la préparation des papiers pour reports lithographiques.

Tourniaire, à Marseille, 26 février. — Nouveau mouilleur lithographique à niveau constant.

Destez, 17 mars. — Perfectionnement aux machines à bronzer et à poudrer les couleurs sèches.

Martin, 22 mars. — Nouvelle machine lithographique à mouvement continu, à distribution et à réception mécanique.

Stuart, 30 mars. — Perfectionnements dans la Lithographie.

Société des Forges de Chatillon et de Commentry, 3 mai. — Nouveau système d'impression mécanique sur métaux en feuilles.

Lefeuvre, 8 juin. — Système perfectionné de margeur automatique avec pinces et guide-feuille spéciaux.

Schapiro, 13 juillet. — Perfectionnement dans les procédés d'impression à l'aide des presses lithographiques.

Marinoni et Michaud, 24 août. — Système de machines produisant, par report et d'une manière continue, des impressions sur métal, sur bois, etc.

Godfrey, 5 septembre. — Perfectionnements aux machines lithographiques.

Schniers, Werner et Stein, 28 septembre. — Appareil mouilleur pouvant être réglé pour les machines lithographiques.

Zuccato, 30 octobre. — Procédé perfectionné d'impressions lithographiques s'appliquant aux reports des images photographiques.

Uytterelst, 23 novembre. — Presse chromolithographique avec margeur automatique et système de pointure automatique.

Bouillet-Plet, 11 décembre. — Machine lithotypographique à encrage automatique.

1884

Coulbois et Guerreau, 2 février. — Procédé et appareil pour le montage des cuirs sur les mandrins des rouleaux lithographiques.

Morel, 7 février. — Système de report sur toutes matières d'impressions lithographiques ou typographiques, sans l'emploi de vernis ou d'aucune mixtion grasse ou d'encollage.

Ravasse, 13 février. — Appareil propre à régler la pression sur les presses lithographiques.

Rosenthal, 19 février. — Nouveau ciment propre à l'obtention de pierres lithographiques factices.

Mambin, 1er mars. — Procédé lithographique dit *Décalcomanie brillante au caméléon.*

Meisel, 4 mars. — Dresseuses-ponceuses pour pierres lithographiques.

Chatenet fils aîné, 1er septembre. — Appareil distributeur d'encre applicable aux machines lithographiques.

Nagel, Baumhauer et Cie, 1er septembre. — Application aux presses lithographiques à bras d'un mécanisme permettant de les actionner par une force motrice.

Mack, 16 septembre. — Perfectionnements aux presses à imprimer en couleurs.

Alauzet et Cie, 22 septembre. — Nouvelle disposition de machines à imprimer dites *phototypiques.*

Josz, à Bruxelles, 3 octobre. — Métallographie et report lithographique sur métal.

Philippi, 9 octobre. — Nouveau procédé de reproduction d'images photographiques par l'impression.

Taesch, 16 octobre. — Nouveau taquet automatique servant à pointer les feuilles lithographiques.

Despaquis, 30 octobre. — Procédé de photochromographie et de report sur pierre d'épreuves photographiques.

Guillaume, 3 novembre. — Encre lithographique aux poudres métalliques.

Alauzet et Cie, 18 novembre. — Nouvelle presse spéciale à encrage combiné pour phototypie, photochromie et héliochromie.

Alauzet et Cie, 6 décembre. — Nouveau système de soulèvement et de calage de la pierre sur les machines lithographiques.

Wezel et Neumann, à Francfort, 17 décembre. — Appareil et procédé servant à couvrir les plaques métalliques d'une couche pierreuse ou terreuse inattaquable par les acides.

Chatenet, 29 décembre. — Système d'impression par la gélatinotypie.

1885

Schenkenhoffer, 12 janvier. — Nouveau procédé d'impression dit *leukographie.*

Rousset, 12 janvier. — Vernis nouveau et son application pour fixer les reports.

Vidau, 26 janvier. — Nouveau procédé dit *photoléographie mécanique.*

Lahure et Draeger, 7 février. — Nouveau système d'habillage des cylindres des machines lithographiques et phototypiques.

Chatenet fils aîné, 12 février. — Système de margeur automatique applicable aux machines lithographiques.

Fagedet, 2 mars. — Appareil pour garnir les mandrins des rouleaux lithographiques.

Jameson, 7 mars. — Perfectionnements dans la production des chromos.

Bentley, 10 mars. — Perfectionnements aux machines à graver.

Wezel, 11 mars. — Procédé pour la production d'une couche de pierre lithographique sur plaque de métal.

Sicard, 13 avril. — Système de perforeuse pour repérage lithographique.

Dumont et Fougeray, 20 avril. — Nouveau système de report direct de tous exemplaires imprimés sur pierre, zinc, etc.

Lefeuvre, 29 avril. — Margeur automatique avec pinces et guide-feuilles spéciaux.

Piéplu, 22 mai. — Indicateur du foulage exercé sur les compositions lithographiques.

Chaix fils et Gauchot, 5 juin. — Margeur automatique.

Chatenet fils aîné, 11 juin. — Obturateur applicable aux encriers des machines lithographiques.

Seggie, 12 juin. — Appareil à poncer et à grainer.

Hozle et Vogt, de Leipzig, 11 juillet. — Appareil pour régler la distribution de l'encre, applicable aux machines lithographiques.

Marie, 29 juillet. — Procédé de report de la musique ou d'autres planches gravées, sur pierre, zinc, etc.

SAMPSON, BRIDGWOOD and son, à Londres, 28 août. — Production mécanique à l'aide de la photographie, de planches lithographiques ou de planches zincographiques avec demi-teintes.

BOUTRAIS et BOUILHON, 15 septembre. — Nouveau papier à reports et décalques.

MORIZ, 26 octobre. — Procédé et appareil de transmission de dessins sur plaques d'impressions lithographiques.

JAFFÉ, 9 novembre. — Perfectionnements apportés aux procédés métallographiques.

EAST, 1er décembre. — Nouvelle machine à grainer le zinc à l'aide d'un jet de sable.

CALLERY, 10 décembre. — Nouveau procédé de photolithographie.

BOGAERTS, 24 décembre. — Mode de préparation des surfaces, bois, métaux, étoffes, pour les rendre propres à l'impression directe en Lithographie.

1886

GUTHEIL, 5 janvier. — Procédé pour donner du ton à la gravure lithographique.

FERLAY, 9 janvier. — Margeur et receveur automatiques.

SILVESTRE, 25 février. — Procédé nouveau d'impressions photographiques.

CHAIX, 9 mars. — Système de margeur automatique.

GRETH et BARRANCA, 20 mars. — Perfectionnements aux impressions en couleur.

MICHAUD, 10 avril. — Perfectionnements dans les machines pour impressions lithographiques.

SCHAEFFER et STORCK, 13 avril. — Procédé rapide de production de dessins, images et gravures polychromes.

REY, 29 juin. — Machine à polir, poncer et grainer les pierres, etc.

VIEILLEMARD et fils, 30 juin. — Nouveau mode d'impression directe sur tous métaux.

PARRIZY, 12 juillet. — Machine lithographique à papier continu.

PARROT, 19 juillet. — Peintures mobiles à commande électrique pour Lithographie.

ALAUZET, 25 août. — Nouvelle presse phototypique à bras.

KENNEDY, 27 août. — Perforateur automatique pour impression lithographique.

RICHARD, 31 août. — Perfectionnements aux machines lithographiques.

GODCHAUX, 9 septembre. — Machine à imprimer en plusieurs couleurs.

RAYMOND, 14 septembre. — Procédé d'impression directe des photographies aux encres grasses.

KOCH, 20 septembre. — Appareil à main pour le ponçage.

ROGERIE et MARCHAIS, à Saint-Yrieix, 22 septembre. — Perforateur universel pour machines lithographiques.

SCHOEMBS, 1er octobre. — Planche lithographique en zinc.

HUGON, 13 octobre. — Perfectionnements aux machines à graver dites *Pantographiques.*

ARMENGAUD aîné, 22 octobre. — Nouveau procédé de fabrication des tableaux et images en couleurs.

GASTECLOUX, 24 novembre. — Vernis destiné à fixer les reports sur pierre et sur zinc.

ALAUZET, 30 novembre. — Margeur automatique à abat-feuille articulé et à taquet électrique.

1887

PHILIPPE, 21 janvier. — Système de reproduction industrielle dit *Oléogravure.*

HACKER et GODENSCHWEGER, 24 janvier. — Procédé lithographique dit *Chirographique.*

GERMEUIL-BONNAUD, 26 janvier. — Obtention directe, sur un cliché photographique, d'un grain propre à l'impression lithographique.

SCHOEMBS, 10 février. — Procédé de fabrication des planches lithographiques sur zinc.

SAMPSON, BRINDGWOOD and Co, 22 février. — Fabrication de pellicules grainées pour la photolithographie.

BÉJOT, 23 février. — Nouveau mode d'impression en chromolithographie sans reports.

SCHMIEL, 21 mars. — Procédé de nettoyage des pierres ou plaques de zinc pour Lithographie.

Giesecke, 28 mars. — Procédé pour rendre le bois et le placage propres à l'impression lithographique.

Genet, 4 avril.— Nouveau système de mouillage à l'usage des machines lithographiques.

Michaud, 22 avril. — Machine à grainer les plaques métalliques employées dans l'impression lithographique.

Birge, 24 mai. — Perfectionnements dans les machines à graver.

Kraupa et Moser, 23 juin. — Procédé de gravure rapide, à l'eau-forte, applicable à l'impression lithographique.

Reiner, 3 août. — Presse à autographier zincographique cylindrique.

Verneaux, 21 septembre. — Reproduction sur pierre ou sur zinc des impressions anciennes ou récentes à l'encre grasse.

Uhlich, 29 octobre. — Perfectionnements dans l'impression sur feuilles d'étain ou sur autres feuilles métalliques.

Wolfel, 2 novembre. — Nouveau procédé d'autographie.

Lagriffe, 15 novembre. — Application de la phototypie aux tissus et principalement à la toile à peindre.

Sutton, 22 novembre. — Obtention des planches photographiques propres à l'impression.

Salcher et Schwertschlag, 12 décembre. — Procédé métallographique.

Moreau, 28 décembre. — Appareil mouilleur automatique applicable à l'impression lithographique.

1888

Orrel, Fussli et Cie, 4 janvier. — Procédé permettant de reporter photographiquement l'original sur les planches à imprimer litho ou chromographiques, à l'aide d'un négatif unique.

Phillips et Stéphan, 29 mars.—Perfectionnements dans les procédés photolithographiques.

Brings, 28 avril. — Reports sur pierre ou sur zinc à l'aide d'encres ne renfermant pas de matières grasses.

Krebbs, 22 mai. — Procédé de report des phototypies sur les pierres lithographiques.

Block, 31 mai. — Perfectionnements dans les appareils servant à la reproduction de l'écriture, des dessins, etc.

Tiquet, 8 juin. — Nouveau système de machines lithographiques, phototypiques, etc., permettant d'imprimer une ou plusieurs couleurs sur papier ou tissu sans fin.

Worrall, 18 juin. — Presse à imprimer les photographies.

Mills, 19 juin. — Nouveau procédé pour dessiner sur pierre par emploi combiné de la Lithographie et du soufflage à sable.

Puyois, à Mâcon, 23 juin. — Reproduction immédiate de dessins originaux à l'aide de plaques de verre enduites d'un vernis opaque ou translucide.

Houpied et Hollebecque, 5 juillet. — Nouveau système de levage des marbres dans les machines lithographiques.

Hensius, 7 août. — Perfectionnements dans les presses lithographiques ou autographiques avec rouleau fournisseur automatique.

Tessaro, 10 août. — Appareil pour écrire la musique et servant de préparation à l'impression lithographique.

Bridault, 5 septembre. — Machine à dresser, planer et polir les planches métalliques pour la Lithographie.

Josz, 22 septembre. — Procédé combiné de gravure par projection de sable et d'impression sur surfaces métalliques et autres.

Michaud, 29 octobre. — Perfectionnements apportés aux machines lithographiques.

Garrouste et Harribey, 8 novembre. — Collection de gravures spéciales pour reports.

Samuel Cousins, 17 novembre.— Machine à imprimer en couleurs ou en réserve grasse.

Le Boulch, à Versailles, 8 décembre. — Nouveau procédé de report.

Bouvier, 13 décembre. — Auto-margeur-pointeur.

Société Electrochemische Graviranstalt, 15 décembre. — Procédé pour transporter les épreuves lithographiques sur cylindres métalliques.

1889

EBERLÉ, 2 janvier. — Appareil protecteur des arêtes des pierres dans les presses lithographiques rapides.

MULLER, 16 janvier. — Perfectionnements aux machines à bronzer.

MULLER, 16 janvier. — Machine à bronzer.

KINDERMANN, 21 janvier. — Reproductions de lithographies et spécialement de photolithographies au moyen des planches en métal non gravées en relief.

STALIN, 25 janvier. — Nouvelle presse lithographique à plusieurs couleurs.

ROBERT, à Lyon, 29 janvier. — Perfectionnements aux machines à réduire ou à agrandir les dessins.

VOIRIN, 2 février. — Nouveau mode d'impression sur fer-blanc.

THOMPSON, 28 février. — Machine propre à la reproduction des manuscrits.

TARIF

DES OUVRIERS IMPRIMEURS LITHOGRAPHES DE PARIS

───

Comme complément à ces données bibliographiques et industrielles, nous terminerons notre Traité par la reproduction du dernier tarif de travail aux pièces élaboré, il y a plus de dix ans, par la Société des ouvriers imprimeurs lithographes de Paris. Ce tarif, par suite de l'adoption générale des machines lithographiques, n'a plus guère d'applications, le travail se faisant généralement aujourd'hui à l'heure ou à la journée, mais il n'en présente pas moins un certain intérêt et constitue encore un document souvent utile à consulter.

DÉCALQUES D'AUTOGRAPHIES SANS PIQUAGES

Coquille . . . . 1 »
Demi-coquille . . . . » 75
Quart coquille . . . . » 50

Chaque piquage est payé en plus : 0 25.

REPORTS COQUILLE

	Plumé ordinaire	Plume soignée	Gravure sur pierre	Gravure sur métaux
De 2 à 4 épreuves	2 »	2 50	3 »	4 »
De 5 à 8 —	2 50	3 »	3 50	5 »
De 9 à 16 —	3 »	4 25	5 »	7 »

REPORTS DEMI-COQUILLE

	Plumé ordinaire	Plume soignée	Gravure sur pierre	Gravure sur métaux
De 2 à 4 épreuves	1 50	1 75	2 »	2 50
De 5 à 8 —	2 »	2 25	2 75	3 50
De 9 à 10 —	2 75	3 25	3 25	5 »

Chaque pierre différente nécessite une augmentation de 25 centimes.

REPORT D'UNE ÉPREUVE

	Plume	Gravure sur pierre	Métaux	Têtes de reg. 1 ou 2 épr.
Quart coquille	1 »	1 »	1 »	» »
Demi-coquille	1 50	2 »	2 50	» »
Demi-raisin	1 75	2 50	3 »	» »
Demi-jésus	2 »	3 »	3 50	» »
Coquille	2 50	4 »	5 »	2 »
Raisin	3 »	5 »	7 »	2 50
Jésus	4 »	6 »	9 »	2 50
Soleil	7 »	10 »	15 »	3 50
Colombier	7 »	10 »	15 »	4 »

REPORTS DE CARTES D'ADRESSES

La première épreuve, 1 franc. Chaque épreuve en plus : Gravure sur métaux, 0,40. — Plume et gravure sur pierre, 0,25, jusqu'au quart raisin. — Jusqu'à la demi-feuille raisin, 0,20. — Du demi-raisin jusqu'au format plano, 0,15.

REPORTS D'ÉTIQUETTES

Au-dessus de 10 étiquettes, la première épreuve, 1 franc ; les autres, quel que soit leur nombre, 0,15.

TIRAGE DU NOIR COMMERCIAL

FORMATS	EN BLANC	RETIRATION	PAPIER SEC	1/2 FEUILLE EN BLANC	1/2 FEUILLE EN RETIRATION OU A SEC	1/4 DE FEUILLE EN BLANC	1/4 DE FEUILLE EN RETIRATION OU A SEC	1/8 DE FEUILLE EN BLANC	1/8 DE FEUILLE EN RETIRATION OU A SEC
Colombier	3 50	4 »	4 50	2 »	2 50	1 25	1 50	» 80	1 »
Soleil	3 »	3 50	4 »	1 75	2 25	1 »	1 25	» 80	1 »
Jésus	2 50	3 »	3 25	1 50	1 75	1 »	1 25	» 80	1 »
Raisin	2 »	2 50	2 50	1 25	1 50	» 80	1 »	» 70	» 90
Coquille, carré, écu	1 50	1 75	1 75	1 »	1 25	» 80	1 »	» 70	» 90
Couronne, tellière	1 25	1 50	1 50	» 90	1 10	» 80	1 »	» 70	» 90
Pot	1 »	1 25	1 25	» 80	1 »	» 70	» 90	» 70	» 90

Les tirages suivants sont rémunérés en plus du format, savoir :

Feuilles pendantes	{ Coquille et au-dessous, par cent	» 50
	Raisin, jésus, soleil, colombier	» 52
Deux poses	{ 1/4 coquille et au-dessous	» 20
	1/2 couronne jusqu'à la coquille comprise	» 25
	Du raisin jusqu'au colombier compris	» 50

NOTA. — Les autres poses seront payées en plus, chacune .... » 20

Pelure et demi-pelure	{ 1/4 coquille et au-dessous	» 20
	1/2 couronne jusqu'à la coquille comprise	» 25

Grisés et vignettes ordinaires.	1/4 coquille et au-dessous.	» 20
	1/2 couronne jusqu'à la coquille comprise	» 25
	Raisin et jésus.	» 50
	Soleil et colombier	» 75
Impressions sur cartes.	1/4 raisin et au-dessous	» 40
	1/2 couronne, 1/2 écu, 1/2 coquille	» 50
	Couronne, écu, 1/2 raisin, 1/2 jésus.	» 60
	Coquilles et raisins.	» 80
	Jésus et colombier	1 25

Les tirages au-dessous de 150 seront rétribués en plus : coq. et au-dessous, 0 fr. 25 par calage.
—   —   —   — les formats au-dessus, 0 fr. 50 par calage.
Les tirages de mode, reports acier, cavalier, 3 fr., raisin, 3 50.

Les travaux en noir sur papier couché, mat, seront payés comme les travaux en une seule couleur de la première catégorie de la chromo commerciale. Pour les presses à double effet, il sera retenu 20 0/0 avec un apprenti, sans apprenti le prix ordinaire. Les travaux communs tirant à grand nombre seront tarifés par le Comité sur l'épreuve présentée.

TIRAGE DU NOIR ARTISTIQUE

FORMATS	PREMIÈRE CATÉGORIE comprenant la librairie, les modes et l'imagerie religieuse	DEUXIÈME CATÉGORIE comprenant les cartonnages, cours de dessin, sujets de genre et religieux	TEINTES	COULEURS	POSE DU CHINE
1/2 jésus et au-dessous. . . .	2 50	3 »	2 50	2 75	1/2 jésus et au-dessus . » 75
1/4 petit colombier.	2 50	3 »	2 75	2 75	1/2 colombier ou carré. . 1 »
1/2 carré.	2 50	3 25	3 25	3 25	Raisin ou petit colomb. 1 50
1/2 carré, 2 à 4 sujets. . . .	2 75	» »	» »	» »	Grand colombier. . . . . 2 »
1/2 grand colombier	2 75	3 25	3 25	3 25	S'il se trouvait une deuxième
1/2 cavalier	2 75	3 25	3 25	3 25	pose de chine, elle serait payée
1/2 raisin	2 75	3 50	3 25	3 50	en plus du format. . . » 50
1/2 raisin, 2 à 4 sujets	3 50	» »	» »	» »	
1/2 jésus.	3 »	4 »	3 25	3 75	Les tirages au-dessous d'un
1/2 médium	3 »	4 »	3 25	3 75	cent seront rétribués ainsi :
1/2 petit colombier.	4 »	4 50	3 50	4 »	1/2 raisin et au-dessous (par
1/2 grand colombier	4 50	5 »	4 »	5 »	collage). . . . . » 50
1/2 espagne	» »	6 »	4 »	6 »	1/2 jésus ou carré (par col-
Petit carré.	4 50	5 »	4 »	5 »	lage). . . . . » 75
Cavalier	5 »	5 50	4 50	6 »	Raisin et au-dessous. . . 1 25
Carré.	5 »	6 »	4 50	6 »	Les effets de nuit seront con-
Médium	5 50	7 »	5 »	7 »	sidérés comme couleur.
Raisin	5 50	6 »	4 50	6 »	Une teinte assimilée à un tra-
Jésus.	6 »	7 »	5 »	7 »	vail de couleur sera payée
Petit colombier	7 »	9 »	7 »	8 »	comme couleur.
Grand colombier	11 »	12 50	8 »	10 »	
Groupe d'études grand colom-					Les affiches seront payées :
bier.	» »	12 50	» »	» »	Raisin, in-4° jésus, petit co-
Étude raisin Julien.	» »	10 »	» »	10 »	lombier. . . . . 6 »
1/2 étude, sur 1/2 raisin,					Grand colombier. . . . . 7 »
1/2 carré, etc.	» »	4 50	» »	» »	Grand aigle. . . . . 10 »

Ne peuvent être tarifés les sujets artistiques et à fond noir, les portraits, les teintes graduées et les planches que l'on tire sur petits formats, etc.

MANDATS							
COQUILLE . .	Noir . . . . 2 50 Teinte . . . 3 »	1/2 COQUILLE.	Noir . . . . 1 50 Teinte . . . 1 75	AU-DESSOUS,	Noir . . . . 1 25 Teinte . . . 1 50

ÉPREUVES				
1/2 coquille et au- dessous . . 0 50	1/2 coquille. 0 75	Couronne, écu, coquille . . 1 »	Raisin et jésus 1 25	Soleil et colom- bier 1 75

Les travaux en une couleur sur mouillé seront payés en plus du format : 1ʳᵉ CATÉGORIE, étiquettes communes et très ordinaires, 0 fr. 25 jusqu'à l'écu; passé ce format, 0 fr. 50 en plus. — 2ᵉ CATÉGORIE, étiquettes vin, liqueurs, parfumerie, pharmacie, 0 fr. 50 jusqu'à l'écu; les formats au dessus, 1 franc.

CONDITIONS GÉNÉRALES

1° La journée ne pourra dépasser 10 heures de travail pour les ouvriers aux pièces, ainsi que pour ceux à la journée.

2° Le prix minimum des journées est fixé ainsi : Pour les tirages, 6 fr.; transporteurs, 7 fr.; conducteurs noir, 7 fr.; noir et couleur, 7 fr. 50; chromo, 8 fr.

Il est bien entendu que tout l'outillage doit être fourni par le patron. — Les couleurs doivent être données broyées. Le vert étant un produit malfaisant, la responsabilité de tous les cas de maladie que son emploi pourrait occasionner incombe aux patrons. Pour tous les travaux en général, non tarifés, ils seront arrêtés par le Comité. Pour tous les travaux faits à la journée, les feuilles de passe font partie du nombre demandé.

Table des Matières

QUATRIÈME PARTIE

APPENDICE

Table des Planches

Paris
Imprimeries réunies, C
Molteroz
Rue du Four, 54 bis.

www.ingramcontent.com/pod-product-compliance
Lightning Source LLC
Chambersburg PA
CBHW071619270326
41928CB00010B/1688